계몽의 수단

: 민족어와 국어

이 연구는 한국학중앙연구원이 지원하는 2014년 한국학총서(한국 근현대 총서) 개발 사업
(AKS-2014-KSS-1230003)에 따라 이루어진 것입니다.

지은이

허재영: 단국대학교 교육대학원 교육학과 부교수. 일본연구소장. HK+ 사업 책임자.
『일제 강점기 교과서 정책과 조선어과 교과서』, 『우리말 연구와 문법교육의 역사』 외 다수의 논저가 있음

김경남: 단국대학교 일본연구소 HK연구교수.
『시대의 창, 근대 기행 담론과 기행문의 발전 과정 연구』, 『실용작문법』(엮음) 외 다수의 논저가 있음

정대현: 문학박사 협성대학교 교양교직학부 교수(한국어교육 전공).
『문제로서의 언어』(공동) 외 다수의 논저가 있음

김슬옹: 연세대 교육대학원 강사.
『한글의 탄생과 역사』, 『조선시대 훈민정음 발달사』 외 다수의 논저가 있음

강미정: 건국대학교 국어국문과 강사.
『고전문학을 바라보는 북한의 시각』 외 다수의 논저가 있음

한국 근현대 학문 형성과 계몽운동의 가치 07

계몽의 수단: 민족어와 국어

© 허재영·김경남·정대현·김슬옹·강미정, 2019

1판 1쇄 인쇄__2019년 03월 05일
1판 1쇄 발행__2019년 03월 10일

지은이__허재영·김경남·정대현·김슬옹·강미정
펴낸이__양정섭

펴낸곳__도서출판 경진
　　　　등록__제2010-000004호
　　　　이메일__mykyungjin@daum.net
　　　　블로그(홈페이지)__mykyungjin.tistory.com
　　　　사업장주소__서울특별시 금천구 시흥대로 57길(시흥동) 영광빌딩 203호
　　　　전화__070-7550-7776　팩스__02-806-7282

값 22,000원
ISBN 978-89-5996-604-2 93300

계몽의 수단
: 민족어와 국어

허재영·김경남·정대현·김슬옹·강미정 지음

　학문은 어떤 현상에서 문제를 발견하고 그것을 해결하는 논리적인 사고 과정과 그로부터 이론이나 법칙을 산출하는 과정을 말한다. 학문의 목적이 진리를 탐구하는 데 있다는 말은 학문적 성실성을 의미할 뿐 아니라, 학문적 진리가 곧 지식 또는 이론이나 법칙을 탐구하는 데 있다는 말과 같다. 학문의 본질이 합리성과 실증성에 있다는 데카르트나 베이컨적 사고 역시 학자라면 누구나 공감하는 바이다.

　학문의 발달, 곧 지식과 이론의 발달은 한 사회와 역사의 발달을 의미한다. 특히 전근대의 '수기치인(修己治人)'을 목표로 하는 학문과는 달리, 지식 산출을 목표로 하는 근대의 학문 발달은 한 사회의 발전뿐만 아니라 역사적 진보를 기약하는 전제가 된다. 이 점에서 최근 한국의 근대 학문 형성과 발전 과정에 대한 관심이 높아진 것도 자연스러운 현상일 것이다.

　이 총서는 2014년 한국학중앙연구원이 지원하는 한국학 총서 개발사업 '근현대 학문 형성과 계몽운동의 가치'의 결과물이다. 연구를 처음 시작할 때, 연구진은 근현대 학문사를 포괄할 수 있는 지식 기반 데이터 구축과 근현대 분과 학문의 발전 과정을 기술하고자 하는 거시적인 목표를 세우고 출발하였다. 그 과정에서 근현대 한국 학문사의 주요 정신적 기반이 '계몽'에 있었음을 주목하였다.

　지난 3년간의 연구 과정에서 연구진은 수많은 자료와 씨름하였다. 출발 당시 1880년대의 자료를 기점으로 1945년까지 각종 신문과 잡지,

교과서류의 단행본 등을 수집하고, 이를 주제별로 분류하는 작업을 진행하였다. 그 가운데 근대 계몽기 잡지의 경우 '학문 분야별 자료'를 분류하여 9종의 자료집을 발간하기도 했다. 자료집은 학회보(잡지)에 수록된 논설·논문 등을 학문 분야별로 나누어 8종으로 출판하고, 권9는 분류 기준과 결과를 별도로 편집하였다. 연구 과정에서 시행착오를 줄이기 위해 지속적으로 월례발표회를 가졌으며, 연구진 각자 개별 논문을 쓰기도 하였다. 그러면서도 근현대 학문 형성과 발전, 계몽운동의 전개 과정 등과 관련된 자료가 수없이 많음을 확인하게 되었다.

총서는 제1권 '한국 근현대 지식 유통 과정과 학문 형성 발전', 제2권 '한국 근대 계몽운동의 사상적 기반', 제3권 '계몽의 주체로서 근대 지식인과 유학생', 제4권 '학문 사상과 근현대 계몽운동의 지향점', 제5권 '계몽의 이데올로기와 대상', 제6권 '일제 강점기 계몽운동의 실제', 제7권 '계몽의 수단: 민족어와 국어'로 구성되었으며, 집필 과정에서 통일성을 기하기 위해 집필 원고에 대하여 각 연구원의 동의를 얻어 연구 책임자가 일부 가감하기도 하였다. 특히 7권에서는 어문 문제와 관련한 주제를 집중적으로 다루고자 하였다. 그 과정에서 양적 방법론에 따라 산출한 다수의 자료 목록은 별도의 자료집으로 출간하였다.

3년의 연구 기간을 거쳐 제출한 결과물에 대해 익명의 심사자들께서 '수정 후 출판' 판정을 해 주셔서, 수정 의견을 반영하여 책을 출판할 수 있게 된 것을 기쁘게 생각한다. 여전히 아쉬움이 많지만, 이번에 다루지 못한 내용은 후속 연구를 기약하며 총서 집필을 마무리한다. 과제 심사를 맡아 주신 심사위원 여러분과 책의 출판을 맡아 주신 양정섭 경진출판 사장님께 거듭 감사의 말씀을 올린다.

2018년 12월 연구 책임자 씀

제1장 언어와 근대

허재영

1. 언어와 근대의식

1.1. 국문과 한글

언어에서 특정 단어의 개념이 형성되기까지는 적지 않은 시간이 소요되며, 이렇게 형성된 용어가 시대와 사회에 따라 다양한 의미를 갖고 있듯이, 아직까지도 '근대'나 '현대', 또는 '근현대' 등의 용어 또한 충분한 개념화가 이루어진 용어라고 보기 어렵다. 그럼에도 근대정신이라는 말 속에 '합리주의', '자본주의', '평등주의', '민주주의' 등의 속성이 포함되어 있음을 부정하는 사람은 거의 없다. 이러한 맥락에서 '민족주의'와 '자국어의 발견'도 근대정신의 키워드 가운데 하나로 인식된다. 이 점은 서구의 근대화가 르네상스 이후의 종교개혁과 자국어 성경 번역, 계몽철학의 형성 및 민족주의의 성장 과정을 거친 것과 밀접하다.

언어에서의 근대성을 논의할 경우도 이러한 역사적 흐름을 고려할 수 있는데, 원윤수 편(2000)의 경우 16~17세기 프랑스의 르네상스와 종교개혁, 종교전쟁과 새로운 질서 구축 과정에서 형성된 고전주의와 풍자 정신을 설명하였다. 이 책에서 김윤진은 '충실치 못한 미녀들과 프랑스 고전주의'를 논하면서, 번역이 산문 문학 발달의 토대가 되었고, 그러한 언어 정립 및 문학의 생성 발달이 시대정신의 형성 기반이 되었다고 주장한다.[1)]

근대의 언어가 산문정신, 풍자성을 띠고 있다는 점은 근대어 전공자들의 입장에서는 누구나 공감하는 내용이다. 이 점에서 근대 언어는 계몽철학과도 밀접한 관련을 맺고 있다. 서양 철학에서 계몽주의를 주제로 한 이을호(1988)에서는 18세기 독일 계몽철학가들의 소개하는 자리에서 헤르더, 레싱, 쉴러, 괴테의 공통점으로 독일 민족어를 높이 평가하고, '대부분의 국민들이 이해할 수 없는 라틴어로 과학과 철학사상을 서술하도록 요구하던 중세의 전통'을 부정했음을 주목하였다. 특히 고트프리드 헤르더(Johann Gottfried Herder, 1744~1803)는 "외국의 귀족주의에 대한 코스모폴리터니즘을 반대하고 독일 인민의 민족적 자각의 형성과 발전에 찬성한 최초의 사람"이라는 평가를 내리고 있다.[2)] 『인류사의 철학적 고찰』이라는 책에서 헤르더는 추상적이기는 하지만 사회 발전의 합법칙성을 발견하고자 하였으며, 예술과 생활의 관련성을 고려하고 봉건적 신문제에 반대하는 인문정신을 발현하고자 하였다. 이을호(2000)에 따르면 헤르더의 전통은 18세기 후반 봉건적 궁정문학을 비판한 레싱, 쉴러 등에 이어진다. 곧 정치뿐만 아니라 예술, 특히 문학을 표현하는 언어에서의 근대성이 발현되는 셈이다. 이러한 흐름에서 19세기 초에는 독일의 대표적인 언어철학자로 꼽히는 피히테와 훔볼트가 출현한다.

---

1) 김윤진(2000), 「충실치 못한 미녀들과 프랑스 고전주의」, 『언어와 근대정신』, 서울대학교 출판부, 33쪽.
2) 이을호(1998), 『계몽주의 시대의 서양철학』, 중원문화, 200쪽.

요한 고트리프 피히테(Johann Gottlib Fichte, 1762~1814)는 칸트의 후계자로서 『지식학』(1794), 『학자의 사명에 대하여』(1794), 『인간의 사명』(1800), 『봉쇄적 상업국가론』(1800), 『최신 철학의 교유한 본질에 관한 일반 대중에의 극히 명료한 보고』(1801), 『독일 국민에게 고함』(1808) 등의 저서를 발표하였다. 그는 인간의 '자아'가 유일한 실재이며, 모든 것을 창조하고 궁극적으로 전인류의 자의식과 일치하는 전능한 창조력이라고 주장하였다(이을호, 1998: 260). 인간의 '자아인식'은 근대정신의 핵심이며, 그것을 표현하는 주된 수단이 '언어'라는 점은 언어의 근대성을 나타내는 표지이다. 이와 같은 흐름에서 19세기 초기 훔볼트주의가 탄생하는 것도 자연스러운 현상이었다. 언어학사에서 빌헬름 폰 훔볼트(Wilhelm von Humboldt, 1767~1835)는 19세기 최대의 언어이론가로 손꼽힌다. 인도네이사의 카비말 연구를 바탕으로 한 그의 언어관은 이른 바 '세계관 이론'으로 불린다. 밀카 이비츠(1965)[3]에서 요약한 바와 같이, 훔볼트는 개개의 언어에 내재하는 특유한 사실에서 귀납적으로 보편문법을 찾아야 한다고 생각했고, 각 화자에게 특정화된 심리구조를 '내부언어형식'으로 부르며, 이 언어구조와 민족성이 밀접한 관련을 맺고 있다고 보았다. 곧 훔볼트의 언어관은 "민족의 정신을 여실히 드러내는 것"이 언어이며, 언어는 세계관을 표현하는 외적인 수단인 것이다.

다소 추상적인 것처럼 보이지만, 언어에서의 근대는 '자의식의 표현수단', '산문 정신과 풍자성', '민족어의 발견', 공동문어를 자국어화하기 위한 '번역어의 산출', 봉건적 생활양식을 탈피하여 일반 민중의 의사소통에 기여할 수 있는 '언문일치' 등을 특징으로 한다.

이러한 맥락에서 한국어의 근대성에 대한 논의도 단순히 한국어의 내적 구조나 문자사용 양상만을 가지고 논의해야 할 사항은 아니다.

---

3) Milka Ivic(1962), *Trends in Linguistics, The Hauge, Janua Linguarum.* 이 책은 1985년 김방한 교수에 의해 『언어학사』(형설출판사)로 번역되었다.

사실 기존의 국어사학계에서 한국어의 근대성에 대한 논의는 주로 언어 구조 내적인 차원에서 음운, 어휘, 문법 등을 주목해 왔다. 이에 비해 '근대 문학'이나 '근대적 글쓰기'에 관심을 갖는 학자들은 국어의 내적 구조보다 표현 양식이나 언문일치와 같은 시대상황에 좀 더 주목하는 경향이 있었다. 이처럼 한국어에서의 근대성 문제는 학자들 사이에서도 일치된 견해를 찾기 어렵다. 그러나 근대성이 언어의 내적 구조만을 의미하는 것이 아니라면, 한국어의 근대성 문제는 역사학자나 사회학자들이 주목하는 '의사소통 수단'으로서의 국어의 역할, 또는 국어에 대한 인식 등을 준거로 삼아야 할 것이다.

이러한 차원에서 한국어의 근대적 표지 가운데 하나로 '국어와 국문', '한글' 등의 용어가 생성되는 과정을 들 수 있다. 엄밀히 말하면 '국어(國語)' 또는 '국문(國文)'이라는 표현은 훈민정음의 어지 서문에 '국지어음 이호중국 여문자 불상유통(國之語音 異乎中國 與文字 不相流通)'이라는 표현에서 확인할 수 있듯이, 갑작스럽게 등장한 용어는 아니다. 그러나 이 문장에 포함된 '국어음'과 같은 표현이 사전에 등재되는 특정 개념어로 인식된 것은 아니다. 사전적 의미에서 '국어'는 적어도 한 국가의 공용어를 지칭하며, '국문'은 국어를 표기하는 문자라는 개념을 갖는다. '국지어음 이호중국'은 단지 '우리나라의 말소리가 중국과 다름'을 뜻하는 표현일 뿐, 그 자체가 개념화되어 있지는 않다.[4]

이처럼 '국어'와 '국문'의 가치를 인식한 것은 근대 이후의 일이다. 물론 이러한 인식이 가능하기까지는 여러 가지 역사적 사실이 잠재한다. 널리 알려진 것처럼 송강 정철의 가사문학을 극찬하고 한문 문장을 사용하는 사람들을 '앵무새의 사람소리'로 비판한 사례나 포교 목적으로 한글 서학서를 필사한 1800년대 전후의 천주교인들과 같은 사례가

---

4) 그렇기에 심지어 '국지어음'을 우리나라 내부의 어음으로 해석하고 '중국'을 '국중(나라 안)'으로 해석하고자 하는 의견까지 나타나는 실정이다.

있었다. 그러나 국어의 가치와 국문 사용의 필요성을 구체적으로 인식하고, 그에 대한 문제를 제기하며, 그것을 논리적으로 증명하고자 하는 노력이 등장한 것은 1880년대 이후의 일로 볼 수 있다.[5]

【 論學政(三): 학정을 논함 】[6]

凡歐洲大中小學校　皆敎以本國文字言語事物　無有所沮而其交　以二十六字母相連相生分合成聲　與我國諺文毫無珠異　以之敎習初學者費工二三朔　便可讀書作文　以之記述凡百書籍, 初不用力於誦讀　亦可曉解義理　或爲貧民資者　雖學一朔　文辭足用　比於東洋學制則便否不啻宵壤也. 然則我國設立學校　亦當以諺文敎習學生　自孔孟聖賢之書以至歐人殖貨之術　皆用諺文繙譯之　數十年就學無累於家計者則傍令學習漢交可做鴻儒. 如是則學校普便敎化周洽矣. 我國素無分類學科之制　況於近時　始開之學術敎之　以諺書則學士大夫擧皆恥於入學矣. 惟願秉軸諸公議　自政府特設繙譯處　盡以諺文記述　各種學科另成一冊頒布國內　使士民周知其便　且自政府補助學費激勸獎屬則學將不日而大張矣. 西語曰朝鮮有邦文　比於東洋各國　尤爲簡便　若朝鮮士民利用邦文　咸得其宜則其政學政必冠於東洋.

번역 　유럽의 대학·중학·소학에서는 모두 본국의 문자와 언어로 가르치는데 사물에 대해 모르는 것이 없다고 한다. 그들의 글자는 26자인데 자모가 상련(相連)되어 단어를 만들고, 分合에 따라 소리가 달리 생기는 것이 우리나라의 언문(諺文)과 조금도 다르지 않다. 이 글자로 초학자(初學者)들을 교습시켜 2~3개월만 되면 즉시 책도 읽고 글도 지을 수 있으며, 이 글자로 모든 서적을 기술하기 때문에 당초에 송독(誦讀)의 노력을 들이지 않아도 의리(義理)를 분명히 이해할 수가 있다. 혹 가난하여 학자금을 지출할 수 없는 사람이라서 1개월만 배우고 말았더라도 문사(文

---

5) 예를 들어 지석영 상소문, 국문 번역의 필요성에 대한 박영효의 '건백서' 등이 이에 해당한다.

6) 『한성주보』 제3호, 1886.2.15.

辭)가 일용(日用)에 쓰는 데 구애되지 않는다. 이를 동양의 학제에 견주어 보면 그 편부(便否)가 하늘에 땅일 정도가 아니다. 그렇다면 우리나라에서도 학교를 설립하여 의당 언문으로 학생들을 교습시켜야 한다. 공맹(孔孟) 성현의 책에서부터 유럽인의 식화술(殖貨術)에 이르기까지 모두 언문으로 번역하여 가르쳐야 한다. 그리고 수10년을 공부해도 가계에 군색함이 없는 사람일 경우에는 부차적으로 한문을 학습시켜 홍유(鴻儒)를 만들도록 해야 한다. 이렇게 하면 학교가 보편화되고 교화가 두루 흡족하게 될 것이다. 우리나라는 본디 학과를 분류하는 제도가 없는 데다가 더구나 근세에 비로소 개발된 학술을 언문 책으로 가르치므로 학문이 있는 士大夫들이 거개 입학하는 것을 수치스럽게 여기고 있다. 원컨대 요직에 있는 제공(諸公)들께서는 정부차원에서 의논하여 특별히 번역하는 기관을 설치, 각종 학과의 기술을 모두 언문으로 하게 해주기 바란다. 그리하여 번역된 것을 책자로 만들어 국내에 반포하여 사민(士民)들로 하여금 이것이 편리하다는 것을 주지시키게 해야 한다. 그리고 정부에서 학비를 보조하여 격려 권장한다면 학문이 멀지 않아서 대대적으로 확장될 것이다. 서어(西語)에 이런 말이 있다. '조선에 그 나라 글자가 있는데 동양 각국의 글자 가운데 더욱 간편하다. 만약 조선의 사민들이 그 나라의 글자를 이용하여 모두 그 편의함을 채득한다면 정치와 학정이 틀림없이 동양에서 으뜸이 될 것이다'.

교육 정책을 논한 이 논설은 서양과 일본의 근대식 학제를 소개하고, 우리나라에서도 이러한 학제에 따라 언문으로 근대식 교육을 해야 함을 강조한다. 이 과정에서 서양인들의 말을 빌어 '조선에 그 나라 글자가 있음'과 이 글자가 '동양 각국의 글자 가운데 더욱 간편한 글자'라고 하고, 이를 바탕으로 학정을 실행해 나가야 함을 강조한다. 이러한 주장은 1882년 지석영의 「시무 상소문」이나 1888년 박영효의 「건백서」 등에서도 찾아볼 수 있다. 특히 이 두 종의 상소문에서는 '국어' 또는

'국문'이라는 용어를 사용하고 있는데, 이 용어는 갑오개혁 이후 보편적인 용어로 쓰이기 시작했다. 물론 국어와 국문을 지칭하는 용어가 통일되어 있었던 것은 아니다. 『독립신문』 창간호 논설과 같이 '조선말', '조선글', '언문법'이라는 용어를 쓸 때도 있었고, 주상호(주시경)의 '국문론'(『독립신문』, 1897.4.22~4.24)이나 지석영의 '국문론'(『대조선독립협회회보』 제1호, 1896.12.30)과 같이 '국문'이라는 용어를 사용할 때도 있었다. 이처럼 용어의 사용에서 차이는 있을지라도 1880년대 이후에는 합리적인 의사소통을 위하여, 또는 자국 독립의 가치를 실현하기 위하여 국어와 국문을 바르게 사용해야 한다는 의식이 보편화되었다.

물론 이러한 의식이 성장하기까지는 여러 가지 요인이 내재되어 있다. 서학(西學)의 접촉과 천주교의 유입, 민중과 괴리된 한문 대신 조선의 말과 글을 먼저 배운 선교사들의 성경 번역, 개항 과정에서 경험한 외교 문서의 이중 번역, 근대 지식의 보급 과정에서 경험한 한문의 한계 등은 국문의 필요성과 국어의 가치를 인식하게 한 주요 요인이었다.

이러한 차원으로 볼 때, 근대 계몽기 국어와 국문의 가치 인식은 현실적 또는 실용적인 차원에서 필연적인 결과로 볼 수 있다. 흥미로운 것은 실용적 차원의 국어와 국문 인식이 제국주의 식민 지배와 길항하며 '어문민족주의'로 진화한다는 사실이다. 이 점은 '한글'이라는 새로운 용어의 탄생과 정착 과정을 통해 증명할 수 있다.

'한글'이라는 용어는 1910년대 초 주시경이 만든 용어로 알려져 있다. 주시경은 1907년부터 상동 청년학원 내에 '국어강습소' 강사를 지냈다. 그가 언제부터 '한글'이라는 용어를 사용했는지 고증할 수는 없지만, 『보중친목회회보』 제1호(1910.6.10)에 '한나라말'이라는 논설을 게재하고, 국어연구학회 강습소 중등과 제3회 졸업생 이규영(李奎榮)이 남긴 졸업생 명단이 '한글모죽보기'라는 점(1909년, 실제 기록된 시점은 1917년임), 1911년 국어연구학회를 '배달말글몯음(朝鮮言文會)'로 개칭하고, 1913년에는 이를 '한글모'로 개칭한 점 등 여러 가지 사실[7]을 고려할 때, '한글'이라는 용어가 사용된 데는 국권 상실의 위기의식과 밀접한 관련이 있다. 이 점은 '한글'과 밀접한 관련을 갖고 있는 '한나라말'을 통해서도 확인할 수 있다.

【 한나라말 】

말은 사람과 사람의 뜻을 통하는 것이라. 한 말을 쓰는 사람끼리는 그 뜻을 통하여 살기를 서로 돕아 줌으로 그 사람들이 절로 한 덩이가 지고, 그 덩이가 졈졈 늘어 큰 덩이를 일우나니 사람의 뎨일 큰 덩이는 나라라. 그러함으로 말은 나라를 일우는 것인데 말이 오르면 나라도 오르고 말이 나리면 나라도 나리나니라. 이러함으로 나라마다 그 말을 힘쓰지 안이할 수 없는 바나라. 글은 말을 담는 그릇이니 이즐어짐이 없고 자리를 반듯하게 잡아 근게 선 뒤에야 그 말을 잘 직히나니라. 글은 또한 말을 닦는 긔계니 긔계를 몬져 닦은 뒤에야 말이 잘 닦아지나니라. (…중략…) 이러함으로 나라를 나아가게 하고자 하면 나라 사람을 열어야 되고, 나라 사람을 열고자 하면 몬져 그 말과 글을 다스린 뒤에야 되나니라. 또 그 나라 말과 그 나라 글은 그 나라 곳 그 사람들이 무리진 덩이가 텬연으로 이 땅 덩이 우에 홀로 서는 나라가 됨의 특별한 빗이라. 이 빗을 밝히면 그 나라의 홀로 서는 일도 밝아지고 이 빗을 어둡게 하면 그 나라의 홀로 서는 일도 어둡어 가나니라.

이 글에서 '한나라말'은 '하나의 나라'를 이루는 말을 의미한다. 곧 '같은 말'을 쓰는 사람들이 모여 '나라'를 이루고, 이 말을 적는 수단이 '글'이다. 나라의 엶(개화)은 말과 글에서 비롯되고, 말과 글은 '나라가 나라되는 특별한 빗'(독립)의 기준이 된다. 이처럼 주시경의 '한나라말'

---

7) 이에 대해서는 김민수(1977)의 『주시경연구』(탑출판사), 한글학회(1988)의 『한힌샘연구』 제1집(한글학회) 등을 참고할 수 있다.

은 '국어'와 '국문'을 대신 표현한 용어이다. 그런데 이 용어 쓰인 '한'은 고유어 '하다「多, 大」'의 의미를 포함하고 있으므로, '한글'은 '위대한 글', '매우 훌륭한 글'이라는 의미로 확장된다. 이는『청춘』제4호(1915.2)의 '한글 새로 쓰자는 말'에서도 증명된다.

【 한글 새로 쓰자는 말 】
　글씨 가운데에 가장 좋은 글씨는 우리글씨라 할지라. 그러나 이로써 참더함을 얻음이 얼마나 되나뇨. 이를 더욱 좋게 하야 한쪽으로는 <u>이를 처음 만드신 어른의 거룩한 뜻을 잇으며</u>, 한쪽으로는 이를 아즉 모르는 불상한 무리에게 훌륭한 힘을 줌이 이때의 더욱 종요롭은 일이 아니리요. 이에 '<u>한글 새로 쓰자</u>'는 두어 가지 까닭을 알에 벌이어 적노니

　제목에서 '한글'이라는 용어를 사용했듯이, 이 논설에서는 우리글을 '한글'이라고 지칭했으며, '불상한 무리에게 훌륭한 힘'을 주는 것, 곧 문자를 보급하는 일이 중요한 일임을 강조하고 있다.[8] 그런데『청춘』이외의 자료에서는 '한글'이라는 용어를 사용한 예를 더 찾기가 어렵다.
　'한글'이라는 용어가 사회적으로 널리 통용되기 시작한 것은 1926년 전후로 보인다.『동광』제8호(1926.12)에는 '한글의 연구'라는 특집이 게재되었고, 각종 조선어 강연회의 명칭에도 '한글 강연회'[9]라는 명칭이 사용되었다. 또한 1927년 7월에는 동인지『한글』이 창간되었을 정도로 '한글'이라는 용어가 보편화되었다. 이 시기 '한글'이라는 용어가 보편화되기까지는 일제강점이라는 상황에서 민족의식을 지켜야 한다는 시

---

8) '한글'이라는 용어는 1909년 주시경이 상동청년학원에서 '한글모', '한글 연구반' 등의 용어를 사용한 데서 비롯되었다는 설이 일반적이다. '한글모'에 대해서는 한글학회(1988)의『한힌샘 주시경 연구』창간호를 참고할 수 있다. 또한『보중친목회보(普中親睦會報)』제1호(1910.6.10)에 있는 주시경의 '한나라말'과 '한나라 글의 소리' 등을 '한글'이라는 용어 사용의 예로 보는 견해도 있다.
9) 「한글 강연회 고창에서 개최」,『동아일보』, 1926.11.17.

대의식이 자리 잡고 있다.

1.2. 국문자 사용과 언문일치

훈민정음 창제 이래로 한글 사용의 범위는 점진적으로 확대되었다. 특히 조선 초기 훈민 정책 차원에서 통치 이데올로기와 관련이 깊은 서적이나 일부 과학 기술서에 사용되었던 훈민정음은 18세기를 전후로 일상생활에서 그 영역을 넓혀가고 있었다. 왕실을 비롯한 사대부가에서 점차 언문 편지를 사용하는 예가 많아지고, 영정조 시대에 이르러 다수의 유학 경전이나 왕의 훈유(訓諭)를 나타내는 윤음을 언해하는 경우도 많아졌다.

조선조 후기 언문(諺文)의 가치를 인식한 대표적인 사례로는 유희의 『언문지(諺文志)』를 들 수 있다. 이 책의 서문에서는 당시 유학자 정동유 (鄭東愈)가 유희에게 한 말이 실려 있다.

【 언문지 서문 】

鄭丈東愈 工格物 嘗語不佞 子知諺文妙乎. 夫以字音傳字音 此變彼隨變 古마今韻屢舛宜也. 若註以諺文 傳之久遠 寧失眞爲慮 況文章必尙簡奧 以簡奧通情 莫禁誤看 諺文往復 萬無一疑 子無以婦女學忽之. 又歎曰 奇耦之分(謂ㅏㅓ 及ㅑㅕ) 在廣韻之前(謂四域字母初來時) 淸濁之混(謂廢叒形初聲) 在通釋後 (謂朴性源時) 吾安能與後通釋之人 論及先光雲之字哉.

번역 정동유는 격물에 정통한 분인데 일찍 나에게 말씀하기를, "그대는 <u>언문의 지묘함을</u> 아는가. 대저 한자에서는 자음(字音)으로 자음 (字音)을 표시하고 있으므로 본음의 한쪽이 변하기만 하면 다른 쪽도 변하게 되어 옛날의 협음(마音)이 오늘날의 음과 자꾸 어긋남은 당연한 일이다. 그러나 만일 언문으로 기록하여 전한다면 아무리 오래되어도 어찌 본음이 변할 것을 근심할 것인가. 더욱이 한문 문장은 간결하면서도 오묘한 것을 귀히 여기는데 실은 그렇게 간결하고 오묘하게 스면 또 잘못 해석하기 쉽다. 그러나 <u>언문으로 뜻을 전하면 만에 하나라도 잘못 해석할 일은 없다</u>. 그대는 언문이 부녀나 공부할 것이라고 하여 소홀히 여기지 말라. 그리고 또 탄식하기를 기(奇)와 우(耦)의 구별(기는 ㅏㅓ 우는 ㅑㅕ를 가리킴) 광운 전에 있던 일이요(곧 범자(梵字)가 처음으로 중국에 전래되었을 때를 가리킴) 청탁의 혼동은(즉 쌍형 초성 ㄲㄸㅃㅆㅉ이 없어진 것) 정음통석(박성원 때) 이후에 있은 일이니 나는 통석 이후의 사람과 더불어 어찌 능히 오랜 옛날의 광운의 글자를 논의할 수 있으리오.[10]

『언문지』는 순조 24년(1824) 유희(柳僖)가 저술한 책으로 19세기의 대표적인 국어 연구서이다. 유창돈(1958)에서 밝힌 바와 같이, 조선시대 국어에 대한 관심은 대체로 영정조 시대부터 출현했는데,『언문지』는 그 가운데 가장 뛰어난 저술로 평가 받는다. 유희는 정동유[11]와의 대화에서 '언문의 오묘함'은 뜻을 잘못 새기는 일이 없고, 음이 변해도 어긋남이 없으며, 부녀나 공부해야 할 글자가 아니라는 점을 밝히고 음의 변화와 문자 표기의 관계를 논의하였다. 이처럼 지식인 사이에서도 국문의 효용성을 인식하게 된 것은 그만큼 국문 사용의 범위가 늘어났기 때문이다. 특히 영정 시대의 경우 '어제소학', '어제내훈' 등과 같은 교육서가 언해되었고, '경민편', '명의록' 등과 같은 훈민(訓民)에 필요한 서적이나『무예도보통지』,『병학지남』과 같은 병법서도 언해되었다.

이러한 흐름에서 18세기 한글 사용의 영역 확대에 크게 기여한 것은 서학서의 보급이라고 할 수 있다. 정광(2010)의『조선 후기 사회와 천주교』(경인문화사)에서 밝힌 바와 같이, 한문본『천주실의(天主實義)』가 유입된 이래 1787년 이후에는 한글 서학서가 본격적으로 유통되고 있음

---

10) 유창돈(1958),『언문지주해』, 신구문화사.
11) 1806년『주영편(晝永編)』의 저자.

을 확인할 수 있다.12) 초기 서학서는 등서(謄書) 또는 필사(筆寫)의 형식
으로 보급되었다. 정광(2010)에 따르면 1791년 호남지방에서 천주교 인
본(印本)이 출현하였고, 서울에서도 천주교 서적이 간행되었다.13)

그러나 이와 같은 한글본 천주교 서적이 근대적 국문의식의 성장이
나 이로 인한 언문일치운동에 이어진 것은 아니었다. 왜냐하면 한글본
천주교 서적은 전근대의 언해본(諺解本)과 마찬가지로 한문을 국문으로
직역한 형태를 띠고 있었으며, 순한글을 사용한다고 할지라도 민중의
언어생활 모습을 반영한 형태가 아니었기 때문이다. 이 점은 1880년대
출현한 언해본도 마찬가지이다. 예를 들어 1883년 언해된 정관응의『
이언(易言)』은 근대적 지식을 소개한 문헌이지만, 한문 학습을 받은 사
람이 아니면 쉽게 독해할 수 없는 용어 사용, 한문 직역투의 문체 등을
고려할 때 언문일치와는 거리가 먼 문체를 사용했다고 볼 수 있다.『이
언』각 장의 제목이 '론공법(論公法), 론세무(論稅務), 론아편(論阿片), 론
상무(論商務), 론기광(論開鑛), 론화거(論火車), 론뎐보(論電報), 론기근(論開
墾), 론치한(論治旱)' 등과 같이 특정 주제를 논하는 내용임은 이를 증명
한다.

이러한 의미에서 1880년대 이후의 문체 실험은 지식 보급과 어문운
동 차원에서 근대적 실험에 해당하는 것이라고 할 수 있다. 이 시기
문체 실험은『한성주보』에서 본격적으로 나타난다. 순한문 신문으로
발간되던『한성순보』와는 달리『주보』에서는 순한문 기사가 주를 이루

---

12)『일성록』12책, 정조11년 4월 27일 갑자, 588쪽. 1784년 4월 이사렴(李師濂)은 "시골의
   우맹들까지 한문이나 언문으로 번역된 책들을 돌려본다"고 하였다.
13) 정광(2010: 262)에서는 "당시 천주교 서적의 인쇄와 보급에는 서울 벽동에 살던 정광수
   (鄭光受)가 가장 중요한 역할을 하고 있었다. 천주교 서적이 인본(印本)으로 간행되고
   있었다는 사실은 윤현(尹鉉) 집의 굴뚝에서 압수된 물품 가운데 제본이 안된 '사서등책
   (邪書謄冊)' 300여 장 및 '언서등본(諺書謄本)' 300여 편, 그리고 '사서등책' 220여 장과
   '제경문등서책장(諸經文謄書冊張)' 30여 장이 압수되었다. 이와 같이 윤현의 집에서는 제
   본이 안 된 책장들이 다량으로 발견되었을 뿐만 아니라, '주보성인단(主保聖人單) 인출소
   지(印出小紙)' 12매와 목인판(木印板) 1장이 압수되었다"라고 설명한 바 있다. 이 자료는
   『사학징의(邪學懲義)』「요화요서소화기(妖畵妖書燒火記)」, 382~385쪽을 재인용한 것임.

고 있으나, 순한글 또는 국한문체가 등장하였다.

【 한성주보의 국문체 】

ㄱ. 뉵주논총14)
디형 둥굴미 구술갓탄 고로 일홈을 디구라 ᄒ니 바다와 뉵디와 산과 닌물
은 다 흔가지로 쌍을 일운 배니 쌍 널비를 모도 회계ᄒ면 일억 구천구십
ᄉ만 이천 방 영리니, 가령 일 영리라 ᄒᄂ 거는 아국 곡쳑 오만 이쳔구빅
팔십이 쳑으로뼈 일 영리를 숨아 뼈 장단을 회계ᄒ미니, 일 영리를 아국
리슈에 비겨 보면 슴 배 반이 되고, 방이라 ᄒᄂ 거슨 일 영리 ᄉ면 광장을
회계ᄒ면 일 방 영리 되니, 일 방 영리ᄂ 안으로 곡쳑 일 방 쳑으로 이십팔
억 칠빅구만 이쳔숨빅이십ᄉ가 되니 쌍 널비를 모도 회계ᄒ면 일억 구쳔
팔빅구십ᄉ만 이쳔 방 영리가 되나니라.

ㄴ. 對馬島紀事15): 對馬島는 古者의 我國 所屬이라. 地辟俗陋ᄒ 故로 歷世
의 棄而不治러니 맛ᄎᆷ내 日本管轄이 된지 數百年에 人口와 物産이 至今토
록 繁盛치 못ᄒ나 그 地利를 議論ᄒ면 海軍屯營處ᄂ 甚宜ᄒ다 ᄒ고 ᄯ 該島
南北은 頗長ᄒ고 東西ᄂ 最狹ᄒ되 西北은 朝鮮 釜山으로 相對ᄒ야 人烟을
可히 通홀너라. 分ᄒ야 두리되니 一名은 上島니 稍大ᄒ고 一名은 下島니
稍小ᄒ고 ᄯ 數十 小島잇고 上下島間에 一大灣이 잇쓰니 名曰 淺港이라,
ᄌ못 碇泊의 甚便ᄒ 고로 數十年前의 俄國이 南岸地를 來占ᄒᄂ 未幾에 自
退ᄒ더니, 近日 各國 新報의 論說ᄒ되 俄國이 英國으로 더부러 形勢를 互爭
ᄒ다가 英國이 我國 巨文島를 先據ᄒ 故로 俄國이 ᄯᄒ 傍近一島를 佔據코
ᄌᄒ야 我國 濟州에 有意ᄒ야 該島 險阻崎嶇를 詳細히 採探ᄒ되, 結船키
어려운 고로 俄國이 ᄯᄒ 對馬島를 다시 佔據코ᄌ ᄒ다 ᄒ고 或云 俄國政

---

14) 『한성주보』, 1886.1.25.
15) 『한성주보』, 1886.1.25.

府에셔 日本政府에 致書ᄒ야 其意를 告示ᄒ 故로 日本政府에셔 深以爲憂ᄒ
야 數月前에 이믜 陸兵 八十人을 對馬島의 派送ᄒ여 防守ᄒ라 ᄒ고 쏘 沿海
南岸地에 장찻 海防을 設ᄒ다 ᄒ더라.

번역 대마도 기사: 대마도는 옛날 우리나라 소속이다. 땅이 궁벽지고
풍속이 비루하여 역대로 버려두고 다스리지 않았더니 마침내 일
본의 관할이 된 지 수백 년 동안 인구와 물산이 지금까지 번성하지 못했
으나, 그 지리적 이로움을 논하면 해군 주둔지로 매우 적당하다고 하며,
또 이 섬의 남북은 매우 길고 동서는 좁되, 서북은 조선의 부산과 마주하
여 인가를 통할 만하다. 둘로 나누어 하나는 상도(上島)로 부르니 좀 크고,
하나는 하도로 부르니 다소 작으며, 또 수십 개의 작은 섬이 있고 상도와
하도 사이에 큰 만이 있으니, 일명 천항(淺港)이다. 자못 정박이 편하기
때문에 수십년 전 러시아가 남쪽 연안을 점령하였으나 얼마 안 되어 물러
났는데, 근일 각국 신문에서 논한 바에 따르면 러시아가 영국과 서로 다
투다가 영국이 우리나라 거문도를 먼저 점거했기 때문에 러시아가 근방
의 한 섬을 점령하고자 하여 우리나라 제주에 뜻을 두고 이 섬의 험애기
구(險阻崎嶇)를 상세히 조사하였는데, 배를 대기 어렵기 때문에 러시아가
또한 대마도를 다시 점령하고자 한다고 하고, 혹은 러시아 정부에서 일본
정부에 외교 서한을 보내 그 뜻을 알린 까닭에 일본 정부에서 심히 우려
하여 수월 전 이미 육군 80명을 대마도에 파송하여 방어하라 하고, 또
연해 남안지에 장차 바다를 방위할 기구를 설치한다고 하였다.

이 예문에 나타난 바와 같이, 『한성주보』의 국문체와 국한문체는 띠
어쓰기를 적용할 경우 일반인이 독해하는 데 그다지 어렵지 않다. 특히
『서유견문』의 현토체나 『황성신문』의 현토체와 견줄 경우, 『주보』에
등장하는 국한문체는 한자 지식을 갖춘 사람이라면 비교적 쉽게 독해
할 수 있다. 다만 이 신문에는 이러한 문체가 한문체에 비해 널리 쓰이
지 않았다. 관훈클럽 신영연구기금(1983)의 통계에 의하면 『주보』의 문

자별 기사 건수는 한문 1176건, 국한문 44건, 순국문 40건으로 나타난다. 이 가운데 순국문은 '뉵주논총'(1886.1.25), '르메리가 쌔와리야와 서로 합홈이라'(1886.2.1), '예시아 디략'(1886.2.1~2.15) 등과 같이 세계사나 지리를 주제로 한 기사들이다.

이처럼 『주보』의 국문체와 국한문체는 실험적인 것이었다. 김채수 (2002)에서 밝힌 바와 같이, 이 신문의 국한문체는 박문국 주사였던 강위(姜瑋)가 한문체에 궁중소설의 구두언어적 문장을 섞어 만든 것으로, 일본 『시사신문(時事新聞)』의 기자이자 『한성주보』 발행에 관여했던 이노우에 가쿠고로(井上角五郎)도 국한문체 사용에 깊이 관여한 것으로 알려져 있다.16) 순국문에 한자를 혼용한 문체라는 점에서 한자 학습이 전제되지 않으면 일반인이 독해할 수 없는 문체라는 점에서 지식 보급에 한계를 갖고 있으나, 한자 문제를 제외한 어순이나 문법 형태소의 사용 차원으로 본다면 이 문체는 언문일치를 실행하는 과도기적 문체라고 할 수 있다.

언문일치는 문자 그대로 말과 글이 일치하는 상태를 말한다. 서양 공동 문어인 라틴어로부터 자국어로 성경을 번역하는 일이 종교개혁의 시발점이자 서구 언문일치의 출발점이었듯이, 한문이라는 공동 문어로부터 국문 어순에 맞게 국문자를 사용하는 일은 한국의 근대를 열어가는 시발점이었다. 더욱이 공동 문어일지라도 같은 어족에 포함된 서구의 언어 혁명과는 달리, 공동 문어로서의 한문과는 큰 차이를 보이는 우리말을 기록하는 수단으로서 국문의 가치를 인식하고, 국어와 일치하는 국문을 사용하기까지는 비교적 오랜 시간이 소요되었다.

---

16) 이노우에가 국한문체를 만들었다는 주장은 려증동(1977)을 비롯하여 다수의 학자들이 밝혀낸 바 있다. 또한 이노우에 스스로도 '협력, 융합, 복지의 증진을 꾀함'(1936, 『조선통치의 회고와 비판』, 조선신문사)이라는 글에서 국한문체를 만들었다고 회고한 바 있으며, 『매일신보』 1938년 5월 3일부터 5월 5일까지 회고한 '한언혼합문체(漢彦混合文體)'에서도 한성순보 발행 당시 강위의 도움을 받아 국한문체를 창시하였다고 주장했다.

2. 계몽시대의 언어·문자

2.1. 지식 보급과 국문론

근대 의식의 성장 과정에서 출현한 '국문 사상'은 국문의 필요성과 가치를 인식하고 국문을 바르게 사용해야 한다는 논리를 주축으로 하고 있다. 하동호(1986)의 『국문 논설 집성』(탑출판사), 허재영(2010)의 『근대 계몽기 어문정책과 국어교육』(보고사) 등을 종합하면, 이 시기 국문 관련 논설은 대략 70편 정도가 발견되는데, 그 가운데 주시경의 '국문론'은 근대정신으로서의 '국문'이 어떤 의미를 갖고 있는지를 명료하게 보여준다. 주시경은 『독립신문』에 두 번에 걸쳐 '국문론'을 발표했는데, 하나는 국문의 가치와 관련된 것(1897년 4월 22일~4월 24일)이며, 다른 하나는 국문을 바르게 사용하는 법과 관련된 것(1897년 9월 25일~9월 28일)이다.

【 주시경의 국문론 】

ㄱ. 비지 학당학원 쥬샹호씨가 국문론을 지여 신문샤에 보내엿기에 좌에 긔지 ᄒ노라

사름들 샤는 짜뎡이 우희 다셧 큰 부쥬 안에 잇는 나라들이 <u>졔각금 본토 말들이 잇고 제 각금 본국 글자들이 잇셔셔 각기말과 일을 긔록 ᄒ고 혹간 말과 글자가 남의 나라와 ᄀᆞᆺ흔 나라도 잇는듸 그중에 말ᄒᆞ는 음듸로 일을 긔록 ᄒ야 표 ᄒᆞ는 글자도 잇고 무슴 말은 무슴 표라고 그려 놋는 글자도 잇는지라 글자라 ᄒᆞ는거슨 단지 말과 일을 표 ᄒ자는거시라 말을 말노 표ᄒᆞ는거슨 다시 말 ᄒ잘 거시 업거니와 일을 표ᄒᆞ쥬면 그 일의 ᄉ연을 자셰히 말노 이약이를 ᄒ여야 될지라 그 이약이를 긔록 ᄒ면 곳 말이니 이런 고로 말 ᄒᆞ는거슬 표로 모하 긔록 ᄒ여 놋는거시나 표로 모하 긔록 ᄒ여 노흔것슬 입으로 닑는거시나 말에마듸와 토가분명 ᄒ고서 로</u>

음이 쏙굿ᄒ야 이거시 참 글즈요 무슴 말은 무슴 표라고 그려 놋ᄂ거슨 그 표에 움작이ᄂ 토나 형용 ᄒᄂ 토나 쏘 다른 여러 가지 토들이 업고 쏘 음이 말ᄒᄂ것과 굿지 못 ᄒ니 이거슨 쏙 그림이라고 일홈 ᄒ여야 올코 글즈라 ᄒᄂ거슨 아죠 아니 될 말이라 쏘 이 두 ᄀ지 글즈들 중에 비호기와 쓰기에 어렵고 쉬운거슬 비교 ᄒ야 말 ᄒ면 음을 죠차 쓰게 ᄆᄃᄂ 글즈ᄂ 즈모 (모음이ᄅᄂ거슨 쇼릭가 나가ᄂ거시오 즈음 이ᄅᄂ거슨 쇼릭ᄂ 아니 나가되 모음을 합ᄒ면 모음의 도음을 인 ᄒ야 분간이 잇게 쇼릭가 나 가ᄂ거시라) 음에 분간 되ᄂ것ᄆ 각각 표ᄒ야 ᄆᄃ러 노ᄒ면 그 후에ᄂ 말을 ᄒᄂ 음이 도라 가ᄂ되로 싸라 모ᄒ 쓰나니 얼 흠으로 즈연히 글즈 슈가 젹고 문리가 잇서 비호기가 쉬으며 글즈가 몃시 못 되ᄂ 고로 획수를 젹게 ᄆᄃ러 쓰기도 쉬으니 이러케 글즈들을 ᄆᄃ러 쓰ᄂ거슨 참 의ᄉ와 규모와 학문이 잇ᄂ 일이요 (…중략…) 죠션 글즈가 헤늬쉬아에서 ᄆᄃᄂ 글즈 보다 더 유죠 ᄒ고 규모가 잇게 되ᄂ거슨 즈모 음을 아죠합ᄒ야 ᄆᄃ럿고 단지 밧침ᄆ 림시 ᄒ야 너코 아니 너키를 음의 도라 가ᄂ되로 쓰나니 헤늬쉬아 글즈 모양으로 즈모 음을 올케모아 쓰랴ᄂ 수고가 업고 쏘 글즈의 즈 모음을 합 ᄒ야 ᄆᄃᄂ거시 격식과 문리가 더 잇서 비호기가 더욱 쉬으니 우리 ᄉ각에ᄂ 죠션 글즈가 세계에 뎨일 죠코 학문이 잇ᄂ 글즈로 녁히노라 (…중략…) 죠션 세종대왕ᄭ셔 문명의 졍치를 힘 쓰샤 더욱 학문을 국즁에 넓히시고쟈 ᄒ시고 셔울과 시골에 학교를 만히 세우시며 국늬에 학식이 잇ᄂ 션빅들을 불으샤 여러 ᄀ지 셔칙들을 만히 ᄆᄃ러 내시며 빅셩을 다 볽게 가ᄅ치쟈 ᄒ시나 한문 글즈가 비호기와 쓰기에 어렵고 지리 ᄒ거슬 넘녀 ᄒ시고 셔쟝국 글즈를 인 ᄒ야 말 ᄒᄂ 음을 죠차 쓰게 글즈들을 어리셕은 아히라도 하로 동안ᄆ 비호면 다 알게 ᄆᄃ샤 국늬에 빅셩을 가ᄅ치시며(일홈ᄆ 훈민 뎡음이라 ᄒ셧스니 ᄯᆺ은 빅셩을 가ᄅ쳐 음을 바르게 ᄒ시ᄂ 것) 한문 칙들을 이 글즈로 ᄯᆺ슬 ᄉᆨ여셔 관에 박아 내시고 쏘 새 칙들도 만히 ᄆᄃᄉ 그 한문 글즈를 모로ᄂ 인민들도 다 알게 ᄒᆞ옵셧ᄂ지라 (…중략…) 만일 우리로 ᄒ여금 그림 글즈를

공부 ᄒᆞᄂᆞᆫ 대신의 정치 쇽에 의회원 공부나 ᄂᆡ무 공부나 외무 공부나 ᄌᆡ
뎡 공부나 법률 공부나 수륙군 공부나 항해 공부나 위ᄉᆡᆼ 상 경제학 공부
나 쟝ᄉᆡᆨ 공부나 쟝ᄉᆞ공부나 농ᄉᆞ 공부나 ᄯᅩ 기외의 각ᄉᆡᆨ 슈업상 공부들을
ᄒᆞ면 엇지 십여년동안에 이 여러 가지 공부 속에서 아모 사ᄅᆞᆷ이라도 쓸ᄆᆞᆫ
ᄒᆞᆫ 즉업의 ᄒᆞᆫᄀᆞ지ᄂᆞᆫ 잘 졸업ᄒᆞᆯ터이니 그후에 각기 ᄌᆞ긔의 즉분을 착실히
직혀 사ᄅᆞᆷ마다 부ᄌᆞ가 되고 학문이 널너지면 그졔야 바야흐로 우리 나라
가 문명 부강 ᄒᆞ야 질터이라

ㄴ. 내가 월젼에 국문을 인연ᄒᆞ야 신문에 이약이ᄒᆞ기를 국문이 한문보
다ᄂᆞᆫ ᄆᆡ우 문리가 잇고 경계가 ᄇᆞᆰ으며 편리ᄒᆞ고 요긴ᄒᆞᆯ ᄲᅮᆫ더러 <u>영문보다
도 더 편리ᄒᆞ고 글ᄌᆞ들의 음을 알아보기가 분명ᄒᆞ고 쉬운 것을 말ᄒᆞ엿거</u>
니와 지금은 국문을 가지고 엇더케 써야 올을 것을 말ᄒᆞ노니 엇던 사ᄅᆞᆷ이
던지 남이 지여노은 글을 보거나 내가 글을 지으랴 ᄒᆞ거나 그 사ᄅᆞᆷ이 문
법을 몰으면 남이 지여 노은 글을 볼지라도 그 말 ᄯᅳᆺ에 올코 글은 것을
능히 판단치 못ᄒᆞᄂᆞᆫ 법이요 내가 글을 지을지라도 능히 문리와 경계를
올케 쓰지 못ᄒᆞᄂᆞᆫ 법이니 엇던 사ᄅᆞᆷ이던지 몬져 <u>말의 법식을 ᄇᆡ화야 ᄒᆞᆯ지</u>
라 이 ᄶᆡ신지 죠션 안에 죠션 말의 법식을 아는 사ᄅᆞᆷ도 업고 ᄯᅩ 죠션 말의
법식을 ᄇᆡ우ᄂᆞᆫ ᄎᆡᆨ도 ᄆᆞᆫ들지 아니ᄒᆞ엿스니 엇지 붓그럽지 아니ᄒᆞ리요 그
러나 다ᄒᆡᆼ히 근일에 학교에서 <u>죠션말의 경계를 궁구ᄒᆞ고</u> 공부ᄒᆞ여 젹이
분셕ᄒᆞᆫ 사ᄅᆞᆷ들이 잇스니 지금은 션ᄉᆡᆼ이 업셔셔 ᄇᆡ우지 못ᄒᆞ겟다는 말들
도 못ᄒᆞᆯ 터이라 문법을 몰으고 글을 보던지 짓ᄂᆞᆫ 것은 글의 ᄯᅳᆺ은 몰으고
입으로 닑기ᄆᆞᆫ ᄒᆞᄂᆞᆫ 것과 ᄯᅩᆨ ᄀᆞᆺ지라 바라건ᄃᆡ 지금 죠션 안에 학업과
직립을 못ᄒᆞᆫ 이ᄂᆞᆫ 다ᄆᆞᆫ 한문 학교나 ᄯᅩ 그외에 외국 문ᄌᆞ ᄀᆞᆯᄋᆞ치ᄂᆞᆫ 학교
몃들ᄆᆞᆫ ᄀᆞ지고 이 급ᄒᆞᆫ 셰월을 보ᄂᆡ지 말고 죠션 말노 문법 칙을 졍밀ᄒᆞ
게 ᄆᆞᆫ드어셔 남녀간에 글을 볼 ᄯᆡ에도 <u>그 글의 ᄯᅳᆺ을 분명이 알아보고 글
을 지을 ᄯᆡ에도 법식에 ᄆᆞᆺ고 남이 알아보기에 쉽고 문리와 경계가 ᄇᆞᆰ게
짓도록 ᄀᆞᆯᄋᆞ쳐야</u> ᄒᆞ겟고 ᄯᅩᄂᆞᆫ 불가불 국문으로 옥편을 ᄆᆞᆫ드러랴 ᄒᆞᆯ지라.
(…중략…) 학문을 아는 사ᄅᆞᆷ일지라도 한문의 음ᄆᆞᆫ 취ᄒᆞ야 써셔 노은 고

로 혼히 열ᄌ면은 일곱이나 여듧은 몰으나니 차아리 한문 글ᄌ로나 쓸 것 ᄀᆺ흐면 한문을 아는 사름들이나 시원이 뜻을 알 것이라. 그러나 한문을 몰으는 사름에게는 엇지 ᄒ리요 이런즉 불가불 <u>한문 글ᄌ의 음이 죠션말이 되지 아니ᄒᆫ 것은 쓰지 말아야 올을 것이요</u> 또 죠션말을 영문으로 뜻을 쏙갓치 번력ᄒᆯ 슈가 업는 마듸도 잇고 영문을 죠션말노 뜻을 쏙갓치 번력ᄒᆯ 슈가 업는 마듸도 잇스며 <u>한문을 죠션말노 뜻을 쏙갓치 번력ᄒᆯ 슈가 업는 마듸도 잇고 죠션말을 한문으로 뜻을 쏙갓치 번력ᄒᆯ 슈가 업는 마듸도</u> 잇나니 이는 세계 모든 나라들의 말이 혹간 뜻이 쏙갓지 아니ᄒᆫ 마듸가 더러 잇기는 셔로 마천가지나 그러나 쏘흔 뜻이 그 글ᄌ와 비슷흔 말은 셔로는 법이니 한문이나 영문이나 쏘 그외 아모 나라 말이라도 혹 죠션 말노 번력ᄒᆯ 쌔에는 그 말 뜻에 대톄만 가지고 번력ᄒ여야지 만일 그 말의 마듸마다 뜻을 싴여 번력ᄒᆯ잘 것 ᄀᆺ흐면 번력ᄒ기도 어려울 쑨더러 그리ᄒ면 죠션말을 잡치는 법이라. (…중략…) 이 아릭 몃가지 말을 긔록ᄒ여 노으니 이 몃가지믄 가지고 밀으어 볼 것 ᄀᆺ흐면 달은 것들도 쏘흔 다 이와 ᄀᆺᄒᆯ지라 셜령 (墨먹으로) ᄒᆯ 것을 머그로 ᄒ지 말고 (手 손에) ᄒᆯ 것을 소네 ᄒ지 말고 (足 발은) ᄒᆯ 것을 바른 ᄒ지 말고 (心 맘이) ᄒᆯ 것을 마미 ᄒ지 말고 (飯 밥을) ᄒᆯ 것을 바블 ᄒ지 말고 (筆 붓에) ᄒᆯ 것을 부세 ᄒ지 말 것이니 <u>이런 말의 경계들을 다 올케 차자 써야 ᄒ겟고</u> 쏘 글시를 쓸 쌔에는 외인 편으로 써 나갈 것 ᄀᆺ흐면 글시를 쓰는 손에 먹도 뭇을 쑨더러 몬져 쓴 글시 줄은 손에 가리여셔 보이지 아니ᄒ니 몬져 쓴 글 쥴들을 보지 못ᄒ면 그 다음에 서 나려 가는 글 줄들의 뜻을 싱각ᄒ야 가며 ᄎᆞ 압 줄을 써 나려 가기가 어려오니 <u>글시를 외인 편으로브터 올은 편으로 써 나려가는 것</u>이 미으 편리ᄒ겟더라. (완)

위의 인용문 가운데 '국문의 가치'는 조선 글자(국문)가 '자국어에 부합하는 문자'이며, '글자 수가 적고 문리가 있어 배우기 쉽고', '한문 글자를 모르는 인민들도 다 알 수 있는 문자'로 '실상 사업에 유익하여 독립의 기둥과 주초가 될 수 있는 문자'라는 것이다. 주시경은 이를 논증하는 과정에서 국문과 한문자, 영문자를 비교하여 국문의 가치를 주장하였으며, 국문자로 각종 학문을 공부할 수 있음을 강조하였다. 그는 국문의 가치 논증을 전제로 '국문을 바르게 사용하는 법'을 설명하였는데, 위의 인용문에 나타난 바와 같이, '말의 법칙'을 탐구하고 '조선말의 경계'를 분명히 하여 가르칠 수 있도록 해야 하며, 국문으로 '옥편'을 만들고, 국어와 외국어 또는 한문과의 차이를 분명히 하여 바르게 '번역'할 수 있도록 하며, 형태소를 밝혀 뜻을 분명히 표기하고, 글을 쓸 때에도 왼쪽에서 오른쪽으로 쓸 수 있도록(횡서, 가로쓰기) 해야 한다고 주장하였다.

흥미로운 것은 1897년 주시경이 제기한 국문 사용법은 그의 다른 저서인 『국어문전음학』, 『말의 소리』, 『국어문법』 등의 원형일 뿐 아니라, 일제 강점기에 만들어진 「한글마춤법통일안」의 원형이라는 사실이다. 즉 통일안 총칙 제1항의 '표준어를 소리대로 적되, 어법에 맞게'라는 원칙이 그것이다. 이 원칙은 1912년 4월 공포된 조선총독부 학무국의 '보통학교용 언문 철자법' 서언(緖言)에서 천명한 "표기법은 표음주의(表音主義)에 의(依)하고 발음(發音)에 원(遠)한 역사적 철자법(歷史的 綴字法) 등은 차(此)를 피(避)함"이라는 원칙과도 다소 차이가 있다. 두 규정 모두 '표음주의'를 기본으로 하고 있으나, 언문 철자법에서는 말을 사용하는 법칙과 관련한 논의 대신 관습적으로 써 오던 역사적 철자법을 피하는 것만을 규정하였다. 그렇기 때문에 총 16개 항으로 구성된 언문 철자법만으로는 한글 표기의 통일을 이루기 어려웠던 셈이다.

이처럼 근대 계몽기의 국문론은 현실 언어와 일치하는 국문 통일, 누구나 쉽게 익힐 수 있는 국문자 사용, 지식 보급과 문명 발전을 위한 국문 사용의 필요성 등을 주제로 삼고 있다. 물론 이러한 의식은 근대 계몽기 한국에만 국한된 것은 아니다. 김채수(2002)에서 밝힌 바와 같이 일본의 경우도 에도(江戶) 시대 양서 역관(洋書譯官)이었던 마에시마 히

소카(前島密)의 「한자 폐지에 관한 논의」(1867.12)가 건의된 바 있었고, 후쿠자와 유키지(福澤諭吉)을 비롯한 메이로쿠샤(明六社) 그룹의 진보적 계몽운동가들이 담화체 문장을 완성해 나갔다. 1883년 '가나 사정(かなのくわい)'이나 '국자개량운동', 1885년 간다 다카히(神田孝平)의 『언문일치』 등도 일본에서의 근대 어문운동의 흐름을 보여주는 것이다. 이는 중국도 사정이 비슷하다. 1868년 상해 제조총국의 번역관 설치를 비롯하여, 각 지역에서 일어난 백화 운동은 언문일치가 근대정신의 구체적 실현 방안의 하나였음을 증명하는 것이다.

2.2. 번역과 편술

근대정신으로서 언문일치운동은 근대 지식 형성과 보급의 필요에 따른 것이다. 근대 지식의 형성 과정과 보급 과정에서 가장 먼저 등장한 문제는 역술(譯述), 곧 번역과 편술이었다. 역술은 외국어로 된 서적을 직수입하고, 그 언어로 그 문헌을 읽지 않는 이상, 반드시 거쳐야 할 작업 가운데 하나였다. 이러한 역술 서적의 출현은 시대상의 차이 또는 번역 경로 등의 차이는 있을지라도 서세동점기 중국과 일본, 한국이 모두 경험한 것이었다.

중국에서의 한역 양서(漢譯洋書)의 출현은 아편전쟁(1840) 이후에 본격화된다.[17] 전쟁의 결과 남경조약이 체결되고 광동(廣東), 하문(廈門), 복주(福州), 영파(寧波), 상해(上海)의 5개 항구가 개항되었고, 1850년대부터 서양 선교사와 외교관이 중심이 된 다수의 매체가 출현하였다. 서양인의 중국 선교는 1800년대 초부터 본격적으로 이루어지기 시작했는데,[18] 아편전쟁 이후 1860년대에는 영미 선교사들을 중심으로 '중

---

17) 이에 대해서는 허재영(2017)의 「근현대 한국에 수용된 중국의 학술 사상 연구」(『인문과학연구』 53, 강원대학교 인문과학연구소)에서 정리한 바 있다. 이 글에서도 이 논문의 일부를 발췌하여 소개했다.

국 실용지식전파회(中國實用知識傳播會)'라는 단체가 만들어질 정도로 본격적인 선교 활동이 이루어지기 시작했다.[19] 서양 선교사들의 활동과 이에 대한 저항 차원에서 태평천국운동(1850~1864),[20] '중체서용(中學爲體西學爲用)'을 주장한 풍계분(馮桂芬), 장지동(張之洞), 왕도(王韜), 정관응(鄭觀應) 등 다수의 중국 근대 지식인들의 활동이 있었지만, 1880년대 한국에 널리 알려진 중국 매체는 서양인이 중심이 된 신문·잡지였다. 특히 1868년 9월 창간된 『만국공보(萬國公報)』(창간 당시는 『교회신보(敎會新報)』)[21]와 1872년 8월 창간된 『중서견문록(中西見聞錄)』[22](후에 『격치휘편(格致彙編)』)[23]은 그 당시 중국인뿐만 아니라 1880년대 이후 한국 사회에도 많은 영향을 주었다. 『만국공보』와 『격치휘편』은 발행 취지와 목적이 유사하지만, 전자가 서양 사상과 제도, 문물을 소개하는 데 중점을 두었다면, 후자는 과학 기술과 관련된 내용을 상당수 다루었다는 점에서 다소 차이가 있다. 특히 『격치휘편』 제1권 제3호(1876.3)에는

---

18) 이에 대해서는 강인규(2011)의 「영화서원이 중국 근대 교육에 미친 영향」(『중국사연구』 제70집)을 참고할 수 있다.

19) 학부 편찬(1895), 『태서신사남요(泰西新史攬要)』(한문본)의 광고문인 '광학회 서목(廣學會書目)'에서는 티모시 리처드(중국명 李提摩太)가 로버트 멕켄지(중국명 馬懇西)의 『19세기 역사』를 중국어로 번역하여 『태서신사』(1895년 광학회 발행)를 편찬하기 30년 전(1860년대) 영국인 총세무사 혁공덕(革公德, 로버트 하트, 1835~1911. 광학회 전신인 동문서원 창립 당시 회장), 전 흠사 위타마(威妥瑪, 토마스 웨이드, 1818~1895, 1862~1882년 동안 중국 주재 전권공사) 등이 중국의 제명사(諸名士)를 가르쳤다는 기록이 나온다. 이에 대해서는 허재영(2015)의 「광학회 서목과 태서신사남요를 통해 본 근대 지식 수용과 의미」(『독서연구』 35)를 참고할 수 있다.

20) '태평천국의 난'으로 표현하는 사람도 있으나 '태평천국혁명'으로 평가하는 경우도 있다. 동경대 중국철학연구소 지음·조경란(1992)의 『중국사상사』(동녘)에서는 '운동', 또는 '혁명'으로 표현하였다.

21) 『만국공보(萬國公報)』: 1868.9.5~1907.5.30(원명 敎會新報). 상해의 임낙지(林樂知, 알렌), 위렴신(韋廉臣, 윌리엄슨) 등 선교사가 창간한 신문.

22) 『중서견문록』: 재화실학전파회(在華實學傳播會, The Society for the Diffusion of Useful Knowledge in China)에서 발행한 잡지. 발행 기간 1872.8~1875.8.

23) 『격치휘편』: 상해 거주 영국인 부란아(傅蘭雅, 존 프라이어)가 중국인 학자 서수(徐壽)의 도움을 받아 창간. 1876.2.9~1878.1. (제24권 발행 후 정간) 1880.2~1992.1. 재차 정간(제24권), 1890년 봄 복간~1892년 겨울 종간.

'강남 기기 제조 총국(江南機器製造總局)'의 각종 서양 서적 번역서 및 번각서 목록을 광고하고 있는데, 36종의 번역서와 10종의 번각서명이 등장한다. 강남 제조 총국은 1867년 겨울에 '번역관'을 설립한 것으로 알려져 있는데, 『격치휘편』 제3권 4호(1880.4)부터 9호까지 번역관의 번역 작업을 '역서사략(譯書史略)'이라는 이름으로 정리한 바 있다.24) 이 사략에 등장하는 역서는 세 종류로 번역 출간 상황에 따라 제1류 부문별 총서 98종, 제2류 번역을 했으나 간행하지 않은 역서 45종, 제3류 전체를 번역하여 간행한 역서 13종으로 구분했는데, '산학측량(算學測量), 기기(機器), 화학(化學), 지리(地理), 지학(地學), 천문행선(天文行船), 박물학(博物學), 의학(醫學), 공예(工藝), 수륙병법(水陸兵法), 연대표 신문지(年代表 新聞紙), 조선(造船), 국사(國史), 교섭공법(交涉公法), 사건(事件)' 등의 주제에 따라 역서 상황을 정리하고, 책을 판매하는 곳에 따라 구체적인 서목을 밝혀 놓았다. 예를 들어 제3권 제6호와 제9호에는 '상해 제조국(上海 製造局)'과 '격치서원(格致書院)', '미화서관(美華書館)'에서 구매할 수 있는 156종의 서목(간행본 98종, 미간행본 45종, 번역이 완료되지 않은 서적 13종 포함)과 '익지서회(益智書會)'의 42종 서목, 중국에 거주하는 서양인이 스스로 번역한 서목(寓華西人自譯各書目錄) 61종을 제시하였다.25)

『중서견문록』을 발행했던 '재화실학전파회'는 1884년 '동문서회(同文書會)'를 거쳐 1887년 '광학회(廣學會)'로 이어진다. 광학회는 1890년부터 1911년까지 약 400종의 저역서를 출판했는데, 1895년 대한제국 학부가 성립될 당시 출간된 역사 교과서인 『태서신사남요』에 소개된 서적이 19종이다. 이러한 흐름에서 아편전쟁 이후 중서문화의 충돌 과정에서 중국인들이 '공양(公洋)', '양무(洋務)'의 차원에서 '통변(通辯)', '중

---

24) 이 '사략'은 제1장 논원류(論源流), 제2장 논역서지법(論譯書之法), 제3장 논역서지익(論譯書之益)과 제4장 역서명으로 구성되었다.

25) 이 역서들은 번역자와 필술자(筆述者)가 구분되어 있다. 구체적인 서목과 내용은 후속 연구 과제로 남겨둔다.

체서용(中體西用)'의 중국 학문을 정립하고자 하는 노력을 기울였다.[26] 위원(魏源)의 『해국도지(海國圖志)』, 정관응(鄭觀應)의 『이언(易言)』(후에 『성세위언(盛世危言)』), 황준헌(黃遵憲)의 『조선책략(朝鮮策略)』 등도 이러한 배경에서 이루어진 저서로 볼 수 있다.[27]

　　일본에서의 번역어 성립은 양서를 직접 번역한 경우와 한역서를 번역한 경우로 나누어 볼 수 있다. 일본의 한역 양서 수입은 1720년대 도쿠가와 요시무네의 한역 양서 수입 제한에 따라 기독교 서적 이외에 한역 양서 수입이 이루어졌고, 이로 인해 난학이 발달하기 시작하였다. 그 과정에서 양서(洋書) 번역이 이루어지기 시작했는데, 예를 들어 이라이 하쿠세키(新井白石, 1657~1725)의 『서양기문(西洋紀聞)』은 이라이 하쿠세키가 일본 포교를 위해 잠입했다가 체포된 이탈리아 선교사 조반니 시도티(Giovanni Battista Sidott, 1668~1714)를 신문하여 기록한 책으로, 다른 문화와의 접촉을 통해 번역의 필요성과 방법을 제기한 책이다. 또한 오규 소라이(荻生徂徠)의 『역문전제(譯文全蹄)』는 일종의 자전으로 2434자의 한자를 일본식으로 읽는 방법을 설명하였다. 이 책의 서문에는 "학자들이 방언(일본어)을 가지고 쓰고 읽으면서 이를 가리켜 화훈(和訓)이라고 한다. 이것은 훈고라고 이해하지만 실은 번역이다. 그런데도 사람들은 그것이 번역임을 모른다", "중화에는 당연히 중화의 언어가 있다. 언어의 체질이 본디 달라서 어느 것에 의거한들 딱 들어맞질 않는다. 그런데도 화훈으로 에둘러 읽고서 통할 것 같다고 한다. 그러나 사실은 견강부회일 뿐이다. 그래도 세상 사람들은 반성하지 않고 글을 쓸 때 그저 화훈에만 따른다"[28]라고

---

26) 이에 대해 홍석표(2005)에서는 황준헌(黃遵憲)을 대표로 하는 '서학중원설(西學中源說)', 공자진(龔自珍), 왕도(王韜), 정관응(鄭觀應), 장지동(張之洞) 등의 '통변의식(通變意識)'과 '중체서용(中體西用)' 사상의 변화 과정을 체계적으로 정리하고자 하였다.

27) 이 당시 근대 지식과 관련된 중국인의 저술 상황에 대한 종합적인 연구가 존재하지 않기 때문에 여기에서 그 전모를 서술하기는 어렵다.

28) 마루야마 마사오·가토 슈이치, 임성모 역(2000), 『번역과 일본의 근대』, 이산, 32쪽.

하여 번역 과정에서 일본어를 사용하는 방안에 대한 문제를 제기하였다. 이러한 흐름에서 메이지 시대에는 모리 아리노리(森有禮)와 바바 다쓰이(馬場辰猪)의 영어 공용어론에 대한 논쟁이 벌어지기도 하였고,[29] 바바 다쓰이는 영어 공용의 대안으로 번역이 필요함을 역설하였다.

이와 같이 번역 문제는 근대 지식의 보급뿐만 아니라 자국어의 발달과도 밀접한 관련을 맺고 있었다. 이러한 사정은 한국의 근대 계몽기에도 크게 다르지 않다. 특히 한국 근대 계몽기에는 이른바 '역술 문화(譯述文化)'라는 것이 형성되기 시작하였다. 역술은 일반적으로 번역·편술하는 것을 의미한다. 최남선(1915)의 『신자전』에서는 '역(譯)'의 개념을 ① 전역(傳譯) 역이지언자(譯夷之言者: 이민족의 언어를 번역하는 것), ② 고석경의(詁釋經義: 경전에 자구를 붙이는 것)로 풀이하였다. 곧 '역술'은 번역뿐만 아니라 주석까지 포함하는 개념이다. 이를 고려할 때 '역술'은 단순한 번역뿐만 아니라 번역한 텍스트의 주석이나 해석까지를 포함한다. 이 점에서 동양적 역술은 역자(譯者)와 술자(述者)가 구분될 수 있다. 예를 들어 1895년 한국의 학제 도입 직후 교과서로 편찬한 『태서신사언역본』은 맥켄지(중국명 마간서)의 『19세기 역사』를 리처드(중국명 이제마태)가 번역하고 채이강이 편술한 책이다. 여기서 번역자의 역할과 편술자의 역할이 무엇인가를 명확히 구분하기는 어렵다. 다만 역자와 술자의 구분은 번역 과정이 번역하고자 하는 서적의 언어(출발언어)뿐만 아니라 번역된 언어(목표언어)의 특징과 문화까지 반영해야 함을 의미한다. 달리 말해 서구 지식을 중국어나 한국어로 번역할 때, 단순히 서

---

29) 이에 대해서는 이연숙(1996; 고영진·임경화 역, 2006)의 『국어라는 사상』(소명출판)을 참고할 수 있다. 그 당시 모리 아리노리는 『일본의 교육(Education in Japan)』(1873, 뉴욕 애플턴)에서 영어를 공용어로 삼아야 한다고 주장한 것으로 알려져 있는데, 이에 대해 바바 다쓰이는 『기초 일본어 문법(Elementary Grammar of Japanese Language, with Easy Progressive Exercises)』(1873, Tribuner and Company, 영국 런던) 서문에서 모리 아리노리의 영어 공용어론에 대해 반박하며 '왜 번역인가'라는 문제를 제기한 것으로 알려져 있다.

구 지식을 전달하는 데 그치지 않고 중국이나 한국의 언어와 문화적 특징을 고려해야 대중이 읽을 수 있는 번역서가 산출된다는 뜻이다. 이와 같은 차원에서 번역과 창작의 중간 형태로 간주할 수 있는 '번안(飜案)'이 생겨나는 것도 자연스러운 일이다.

계몽의 언어로서 '역술'의 중요성은 1880년대부터 본격적으로 제기되었다. 박영효의 건백서에서 "정치, 재정, 내외 법률, 역사, 지리, 이화학 대의 등의 서적을 번역할 것"을 주청한 것도 지식 수용과 보급의 중요성을 인식한 결과이다. 다만 1880년대 정부 차원에서 역술된 국문 번역서는 정관응의 『이언』을 언해한 것 이외에 다른 서적을 찾기 어려운데, 이는 그만큼 근대 지식 수용이 활발하지 못했음을 의미하는 것으로 볼 수 있다. 이 점에서 외서(外書)에 대한 본격적인 역술은 갑오개혁 이후에 이루어졌다.

근대 지식의 수용과 보급 과정에서 역술의 중요성은 정부 관제 개편에도 반영된다. 갑오개혁 직후인 1894년 6월 28일 관제 개편에서는 의정부 산하 외무아문 산하의 번역국, 학무아문의 편집국 등에서 번역 사무를 맡도록 하였다. 이들 기관의 업무는 다음과 같다.

【 번역 관련 기관의 업무 】
ㄱ. 외무아문 번역국: 번역국은 외국 공문 공독 번역을 담당함(繙繹局掌繙繹外國公文公牘)
ㄴ. 학무아문 편집국: 편집국은 국문으로 각국문을 번역하는 일 및 교과서 편찬 등의 일을 담당함(編輯局掌國文綴字各國文繙繹及敎科書編輯等事)

이 규정에 따르면 외무아문의 번역국은 공문과 같은 실무 번역을 중심으로 하는 기관이며, 학무아문의 편집국은 교과서 편찬을 중심으로 하는 기관이다. 이러한 활동을 뒷받침하는 자료가 군국기무처에 올린 '의안(議案)'인데, 『관보』 개국 503년(1894) 7월 초8일의 의안에 따르면 당시 의정부에서 국내외 공사 문자와 외국 국명·인명 사용의 원칙 등을 논의한 바 있으며,[30] 국문을 중심으로 한 어문생활의 중요성을 인식한 결과 칙령 제1호의 공문식(1894.11.21)으로 '국문위본(國文爲本)'을 천명하기에 이른다.[31]

칙령 제1호에 나타난 '국문', '국한문', '한문'은 문자사용을 기준으로 할 때 근대 계몽기의 대표적인 문체라고 할 수 있다. 그러나 이 시기까지 지식인들이 사용한 주요 문체는 한문이었다. 전통적인 순국문 언해체나 언해문에 한자를 섞어 쓴 국한문체가 없었던 것은 아니지만,『이언』이나 성경 또는 불경을 제외한 다른 문헌에서는 순국문체를 찾기 어렵고, 국한문체도『한성주보』의 국한문체나『서유견문』의 국한문체를 제외한 다른 문헌에서는 찾아보기 어렵다. 이러한 상황에서 '국문위본'을 천명한 것은 현실의 어문생활을 반영한 결과라기보다 자주 독립의 기초를 강조한 갑오개혁의 정신을 반영하고자 한 결과라고 볼 수 있다. 이는 1894년 12월 12일 발표한 '종묘서고문(宗廟誓告文)'을 통해 확인할 수 있는데, 이 서고문은 국문, 국한문, 한문 세 가지 문체로 발표되었다. 그 가운데 국문 서고문을 살펴보면 다음과 같다.

【 종묘서고문 국문[32] 】

대군주(大君主)게서 종묘(宗廟)에 젼알ᄒ시고 밍셔ᄒ야 고ᄒ신 글월

유(維) 개국(開國) 오ᄇᆡᆨ삼년십이월십이일에, 밝히 황됴렬셩(皇朝列聖)의 신령에, 고ᄒ노니, 짐소자(朕小子)가 됴종(祖宗)의 큰긔업을, 니어, 직

---

30) 『관보』, 1894.7.8. "무릇 국내외 공사 문자에서 외국 국명 지명이 있으면 마땅히 그것을 따르고, 서양 문자는 국문으로 번역하여 시행할 일(凡國內外公私文字遇有外國國名地名人名之當用 歐文者 俱以國文繙繹 施行事)".

31) 칙령 제1호 공문식(1894년 11월 21일) 제14조 법률 칙령은 모두 국문을 본으로 삼고 한문을 부가하여 번역하며 혹은 국한문을 사용한다(法律勅令總以國文爲本 漢文附譯或混用國漢文).

32) 『관보』, 1894.12.12.

흰지, 셜혼한히에, 오쟉, 하늘을, 공경하고, 두려ᄒ며, ᄯ흔, 오쟉, 우리 됴종을, 이, 법다드며, 이, 의지ᄒ야, 쟈죠, 큰 어려움을, 당ᄒ나, 그 긔업은, 거칠게 바리지 아니ᄒ니, 짐소쟈가 그감히글오듸, 능히, 하늘마음에, 누림이라 ᄒ리오, 진실로, 우리 태됴(太祖)게셔, 비로쇼우리왕가(王家)를, 지으ᄉ, 뼈, 우리후셰를, 도으ᄉ, 오빅삼년을, 지닉엿더니, 짐의듸(代)에, 밋쳐, 셕운슈가, 크게 변ᄒ고, 사름의 글월이, 더욱 통챵(通暢)ᄒ지라, <u>이웃나라가, 위ᄒ야, 쇠ᄒ며, 죠뎡(朝廷)의론이, 화ᄒ야 한갈갓트니, 오쟉, 쟈쥬(自主)ᄒ고, 독립(獨立)ᄒ미, 이예, 국가를, 굿게홈일식,</u> 짐소쟈가, 엇지, 감히, 하늘쌔를, 밧들어, 슌히ᄒ야뼈, 우리 됴종의씨치신긔업을, 보젼치아니ᄒ며, 엇지감히, 쌤나이며, 가다듬어, 뼈, 우리 됴종의 공렬에, 빗슬, 더, ᄒ지 아니리오, 이를, 니어, 이졔로붓터, <u>다른나라를, 이 밋지말고, 나라운슈를, 융숭ᄒ고, 챵셩ᄒ게, 회복ᄒ며,</u> 싱민의 복을, 지어, 뼈, <u>쟈쥬독립ᄒᄂ긔업을 굿게홀지라,</u> 그도리를, 싱각건듸, 혹도, 녜에 ᄲ지디말며, 히타ᄒ듸, 익키지말고, 슌히, 우리 됴종의너부신쇠를 좃치며, 텬하의형셰도, 보아, 살피여, 나라뎡ᄉ를, 이뎡(釐正)하야, 젹폐(積弊)를, 바로잡을진니, 짐소쟈가, 이러므로, <u>열네가지 큰법을, 가져,</u> 우리 됴종하늘에계오신 신령에밋셔ᄒ야, 고ᄒ고, 우호로 됴종의씨치신공렬을, 쟈뢰(藉賴)ᄒ야, 능히, 공을, 니루게하고, 혹도, 감히, 어긔미, 업게ᄒ노니 밝그신, 신령은, 닉려보시옵쇼셔. (이하 홍범 14조 생략)

'국문위본' 천명과 '종묘서고문' 발표는 근대 지식의 수용 과정에서 형성된 자주정신이 반영한 결과라고 할 수 있다. 그러나 이 시기까지 근대 지식 형성과 보급을 위한 계몽의 언어로서 국문 사용의 구체적 방안이 정해진 것은 아니었다. 순국문 사용이 언해(諺解)의 전통과 밀접한 관련을 맺고 있다고 할지라도 그 사용 범위가 넓지 못했으며, 과도기적 형태로 출현한 국한문체 또한 사용 규식이 정해진 것은 아니었다. 이 점에서 갑오개혁 이후의 지식 보급 과정은 계몽의 언어로서 국문체,

국한문체가 발달하는 과정이라고 할 수 있으며, 그 과정에서 역술(譯述)은 지식 형성과 보급의 주된 수단의 하나가 되었다.

2.3. 문명론과 문자론

한국 어문운동사에서 국문자의 범위에 대한 논란은 근대 계몽기 이후 현재까지 지속되어 왔다. 이러한 논란은 '한글'과 '한자'의 대립, 또는 '한글 전용'과 '국한 혼용'의 대립 등과 같이 문자 사용의 본질적인 문제보다 민족주의 내지 국가주의라는 이데올로기적 성격을 띤 경우가 많았던 것으로 보인다. 그러나 엄밀히 말하면 근대 계몽기의 문자론, 특히 국문론은 '국어'라는 의식 형성 과정만을 반영한 것이 아니라 19세기 이후 세계 지성사의 기반이 되었던 진화론적 문명론과 밀접한 관련을 맺고 있다. 국문론에 반영된 문명 진화론은 국문 보급이 인민을 계몽하여 '개화의 상태', 곧 '문명 진보'를 이끈다는 범박한 사상이다. 다음 논설을 살펴보자.

【 한문자와 국문자의 손익이 어떠한가(漢文字와 國文字의 損益 如何)[33] 】
學問은 一人의 私有홀거실신 否라 萬人의 同由ᄒ야 利用홀거시니라. 學問은 一國의 私有홀거실신 否라 萬國의 同由ᄒ야 利用홀거시니라 學問은 何를 謂홈이뇨 無形上心地로 從ᄒ야 有形上文字의 顯ᄒ야 有形上文字로 從ᄒ야 無形上心地로 還附ᄒᄂ 거시니 心關에 智識을 見홀 時에 文字ᄂ 學問의 守闇者됨이 必要ᄒ도다. (…中略…) 嗚呼라 如斯ᄒ 先進의 亞洲ᄂ 現今 如何ᄒ 狀況에 在ᄒ뇨 永히 亞洲로 英佛人의 臣妾이 되야 終身홈이 可홀신 또ᄒ 數千年前 固有에 光輝ᄀ치 歐米를 凌駕ᄒᄂ 境遇에 回復홈이 可홀신

33) 신해영(1896, 1897), 「한문자와 국문자의 손익 여하」, 『대조선재일유학생친목회회보』 제2호(1896.3.15), 『대조선독립협회회보』 제15호~제16호(1897.6.30~7.15).

今에 亞洲全局을 統算홈애 渺渺漠漠호 四千六百年間에 國國이 萎涸廢絶호야 南北西部는 임의 歐人銅鐵鎖에 入호고 다만 朝鮮 日本 支那(淸國) 波斯(벳루샤) 暹羅(사이암) 五國이 獨立호얏스ᄂ 홈쎄 文明妙味에 並進치 못호니 其源由는 漢文象字를 信用호고 自國國文을 賤히 너기야 尊古卑今에 斃習으로 宗敎 束縛을 不脫호는 一點에 不外호도다. (…中略…) 嗚呼ㅣ라 万國 今日의 形勢를 見홈애 弱肉强食 優勝劣敗호야 慘狀不忍이나 東西洋이 相合호야 一大國系範圍를 成홈애 또호 万國 慈善主義를 建호야 相憐相濟호고 諸宗敎는 各各國土人種을 不問호고 宣敎를 務호야 一視同仁的 性質을 保持호니 今日은 곳 万國同歸傾向에 時節이라 敎育實業도 學問이오 何職業이던지 道德躬行도 學問이오, 何宗敎던지 商業信用도 學問이오 一小賣商人이라도 時勢善察도 學問이오 交際公法도 學問이오 言語相講도 學問이오 情實相探도 學問이라. (…中略…) 今에 我朝鮮國이 獨立後에 政府도 一新호야 社會万事万物을 去舊就新홈애 國民의 新面目을 爲호야 國文專用의 訓令을 頒布홀 際에 各各多少의 波瀾을 激호야 一時의 動搖를 催호고 今에 至호기 家國實際에 何를 標準호야 方針을 立홀지 新舊間에 迷호야 一定方向을 不整호는 者ㅣ 多多호도다 人間世界의 大勢로브터 見홈애 國을 開호고 政敎를 革호야 幾多에 事件이 出來홀지라도 國民의 遺傳호 德心은 左右홈을 不得홀지니 斯民은 數千年來 朝鮮人이라 朝鮮人은 스사로 朝鮮人의 德義가 有호니 如何호 事物變動의 際라도 其德의 量은 隨感應變홀지나 其固有의 光輝를 放홈은 不可홀지라.

번역 학문은 한 사람이 사유하는 것인가? 아니다. 만인의 함께 이용할 것이니라. 학문은 한 나라가 사유하는 것인가? 아니다. 만국이 함께 이용하는 것이니라. 학문은 무엇을 일컫는 것인가? 무형의 마음을 따라 유형의 문자로 드러내고, 유형의 문자를 따라 무형의 심지로 돌아가는 것이니 마음과 관련하여 지식을 바라볼 때 문자는 학문의 지킴이가 될 필요가 있다. (…중략…) 아, 이러한 선진적인 아시아가 지금 어떤 상황에 놓여 있는가. 영원히 아시아가 영불인의 신업이 되어 종신하는 것이 좋은

일인가. 또는 수천 년 전 고유한 광휘같이 구미를 능가하는 상태를 회복하는 것이 가한가. 지금 아시아 모든 상황을 합쳐 묘묘막막한 사천 육백 년 간 나라마다 위축되고 폐절하여 남북 서부는 이미 서양인의 지배에 들어가고 다만 조선, 일본, 지나(청국), 파사(페르시아), 섬라(미안마) 5국이 독립하였으나, 함께 문명의 묘미에 들지 못하니, 그 이유는 한문 상형자를 사용하고 자국 국문을 천히 여겨 옛것만 존중하고 지금 것은 비천하게 여기는 폐습으로 종교적인 속박을 벗어나지 못한 것에 불과하다. (…중략…) 아, 만국 금일의 형세를 보니 약육강식 우승열패하여 참상을 차마 볼 수 없으니 동서양이 각각 합하여 일대 국계의 범위를 이루니 또한 만국 자선주의를 건설하여 서로 구제하고, 모든 종교는 각각 국가와 인종을 불문하고 선교를 힘써 일시동인적(一視同仁的) 성질을 갖고 있으니, 금일은 곧 만국이 함께 하는 시대이다. 교육과 실업도 학문이요, 어떤 직업이든지 도덕 궁행하는 것도 학문이다. 어떤 종교나 상업과 신용도 학문이요, 작은 소매 상인이라도 시세를 잘 살피는 것이 학문이요, 공법으로 교제하는 것도 학문이요, 언어를 서로 강구하는 것도 학문이요, 실상을 잘 살피는 것도 학문이다. (…중략…) 지금 우리 조선국이 독립 후에 정부도 일신하여 사회의 모든 사물을 옛것을 버리고 새것을 취하는 데 국민의 신면목을 위해 국문 전용의 훈령을 반포할 때, 각각 다소 파란을 일으켜 일시의 동요를 재촉하고, 지금에 이르러 국가의 실질 사무에 무엇을 기준으로 하여 방침을 세울지 신구(新舊)가 미혹하여 일정한 방향을 정하지 못하는 것이 많다. 인간 세계의 대세로 보면 나라를 열고 정교를 혁신하여 수많은 사건이 일어날지라도 국민이 전해온 도덕심은 바꿀 수 없을 것이니, 그 백성은 수천 년 이래 조선인이다. 조선인은 스스로 조선인의 덕의가 있으니 어떤 사물 변동이 있을 때라도 그 덕은 감응할 것이나, 그 고유한 광휘를 놓아버리는 것은 불가할 것이다.

이 논설에서는 '학문'이 만인·만국의 공유물이며, 학문 발달의 전제

조건으로 문자가 필요함을 주장하고, 역사상 문자가 학문 발달에 얼마나 기여하는가를 논증하였다. 특히 고대 이집트(에지부도=애급), 그리스(씨리샤=희랍), 영국(잉쓰리스=잉글랜드)의 역사를 예시하여 학문 발달과 언어의 관계를 증명하고, 현재의 아시아는 5개 국이 독립한 상태이나 한자를 존숭하고 자국문을 천히 여기는 폐습으로 구미의 속박을 벗어나지 못했다고 주장하였다. 이 논설에서 주목할 점은 '국문위본'이 천명된 직후의 사회상인데, '거구취신(去舊就新)'의 상황에서도 '신구 간의 미혹'으로 인해 방향을 정하지 못하는 일이 많다는 것이다. 이른바 신학과 구학의 갈등은 근대 계몽기의 주된 사회 갈등의 하나였는데, 이러한 갈등 속에 외래 정신과 조선인 고유의 덕의가 갈등을 빚을 수 있다는 뜻이다. 이 논설은 재일유학생들의 『친목회회보』 제2호에 발표된 것을 『대조선독립협회회보』 제15호~제16호에서 옮겨 실었다. 신해영은 1896년 관비 일본 유학생 파견 당시 감독관으로 일본에 간 뒤, 유학생 친목회에서 발행하는 『친목회회보』에 다수의 논설을 발표했던 인물이다. 이 회보의 주된 논조와 마찬가지로 그가 쓴 글에서는 진화론적 문명사상을 전제로 한 논설이 많다. 이 논설 또한 국문의 독립이 문명 진보를 위한 전제라는 관점에서 쓴 논설이다.

이 시기 문명론적 관점에서 국문의 필요성을 주장한 논설은 매우 많다. 1898년 배재학당 협성회에서 발행한 『매일신문』의 논설(1898.11.7) '국민이 나라 문명홀 근본'도 이러한 사상을 압축한 논설이다.

【 국민이 나라 문명홀 근본34) 】

본듸 국문을 우리 나라 셰종 대왕씌옵셔 지으샤 국민 남녀의 편리히 쓰기를 쥬장 호심이니 후셰를 기리 싱각호신 션왕의 유퇵이 진실노 무궁 호신지라 빅셩이 되어 셩은을 사모호는 도리로만 말호여도 이글을 공경호

---

34) 『미일신문』, 1898.6.17.

야 만드러 쓰는 것시 맛당ᄒ거늘 하물며 이ᄀᆺ치 편리ᄒ거슬 지금것 폐ᄒ엿던 모양이니 엇지 익셕지 안으리오 이는 다름이 아니라 우리 나라 사름이 ᄌ릭로 헛되고 괴리ᄒ 거슬 숩상 ᄒ야 실상을 일삼지 아니ᄒ며 흥샹 싀긔ᄒ는 마음이 잇셔 내가 아는 것은 놈을 모로게 ᄒ려는 신둙에 셩경 현젼을 이런 쉬운 글노 번역ᄒ야 무식ᄒ 빅셩들을 삽시간에 알아듯게 홀 싱각들은 아니ᄒ고 더 ᄀᆺ치 어려운 한문을 공부ᄒ야 십여년을 종샤ᄒ 후에야 비로소 문리를 씨다르면 큰 션비라고도 칭ᄒ며 학ᄌ라고도 칭ᄒ나 실상인즉 셩인의 말삼은 궁리치 아니ᄒ고 한문만 공부ᄒ니 경셔를 익는 션비들도 셩인의 본의는 다 일허 바린지라 만일 그럿치 아니ᄒ야 스셔 삼경을 다 국문으로 번역ᄒ야 널니 ᄀ르쳣스면 국즁 남녀 귀쳔이 홈씌 교황 젓겨 모도 공ᄌ님의 뎨ᄌ가 되엿슬터이니 오늘날 유교가이 ᄀᆺ치 쇠ᄒ지는 아니ᄒ엿슬지라 셰계에 새로 발명ᄒ 학문으로 말홀지라도 나라히 ᄀ명ᄒ다 칭ᄒ는 것슨 다만 글일근 사름 몃쳔명 몃만명으로만 인연ᄒ야 ᄒ는 말이 아니라 젼국에 남녀 로소와 상하 귀쳔을 통계ᄒ야 비교ᄒ 연후에 혹 문명국이라 반ᄀ화국이라 야만국이라 칭ᄒ는 법이기로 덕국 ᄀᆺ혼 나라에는 남녀간 오륙셰된 아희가 학교에 다니지 아니하면 슌검이 잡아다가 억지로 학교에 넛코 그 부모를 벌 씨우는 법이 잇스니 이런 법이 다 그나라를 문명케 ᄒ려 홈이라 지금 우리 나라에 관민이 다 이ᄀᆺ치 어두으믹 이 어두은 것슬 열게 ᄒ자면 교휵이 아니고는 홀슈 업슬터인즉 만일 한문으로 교휵 ᄒ려다가는 지금 붓터 시작ᄒ여 부즈런히 공부들을 ᄒ딕도 신문이나 칙볼 만치 공부ᄒ자면 그즁에 ᄌ죠유무를 다 통계ᄒ고 말ᄒ면 소불하 십년은 ᄒ여야 될터이니 십년을 글만 공부ᄒ여 가지고 학문을 새로 비호기와 불과 몃시동에 언문을 씨쳐가지고 만권 셔칙을 못 볼 것이 업시 즉시 학문을비호기에 더딕고 속홈이 엇지 비교 ᄒ리오 국문은 진실노 셰계에 드문 글이라 이 글을 써스면 글시 못쓰고 칙못보는 사름이 온 나라에 몃치 되지 안을지라 근자에 쳥국에 유명ᄒ 션비들이 말ᄒ기를 한문이 과히 어려워셔 이 어두운 빅셩들을 씨우치자면 이 글 가지고셔는 홀슈업다고 ᄒ야 싀로 셔양 글자와 우리

나라 국문을 참작ㅎ야 구차로이 글을 만드러 가지고 국즁에 통용ㅎ기를 원ㅎ는 사람이 여러히니 그 사람들은 한문이 즈긔 나라 글리로되 그 폐단를 싱각ㅎ고 이런 의론을 창론ㅎ거늘 ㅎ물며 국문은 우리 나라 글일쌘더러 이ㄱ치 쓰고 보기에 쉽고 편ㅎ 지라 엇지 쇼홀히 넉이리오 우리가 흥상 부러워 ㅎ던 것은 외국 사람들이 길에 혹 틱고 가던지 거러 갈쩌라도 칙이나 신문을 보며 다니고 진고긔 일본 사람의 가가를 지나가며 보면 남녀간에 로방에 안져 신문을 가지고 보며 즈긔 나라 시셰와 외국 형편을 서로 의론ㅎ여 혹 나라 일을 걱정도 ㅎ며 남의 나라를 론란도 ㅎ거늘 우리 나라 사람들은 길에 가며 전후 좌우를 돌나 보아도 모도 일업시 늘어 안졋스되 글ㅈ쓴 죠희 죠각 들고 보는 사람은 업고 혹 고담책이나 볼 싸름이 더니 지금은 그만 ㅎ여도 길에 지나가며 보자면 슌검막과 가로상 전방에서 신문을 보는지 만ㅎ셔 이젼에는 청국이 무삼 나라인지 모로고 대국이라ㅎ면 비로소세상에 뎨일부강ㅎ 나라 흐로만 넉이던 사람 들이 지금은 신문지를 들고 안져 말ㅎ기를 청국이 말못 되얏스며 우리 나라이 미우 위급ㅎ 째라고들 의론 ㅎ는 빅셩이 잇스니 이는 다힝이 <u>대한에 국문이 잇는 신둙이라 이런 요긴ㅎ 글을 실시ㅎ야 써서 우부 우밍이라도다 긔명ㅎ 학문을 빅화 전국이 어셔 문명에 나아 가기를 우리는 간졀히 원ㅎ노라</u>

이 논설에서는 문명국이 되기 위한 전제 조건으로 국민 개명이 필요함을 강조하고, 전통적인 한문 학습의 폐단을 지적한 뒤, 남녀노소 상하 귀천 모두 국문으로 교육을 받아야 함을 주장하였다. 이 논설에 등장하는 '문명국, 반개화국, 야만국'의 구별은 『친목회회보』 제6호(1898.4.9) 원응상의 '개화의 삼원칙' 등과 같은 논설에서도 쉽게 찾아볼 수 있는 것으로, 근대사상의 주류가 진화론적 문명사상을 기반으로 하고 있음을 의미한다. 곧 국문은 우부우맹일지라도 개명한 학문을 배우는 수단이므로 문명진보를 위해 국문을 사용해야 한다는 논리이다. 이러한 논리는 『황성신문』에 기고한 주시경의 '필상자국문언(必尙自國文言, 1907년

4월 1일부터 6일까지 연재)'에서 좀 더 체계적으로 서술된다. 이 논설은 '동물경쟁(動物競爭)', '사람이 최강의 동물이 됨(人爲最强動物)', '사람이 문자와 언어로 최강의 권리를 향유함(人以文言得享最强之權)', '인류의 경쟁이 문언과 관계가 있음(人類競爭文言有關)' 등과 같이 진화론적 관점에서 언어의 본질을 제시하고, '자국문에 대한 각성이 자국을 유지하는 징표(自國文覺爲自國特立之表)', '자국문을 제정하여 사용하는 이유(自國文制用之由)', '아국문언(我國文言)', '반드시 자국 문언을 다듬어야 함(必修自國之文言)' 등과 같이 국가 차원에서 국문의 의미와 국문 정리의 필요성을 논리적으로 제시하였다. 근대 계몽기 국어 연구의 대표적인 학자이자 국문 통일에 기여한 주시경의 글답지 않게 국한문으로 쓰인 논설이지만, 이 논설은 주시경의 언어관을 가장 잘 드러내는 논설 가운데 하나이다. 엄밀히 말하면 주시경이 이 논설을 국한문으로 쓴 것은 황성신문사가 사용하는 주된 문체가 국한문체였기 때문일 것이다. 『황성신문』에도 간혹 순국문 소설이나 광고문이 실리기는 하지만, 논설류 대부분이 국한문체였음을 고려한다면 주시경이 기고하는 과정에서 국한문체를 사용한 것도 부자연스러운 일은 아니다.

이러한 차원에서 근대 계몽기 어문문제에서 좀 더 고민해 보아야 할 것은, 국문자 사용 여부가 아니라 이 시기 지향점인 '문명'과 '계몽'의 본질이 무엇인가에 있다. 흥미로운 것은 국권 침탈기인 1905년 전후 선각자들의 중심 사상의 하나가 '애국사상'이라는 점이다. 이는 한일협약의 결과 통감부가 설치되고, 외교권과 치안유지권이 박탈되는 상황에서 민족의 진로를 걱정하던 계몽사상가들이 자연스럽게 갖게 되는 사상이다. 일반적으로 국문위본이나 국문의 필요를 강조하는 논설은 애국적인 논조를 담고 있다. 특히 『독립신문』, 『매일신보』, 『협성회회보』, 『제국신문』 등과 같이 순국문으로 발행된 신문의 경우 그 어떤 매체보다도 '평등의식'과 '자주의식'을 강조하는 경향이 있었고, 그 자체가 애국적인 활동으로 간주되기도 하였다.

3. 근대의식과 어문 정리

3.1. 구어의 발견과 어음 연구

근대 계몽기 국문의 필요성과 가치를 인식하면서 본격적으로 대두된 문제는 합리적으로 국문자를 사용하는 문제였다. 『독립신문』 창간호 논설에서 제기한, '말마디를 떼어 쓰는 것'이나 주시경의 '국문론'에서 제기한 '이름과 토를 구별하여 쓰는 법(형태소를 밝혀 표기하는 방법)' 등은 국문을 합리적으로 사용하기 위한 가장 기본적인 조건들이다.

널리 알려진 바와 같이 훈민정음이 창제된 이래 1895년에 이르기까지 국어의 말소리 변화에 적합하게 표기법을 통일하고자 하는 운동은 없었다. 비록 조선시대 일부 학자들이 시대 변화나 지역에 따라 음변화가 존재한다는 사실을 언급한 적은 있지만, 현실음을 반영하여 표기법을 체계화해야 한다는 데까지 생각이 미치지는 못했다. 이러한 점에서 1895년 이후에 등장하는 '국문 정리 운동'과 '문전 연구'는 국어학사의 의미뿐만 아니라 계몽 운동사의 차원에서 중요한 의미를 갖는다.

학문적 차원에서 국어에 내재하는 문법에 처음 관심을 기울인 사람들은 서양 선교사들이었다. 선교를 목적으로 내한한 이들은 포교에 필요한 한국어 능력을 갖추기 위해 한국어 학습서를 펴내기 시작한다. 그 가운데 언더우드(1890), 게일(1894) 등의 저서에서는 '구어'가 무엇인지 뚜렷이 나타내 준다.

【 구어와 문어 】

ㄱ. In the writing of Korean, two forms of character are used the native Ernmun and the Chinese. In all official correspondence, philosophical books, and in fact in nearly all books of real value, the Chinese character is used, the native Ernmun being relegated to a few trashy love stories and fairy tale.

This difference in the written language, has led to the assertion that there are two language in Korean, sometimes hear foreigners talks of "speaking in Ernmum." There are not two language and this expression is wrong, for the "Ernmun" is simply a system of writing, and it would be as sensibles to talk of "speaking in Munson's system of short hand." The idea that there are two languages in Korea is strengthened by the fact, that foreigners, who are perhaps tolerably well acquainted with words purely Korean, have, when they heard conversations carried on between officials and scholars, been unable to understand what was said.

번역 한국에서 글을 쓸 때에는 두 가지 형식이 있는데, 고유한 언문을 사용하는 것과 중국 문자를 사용하는 것이다. 공식적인 문서나 철학적인 책과 같이 가치를 갖고 있는 것은 중국 문자가 사용되고 있으며 고유한 언문은 무시되고 진부한 연애담이나 소설과 같은 데 사용된다. 이러한 문어의 차이는 한국에서 두 언어가 있다는 주장을 갖게 하는데, 때때로 외국인은 '구어'로 말하는 것을 듣게 된다. 조선에 두 언어가 있는 것이 아니고 그러한 말은 틀린 것이다. 언문은 단지 표기의 체계이며, 약칭 먼슨 시스템과 같다. 한국에 두 언어가 있다는 생각은 사실 외국인들에게 강하며, 그들은 아마도 순수한 한국어 어휘를 습득하는데 고통스럽고, 그들이 공적인 경우와 학자들의 대화에서 듣기를 수행할 때 무엇을 말하는지 이해하기 어려울 것이다.

—H. G. Underwood(1890: 4~5)[35]

ㄴ. I offer the following to the Presbyterian Mission as the result of my efforts in accordance with works set apart for me by the annual meeting of

---

35) H. G. Underwood(1890), *An Introduction to the Korean Spoken Language*, Yokohama Seishi Bunsha, pp. 4~5.

1892~93. By way of introduction I may say that until one has learned the force of verbal endings and connectives in Korean, it is an impossibility to do translation work or even to use the common spoken forms correctly. <u>Standard enmoun literature is confined to the translation of the Chinese classics, and consequently does not include all the expression in the spoken language.</u>

번역 나는 1892~1893년 연초 회의와는 별도로 장로교 선교회에 나의 노력과 부합하는 결과를 제출하였다. 서문에서 나는 한국어의 동사 어미와 접속사를 배우기까지를 소개했는데, 이것은 번역 작업이나 일반적인 구어 형태를 정확하게 사용하기가 불가능했다. 표준 언문은 중국 고전의 번역을 제한하고, 따라서 구어의 모든 표현을 포함하지 못한다.

—J. S. Gale(1894)[36]

이 글은 서양 선교사들이 한국어를 배울 때 느끼는 어려움을 피력한 것으로, 당시 한국에서는 중국 문자인 한문과 한국 문자인 언문을 동시에 사용하고 있으며, 문자 체계인 언문은 그 자체로 구어(spoken language)가 아니라 단지 표기의 방법이었음을 밝힌 것이다. 특히 한문은 공식적인 상황이나 학문어로 존재하고, 언문은 표준 표기가 존재하지 않음으로 인해 한국에서 두 개 이상의 언어(구어)가 존재한다는 인식까지 생겨나게 한 셈이다.

이러한 상황에서 한국어를 익히기 위해서는 한국어에 내재하는 문법 규칙을 찾고, 표기법을 통일해야 한다는 인식이 생겨난 것은 자연스러운 일이다. 이러한 현상은 헐버트의 『사민필지』 서문에도 잘 나타난다.

---

36) J. S. Gale(1894), "Preface", *Korean Grammatical Form*(辭課指南, 〈과지남), Trilingual Press Seoul.

　텬하형세가 녜와 지금이 크게 굿지 아니ᄒᆞ야 젼에는 각국이 각각 본디 방을 직희고 본국 풍쇽만 ᄯᆞ르더니 지금은 그러치 아니ᄒᆞ여 텬하 만국이 언약을 서로 밋고 사름과 믈건과 풍쇽이 서로 통ᄒᆞ기를 맛치 ᄒᆞᆫ 집안과 굿ᄒᆞ니 이는 지금 텬하 형셰의 곳치지 못홀 일이라 이 곳치지 못홀 일이 잇슨즉 각국이 젼과 굿치 본국 글ᄉᆞ와 ᄉᆞ젹만 공부ᄒᆞᆷ으로는 텬하 각국 풍긔를 엇지 알며 아지 못ᄒᆞ면 서로 교접ᄒᆞᄂᆞ 소이에 맛당치 못홈과 인졍을 통홈에 거리낌이 잇슬 거시오 거리낌이 잇스면 졍의가 서로 도탑지 못홀지니 그런즉 불가불 이젼에 공부ᄒᆞ던 학업 이외에 ᄯᅩ 각국 일홈과 디방과 폭원과 산쳔과 소산과 국졍과 국셰와 국직와 군ᄉᆞ와 풍쇽과 학업과 도학의 엇더홈을 알아야 홀 거시니 이런고로 태셔 각국은 남녀를 무론ᄒᆞ고 칠팔세 되면 몬져 텬하 각국 디도와 풍쇽을 ᄀᆞᄅ친 후에 다른 공부를 시작ᄒᆞ니 텬하의 산쳔 슈륙과 각국 풍쇽 졍치를 모ᄅᆞᄂᆞ 사름이 별노 업ᄂᆞ지라 죠션도 불가불 이와 굿치 ᄒᆞᆫ 연후에야 외국 교접에 거리낌이 업슬 거시오 ᄯᅩ 싱각건대 즁국 글ᄉᆞ로는 모든 사름이 ᄲᆞᆯ니 알며 널니 볼 수가 업고 <u>죠션 언문은 본국 글ᄉᆞᆫᆯ ᄭᆞᆫ더러 션비와 ᄇᆡᆨ셩과 남녀가 널니 보고 알기 쉬오니</u> 슬프다 죠션 언문이 즁국 글ᄉᆞᄌᆞ에 비ᄒᆞ야 <u>크게 요긴ᄒᆞᆫ 것마는 사름들이 긴ᄒᆞᆫ 줄노 아지 아니ᄒᆞ고</u> 도로혀 업수히 넉이니 엇지 앗갑지 아니리오 이러므로 외국 용우ᄒᆞᆫ 인믈이 <u>죠션말과 언문ᄉᆞ법에 익지 못ᄒᆞᆫ 거스로 붓그러움을 니져ᄇᆞ리고</u> 특별히 언문으로써 텬하 각국 디도와 이문 목견ᄒᆞᆫ 풍긔를 대강 긔록홀ᄉᆡ 몬져 ᄯᅡᆼ덩이와 풍우박뢰의 엇더홈과 ᄎᆞ례로 각국을 말ᄉᆞᆷᄒᆞ니 ᄌᆞ셰히 보시면 각국 일을 대총은 알 거시오 ᄯᅩ 외국 교접에 젹이 긴홈이 될 ᄃᆞᆺᄒᆞ니 말ᄉᆞᆷ의 잘못됨과 언문의 셔투른 거슨 용셔ᄒᆞ시고 이야기만 ᄌᆞ셰히 보시기를 그윽히 ᄇᆞ라옵ᄂᆞ이다 죠션 육영공원 교ᄉᆞ 헐벗

　이 책은 헐버트가 육영공원 교사로 재직하던 1886년부터 1892년 사

이에 저작된 교재로 추정된다. 이 책은 순국문으로 이루어진 세계지지 교재라는 점에서도 큰 의미가 있지만, '조선말과 언문법'을 제기하여, 국문이 통일되어야 함을 깨우친 교재로도 의미가 있다. 흥미로운 사실은 이 시기 표기법이 매우 혼란스러웠음에도 이 책은 내적 통일성을 갖추고 있다는 사실이다. 예를 들어 '풍쇽'이라는 단어는 27회 등장하나 이 단어의 이형태로 볼 수 있는 '풍속'이라는 표기는 단 한 번도 나타나지 않는다. 비록 이 시기 현실음과 표기가 다를지라도, 헐버트가 사용한 표기가 내적 통일성을 갖고 있다는 사실은 '조선말의 언문법'의 구체적인 내용을 확정하지 않았을지라도, 저자 나름대로 일정한 규칙을 세워 언문 표기를 했음을 의미한다.

국문 정리는 표기상의 내적 통일성뿐만 아니라 언문일치의 원리에 부합하는 통일된 표기법을 마련하기 위한 작업이다. 이 점에서 구어의 존재를 확인하는 것은 매우 중요한 일이다. '구어'의 발견은 '국문 사용'을 주장하는 일부 논설에도 등장한다. 다음과 같은 예가 있다.

【 근대 계몽기 국문론에서의 '구어' 인식 】
ㄱ. 나라에 국문이 잇서셔 힝용ᄒᆞᄂᆞᆫ 거시 사름의 입이 잇서셔 말슴ᄒᆞᄂᆞᆫ 것과 ᄀᆞᆺᄒᆞ니 말슴을 ᄒᆞ되 <u>어음</u>이 분명치 못ᄒᆞ면 남이 널으기를 반 벙어리라 홀 쑨더러 졔가 싱각ᄒᆞ야도 반 벙어리오 국민이 잇스되 힝ᄒᆞ기를 젼일ᄒᆞ지 못ᄒᆞ면 그 나라 인민도 그 나라 국문을 귀즁ᄒᆞᆫ 줄을 모르리니
　　　　　　　—지석영(1896), 「국문론」, 『대한독립협회보』 제1호

ㄴ. 글ᄌᆞ라 ᄒᆞᄂᆞᆫ 거슨 단지 말과 일을 표ᄒᆞ자는 거시라 <u>말을 말노 표ᄒᆞᄂᆞᆫ 거슨</u> 다시 말ᄒᆞ잘 거시 업거니와 일을 표ᄒᆞ즉면 그 일의 ᄉᆞ연을 자셰히 말노 이약이를 ᄒᆞ여야 될지라.
　　　　　　　—쥬상호, 「국문론」, 『독립신문』, 1897.4.22

ㄷ. 내가 월전에 국문을 인연ᄒ야 신문에 이약이ᄒ기를 국문이 한문보다
는 ᄆᆡ우 문리가 잇고 경계가 붉으며 편리ᄒ고 요긴홀 ᄲᆞᆫ더러 영문보다도
더 편리ᄒ고 글ᄌᆞ들의 음을 알아보기가 분명ᄒ고 쉬운 것을 말ᄒ엿거니
와 (…중략…) 이ᄯᆡᄭᆞ지 죠션 안에 죠션말의 법식을 아는 사람도 업고 ᄯᅩ
죠션 말의 법식을 ᄇᆡ우는 ᄎᆡᆨ도 ᄆᆞᆫ들지 아니ᄒ엿스니 엇지 붓그럽지 아니
ᄒ리오. 다ᄒᆡᆼ히 근일에 학교에셔 죠션말의 경계를 궁구ᄒ고 공부ᄒ여 적
이 분석ᄒᆞᆫ 사람들이 잇스니

—쥬상호, 「국문론」, 『독립신문』, 1897.9.25

이 자료들은 1896년 이후에 쓰인 것으로 '조선말'을 쉽게 쓰기 위해
'국문'을 사용해야 함을 천명한 논설들이다. 이들 논설은 '국문의 중요
성'을 강조하는 데 기조를 두고 있으나, 이 과정에서 '어음', '말로 표하
는 것', '조선말'의 존재를 전제로 하고 있다.

말과 글의 불일치는 문자생활의 불편으로 이어진다. 이 점에서 1890
년대부터는 표기법의 불편에 관한 문제가 본격적으로 등장하기 시작
했다. 『독립신문』 창간호 논설에서 띄어쓰기의 필요성을 주장한 것이
나, 윤치호가 'ㆍ' 사용의 문제점을 제기한 것도 이러한 상황을 반영한
것이다.

【 윤치호의 국문론 】

ㄱ. 윤치호씨가 죠션 국문 일로 글을 지여 신문샤에 보내엿기에 좌에 긔직
ᄒ노라 우리 나라 국문은 지극히 편리 ᄒ고 지극히 용이 ᄒ나 아, ㅏ,
ㆍ 음이 둘이 되는 고로 가량 네 사람이 사람 인 ᄌᆞ를 쓰랴면 혹은 (사람)
혹은 (사ᄅᆞᆷ) 혹은 (ᄉᆞ람) 혹은 (ᄉᆞᄅᆞᆷ)이라 쓰니 뉘가 올코 뉘가 그른지 엇
지 알니요 글ᄌᆞ 쓰는 법이 이 ᄀᆞᆺ치 모호 ᄒ면 셔칙을 ᄆᆞᆫ들기와 아희들을
글ᄋᆞ치기가 심히 착란 ᄒᆞ니 이제로 브터는 아릭 아(ㆍ)ᄌᆞ는 다만 뒤 밧치는
ᄌᆞ(ㄱ ㄴ ㄷᆡ)와 토ᄉᆞᆺ(ㄱ ᄂᆞᆫ 를 듸 ᄆᆞᆫ)맛쵸는듸믄 쓰고 다른듸는 모도 큰

아(ㅏ)즈를 통용ᄒ면 대단히 편리 ᄒᆯ듯 내 말을 올케 ᄒ시ᄂ 졔군은 무슴 다른 방편을 말 ᄒ야 죵쇽히 일졍ᄒ 규모를 광용케 ᄒ면 진실노 우리 나라 교휵에 크게 유익 ᄒᆯ 듯. 윤치호씨의 일졍 ᄒ게 작졍 ᄒ즈ᄂ 말은 죠흔 말이로ᄃ 아릭 ᄋᄌ를 다믄 뒤 밧지 ᄂᄃ와 토숫 뭇치ᄂᄃ면 쓰즈ᄂ 말은 윤치호씨가 국문을 쟈셔히 모로고 ᄒ 말은 라 언졔던지 웃 아즈난 긴 음 에 쓰ᄂ 거시요 아릭 ᄋᄌᄂ 싸른 음에 쓰ᄂ거시라 비유컨ᄃ 믈 ᄒ면 타 고 다니ᄂ 믈이른 말이요 말이라면 사름 ᄒᄂ 말을 말이라 ᄒᄂ거시라 죠션 사름들이 죠션 말을 공부 ᄒ 일이 업ᄂ 고로 쓰기를 규칙 업시들 ᄒ니시 대단히 모호 ᄒ고 착란 ᄂᄂ 일이 만히 잇스되 만일 말을 공부를 ᄒ야 국문으로 옥편을 믄드라 놋케드면 그 옥편을 ᄀ지고 사름마다 공부 를 ᄒ야 젼일ᄒ 규모가 국즁에 싱길터이니 우리ᄂ 바라건ᄃ 학부에셔 이 런 옥편을 ᄒ나를 믄드러 죠션 사름들이 즈긔 나라 글을 바로 쓰게ᄒ야 주ᄂ거시 사업일듯 ᄒ더라.

—『독립신문』, 1897.5.27

ㄴ. 눈치호 죠션 국문: 우리나라 국문은 지극히 편리하고 지극히 용이하 ᄂ 아(ㅏ·)음이 둘인 고로 가령 네 사람이 사람인 자를 쓰면 혹은 '사람' 혹은 '사름' 혹은 'ᄉᆞ람' 혹은 'ᄉᆞ름'이ᄅ 쓰니 숙지 숙비를 알니오. 글자 쓰ᄂ 법이 모호하면 서칙을 만들기와 동몽을 가르치기에 심히 착난하니 자금으로ᄂ 아릭 아(·)자ᄂ 다만 뒤밧치ᄂ 자 (ㄱ ㄴ ㄷ)와 토숫(ᄀᄂ ᄃ ᄅ) 맞추ᄂ ᄃ면 쓰고 다른 ᄃᄂ 모도 큰 아(ㅏ)자를 통용하면 ᄃ단히 편 리할 듯. ᄂ 말을 올케 아시ᄂ 제군은 이ᄃ로 시ᇶ하시고 합의 안ᄂ 제군 은 무삼 다른 방편을 말하야 종속히 일증ᄒ 규모를 광용하면 진실노 우리 나라 교휵에 크게 유익ᄒᆯ 듯.

—『죠션크리스도인회보』, 1897.5.26.

ㄷ. 죠션 국문: 우리가 죠션으로 나와셔 국문 쓰ᄂ 법을 비호려 ᄒ니, 즈고

며 알녀홀 째에는 법이 업는 거슬 보고, 국문 잘 쓰기가 어려올 줄을 아나, 엇지ᄒᆞ야 곳쳐 새로 마련ᄒᆞᄂᆞ 수를 알지 못ᄒᆞ엿더니, 근일에 윤치호 씨가 그리스도 신문국으로 편지ᄒᆞ야 국문 곳칠 법을 마련ᄒᆞ엿ᄂᆞ니 편지 속에 마련ᄒᆞᆫ 대로 법을 내면 됴타 홀 이도 잇고 쓸듸업다 홀 이도 잇스니 서로 싱각ᄒᆞ고 의론ᄒᆞ면 그와 ᄀᆞᆺ치 합ᄒᆞᄂᆞ 이는 그대로 쓰면 됴홀 듯ᄒᆞ나 그리스도 신문에셔 가량ᄒᆞ려 ᄒᆞ니 윤치호 씨 지은 거슨 ᄒᆞᆫ 쟝은 죠션회보에서 내엿시니 다시 판각홀 거시 업고 ᄒᆞᆫ 쟝은 그대로 판각ᄒᆞ엿시나 흥샹 그대로 ᄒᆞᄂᆞ 거시 아니라 국문에 닉으신 이는 말슴ᄒᆞ시자고 ᄒᆞᄂᆞ 이는 그리스도 신문국으로 편지ᄒᆞ시옵. 회보에 판각ᄒᆞᆫ 말은 곳 이 쯧인 고로 긔직ᄒᆞ노라. (아ᄋ)음이 둘히 되는 고로 아래 웃즈가 착란이 되니 이제브터는 아래(·)ᄌᆞᄂᆞ 다만 뒤 밧치는 ᄌᆞ (ㄱᄂᆡᄃᆡ)와 토솟(ㄱ ᄂᆞᆫ ᄅᆞᆯ 두문)은 뭇초는 듸만 쓰고 다른 듸는 웃아(ㅏ)ᄌᆞ를 통용ᄒᆞ자고 혼다더라.

—『그리스도신문』, 1897.6.3.

이 글은 1897년 윤치호가 언론사에 보낸 국문 사용법에 관한 건의 내용이다. 이에 따르면 윤치호는 '아' 음이 둘로 'ㅏ'와 '·'가 혼용되는 현상을 통일해야 함을 주장하였다. 비록 '·'를 뒤에 받치는 데만 쓰자고 제안한 것도 현실에 맞는 것은 아니지만, 이러한 주장이 나타난 것만으로도 표기법 통일의 필요성을 자각하고 있음을 의미하는 것이라고 할 수 있다.

이처럼 구어에 대한 인식은 말소리에 대한 연구로 이어진다. 이러한 차원에서 주목할 성과가 유길준의 『조선문전』이다. 김민수(1977)의 '조선문전 해제'에서 밝힌 바와 같이, 필사본 『조선문전』은 내국인의 문전으로서는 가장 먼저 저술된 문법서로 알려져 있다.[37] 이 책은 제1편

---

37) 김민수(1977)에서는 이 책이 유길준이 일본 망명 중인 1897~1904년 사이에 쓰였을 것으로 추정하고 있다. 그 이유는 1897(광무1)년 8월의 신국호인 '대한, 황한'이 본문에 나오고, 後行하는 필사 이본 『조선문전』(김민수 소장)에 '1902(광무6)년 11월 등초, 1904(광무

'언어론(言語論)', 제2편 '문장론(文章論)', '부록'으로 구성되었는데, 이 가운데 부록의 '축어법(縮語法)'과 '상음하몽법(上音下蒙法)'은 국어의 구어에서의 음변화를 대상으로 한 것이다.

【 축어법(縮語法) 】

動詞 及 形容詞가 助動詞와 合ᄒᄂ 時에 音調의 關係로 縮約ᄒᄂ 法이 有ᄒ니 今에 其例를 示ᄒ건ᄃᆡ, 말을 달니어, 라 ᄒᄂ 時에 [달니어]를 [달녀]라 ᄒ니 此ᄂ [니]의 ㅣ를 約ᄒ고 [어]의 ㅓ 와 合하 [녀]를 成ᄒ나 音調의 關係로 [녀]를 成ᄒᆷ이라 其同類를 例示ᄒ 則

　　　나무를 심으어 ᄂ [심어]
　　　물을 것느어 ᄂ [것너]
　　　밥을 먹으어 ᄂ [먹어]
　　　諸凡 動詞가 此에 倣ᄒ니라
　　　곳에 블그어 ᄂ [블거]
　　　뫼가 놉흐어 ᄂ [놉허]
　　　물이 말그어 ᄂ [말거]
　　　諸凡 形容詞가 此에 倣ᄒ니라

축어는 말을 줄여 쓰는 방법을 말한다. 유길준이 예시한 '심어, 먹어, 블거, 놉허, 말거' 등은 축어라기보다 탈락 현상으로 볼 수 있다. 그러나 본디 형태에서 말이 줄어들거나 탈락하는 현상을 이해함으로써 그 현상을 반영한 표기 원칙을 탐구하는 기틀을 마련해 준 것이다. '상음하몽법(위의 음이 아래 음에 영향을 미치는 법)'은 음운 변동의 원리를 반영한 설명인데, 그 내용을 보면 다음과 같다.

---

8)년 6월 조'라 있기 때문이다.

【 상음하몽법(上音下蒙法) 】

　　言語는 衆音을 合ᄒ야 成ᄒᄂ 者라 彼此 連接ᄒᄂ 時에 下居ᄒ 字가 [아]행인즉 上居ᄒ 字의 밧침을 因ᄒ야 其音의 変化를 生ᄒᄂ니 수에 其例를 示ᄒ건ᄃ, 말이 달닌다, [이]의 音이 말字 밧침 [ㄹ]의 音을 蒙ᄒ야 [리]音을 生ᄒ니 其同類를 例示ᄒ 則

　　　　꼿이 피엿다 [이]의 音이 [시]音을 生ᄒ고

　　　　바람이 셔늘ᄒ오, [이]의 音이 [미]音을 生ᄒ고

　　　　언덕이 놉소, [이]의 音이 [기]音을 生ᄒ고

　　　　밥을 먹이어라, [을]의 音을 [블]을 生ᄒ니

　　此를 類推ᄒ면 皆然ᄒ니라.

이 예시에서 확인할 수 있듯이 '말이[마리]', '꼿이[꼬시]', '바람이[바라미]', '언덕이[언더기]', '밥을[바블]'은 음절 끝소리 이어나기 규칙(연음법칙)이 적용되는 사례이다. 비록 말소리는 변화할지라도 형태를 밝혀 적을 때 의미상 혼란이 없음은 누구나 쉽게 짐작할 수 있다.

말소리에 대한 연구는 주시경의 『말』, 『국어문전음학』, 『말의 소리』에서 좀 더 체계화된다. 필사본 『말』은 1908년경 개고본(改稿本)으로 그 이전에 저술된 『국어문법』의 전본(傳本)이다. 이 책에서는 국문 모음의 근본음이 'ㅏ ㅓ ㅗ ㅜ ㅡ ㅣ' 6음이며, 다른 음은 합음된 것이라고 주장한다. 이 책에서도 'ㆍ'는 'ㅣㅡ'의 합음이라고 하여, 음가를 갖고 있는 것처럼 설명하기는 하였으나, 근본 모음과 합음을 설명한 뒤 훈민정음에 근거하여 'ㆍ'를 설명했으므로, 현실음으로 지각한 것은 아니다.[38]

---

38) 주시경(1908), 『말』(역대한국어문법대계 1~8, 탑출판사). 이 책에서 주시경은 근본 모음과 합음을 설명한 뒤, "이런즉 우리 국문의 합음을 별표을 겸하여 ㅏ ㅓ ㅗ ㅜ ㅣ ㅑ ㅕ ㅛ ㅠ 외에 더 잇을 것은 ㅣㅡ의 합음 별표뿐이요 달혼 표가 또 업을 것이 의심 업은즉 훈민정음(訓民正音)에 모음들은 다 아모 한문ㅈ의 중성(中聲)과 ᄀ다 ᄒ엿는ᄃ·이 표도 중셩이라 ᄒ엿으니·는 ㅏ ㅓ ㅗ ㅜ ㅡ ㅣ ㅑ ㅕ ㅛ ㅠ 외에 더 잇는 모음표라."라고 설명하였다.

근본 모음과 합음설은 당시의 현실음을 자각한 데서 비롯된 주장이며, '국어 자음의 습관'이나 '접변' 현상 등은 모두 구어의 현실음을 바탕으로 한 것이다. 『국어문전음학』은 1908년 상동 청년학원에서 열린 제2회 하기 국어강습소 강의안을 바탕으로 한 책이다. 이 책에서 주시경은 "자국을 보존하며 자국을 홍성케 하는 방법은 국성(國性)을 장려하는 데 있고, 국어와 국문을 숭용(崇用)함이 가장 중요하므로 자국의 말(言)과 문(文)을 연마하여 빛내며 구하고 보충"해야 함을 역설한다. 책명에 '음학(音學)'이라는 표현을 사용한 데서 알 수 있듯이, 이 책은 국어 자모음의 원리, 습관음 등을 체계화하고, 국문에서 새로 써야 할 받침을 제안한다.39) 곧 '초종성 통용'이나 'ㄷㅅ'의 분변(分辨) 등은 음리를 고려한 표기 방식이며, 음리를 연구하여 표기를 통일해야 함을 주장하고 있는 셈이다. 이러한 주시경의 말소리 연구는 문어와 구어의 차이를 체계적으로 설명하는 데 기여했을 뿐 아니라, 그의 후학들에 의해 '한글마춤법통일안'이 나오는 이론적 기반이 되었다.

3.2. 국문 정리와 보급

근대 계몽기 국문의 가치 인식이나 구어의 발견, 표기법의 정리 등이 본격적인 문제로 대두된 것은 1890년대 후반의 일이다. 『독립신문』 창간호 논설이나 윤치호의 '조선 국문'에 대한 제안 등은 이를 뒷받침하며, 『협성회회보』 1898년 3월 12일자 내보에서도 『만국공보』의 중국

---

39) 주시경(1908), 『국어문전음학』(역대한국어문법대계 1~10, 탑출판사). 이 책에서는 용비어천가의 예를 들고, "同歌의 國文이 語體와 音理에 不可ᄒ게 記ᄒ 것이 不少ᄒ나 如何ᄒ 子音이든지 初終에 通用ᄒ이 證據됨으로 子母字를 轉換隨用ᄒ은 束縛이 無ᄒ니 中葉으로 誤解訛用ᄒ는 弊를 辨明ᄒ고 國語의 音대로 任意取用ᄒ자 ᄒ기에 確實히 證據되는 文字니라. 近來로는 ㄷ을 終聲에는 廢ᄒ고 ㅅ으로 通用ᄒ니 此는 偶然히 成習된 弊라. 然ᄒ나 自初로 ㅅㄷ을 終聲에는 國語대로 明白히 分辨ᄒ여 用ᄒ지 못ᄒ에서 生ᄒ이니 此와 等ᄒ 弊源이 다 國語을 硏究치 못ᄒ에서 起ᄒ이니라."라고 하였다.

문자 개혁 기사를 보도할 정도로, 문자 문제가 본격적으로 제기되기 시작하였다.

이와 같은 흐름에서 국문 정리의 필요성은 1905년 지석영의 '신정국문(新訂國文)', 이능화의 '국문일정의견서(國文一定意見書)', 1907년 학부 내의 '국문연구소' 설립, 1909년 '국문연구의정안(國文硏究議定案)'의 산출로 이어진다.

'신정국문'은 '오음 상형변(五音象形辨)', '초중종 삼성변(初中終 三聲辨)', '신정국문 합자변(新訂國文合字辨)', '신정국문 고저변(新訂國文高低辨)', '신정국문 첩음 산정변(新訂國文疊音刪定辨)', '신정국문 중성이정변(新訂國文重聲釐正辨)'과 같이 문자 사용에 대한 견해를 담고 있다. 이 가운데 '상형변', '삼성변', '합자변', '고저변' 등은 현실음과 다소 거리가 있는 내용이나, '첩음 산정변'에서 제시한 '·'의 'ㅏ자 합음설'은 '·'음 소실에 따른 혼란에서 비롯된 주장으로 볼 수 있다. '·'는 16세기 말부터 음가가 소실되기 시작하여 18세기 이후에는 문자만 남고 현실에서는 변별되지 않는 문자로 알려져 있다. 그러나 표기에 남아 있기 때문에 많은 혼란을 불러일으켰는데, 지석영의 경우 당시까지도 '·'가 'ㅏ'의 첩음이기 때문에 첩음 표기의 문자를 사용해야 한다고 생각했던 것이다. 또한 '중성 이정변'에서 'ㅺ, ㅼ, ㅽ, ㅾ' 등과 같은 병용을 폐지하고 거듭소리의 표기인 'ㄲ, ㄸ, ㅃ, ㅉ'을 쓸 것을 주장한 것은 현실음을 반영한 결과라고 할 수 있다.

이능화의 '국문일정의견서'는 말 그대로 '의견서'이다. 이 의견서에는 국문에 대한 '전장법도(典章法度)'의 필요성과 함께 '국문 문체'의 유형, '국문 정리의 세 가지 원칙' 등이 담겨 있다.

【 국문 일정 의견서 】

伏二有一國則有一國之文與語ᄒᆞ고 則亦有文語口語之種別ᄒᆞ니 大抵口語ᄂᆞᆫ 繁ᄒᆞ고 文語ᄂᆞᆫ 簡ᄒᆞ니 要之暢達事理而已라. 是以文明極度之國은 其文與

語에 名物象數와 典章法度ㅣ 從以具備ᄒᆞ야 爲世適用也라. 東亞文明은 支那
ㅣ 最先故로 昔者에 韓日諸國이 借用漢文ᄒᆞ니 恰如歐洲之橫文이 多源於希
臘羅馬之文字也라. 無論 東西洋ᄒᆞ고 文與語ㅣ 隨社會複雜之象態ᄒᆞ야 漸臻
繁富라. 今 歐文은 有二十萬字之譜ᄒᆞ되 而漢文字數ㅣ 不及其半ᄒᆞ니 文明 程
度를 於此可徵也라. 韓日 兩國이 借用漢文ᄒᆞ고 又 各有國文ᄒᆞ니 卽韓之諺文
과 日之假名이라. 綴字合音於象譯之用에 無有不能ᄒᆞ니 因以漢文交作이면
便利無比라. 盖 漢文字義ㅣ 包括甚廣ᄒᆞ니 假使今讀一論에 粗解文理者ᄂᆞ
一萬目에 輒知其要領이나 然但自初學至粗解文理之間에 頗甚困難 而諺文은
限於取音 故 今讀一論에 自始至末을 若不細閱一遍則意味不顯이오 且 字音
書法에 如 가지/ᄆᆞ디 之類를 人人各殊ᄒᆞ니 此ᄂᆞ 無也라. 緣無一定音義之字
典故也라. 我國語全體ㅣ 幾平成以漢文ᄒᆞ고 又別有方言以解釋之ᄒᆞ니 此ㅣ 我
韓人難學漢文之所以라. 然則 於此에 不可不講究國漢文並用便利之法也로다.
日本假名之創造ㅣ 在千餘年以前 而用漢文에 附書假名ᄒᆞ야 自成一國之文體
ᄒᆞ니 近雖有廢棄漢文 純用日文之議나 然猝不能見諸實施者ᄂᆞ 以其有各種原
因有然歟ᅵ뎌. 若以借用他國文爲可恥則不然ᄒᆞ니 唯在利用以成我國之文耳
라. 至於純用國文ᄒᆞ야ᄂᆞ 或在於百年以後之時代也로다. 今設身爲一學生ᄒᆞ
야 但知國文ᄒᆞ고 不識漢文ᄒᆞ면 則未免熟然不足之想也리니 試看日本國人컨
듸 雖引車之夫와 賣餠之婦라도 鮮有不識字者ᄒᆞ니 今取讀日本新學書籍則其
譯述字義ㅣ 最屬明確ᄒᆞ고 且於漢字右側에 附書假名ᄒᆞ야 雖婦女兒童이라도
易於曉解라. 唯我國文國語之組成이 幸與日文日語로 大體相似 而但國漢文混
用之法이 止於語尾ᄒᆞ야 遂使俗者로 仍然不能讀書ᄒᆞ니 何不效附書假名之例
ᄒᆞ야 務使言文一致ᄒᆞ야 雅俗共讀乎아. 今擧其例하야 開列于左ᄒᆞ노라. (…
中略…) 愚以爲一定國文이 其法이 有三ᄒᆞ니

　一 延請博學多聞之人ᄒᆞ여 模倣言泉ᄒᆞ야 日文字典之最良者 輯述國文字典
　　一部를 事

　二 小學敎科書漢字側에 附書諺文를 事

　三 輯述國誨規範一冊ᄒᆞ야 添入國語一科於小學校를 事

번역 생각건대 한 나라에는 나라와 더불어 말이 있고, 또한 문어와 구어의 구별이 있으니, 대저 구어는 번잡하고 문어는 간결하니 사물의 이치를 창달하는 데 요체가 되기 때문이다. 이로써 문명이 극도에 이른 나라는 그 문자와 언어에 사물 이름과 전장 법도를 따라 갖추었으니 세상에 적용하기 위한 것이다. 동아 문명은 중국이 가장 먼저인 까닭에 옛날 한국과 일본 등 여러 나라가 한문을 차용하니 흡사 구주에서 횡행하는 문자가 희랍 로마자에서 기원한 것과 같다. 동서양을 물론하고 문자와 언어는 사회의 복잡한 상태에 따라 점점 번잡해지고 다양해진다. 지금 서양의 문자는 20만자가 있으나 한문자 수가 그 반에도 미치지 못하니 문명 정도를 가히 증거할 수 있다. 한일 양국이 한문을 차용하고 또 각 나라마다 국문이 있으니 곧 한국의 언문(諺文)과 일본의 가나(假名)가 그 것이다. 상형에 따라 철자 합음하여 사용하는 데 능하지 않은 바가 없으니 이로써 한문을 교용하면 편리함이 비할 데가 없다. 대개 한문의 자의는 포괄적이고 심히 넓으니 가령 지금 독법을 한번 말하면, 문리를 잘 이해하지 못하는 자는 일만 번에 문득 그 요령을 알 것이나, 단지 초학으로부터 문리를 잘 이해하지 못하는 사이에 자못 곤란이 심하나, 언문은 취음이 한정된 까닭에 시작과 끝을 만약 세밀하게 살피지 않으면 의미가 잘 드러나지 않은 것이다. 또 자음과 서법에서 '가지'와 '가디' 등과 같이 사람마다 각각 다르니 이는 다름 아니라 음의(音義)를 일정한 자전(字典)이 없는 까닭이다. 우리나라 국어 전체가 한문으로 평이함을 이루고 또 별도의 방언으로 이를 해석하니 이는 우리 한국인이 한문을 배우기가 어려운 까닭이다. 그러므로 이에 불가불 국한문 병용의 편리한 법을 강구해야 한다. 일본이 가나를 창시한 지 천여 년 이전 한문에 가나를 부서하여 일국의 문체를 이룬 이래 지금 비록 한문을 폐지하고 순수한 일본문만 사용하고자 의논하나 졸연히 그 실시한 것을 볼 수 없는 것은 각종 이유가 있기 때문이다. 만약 타국 문자만 차용하는 것은 부끄러운 일이나 편리함으로써 아국 문자를 이루었을 따름이다. 국문을 순용하는 데 이르러서는 혹 백년 이후의 시대에나 가능할 것이다. 지금 학생들을 위해 단지 국문만 알고 한문을 모르면 곧 숙달함에 이르지 못할 것을 상상하기 어렵지 않다. 일본 사람들을 보건대 수레를 끄는 사람이나 떡을 파는 부인네도 문자를 모르는 사람이 드무니 지금 일본 신학 서적을 읽으면 곧 자의를 역술한 것이 가장 명확하고 또 한자의 오른쪽에 가나를 부서하여 비록 부녀와 아동일지라도 쉽게 이해할 수 있다. 오직 우리 국문 국어의 조성이 다행히 일문 일어와 대체로 유사하나 단지 국한문 혼용법이 어미(語尾)에 이르러서 모름지기 세속에서 글을 읽지 못하니, 어찌 가나를 부서한 효과를 따라 언문일치에 힘써 아문(雅文)과 속문(俗文)을 같게 하지 않는가. 지금 그 예를 들어 아래와 같이 보이고자 한다. (…중략…) 이로써 국문을 일정하는 방법이 세 가지가 있으니

　　일. 박학다문한 사람을 불러 말의 근원을 모방하여(일본문의 자전이
　　　　가장 좋음) 국문 자전을 편술할 일.
　　이. 소학 교과서 한자 옆에 언문을 부서할 일.
　　삼. 국문 규범을 가르치는 책을 편술하여 소학교에 국어 과목을 첨입할 일.

이 의견서는 문리를 파악하는 데 한자가 도움이 되며, 일본의 사례에서 보듯이 한자를 혼용한 문체를 사용하는 것이 편리하다는 주장을 펼치고 있다. 비록 국문의 특징을 바르게 이해하고, 국문 규범을 제시하는 데 이르지 못했으나, '언문일치'를 위해 한자를 사용해야 한다는 주장은 표기법 통일을 위한 방편으로 일정한 의미를 갖는 주장이라고 할 수 있다. 다만 국문과 일본문의 차이를 '어미'의 차이로 한정하고, 일본문에서 한자를 전폐하지 못했듯이 국문에서도 한자 전폐가 쉽지 않을 것이라는 예측은 국문에 대한 논리적인 규명보다 시대 상황에서 비롯된 한계로 보인다. 그럼에도 이 의견서에서 '아문'과 '속문'이 동질해야 한다고 주장한 것은 근대 어문의 발달 차원에서 의미 있는 주장이었다고 할 수 있다.

이처럼 국문 정리와 관련한 다수의 논의를 통해 1907년에는 학부 내에 '국문연구소'가 설립되었다. 국문연구소는 '신정국문'이 반포된 지 2년 후인 1907년(광무11년) 7월 8일 당시 학부대신이었던 이재곤의 주청으로 이루어졌다. 이 시기 학무국장은 윤치호로 어윤적, 이능화, 권보상, 이억, 윤돈구, 주시경, 현은, 송기용, 장헌식, 이종일, 유필근, 이민웅, 지석영, 우에무라(上村正己) 등이 위원으로 활동하면서 정서법 확립을 주목적으로 삼았다. 국문연구소는 1909년(융희3년) 12월 27일까지 존속되었는데, 그 과정에서 '국문연구의정안'이라는 통일된 보고서를 마련하였다. 이때 토의된 주요 내용은 다음과 같다.

【 국문연구의정안 】
ㄱ. 국문의 연원과 자체 급 발음의 연혁
ㄴ. 초중성 ㆁ ㆆ ㅿ ◇ ㅁ ㅸ ㆄ ㅃ 8자의 복용당부(當否)
ㄷ. 초성의 ㄲ ㄸ ㅃ ㅆ ㅉ ㆅ 6자 병서의 서법 일정(一定)
ㄹ. 중성 중 ㆍ자 폐지＝자 창제(刱製)의 당부(當否)
ㅁ. 종성의 ㄷ ㅅ 이자용법 급 ㅈ ㅊ ㅋ ㅌ ㅍ ㅎ 6자도 종성에 통용 당부(當否)
ㅂ. 자모의 7음과 청탁의 구별 여하
ㅅ. 사성표의 용부 급 국어음의 고저법
ㅇ. 자모의 음독 일정(一定)
ㅈ. 자순 행순의 일정(一定)
ㅋ. 철자법

이와 같은 정서법에 관한 의제가 주를 이루었으며 이 안은 국내 형편으로 곧 공포 실행되지는 못하였으나 그 원안은 대체로 지켜져서 조선어학회에서 1933년 '한글맞춤법 통일안'을 제정할 때까지 반영되었다.[40]

4. 국문 보급과 외국어 학습

4.1. 근대 계몽기 국문 보급

근대 계몽기 국문 보급은 기독교계 종교 단체의 활동으로부터 본격화되기 시작한다. 1880년대 서양 여러 국가와 통교한 뒤부터 각국 선교사가 들어오기 시작했고, 이들은 선교 목적으로 다양한 서적을 출판하기 시작하였다. 선교사들의 국문 서적 출판은 성경 번역과 밀접한 관련을 맺고 있었는데, 그 가운데 대표적인 단체가 '미이미교회 성교서 회사', '대한성교서 회사' 등이었다. 『그리스도신문』 1901년 2월 14일자 기사에 따르면 1889년 국내에서 처음으로 미이미 감리교회에서 설립한 성교서 회사가 설립되어 1900년대까지 대략 15종의 국문 서적을 발행했다고 한다. 그 가운데는 조원시(조 헤버 존스) 목사의 부인이 저술한 『초학언문』, 벙커 목사가 저술한 『영어총론』(배재학당에서 영어를 대한 국문으로 가르치는 책) 등과 같은 국문 관련 서적도 들어 있었다. 이뿐만 아니라 1895년에는 대한성교서 회사(대한성서공회)가 설립되어 다수의 성경 및 전교 관련 서적을 국문으로 발행했는데, 1900년대 초까지 성경 이외의 전교서 19책을 국문으로 저역하였다.[41] 주목할 것은 그 당시 성경 보급 현황인데, 『죠션크리스도인회보』 1899년 2월 20일자 기사에 따르면 1899년 기준 보급한 성경책은 9만 3천 권을 인쇄하여 4만 1284권을 판매한 것으로 나타난다.

---

40) 이와 관련된 내용은 강신항(1994: 187)을 참고하였음.

41) 「대한성교셔회샤 셔칙 략론」, 『그리스도신문』, 1901.2.14. 이 글에 따르면 그 당시 성경 이외에 번역한 책은 『성경문답』(시란돈 목사 대부인), 『쟝원량 우상론』(마포 목사), 『텬로지귀』(비 목사), 『구셰진쥬』(비 목사), 『파혹진션론』(노병삭 저), 『쥬일 직희는 론』(소 목사 번역) 등 19종의 종교서이다.

【 성경을 품42) 】

우리 그리스도 교회는 어느 디방에 가 전도ㅎ던지 성경을 번역흠과 서
칙을 간츌흠과 빅셩의게 ㅍ는 일을 요긴흔 줄노 아는지라. 그런고로 미국
과 영국에 셩셔공회를 셜립흔 지가 여러 희포 되엿더라. 우리가 지나간
히 동안에 셩경 폰 거슬 이 아래 긔직ㅎ노라.

신약 이십칠권을 다 번역ㅎ야 지금 출판ㅎ는 즁이오 샹년에 빅힌 칙
권 수효가 합 구만 삼천 권이오 쏘 각쳐 교회당에 나아간 거시 스만 일천
이빅팔십수 권이오 방매흔 거시 삼만 수천팔빅십삼 권이오 직작년에 방
매흔 거시 류천삼빅삼십오 권이니 비교ㅎ여 보건딕 작년에는 직작년보담
오갑졀이나 더 되젼지라. 우리는 셔칙의 만히 사가심을 치하ㅎ거니와 올
히에는 칙을 더 만히 사 가시고 공부도 독실히 ㅎ기를 ㅂ라노라. (요한복
음 오쟝 삼십구졀)을 보라.

서양 선교사들의 내한과 국문 신문, 서적의 발행은 근대 계몽기 국문
의 중요성을 인식하고 보급하는 데 많은 영향을 미쳤다. 『독립신문』,
『협셩회회보』, 『미일신문』, 『죠선크리스도인회보』, 『그리스도신문』 등
의 순국문 신문이 발행되고, 국문의 중요성을 강조하는 다수의 논설이
발표되었다. 하동호 편(1986), 허재영(2010) 등의 자료에 따르면 1890년
대부터 1905년까지 발표된 국문 관련 논설은 20여 편이 넘는데, 이들
논설에서는 대부분 국문이 국가 진보의 힘이며 개명을 위한 수단이라
는 점을 강조한다. 이러한 예의 하나로 『그리스도신문』 1897년 7월 29
일 '지식'에 실린 논설을 살펴볼 수 있다.

【 지식 】

대개 셰계 만국의 무슴 공부이던지 공부ㅎ는 일이 여러 가지가 잇스니

---

42) 『죠선크리스도인회보』, 1899.2.20.

입으로 말ㅎ며 눈으로 보며 귀로듯고 손으로 문지는 이도 잇는지라. 지금 <u>우리가 한문과 언문 공부ㅎ는 리치</u>를 비교ㅎ야 말ㅎ느니, 무릇 무숨 글이던지 별 리치가 업고 쯧을 긔록ㅎ 따름이라 그러나 몬져 말이 잇슨 연후에 쯧이 잇슬 거시오 쯧이 잇슬지라도 말이 업스면 그 쯧이 쓸듸 업는 쯧이라. 가령 한문을 비교홀 디경이면 한문이라 ㅎ는 글은 쯧만 쥬쟝ㅎ는 거시오, <u>언문이라 ㅎ는 거슨 쯧과 말을 다 긔록ㅎ는 거시니</u> 대개 그 리치를 비유홀진대 (⋯중략⋯) 언문인즉 만일 이삼삭만에 졸업지 못홀지라도 일년 가량만 공부홀 디경이면 필경코 통치 못홀 사롬이 업슬 듯ㅎ즉 우리 싱각에는 <u>이만치 묘ㅎ고도 용이ㅎ 글은 셰계 각국에 미우 드물 듯ㅎ고</u>, 한문 ㄷ치 질박ㅎ며 지리ㅎ 글은 셰계 각국에 쏘ㅎ 미우 드문지라. 엇던 사롬이 잇서 빅리 가량되는 길흘 갈 터히오 그 가는 길히 두 ㄱ닭이 잇는 듸 가령 네시 동안에 가는 길도 잇고 혹 여둛시 동안이라도 득달키가 어려온 길히 잇슬 디경이면 처음에는 그 길히 어듸로 가면 힝보가 쉽고 어듸로 가면 힝보가 지리ㅎ지 모로려니와 만일 그 가갓온 길흘 아연후에야 그 험ㅎ고 먼 길노 갈 리치가 잇스리오. 만일 쉬온 길흘 알고도 즘즛 멀고 험ㅎ 길노 힝ㅎ는 쟈는 가위 어리셕은 사롬이니 우리가 그젼에는 <u>한문과 언문이 어느거시 용이ㅎ고도 묘ㅎ 글인줄 분간치 못ㅎ엿거니와 지금 보건대 이만치 보기도 쉽고 알기도 쉬온 거슨 언문만ㅎ 글이 업스니 불가불</u> 공부ㅎ여야 홀 거시오, 이젼으로 말홀진대 셜총에 리투와 졍표는 의구결은 한문을 도아주는 군ᄉㅣ오 아죠에 언문은 한문을 여러 갑졀노 대신ㅎ는 쟝슈와 ㄷ거늘 시셰를 쏘라 공부를 변통치 아닛는 거슨 소위 량반이라 ㅎ는 사롬들이 의식을 벼슬과 토식질ㅎ는 듸 붓쳣다가 이런 긔명ㅎ 쌔를 당ㅎ야 벼슬과 토식을 ᄆ음대로 못ㅎ야 의식을 쥬션치 못ㅎ면서도 말ㅎ기를 출하리 죽을지언뎡 다른 쟝ᄉ 싱애와 다른 신속ㅎ 공부를 ㅎ야 의식을 변통홀 수가 업다 ㅎ는 것과 ㄷㅎ지라. 지금 사롬들이 말ㅎ듸 출하리 글이 업는 나라히 될지언뎡 엇지 언문만 가지고 힝셰ㅎ리오 ㅎ즉, 그 지 더러긴 거시 청국 사롬들과 흡ᄉ방불ㅎ지라. 청국 사롬들은 빅속에 한문

62

이란 젹병이 잇는 고로 그 츄하며 무식한 묘양과 교만한 틱도가 와화섯지 내여 뵌즉 우리나라 사름들도 한문이란 병을 피하야 신속한 언문으로 말과 쯧을 변통이 업시 늡이 듯기와 보기가 용이케 홈이 묘홀 듯한지라. 가령 어린ㅇ히들을 교슈홀 디경이면 그 ㅇ히가 십여세 이전에는 각식 말을 공부하는 거시니 그 ㅇ히가 말만 공부한 거시 아니더라. 글도 쏘한 공부한 모양이라 말하는 공부를 거의 뭇친 후에 언문을 이삼삭만 빈하면 무슴 말과 쯧을 그 글노 긔록지 못홈이 업거니와 만일 그 ㅇ히가 각식말을 다 통홀지라도 오활창창한 한문으로 결박하면 십예 세 이전에 공부한 말을 이삼삭만에 졸업한 글노 다 긔록하기는 고샤하고 이삼년 공부한 한문으로 써 그 다하는 말을 빅분지 일분을 긔록하야 쌍 쉬염 못한즉 엇지 히연치 아니리오. 우리 ᄆ음에는 이 여러 만즈 되는 한문으로 말과 쯧을 통하게 한 사름과 스물여덟즈 언문으로 각식 말을 하게 하신 <u>아죠 세종대왕과 비교홀 디경이면 텬하 만국에 세종대왕 갓하신 셩현도 몃치 되지 아닐 듯한지라.</u> 아모됴록 언문 공부를 홀 거시 우리들이 이왕에는 그 한문에 결박지인 리치를 모로고 한문만 슝샹하다가 낭패한 일을 만히 보앗거니와 지금브터는 빈하기도 용이하며 각식 쯧과 말을 다 긔록하는 언문을 공부하야 공부하는 사름마다 빅발빅즁을 낭패홈이 업슴을 ᄇ라노라.

이 논설에 따르면 조선의 국문은 '보기 쉽고, 알기 쉽고, 배우기 쉬운 글'이며, '세계에서 보기 드문' 뛰어난 글이라고 인식한다. 특히 '말하는 공부를 거의 마친 후 언문을 이삼 삭만 배우면'이라고 하여, 글이 말을 기록하는 수단이라는 점을 명확히 인식하고, 이로부터 말과 글이 일치되어야 함을 주장하고 있다.

정부 차원에서 국문 보급은 1894년 칙령 제1호의 국문위본(國文爲本)을 천명한 이후 학제 도입과 함께 순국문 교과서를 발행한 사실을 들수 있다. 당시 발행된 순국문 교과서는 『태서신사 언역본』뿐이지만, 『국민소학독본』, 『소학독본』, 『신정심상소학』 등의 교과서가 국한문으로 발행되었다. 그러나 갑오개혁 당시의 교과서 개발은 일정한 정책이 없는 상태에서, 고전이나 외국의 서적을 번역하는 형식의 교재 개발이 이루어졌다. 이러한 점은 급속도로 이루어진 학제에 맞추어 적절한 교재를 개발할 여력이 없었고, 또 교재 개발 과정에서 일본인 교육 행정가들의 의견이 반영된 점도 있었을 것이다. 이에 대해서는 『신정 심상소학』(1896) 서문에서도 확인된다. 이 교과서는 일본인 보좌관 다카미가메(高見龜)와 마쓰카와소우츠키로(麻川宋次郎)가 참여하여 개발하였다.

이처럼, 초기의 교과서 개발에는 일본인 교육 행정가의 견해가 많이 반영되었을 것으로 보이며, 교육 내용도 만국과의 교유를 위한 재료가 중심이 되었음을 확인할 수 있다. 이러한 경향은 『국민소학독본』, 『소학독본』, 『신정 심상소학』의 내용을 통해서도 짐작할 수 있다.

1906년 이후의 교과서 개발은 학부와 민간 저작물로 나누어 살필 수 있다. 먼저 학부 교과서로는 『보통학교 학도용 국어독본』(1907)이 있는데, 이 교과서는 일본인 참여관의 소산으로 대일본도서주식회사에서 인쇄를 하였을 정도로 일본의 영향 아래 놓여 있었다. 민간 차원의 교과서로는 대한민국교육회 편저(김상만, 고유상, 주한영) 『초등소학』(1906)을 비롯하여 20여 종의 국어과 교과서가 발행되었다. 다음은 박붕배(1987)의 표를 참고한 당시의 국어과 교과서 목록이다.

【 근대계몽기 국어과 교과서 】

번호	책명	편저자	발행권자	권책수	사용문자	학교급	정가	인쇄출판사	발항연월일	판형
1	국민소학독본	학부 편집국	학부	단권	국한문 혼용	초등	25전		1895.7 (오추)	한지 국판
2	소학독본	학부 편집국	학부	단권	국한문 혼용	초등	15전		1895.8 (중동)	국판
3	국문정리	리봉운	학부	단권	순국문	초등 중등	2냥 5돈	국문국	1897.1	한지 국판
4	신정심상소학	학부 편집국	학부	3권 3책	국한문 혼용	초등	34/36/ 16전		1897.2	국판

번호	책명	편저자	발행권자	권책수	사용문자	학교급	정가	인쇄출판사	발향연월일	판형
5	초등소학	대한민국교육회	김상만, 고유상, 주한영	8권 4책	국한문혼용	초등	책당 1원 30전	경성일보사	1906.12.30	국판
6	유년필독	현채	현채	4권 1책	국한문혼용	초등	80전	휘문관	1907.05.05	국판
7	초등여학독본	이원경	변형중	1권	국한문혼용	초등	30전	보문사	1908.03.10	국판
8	동학필독	최재학		1권	순한문	초등				국판
9	노동야학독본	유길준	유길준	미상 (권1)	국한문혼용	초등초보	30전	경성일보사	1908.07.13	국판
10	초목필지	정곤수	안형중	2권 1책	국문	초보	40전	보문사	1908.06.20	국판
11	최신초등소학	정인호	정인호	4권 2책	국한문혼용	초등	각50전	보성사 우문관	1908.07.20	국판
12	초등소학	보성관	보성관	미상 (권1)	국문	초등		보성관		국판
13	보통학교학도용 국어독본	학부	학부	8권 8책	국한문혼용	초등	각12전	한국정부인쇄국	1907.02.01 (1~5권), 03.01(6권)	국판
14	신찬 초등소학	현채	현채	6권 6책	국한문혼용	초등	1~3: 15전 4~6: 20전	보성사 일한인쇄	1909.09.23 1909.10.20	국판
15	녀ᄌ독본	장지연	김상만	2권 2책	순국문		1질 60전	휘문관	1908.04.05	국판
16	유부독습	강화석	이준구	2권 1책	순국문		45전	황성신문사	1908.07	국판
17	국문초학	주시경	박문서관	단권	순국문	초등	10전	우문관	1908.02.15	국판
18	국어철자첩경	한승곤	평양광명서관	단권	순국문		25전	경성우문관	1908.02.15	국판
19	대한문전	최광옥 (유길준)	안악면학회		순국문	초등중등	25전	보문사	1908.01	국판
20	고등소학독본	휘문의숙편집부	휘문의숙	2권 2책	국한문혼용	중등	각 25전	휘문의숙	1906.11.30 1907.01.20	국판
21	유년필독 석의	현채	현채	상하	국한문혼용	교사용	합80전	중앙서관	1907.06.30 1907.07.31	국판
22	초등 작문법	원영의	이종정 이원상		국한문혼용		20전		1908.10	국판
23	대한문전	유길준	유길준	단권	국한문혼용	초등중등			1909.03.18	국판

번호	책명	편저자	발행권자	권책수	사용문자	학교급	정가	인쇄출판사	발항연월일	판형
24	초등국어어전	김희상	김희상	3권	국한문 혼용	초등			1909.03.20	국판
25	국어문법	주시경	주시경	단권	국한문 혼용	초등 중등	40전	박문서관	1910.04.15	국판

이상의 교과서는 한국학문헌연구소 편(1977, 아세아문화사의 개화기교
과서총서), 고영근 외(1977, 탑출판사의 역대문법대계), 박붕배 외(2001, 한
국교과서재단) 등에서 확인한 교과서류이다. 그밖에도 『아학편』(1908. 3,
정약용 지석영, 역대문법), 『말』(1908년경 추정, 주시경, 역대문법), 『대한문
법』(1909년경 추정, 김규식, 역대문법) 등이 교재로 사용되었을 것으로 추
정된다.

이와 같이 국문 신문과 서적의 발행, 교과서 개발 등을 통해 국문이
지식 전파의 중요 수단으로 자리를 잡아가는 과정에서 '국문'과 '국가
주의'가 결합하고, 국권 상실기에는 '민족 유지'의 주요 수단으로 인식
되기에 이르렀다.

4.2. 외국어 학습과 언어 권력

근대 학문이 형성되고 지식이 보급되는 과정에서 언어는 매우 중요
한 의미를 가진다. '국문'과 '국어의식'의 성장 과정, 문체의 혼란과 국
문 통일 과정은 근대 계몽기와 일제 강점기 '영어'와 '일본어'로 대표되
는 외국어 세력을 극복하는 험난한 과정이었다.

근대 계몽기 지식 수용 과정에서 서양과의 접촉은 외국어 학습의 필
요성을 인식하게 하였으며, 국문 보급 과정에서 서양 선교사들의 역할
이 적지 않았음도 서양 각국의 언어를 배워야 할 필요성을 느끼게 하였
다. 이 점은 1881년 조사시찰단 수행원이었던 유길준이나 윤치호를 통
해서도 확인할 수 있다.[43]

【 유길준과 윤치호의 외국어 접촉 】

ㄱ. 聖上 御極ㅎ신 十八年 辛巳 春에 余가 東으로 日本에 遊ㅎ야 其人民의 勤勵흔 習俗과 事物의 繁殖흔 景像을 見흠이 (…中略…) 越明年 癸未에 外務郎官의 選을 被ㅎ야 允可ㅎ신 聖恩을 猥添호니 感激 自勵ㅎ야 欲報ㅎᄂ 志ᄂ 益堅ㅎ나 年紀의 未長흠과 學識의 未達흠으로 敢히 其職을 辭ㅎ고 日東에 見聞의 記흔 바를 編輯ㅎ다가 其藁가 人의 袖去흠을 被ㅎ야 烏有를 化흔지라. 咨嗟흠을 不勝ㅎ더니 於是에 合衆國 全權使가 來聘흠이 我邦이 報聘ㅎᄂ 禮를 議ㅎ야 文武 才德의 兼備흔 材를 求홀시 閔公이 是選에 實膺ㅎ고 余ᄂ 公의 行을 是從ㅎ야 萬里의 行을 作ㅎ니 (…中略…) 乃敢使臣의 命을 受ㅎ야 外國에 留學ㅎᄂ 名을 擔ㅎ니 余의 榮은 極大ㅎ나 若 些少의 成就가 無ㅎ면 一則 國家에 羞를 貽흠이오 二則 公의 鄭重흔 托을 辱됨이라. 是를 懼ㅎ며 是를 戒ㅎ야 言行을 自愼ㅎ며 志氣를 自强ㅎ야 勤勉ㅎᄂ 意를 加ㅎ고 修進ㅎᄂ 工을 期홀시 其國의 事物을 欲知흠에 其 文字를 不解흠이 不可ㅎ고 其 文字를 欲解흠에 其 言語를 不學ㅎ면 不得홀디니 此ᄂ 累載의 肄習을 從ㅎ야 其功을 獲奏ㅎᄂ 者오.

번역 성상의 어극하신 18년 신사년 봄에 내가 동으로 일본에 유학하여 그 인민의 근면한 습속과 사물의 번식한 경상을 보니 (…중략…) 다음해 계미에 외무 낭관으로 피선되어 윤허하신 성상의 은총을 외람되이 더하니, 감격하여 보답하고자 하는 뜻이 더욱 굳으나 연기(年紀) 성장하지 못하고 학식이 충분하지 못하여 감히 그 직책을 사임하고 일본에 가서 견문한 기록을 편집하다가 그 원고를 도적맞아 한탄함을 이기지 못하더니, 이에 합중국 전권사가 내빙하여 우리나라가 보빙하는 예를 의논하여 문무재덕을 겸비한 인재를 구하는데 민공(민영익)이 선발되었다. 나는 공을 수행하여 만리의 여행을 하니 (…중략…) 이에 감히 사신의 명을

---

43) 이에 대해서는 허재영(2014)의 「근대 계몽기 외국어 교육 실태와 일본어 권력 형성 과정 연구」(『동북아역사논총』 44호, 동북아역사재단)를 참고할 수 있다. 여기에 수록한 글은 이 글을 발췌 수정한 것이다.

받아 외국에 유학하는 명예를 맡으니 나의 영광은 극대하나 만약 사소한 성과라도 얻지 못한다면 첫째 나라에 수치를 끼치게 될 것이고, 둘째 민공의 정중한 부탁을 욕되게 할 것이 분명하다. 이를 두려워하고 경계하여 나는 말과 행동을 스스로 삼갔고 의지를 굳건히 하여 공부하는 데만 집중했으며, 정진의 성과가 있기를 기약하기로 했다. 한 나라의 사물을 알려고 할 경우 그 나라의 문자를 알지 못하고는 가능치 않을 것이며 문자를 알려고 하는 데는 그 나라의 언어를 배우지 않으면 안 된다는 사실은 말할 여지가 없는 일이다.

—이한섭 편저(2000), 「서(序)」, 『유길준 서유견문』, 박이정

ㄴ. 1883.9.18. 목: (…中略…) 이날 들으니 穆씨(穆麟德: 묄렌도르프)가 金씨(협판교섭통상사무 金晩植)에게 말하기를, "阿須頓(아스톤, 일본 나가사키 주재 영국영사, 통상조약 체결 차 내한)이 英文을 韓文으로 번역하려 한다는데 그가 만약 우리에게 다시 말하게 되면 마땅히 우리는 韓譯이 필요 없는 것으로 대답하는 것이 좋겠다."고 하였고, 金씨가 말하기를, "좋다. 내가 전날 일찍이 조선글을 배우지 않는 것으로 대답하였으므로, 조선글을 읽지 못한다고 대답하겠다."고 하였다. (우스운 일이다. 제 나라 문자를 읽지 못하면서 능히 外務衙門의 높은 자리에 있을 수 있겠는가 책망해야 할 일이다.)

—윤치호 저, 송병기 역(1975), 『윤치호 일기』, 탐구당

ㄷ. 1884.10.26. 맑음, 삼가다. 13일. 토: (…中略…) 근일 여론들은, "능히 日人으로 하여금 싸우게 할 수 있는 자는 미국 공사요, 또 능히 日人으로 하여금 화해하게 할 수 있는 자도 미국 공사이다. 그런데 능히 미국 공사로 하여금 우리나라를 위하여 講和하게 할 수 있는 자는 尹致昊다."라고 하였다.

—윤치호 저, 송병기 역(1975), 『윤치호 일기』, 탐구당44)

유길준은 1881년 조사 시찰단의 유학생으로 일본에 갔으며, 1883년에는 보빙사 민영익과 함께 미국으로 가 유학을 하였다. 앞의 글은 미국 유학생활 중 경험한 '언어·문자 학습'의 필요성을 서술한 대목이다. 뒤의 글은 윤치호가 일본에서 '일본어'와 '영어'를 공부한 경험을 서술한 일기이다. 그의 영어 학습은 일본어로 이루어졌음을 알 수 있는데, 그는 후에 영어 능력을 기르기 위해 영어로 일기를 쓰기도 하였다. 흥미로운 것은 윤치호 일기에 나타난 언어 의식인데, 당시 정부의 외무 관계자들은 '국문'과 '영어' 어느 것에도 능숙하지 못했음을 확인할 수 있다. 그렇기 때문에 외교 문서조차도 '영문(英文)'은 '한역(韓譯)'하지 않게 하는 장면이 나온다. 그뿐만 아니라 10월 26일자의 일기에서 '미국 공사를 움직일 수 있는 사람은 윤치호'라는 표현은 그 시기 윤치호가 영어 통역을 맡고 있었음을 의미한다.[45]

이처럼 근대 계몽기에는 근대 지식을 배우기 위해 일본에 갔던 유학생을 중심으로 외국어 학습이 이루어지기 시작한 것으로 보인다. 비슷한 맥락에서 이 시기는 서구와의 교류나 지식 도입에 필요한 어학 능력이 요구되기도 하였다. 김윤식의 『음청사(陰晴史)』의 한 부분을 살펴보자.

---

44) 윤치호는 1883년 1월 1일부터 1887년 11월 24일까지는 한문, 1887년 11월 25일부터 1889년 12월 7일까지는 국문, 미국 유학 중이던 1889년 12월 7일부터는 영문으로 일기를 썼다. 이에 대해서는 국사편찬위원회(1971), 김상태 편역(2001) 등을 참고할 수 있다.

45) 이는 김옥균(金玉均)의 『갑신일록(甲申日錄)』(조일문 역주, 1977, 건국대학교 출판부)에도 나타난다. 이에 따르면 김옥균은 1882년 6월 박영효와 함께 일본으로 가서 12만불의 돈을 빌려 배상금을 지불하고자 했다. 그런데 일본측에서 '조선 정부의 국채 위임장'이 없다고 하여, 귀국하였는데 이때 김윤식은 '당백전, 당오전' 등의 화폐를 개혁해야 한다고 주장하였지만, 당시 정부에서 고용한 묄렌도르프가 반대하므로 뜻을 이루지 못하고, 다시 정부에서 발행한 '국채 위임장'을 받아야 하는 상황이 되었다. 이때 윤치호는 미국 공사 후트와 함께 귀국하여 통역을 담당했다고 한다. 『갑신일록』에는 이 장면을 "余奏以三百萬圓國債委任狀授與, 拳托特重[時米國公使후트來朝, 遊學日本生徒尹致昊爲通詞而同來, 尹致昊自日本東京離發, 時見外務大輔吉田淸成, 吉田言, 君須以吾言傳于金某, 若得國債委任狀來, 大事可成, 此不可忽云云, 余遂以此意告于上, 上甚喜之]."라고 서술하였다.

○ 指余及從事·官幷曰 此三君將住津局 習用官話爲好. 答聰明衰鈍 恐不能易學. ○ 問泰西諸國 皆能漢語 比諸國中最易學. 答謹當留意學習矣. ○ 問貴國能解日本語否. 答亦有學習者 苦46)無精熟者耳. ○ 問貴國公私文字 用何文, 答純用國文. ○ 問無國書乎, 答有之, 惟婦女常賤用之. ○ 問日本國書, 亦解麽. 答此亦有精通者. ○ 問天津紫行林, 各國所會, 將與各國人相從否. 答小邦姑不與各國相通, 恐難往來. ○ 曰不必相從, 泰西人, 專欲探知他國事, 朝鮮人雖不相通, 彼亦不以爲怪. ○ 卞問, 學徒中欲擇聰明者, 習各國語學, 雖不相通, 亦有可學之道否. ○ 中堂答, 本局設語學局, 少年聰悟學習者甚多, 不患無師也.

번역 ○ 나와 종사를 가리켜 관헌이 아울러 말하기를 이 세 사람은 장차 진국(津局)에 거주하며 관화(중국어)를 익혀 사용하는 것이 좋겠다고 하였다. 답하기를 총명하나 쇠둔하니 능히 쉽게 배우지 못할까 두렵다고 하였다. ○ 태서 제국이 모두 한어(중국어)에 능하니 여러 나라 가운데 어느 것이 가장 쉬운가 묻기에, 답하기를 삼가 뜻을 두어 학습하는 데 있다고 하였다. ○ 귀국은 능히 일본어를 해득하는가 묻기에, 답하기를 역시 학습하는 자가 있으나 능숙하게 익힌 자가 드물 따름이라고 답하였다. ○ 귀국에 공사 문자로 어떤 문자를 사용하는가 묻기에, 국문을 순용한다고 답했다. ○ 국가의 문자가 있는가 묻기에 있으나 다만 부녀가 일상 천하게 사용한다고 답했다. 일본국의 문자를 또한 해득하는가 묻기에 이 또한 정통한 자가 있다고 답했다. ○ 천진 자행림에 각국의 모임에서 장차 각국 사람들을 따를 것인가 묻기에 작은 나라는 각국과 상통하기 어렵고 왕래하기 어려움이 두렵다고 답했다. ○ (이홍장은) 태서인과 상종할 필요가 없으면 오직 타국의 일을 탐구하고자 할 때 조선인이 비록 상통하지 못하는 것을 저들이 또한 괴이하게 여길 것이라고 말했다. ○ 이어 묻기를 학도 중에 총명한 자를 가려 각국 어학을 익히면 비록 통하

---

46) 국사편찬위원회(1971)의 주석에서는 姑로 하였음.

지 못할지라도 가히 도를 배울 수 있지 않겠는가 하였다. ○ 중당(이홍장)이 답하기를 본국이 어학국을 설립하여 젊고 총명한 학습자가 매우 많으니 스승이 없을까 두려워할 필요가 없다고 하였다.

　　　　　　　　　　　—김윤식(金允植), 『음청사(陰晴史)』, 1881년 12월 초1일47)

　이 장면은 1881년 12월 영선사로 중국에 갔던 김윤식이 변길운과 함께 이홍장을 면담하며 나눈 대화로, 중국을 통해 서양의 문물을 도입하고자 한 의도가 잘 드러난다. 이 자료에서는 '당시 (중국과 다른) 조선의 국어가 존재하고 있으며, 조선의 문자는 부녀자나 상민·천민이 사용하여 공용 문자가 아니라는 점', '태서인과의 교류를 위해 어학이 필요하다는 점'이 나타난다. 그런데 이 시기 김윤식을 비롯한 지식인들은 어학 문제보다 '기기 도입의 중요성'을 더 큰 문제로 생각했던 것으로 보인다. 그렇기 때문에 태서 각국 언어에 대한 학습보다는 '기기(器機) 학습'을 더 중시하였고, 서구의 지식은 중국인을 통해 도입할 수 있는 것으로 간주했다.48)

　이와 같이 서구와의 접촉 과정에서 외국어 학습의 필요성은 자연스럽게 대두되었다. 이러한 필요성은 1880년대 이후의 각종 학교 교육에도 반영된다. 1880년대의 외국어 학습은 외교 통상과 서구의 기술 문명 수용의 필요성에 따라 점진적으로 그 필요성이 부각되었으며, 근대식 학제와 서양 학문이 본격적으로 소개되고, 외국어를 중심으로 한 여러 유형의 학교가 신설되면서 외국인과의 소통 능력을 강조하는 경향이 나타나기 시작하였다. 이 시기에는 통역관, 기술자, 관리 양성 또는 선

---

47) 김윤식(金允植), 『음청사(陰晴史)』 상(上), 고종 18년(高宗十八年) 신미(辛未) 12월(十二月) 초1일(初一日).

48) 이는 1883년 5월 설치된 기기창의 전습반 교사가 중국인 마건상(馬建常)의 지도를 받은 톈진 공장 기술자들이었음을 통해서도 확인할 수 있다. 이에 대해서는 『음청사(陰晴史)』 고종(高宗) 이십년(二十年) 사월조(四月條), 『한성순보(漢城旬報)』, 1883년 10월 1일 제1호 '내국기사(內國記事)'를 참고할 수 있다.

교사들의 포교 활동 등을 목표로 10개의 학교가 설립되었다. 이만규(1947), 이광린(1969), 이종국(1991), 김경미(2009) 등의 선행 연구에서 밝혀진 바 있듯이, 이 시기 설립된 학교로는 '동문학(1882), 기기창 기술 전습반(1883), 원산학사(1883), 부산학교(1884), 배재학당(1886), 육영공원(1886), 경신학교(1886), 경학원(1887), 연무공원(1887), 이화학당(1890)' 등이 있다. 이 가운데 기기창 기술 전습반은 정규 학교가 아니었으며, 부산학교는 일본인이 부산 지역의 자국 거주민을 위해 만든 학교이다. 이들 학교는 성균관 한학 교육을 목표로 한 경학원과 무관 양성을 목표로 한 연무공원을 제외하면, 모두 '영어'로 대표되는 '외국어(外國語)'를 교과목으로 하였다.

외국어 교육은 근대식 학제 도입 이후에도 지속적으로 강조되었다. 1895년 7월 19일 '소학교령'의 경우, '고등과'(소학교령 제9조)에서 언급한 바와 같이, '시의(時宜)로 가(加)할 수 있는 과목'이었다. 이를 살펴보면 다음과 같다.

【 소학교의 외국어 교육 】

ㄱ. 第九條 小學校 高等科의 敎科目은 修身 讀書 作文 習字 算術 本國地理 本國歷史 外國地理 外國歷史 理科 圖畫 體操로 ᄒᆞ고 女兒를 爲ᄒᆞ야 裁縫을 加홈. 時宜로 外國語 一科를 加ᄒᆞ며 ᄯᅩ 外國地理 外國歷史 圖畫 一課 或 數科를 除ᄒᆞᆷ믈 得홈.

번역 제9조. 소학교 고등과 교과목은 수신, 독서, 작문, 습자, 산술, 본국지리, 본국역사. 외국지리, 외국역사, 이과, 도화, 체조로 하고, 여아를 위하여 재봉을 가함. 시의로 외국어 일과를 가하며, 또 외국지리, 외국역사. 도화 1과 혹 수 과를 제할 수 있음.

—'소학교령' 제9조

ㄴ. 第十二條 敎科에 外國語를 可홈은 將來 生活上에 其 知識의 緊要를 因홈

<u>이라</u> 近易흔 單語 短句 談話 文法 作文을 授ᄒᆞ고 外國語로뼈 簡易흔 會話 及 通信 等을 解케 홈이 可홈. 外國語를 授홈이 항상 其 發音과 文法에 注意 ᄒᆞ고 正確흔 國語를 用ᄒᆞ야 義解케 홈을 要홈.

번역 제12조 교과에 외국어를 가하는 것은 장래 생활상 그 지식의 긴요 함에 기인한 것이다. 근이한 단어, 단구, 담화, 문법, 작문을 가르 치고 외국어로써 간이한 회화 및 통신 등을 해득하게 하는 것이 가함. 외국어를 가르칠 때 항상 그 발음과 문법에 주의하고, 정확한 국어를 이 용하여 뜻을 이해하게 할 필요가 있음.

—'소학교 교칙대강' 제12조

이 규정과 같이 학제 도입 이후 '외국어 교육'은 소학 고등과부터 시 작되었으며, '생활상 지식의 긴요함'에 따라 '단어, 단구, 담화, 문법, 작문'을 가르쳐 '회화와 통신'을 이해하게 하는 데 목표를 두었다. 이는 중학교의 경우도 비슷했을 것으로 보인다. 1899년 9월 7일 공포된 '중 학교 규칙' 제2관 학과 급 정도의 제1조에서 "中學校 尋常科의 學科는 倫理 讀書 作文 歷史地誌 算術 經濟 博物 物理 化學 圖畵 外國語 體操로 定홈이라."라고 규정한 것이 전부여서 구체적인 요지(要旨)를 확인하기 는 어려우나, 소학교 고등과의 연장선에서 외국어 교육이 이루어졌을 것으로 추정된다. 이 점에서 소학교령과 중학교령의 실시는 외국어 교 육이 교과의 하나로 자리 잡았음을 의미한다.

그뿐만 아니라 1895년 5월 20일 '외국어학교 관제'(칙령 제88호)의 공 포(公布)에 따라 국내에서도 본격적인 외국어 교육이 실시되기에 이른 다. 이 관제에서 외국어학교는 '제외국어(諸外國)의 어학(語學)을 교수하 는 곳(제1조)'으로 '외국어의 종류는 시의(時宜)에 따라 학부대신이 정하 도록(제2조)' 하였다. 또한 '교관과 부교관에 외국인을 고용(雇用)할 수 있도록(제11조)' 하였는데, 이에 따라 다수의 외국인이 이 학교의 교원 으로 고빙되었다. 이때의 외국어학교는 한 개의 학교이지만, 개별 어학

(일어, 영어, 법어, 덕어, 한어, 아어 6개)에 따라 부지(敷地) 및 교원, 운영 방식을 달리하는 형태로 출발하였다. 이에 따라 일본어, 한어(중국어)는 3년, 영어, 프랑스 어, 러시아 어, 독일어는 5년으로 운영되었다. 이들 외국어학교는 '한문', '본국 역사', '지리'를 포함하였으나 근본적으로 해당 외국어를 교육하는 데 목적을 두었다.

이러한 흐름은 을사늑약 이후 일제의 학정 잠식에 의해, 일본어의 권력화로 이어진다. 이 시기는 1905년 3월 1일 학부 관제를 개편하고, 1906년 8월 21일 보통학교령, 고등학교령을 공포하고, 1906년 8월 27일 외국어학교령을 공포하면서 외국어 교육을 모든 교육 제도에 도입하게 되었다.[49] 특히 보통학교에서 '일어'를 '국어'와 '한문'과 마찬가지로 정식 교과목으로 채택하여 일본어 보급이 본격적으로 이루어지는 계기를 만들었다. 이 시기 각급 학교의 교과목을 살펴보면 다음과 같다.

【 통감시대 각급 학교의 교과목 】

ㄱ. 보통학교령(1906.8.1): 普通學校의 敎科目은 修身과 國語와 漢文과 日語와 算術과 地理歷史와 理科와 圖畵와 體操로 ᄒ고 女子에ᄂ 手藝를 可ᄒ음이라. 時宜에 依ᄒ야 唱歌와 手工과 農業과 商業中에 一科目 或 幾科目을 可ᄒ음을 得ᄒ음이라

> **번역** 보통학교의 교과목은 수신, 국어, 한문, 일본어, 산술, 지리역사, 이과, 도화, 체조로 하고, 여자에게는 수예를 가함. 시의에 따라 창가, 수공, 농업, 상업 중 1과목 혹은 몇 과목을 가할 수 있다.

—보통학교령 제6조

ㄴ. 고등학교령(1906.8.1): 高等學校의 本科 學科目은 修身 國語 漢文 日語

---

49) 통감시대 교육 관련 법령 변화에 대해서는 허재영(2010)을 참고할 수 있다. 이 책에서는 통감시대의 관제, 사범학교, 보통학교, 고등학교, 고등여학교, 사립학교 등의 법령과 『대한매일신보』 소재 교육 정책 및 교과서 관련 논설을 정리하였다.

歷史 地理 數學 博物 物理 化學 法制 經濟 圖畫 音樂 體操로 ᄒᆞ되 但 法制經濟 及 音樂은 闕ᄒᆞᆷ도 得ᄒᆞᆷ이라. 豫科 及 補習科의 學科目은 本科에 準ᄒᆞ야 學校長이 定ᄒᆞ야 學部大臣의 認可를 受ᄒᆞᆷ이라

번역 고등학교 본과의 학과목은 수신, 국어, 한문, 일어, 역사, 지리, 수학, 박물, 물리, 화학, 법제, 경제, 도화, 음악, 체조로 하되, 단 법제 경제 및 음악은 두지 않아도 된다. 예과 및 보습과 학과목은 본과에 준하여 학교장이 정해 학부대신의 인가를 받는다.

—고등학교령 시행규칙 제4조

ㄷ. 고등여학교령(1908.4.2): 高等女學校 本科의 學科目은 修身 國語 漢文 日語 歷史 地理 算術 理科 圖畫 家事 手藝 音樂 體操로 ᄒᆞᆷ 但 手藝 中에 刺繡 編物 繰絲 囊物 造花 及 割烹의 一科目 或 數科目을 隨意科目으로 ᄒᆞ고 外國語(日語를 除ᄒᆞᆷ) 及 教育大要를 隨意科目으로 ᄒᆞ야 豫科로 ᄒᆞ야 加ᄒᆞᆷ을 得ᄒᆞᆷ. 豫科의 學科目은 修身 國語 日語 算術 理科 圖畫 手藝 音樂 及 體操로 ᄒᆞᆷ. 技藝傳授科의 學科目은 修身 國語 算術 裁縫 刺繡 編物 組絲 囊物 造花 及 割烹의 一科 或 數科目으로 ᄒᆞᆷ 但 日語 及 家事를 隨意科目으로 ᄒᆞ야 加ᄒᆞᆷ을 得ᄒᆞᆷ

번역 고등여학고 본과의 학과목은 수신, 국어, 한문, 일어, 역사, 지리, 산술, 이과, 도화, 가사, 수예, 음악, 체조로 함. 단 수예 중 자수, 편물, 조사, 낭물, 조화 및 할팽의 1과목 혹은 몇 과목을 수의과목으로 하고, 외국어(일본어를 제외) 및 교육대요를 수의과목으로 하여 예과에 가할 수 있다. 예과의 학과목은 수신, 국어, 일어, 산술, 이과, 도화, 수예, 음악 및 체조로 함. 기예전수과의 학과목은 수신, 국어, 산술, 재봉, 자수, 편물, 조사, 낭물, 조화 및 할팽의 1과 혹은 몇 과목으로 함. 단 일어 및 가사를 수의과목으로 하여 가할 수 있음.

—고등여학교령 시행규칙 제4조

ㄹ. 고등학교령 개정(1909.7.5): 高等學校의 學科目은 修身, 國語及漢文, <u>日</u>
<u>語</u>, 歷史, 地理, 數學, 博物, 物理及化學, 實業, 圖畵, 體操, 法制經濟, 音樂으로
ᄒ되 前項 外에 隨意科目으로 外國語를 加홈도 得홈. 但 外國語ᄂ 英語, 法語,
德語, 漢語의 一箇 國語로 홈 (…中略…) 公立 又ᄂ 私立高等學校 補習科의
學科目은 本科에 準ᄒ야 學校長이 定ᄒ고 學部大臣의 認可를 受홈이 可홈

번역 고등학교 학과목은 수신, 국어 및 한문, 일어, 역사, 지리, 수학,
박물, 물리 및 화학, 실업, 도화, 체조, 법제경제, 음악으로 하되,
전항 외에 수의과목으로 외국어를 가할 수 있음. 단 외국어는 영어, 법어,
덕어, 한어의 1개 국어로 함 (…중략…) 공립 또는 사립학교 보급과의 학
과목은 본과에 준하여 학교장이 정하고 학부대신의 인가를 받음이 가함.
―고등학교령 시행규칙 제4조

각 학교령에서 확인할 수 있듯이, 모든 학교에서는 '일본어'를 필수
과목으로 두고, '외국어'는 별도의 과목으로 설정하지 않았다. 다만
1908년 이후에는 고등학교와 고등여학교에 외국어를 수의과목으로 두
었는데, 이때 외국어는 일본어를 제외한 '영어, 법어, 독어, 한어'였다.
이는 통감시대 일본어의 지위가 국어와 대등해졌으며, '영어'를 포함한
다른 언어보다 우위에 있었음을 의미한다. 또한 '외국어학교령'을 개정
하여(1906년 8월 27일) '관립'뿐만 아니라 '공립'과 '사립' 외국어학교를
설치할 수 있도록 하였는데, 이때 외국어학교는 가르치는 언어를 기준
으로 학교명을 정하였다.

이처럼 근대 지식의 수용과 보급, 학제 도입과 일제의 학정 잠식 강
화 과정에서 등장한 외국어(특히 일본어)의 세력화는 국문 보급과 국어
발전에 적지 않은 장애가 되었다. 특히 통감시대 이후 일본어 구사 능
력이 사회 권력의 주요인 가운데 하나로 간주되면서, 국어에 대한 위기
의식도 높아졌다.

【 통감시대 어학(외국어 학습) 경향 】

ㄱ. <u>近來 韓國애 壹種 學問이 突然히 進步ㅎ야 학校를 設하는 者가 此를 第一課程으로 認하며 學校에 入ㅎ는 者가 此를 第壹 工夫로 務하야 至於 乳兒牧豎라도 殆 皆 浸沈得知ㅎ니 語學이 卽是</u>로다. (…中略…) 彼外國人의 語學을 학흠은 自國의 文明을 發展키 爲ㅎ야 학ㅎ며 他國의 文明을 輸入키 爲ㅎ야 학ㅎ며 民族의 權利를 扶興키 爲ㅎ야 학ㅎ나니 故로 <u>小학校에 在하야는 自國의 國語와 自國의 國文으로 其腦髓롤 養ㅎ며 其 思想을 培ㅎ야 國家精神과 民族主義로 表準을 作ㅎ야 壹言壹動이라도 此 範圍에 不出케 흔 後에 中學校 以上 程度에 進ㅎ야 於是乎 其 硏究흘 目的을 隨ㅎ야 外國語를 始學</u>ㅎ나니 法律을 학코ᄌ ㅎ는 者는 羅馬語롤 학ㅎ고, 文學을 학코ᄌ ㅎ는 者는 埃及어를 학ㅎ고, 醫학 軍政을 학코자 ㅎ는 者는 獨逸어를 학ㅎ고, 歌曲을 학코ᄌ ㅎ는 者는 伊太利어롤 學ㅎ고, 歐美交際를 目的으로 ㅎ는 者는 法어를 학ㅎ고, 美洲通商을 目的으로 ㅎ는 者는 西班牙어를 學ㅎ고, 歐亞通商을 目的으로 ㅎ는 者는 英吉利어롤 學ㅎ나니 此皆 其目的을 達ㅎ는 方法 手段을 準備홈에 不過ㅎ거늘, 今此 韓國人은 官公私立 敎育界에서 <u>頭髮이 未燥흔 兒童을 驅ㅎ야 日어만 학케 ㅎ야 彼 自國어도 盡能치 못흔 兒童들이 外國어 外國文을 학하니 試問컨대 其目的이 何인가</u> 抑又 目的은 姑 舍하고 其弊害가 如何ㅎ깃는가.

번역   근래 한국에 하나의 학문이 진보하여 학교를 설립하는 자가 이를 제1과정으로 인식하고, 학교에 입학하는 자가 이를 으뜸 공부로 힘써 심지어 어린아이까지 모두 이를 익히고자 몰두하니 어학이 바로 그것이다. (…중략…) 저 외국인이 어학을 배우는 것은 자국의 문명을 발전시키기 위해 배우는 것이며, 타국의 문명을 수입하기 위해 배우며, 민족의 권리를 부흥하기 위해 배우므로, 소학교에서는 자국의 국어와 자국의 국문으로 그 뇌수를 기르고 그 사상을 배양하여 국가정신과 민족주의로 표준을 삼아 한마디 하나의 행동이라도 이 범주에서 벗어나지 않게 한 후, 중학교 이상에서 그 연구할 목적에 따라 외국어를 배우기 시작하니, 법률을 배우고자 하는 자는 로마어를 배우고, 문학을 배우고자 하는 자는 이집트어를 배우고, 의학 군정을 배우고자 하는 자는 독일어를 배우고, 가곡을 배우고자 하는 자는 이탈리아어를 배우고, 구미와 교제를 목적으로 하는 자는 프랑스어를 배우고, 미주와 통상을 목적으로 하는 자는 스페인어를 배우고, 구아와 통상을 목적으로 하는 자는 영어를 배우니, 이 모두 그 목적에 도달하는 방법과 수단을 준비하는 데 불과하다. 지금 우리 한국인은 관공사립 교육계에서 머리도 자라지 않은 아동을 몰아다가 일본어만 배우게 하여 저 자국어도 능히 다하지 못한 아동들이 외국어 외국문을 배우니 묻건데 그 목적이 무엇인가. 또 목적은 고사하고 그 폐해가 어떠하겠는가.

—長吁生, 「語學을 論함」, 『대한매일신보』, 1909.3.3

ㄴ. 挽近 韓國에 <u>日語學의 潮勢가 愈愈히 高ᄒ야 日語學校가 星ᄀᆺ치 羅ᄒ며 日語學者가 林ᄀᆺ치 起ᄒ니</u> 吁라 盛ᄒ도다. 如斯히 日語學校가 多ᄒ며 日語學者가 多흠이 果然 文明의 輸入을 爲흠이며 國家의 發展을 圖흠인가 萬綠叢中에 一点 紅ᄀᆺ치 一二의 正義的 日語學校 日語學者가 無흠은 아니나 大槪 一言으로 蔽ᄒ건딕 曰 <u>奴隷學校</u>이며 曰 <u>奴隷學者</u>니라. (…中略…) 我가 日語를 勉ᄒ야 旅館僮女가 來去客의 意를 迎合ᄒ드시 <u>今日에 甲國人이 來ᄒ거던 甲國語를 學ᄒ고 乙國人이 來ᄒ거던 乙國語를 學하야 浸浸然 奴隷學에 醉</u>ᄒ리오 此實 痛恥홀 바니라. (…中略…) 故로 一方으로 外交의 術을 鍊ᄒ며 一方으로 外交의 道를 勉ᄒ며 世界的 男兒의 活動을 試ᄒ며 世界的 國民의 價値를 現ᄒ여야 始可흔지라 然흔데 此外交에 第一 必要 不可缺의 資料ᄂ 卽 外國語니 果然 志를 外交에 尙ᄒᄂ 者 不可不 外國語를 學홀지어늘 <u>只今 語學界를 睹ᄒ건딕 此 外交에 無關係흔 日語만 爲主홀 쑨이오 英德美法淸露 等 各國語에ᄂ 留意ᄒᄂ 者ㅣ 殆히 無ᄒ니</u> 此ㅣ 엇지 可惜지 아니흔가 (…中略…) 然이나 <u>近頃 語學界 消息을 聞흔즉 日語學校에 入學ᄒᄂ 者ᄂ 屋瓦ᄀᆺ치 多ᄒ고 英 德 法 淸 等 各語學교에ᄂ 入學ᄒᄂ 者가 無하야 春草滿廷의</u>

嘆을 發케 흐다흐니 惜哉라.

번역 요즘 한국에 일어학의 조류와 세력이 더욱 높아 일어학교가 별과 같이 나열하며 일어학자가 수풀처럼 일어나니 아아 왕성하구나. 이러한 일어학교가 많고 일어학자가 많은 것이 과연 문명을 수입하기 위함이며 국가의 발전을 도모하기 위함인가. 모두 푸른 산림 중에 한 점 붉은 것 같이 한둘의 정의적 일어학교 일어학자가 없음은 아니나 대개 한마디로 말하면 노예학교이며 노예학자이다. (…중략…) 내가 일어를 힘써 여관의 어린 여아가 오는 손님을 맞이하는 뜻에 합치하듯이, 금일 갑국 사람이 오면 갑국 언어를 배우고 을국 사람이 오면 을국 언어를 배워 곧 노예학에 취할 것이다. 이는 사실 통탄하고 부끄러워 할 일이다. (…중략…) 그러므로 일방으로 외교의 술을 익히고 일방으로 외교의 도를 힘쓰며 세계적 남아의 활동을 시도하며 세계적 국민의 가치를 드러내어야 할 것이다. 그런데 이 외교에 제일 필요한 것은 곧 외국어니 과연 뜻을 외교에 두는 자는 불가불 외국어를 배워야 할 것이나 지금 어학계를 보면 이 외교와 무관한 일어만 위주할 뿐이요 영국 독일 미국 법국 청국 러시아 등 각국어에는 주의하는 자가 거의 없으니 이 어찌 애석하지 않겠는가. (…중략…) 그러나 근래 어학계의 소식을 들으니 일어학교에 입학하는 자는 기와집 같이 많고, 영 덕 법 청 등 각국 어학교에 입학하는 자가 없어 뜰에 풀만 무성하다는 탄식을 발하게 한다 하니 애석하도다.

—(논설) 「語學界의 趨勢」, 『대한매일신보』, 1910.4.10

이 두 논설은 강점 직전의 일본어의 세력이 얼마나 강했던가를 보여준다. 이 시기에는 세계 공용어로 일컬어지는 '영어'보다도 '일어'의 세력이 더 강했으며, 이는 통감시대부터 본격화된 식민 지배 정책과도 밀접한 관련을 맺는다. 위에 인용된 ㄱ은 이 시기 어학이 근대화된 서구의 전문 지식을 습득하는 데 기여하는 것이 아니라, 소학 교육부터 일본어만을 가르쳐 그 피해가 극심함을 지적하고 있으며, 위에 인용된

ㄴ에서도 일본어 중심의 획일적인 어학 교육이 노예학자를 양성하는 결과를 가져온다고 비판하고 있다.

이와 같이 근대 계몽기 국어와 외국어의 길항 관계는 계몽의 언어로서 국어와 국문의 가치를 변화시키는 데 중요한 요소로 작용한다. 근대 의식과 언어, 국가어와 민족어(언어 권력), 계몽의 수단으로서 언어(국어)의 통일, 국어 정책 등의 과제는 한국 근대 계몽기 '언어'의 역할이 무엇인지를 규명하는 주요 주제가 된다.

제2장 계몽운동과 언어

김경남

1. 지식 계몽과 언어 문제

1.1. 지식 계몽의 새로운 방식

한국의 역사 용어로서 '개화기(開化期)'라는 말은 1876년 병자수호조약 직후 이루어진 개항 시기를 의미하는 용어로 쓰인다. 본래 '개화'라는 말은 역경의 '개물성무화성천하(開物成務化成天下)'를 줄여 쓴 말로, 영어의 civilization을 중국인이 번역하여 쓴 말로 알려져 있다.[1] '개화'라는 용어의 생성 과정이나 축자적 의미를 고려할 때, 이 용어는 1876년 개항 이후의 시기만을 의미하는 것은 아님을 알 수 있다. 이 점은 1906년 6월 발행된 『조양보(朝陽報)』 제2호 '개화원위(開化原委)'에서도 잘 나타난다.

---

[1] 원응상(1898), 「개화의 삼원칙」, 『친목회회보』 제6호(1898.4.9).

【 개화원위(開化原委)2) 】

◇ 夫開化者는 國家社會에 千事萬物의 至善極美흔 境域에 達흠을 稱흠이라. 然故로 開化의 境域은 限界키 不能흔 者라. 人民 才力의 分數로 其 等級과 高低ㅣ 有ㅎ나 然ㅎ나 人民의 習尙과 邦國의 規模를 隨ㅎ야 其差異흠도亦生ㅎ나니 此는 開化ㅎ는 軌程의 不一흔 緣由어니와 大綱領은 人의 爲不爲에 在흘 쓴름이니라.

◇ 五輪의 行實을 純篤히 ㅎ야 入則忠孝의 道理와 出則敬信ㅎ는 禮貌를知흔 즉 此는 實行의 開化오, <u>學術을 窮究ㅎ야 萬物의 理數를 格흔 즉 此는學術의 開化오</u>, 國家의 政治를 正大히 ㅎ야 百姓의 冤抑흔 事ㅣ 無흔 者는法律의 開化오, 器械의 制度를 便利케 ㅎ야 人의 用을 利케 ㅎ는 者는 器械의 開化오, 物品의 製造를 精緊케 ㅎ야 人의 生을 厚케 ㅎ는 者는 物品의開化니 此屢條의 開化를 合흔 然後에 開化具備흔 者라 始謂흘지라.

◇ 天下古今에 何國을 顧巧ㅎ든지 開化의 極點에 至ㅎ는 者는 無ㅎᄂ其大綱 階級을 區別흘진딕 三等이 有ㅎ니 一曰 開化흔 者오, 二曰 半開흔者오, 三曰 未開흔 者라.

번역 ◇ 대저 개화라는 것은 국가 사회의 모든 사물이 지극히 선미(善美)한 지경에 도달한 것을 일컫는 말이다. 그러므로 개화의 상태나 영역은 한정하기 어렵다. 인민 재력의 분수에 맞게 그 등급과 고저가 있으나 인민의 습상(習尙)과 나라의 규모에 따라 그 차이가 발생하니 이는 개화하는 궤적과 정도가 같지 않은 연고이나 그 큰 강령은 사람이 하는 바와 하지 않는 바에 달려 있을 따름이다.

◇ 오륜의 행실을 순수하고 돈독히 하여 들면 충효의 도리를 행하고나면 경신(敬信)의 예모를 알면 이는 실행(실천궁행)의 개화이요, 학술을궁구하여 만물의 이치를 탐구하면 이는 곧 학술의 개화요, 국가의 정치를바르게 하여 백성의 억울한 일이 없게 한 것은 법률의 개화요, 기계의

---

2) 『조양보』 제2호(1906.6).

제도를 편리하게 하여 사람이 편리하게 이용하게 하는 것은 기계의 개화요, 물품의 제조를 정결하게 하여 인생을 풍요롭게 하는 것은 물품의 개화니, 이 여러 조항의 개화를 합한 뒤에야 개화를 갖춘 것이라고 할 수 있다.

◇ 천하 고금에 어떤 나라를 돌아보든지 개화의 극점에 달한 자는 없으나, 그 대강의 등급을 구별하면 세 등급이 있으니, 하나는 개화한 자요, 둘은 반개한 자요, 셋은 미개한 자이다.

이 논설에서는 개화의 의미를 '국가 사회의 모든 사물이 지극히 선미한 상태에 도달한 것'이라고 규정하고, 개화에는 '미개, 반개, 개화'의 세 등급이 있다고 주장하였다. 개화의 어원이나 의미를 고려할 때, '개화'라는 용어는 그 자체로 '근대'라는 말과는 전혀 다른 의미를 갖고 있음을 알 수 있다. 이 점은 '개화사'를 주제로 한 선행 연구에서도 대부분 언급하고 있는 바이다. 예를 들어 1906년 스네야 세이후쿠(恒屋盛服)가 저술한 『조선개화사(朝鮮開化史)』[3]에서도 조선의 지리, 인종, 문화, 외교 등을 다루면서 고대와 중세의 교역 상황까지 개화사의 일부로 다루고자 한 것을 확인할 수 있다. 비록 개항 이후 문명화의 관점에서 개화를 다루기는 하였지만, 개화 그 자체가 근대화를 의미하는 것은 아니었다.

그럼에도 '개화'라는 말은 '문명화'를 뜻할 경우가 많다. 특히 근대의 개화 개념은 '개화원위'에서 확인할 수 있듯이, '미개' 또는 '반개'와 대립되는 개념으로, '문명 진보'를 이룬 상태를 뜻하는 용어로 쓰일 경우가 많았다. 더욱이 이양선의 출몰과 병인, 신미양요를 거치면서 실행된 쇄국정책이 '폐쇄'의 의미를 담고 있음에 비해, 1876년 병자수호조약 이후의 '개항 정책'은 그 자체가 '개방'의 의미를 담고 있기 때문에, '개화'와 '개방', '문명화', '근대화' 등의 개념이 연쇄되는 경향이 강하다.

---

3) 恒屋盛服(1906), 『朝鮮開化史』, 東京: 博文館.

이러한 흐름에서 1876년 개항은 한국 지식사의 격변을 알리는 신호였다. 특히 조선 후기 외래 지식의 수용 루트였던 중국(영선사), 일본(통신사), 표류민 코스가 개항으로 인해 크게 변화하기 시작했고, 사신을 중심으로 이루어졌던 인접 국가와의 지식 교류 양상도 서양 각국과의 통상이 이루짐에 따라 큰 변화를 보이기 시작했다. 특히 1880년대 신문의 탄생과 근대식 학교의 등장은 한국의 지식장 변화에서 주목할 만한 사건이라고 할 수 있다. 근대 지식의 형성과 보급에서 신문의 역할은 매우 컸다. 이 점은 중국이나 일본의 경우도 마찬가지인데, 중국의 경우 1840년 아편전쟁 이후 서양 선교사들과 외교관들이 '실용지식전파회'를 만든 직후, 『중서견문록』(후에 『격치휘편』), 『교회월보』(후에 『만국공보』) 등의 신문을 발행했으며, 중국인 스스로도 1872년부터 『신보(申報)』를 창간하였다. 이들 신문은 창간 주체와 취지에 따라 발행 목적과 논조가 달랐으나 중국 민중의 언어생활에 적지 않은 변화를 가져왔다. 이러한 사정은 일본도 크게 다르지 않은데 1867년 서양인이 경영하는 『만국신문지(萬國新聞紙)』가 출현한 이후, 1868년 일본인이 경영하는 『요코하마신문(横濱新聞)』 등이 출현하였다. 잡지의 경우 일본이 중국보다 훨씬 앞선 시대에 출현했는데, 1867년 『서양잡지(西洋雜誌)』가 발행된 이후 자유민권운동이 본격화되었으며, 1887년부터 1896년까지는 『중앙공론(中央公論)』의 전신인 『반성회잡지(反省會雜誌)』가 구화주의(歐化主義)의 선봉에 섰었다. 사네토 게이슈(1960)[4]에 따르면 일본과 중국은 외국어 학교, 기선 매입, 유학, 송장, 잡지 출현, 신문 창간, 전신, 국립대학 창설 등에서 적게는 2년에서 많게는 30년 정도의 차이를 보인다. 그러나 두 나라의 근대화 과정에서 신문, 잡지의 출현이 지식 보급과 밀접한 관련을 맺고 있고, 지식 보급은 본질적으로 언어문제와 밀접한 관련이 있음은 자연스러운 현상이다. 그렇기 때문에 사네토 게이슈(1960)에서도 두

---

4) さねとう けいしゅう(1960), 『中國人 日本留學史』, 東京: くろしお出版社.

나라의 '표음문자운동'을 거론하고 있는데, 일본의 경우 1886년 '한자폐지안'이 등장하고, 중국에서도 1892년 『일목요연초계(一目了然初階)』가 등장한다.

개항 이후 한국의 경우도 사정은 비슷하다. 우리나라의 근대식 신문이 출현한 것은 1883년 박문국에서 발행한 『한성순보』이다.5) 이 신문은 국민의 견문을 넓히고, 국민을 교화하여 나라를 새롭게 혁신하며, 부강을 이룸으로써 밖으로는 외부의 모멸을 막도록 하고, 국가 운영에서 하의를 상달할 수 있도록 하는 데 목표를 두었다. 비록 한문으로 쓰였지만 순보 발행 당시의 '서문'은 근대적 신문의 계몽성을 잘 나타내 준다.

【 순보 서 】

禹鼎示象 周官辨士要荒之外槪不及焉 盖以山川限隔書軌不同 匪可德孚而力致此先王所以不勤遠略也 今風氣漸闢智巧日長輪舶馳駛環瀛電線絡四土至於定公法修聘問築埔通交易而窮髮燋齒羊胛槫面無殊聯壤事變物類幻詭百出車服器用技巧萬端固留心世務者所不可不知也. 是以我 朝廷開局設官廣譯外報幷載內事頒示國中派分列國名曰旬報 以之廣聞見辨衆惑裨商利 中西之官報申報郵便交詢其義一也. 宇內之方位鎭浸政令法度府庫器械貧富飢饟 與夫人品之藏否物值 低昻撫實*載可以燭照鏡考而褒貶勸懲之義 又未嘗不行乎其間也 雖然覽者驚遠好近則是市步而失故者也味新膠舊則 是井觀而自大者也 其必度時審勢勿流勿泥取捨可否必求諸道不失其正然後庶開局之本旨也歟

> **번역** 하나라 우왕이 지형을 보여주고, 주나라 관리가 나라의 지형을 분간하도록 정리하여 지형의 중요한 것과 그렇지 아니한 것을 정비할 때 다 미치지 못하였다. 대개 산천이 막혀 있고 서궤가 동일하지 않음으

---

5) 『한성순보』의 발행 배경과 과정에 대해서는 이광린(1969), 「한성순보와 한성주보에 대한 일고찰」(『한국개화사연구』, 일조각) 등을 참고할 수 있다.

로써 가히 덕으로 믿게 하고 힘으로 이루어지게 할 수 없어 선왕이 멀리 내버려 두고 계획하지 못한 바가 있다. 지금은 풍기(시국의 기운)가 점점 닫힌 데서 열리고 지식과 기술 문명이 나날이 자라 환영(제주도의 주위)에 선박이 침입하여 사방으로 전선이 연락되어 외국의 문명이 차츰 스며든다. 이에 공법을 정하고 외국과 교제하여 학수해서 항포를 만들고 교통과 교역을 하기에 이르렀다. 그리하여 몹시 애써 땅이 한 데 붙고 일이 차차 변하고 물건이 달라지며 괴상한 것이 백출한다. 차와 복장의 쓰임도 여러 가지이니 세상에 힘쓰는 자는 이러한 것을 마음에 두고 가히 알지 아니하지 못할 것이다. 이에 우리 조정에서는 박문국을 설치하고 널리 외보를 번역하고 아울러 국내 기사를 게재하고 국내에 반포하고, 열국에도 분파하여 그 이름을 순보라고 명하여 이것을 가지고 견문을 넓히고 여러 가지 의혹된 점을 판단하게 하고자 한다. 이에 상리를 돕고 중부와 서부의 관보를 신문으로 펴서 우편과 교순하니 그 의의가 하나이다. (이로써) 국내가 진정하고 정부의 영과 법도가 있고 기계가 있고 빈부가 있고 기양이 있고 또 인품의 선과 불선이 있고 물건 값이 높고 낮은 것을 실제로 따라 갖추어 게재한다. 이는 사회의 등촉이고 인민의 거울인 것을 포폄과 근징의 뜻이며 또한 일찍이 그 사이에 행하지 아니한 것을 밝힌다. 그러나 보는 자가 저자마다 다니면서 먼 것을 싫어하고 가까운 것을 좋아한즉 옛 것을 읽는다. 그리고 새 것을 맛보고서도 옛 것에만 고착한즉 우물만 보고 자기만 크다고 하는 즉 정저지와와 같다. 이에 때를 헤아리고 형세를 살피어 흐르지도 말고 빠지지도 말고 좋고 나쁜 것을 취사선택하여 도에 맞게 구해서 정당한 것을 잃지 않는 것이 개국의 본 취지이다.

이 서문에서는 풍기가 열리고 지식이 날로 발달하며 지구의 사토(四土)가 연락되는 상황에서 공법 제정이나 외국과의 교제 등 관심을 두어야 할 일이 많음을 밝히고, 조정에서 박문국을 설치하여 외보를 번역하고, 국내 기사를 게재하여 국내에 반포하고 다른 나라에도 분파하고자 신문을 창간했음을 천명하였다. 특히 '광견문(廣見聞)', '변중혹(辨衆惑)', '보상리(補商利)' 등은 지식을 보급하고 대중을 교화하며 여론을 형성하는 역할을 담당할 것임을 밝힌 구절이라고 할 수 있다. 곧 '촉조경(燭照鏡, 거울에 비추어 밝힘)', '포폄근징(襃貶勤懲, 비판과 경계)'은 신문의 교화적 기능을 강조한 말이라고 할 수 있다. 이처럼 근대 신문으로서『한성순보』는 지식과 정보의 보급뿐만 아니라 국민 교화를 일차적 목표로 삼았던 것이다. 이러한 역할은『한성주보』도 크게 다르지 않다. '주보'의 서문은 다음과 같다.

【 주보 서 】

洪惟我 聖上叡智天縱規謨宏遠旣通和列國 命統理衙門設博文局置官掌紀內政譯外報頒示國中 頒布寰宇內 可以<u>化民敎俗外</u> <u>可以禦侮除畔</u>每十日成一編故名之曰漢城旬報 古人所謂知我亦知敵者此也 <u>上下官民甚便之</u> 泊甲申變作局撤而不行上下官民咸 茹恨齊歎曰甚矣人之情隨見而遷也 始旬報之未剙行也固未甚知其爲不便旣行矣而中撤矣 如<u>耳目之廛得聞廣者旋又裏如而朦然</u> 人於是 知行之爲便而撤之爲不便.

上察其情 命統理衙門議復 設博文局便否僉曰復之便局 於是復其官法視前而稍損益之凡隣邦之交涉 官工之陟黜而至閭巷謠俗 農桑事務商稅市值之鉅織長短無不晰載而該著如有無官職之人恣爲不拘束之談鋟諸別本 亦本局之所不 問昔之十日成一編者 七日而畢 其工因改旬報爲週報 局規於是乎粗備矣 顧是擧也 上以<u>奉聖意下以循輿情</u>則爲局員者可不謹其事勤其職以少裨於忠 君誠民之道歟 但才有所不逮職有所不膽懼不克負荷玆役可愧也 凡局務之所 未及與所未正惟開塞牖迷之是須是資窃有望於局外之君子云爾.

번역 삼가 생각하건대 우리 전하께서는 天縱의 叡智와 宏達하신 규모로써 많은 나라들과 국교를 通和하시고 統理衙門에 명하시어 博文局을 설치하고 관리를 두어 내정을 기록하고 외보를 번역하여 國中에 반시하는 동시 온 천하에 두루 반포하게 하시니 이는 <u>안으로 백성을 교화하고</u>

밖으로 外侮(외모)를 막고 전쟁을 없앨 수 있는 일이다.

10일에 한 편씩을 펴냈으므로 漢城旬報라 이름하였으니 '나를 아는 것이 적을 아는 것이다'고 한 옛 사람의 말이 바로 이런 경우를 이름한 것이다. 상하의 官民이 매우 편리하게 여겼더니 甲申政變이 일어나 박문국이 철폐되고 旬報가 간행되지 않게 되자 상하 관민이 모두 말하기를 '사람의 정은 보는 바에 따라 옮겨감이 참으로 심한 것이로다. 과거 순보가 간행되지 않았을 적에는 불편한 것을 모르고 지냈더니 순보가 간행되다가 중단되니 겨우 틔었던 이목이 다시 어두워지는 것 같다'고 하여 모든 사람들이 간행을 바라고 폐간을 바라지 않았다.

上께서는 이런 실정을 살펴 아시고 統理衙門에 명하시어 다시 박문국의 설치에 대한 가부를 의논케 하시니 모두들 다시 설립하는 것이 좋겠다고 하였다. 그러므로 그 관원과 법을 전보다 약간 증감하고 국가의 교섭과 관리의 陞黜(승출)에서부터 여항의 謠俗과 농상사무와 상세 시가의 고하에 이르기까지 빠짐없이 모두 기재하고 또 관직을 갖지 않은 사람의 투고는 그 내용을 따지지 않고 별본으로 출간하기로 하였다. 과거에는 10일에 한 편씩 펴내던 것을 공정을 단축하여 7일에 한 편을 펴내기로 하고 순보란 이름을 주보로 개칭하니 이에 이르러서야 국의 규모가 대략 갖추어졌다.

이 일은 위로 성의를 받들고 아래로 여론에 따른 것이니 국원들은 그 일을 삼가고 그 직책에 부지런히 하여 충군애민의 도에 미력이나마 돕지 않아서야 되겠는가. 그러나 재주가 부족하고 논의가 넉넉지 못하여 이 일을 걸머지지 못할 것이 두려우니 부끄러울 뿐이다. 모든 국무의 부족한 것과 바르지 못한 것을 깨우쳐 주시기를 국외 군자들에게 간절히 바라는 바이다.6)

---

6) 번역문은 관훈클럽신영연구기금(1983)을 옮김. 이하 순보·주보 기사 번역문은 동일.

'주보' 서문에서도 신문이 '백성 교화'와 '외부로부터의 수모 방어'에 중요한 역할을 할 수 있다고 믿었다. 신문이 백성의 이목을 틔우고 충군애국의 사상을 기르는 데 도움이 된다고 판단했던 것이다. 이러한 신문의 이익은 『한성주보』 제30호(1886년 9월 27일)의 논설 '신문의 이익'에서도 구체화된다.

【 논신문지이익(論新聞紙之益) 】

西語曰 新聞者由聞而日新其邦. 盖新聞紙之說 雖古無而今有 新聞紙之義 不但今有而亦古有也. 原夫新聞紙之義 所勤求民隱 而去其隔閉 凡屬利國 便民之方 岡不登聞 而治臻於上理也. (…中略…) 是故西國之俗 好讀新聞者指爲忠君愛國之徒 不讀新聞者歸之背公黨私之類. 是知不讀新聞者 民國之休戚不欲公共而肆 然自棄於化育之外也.

번역 서양 말에 신문은 새로운 것을 들음으로써 나라를 날로 혁신하는 것이라고 했다. 대개 신문에 대한 얘기는 비록 옛날엔 없었다가 지금 있는 것이긴 하지만, 신문의 의의는 비단 지금에 와서 있는 것이 아니라 옛날에도 역시 있었다. 원래 신문의 의의는 국민들의 고통을 애써 찾고 막힌 것을 제거함은 물론이고, 국가를 이롭게 하고 백성을 편하게 하는 모든 방법을 다 게재하여 정치가 上理에 도달하게 하는 데 있다. (…중략…) 이로 미루어 볼 때 신문으로 인하여 날로 국가를 새롭게 한다는 말이 진정 헛말이 아닌 것이다. 이래서 <u>서양의 풍속에 신문 읽기를 좋아하는 사람은 충군애국하는 무리라 하고, 신문을 읽지 않는 사람은 공적인 것을 배반하고 사적인 것을 배호하는 무리로 귀착된다고 평하고 있다.</u> 이것으로 신문을 읽지 않는 사람은 백성과 국가의 기쁨과 슬픔을 함께 하려 하지 않고, 멋대로 化育의 밖으로 자포자기하는 것임을 알 수 있다. 지금 박문국을 창설한 것은 훈송(訓訟) 잠간(箴諫)의 법을 도습하여 취하고, 또한 서양의 體例를 모방하였다. 따라서 <u>下情을 上達시켜 君民이 일체</u>가 되어 특별히 국가의 부강에 대한 계책을 세워 국운이 억만년토록 이어가고 영원히 승평을 구가하게 되기를 바라서이다. 時務를 맡은 이들은 살펴보기 바란다.

신문이 '하정상달(下情上達)'을 통한 '군민 일체'를 형성하고 국가를 부강하게 하는 역할을 수행하기 위해서는 신문 독자가 형성되어야 한다. 이 점에서 한문으로 발행된 『한성순보』나 『한성주보』의 신문 독자는 제한적일 수밖에 없었다. 비록 '주보'에서 순국문과 국한문체에 대한 실험이 없었던 것은 아니지만, 그 비중이 크지 않았고, 정부 차원에서 지속적으로 신문을 발행하지도 않았기 때문에 '교화'와 '계몽'의 언어로서 근대의식을 표출할 국문, 더욱이 민중의 어문으로 발전하는 데는 시간이 더 필요했다.

1.2. 동서 접촉과 언어 문제

개항 이후 각국과의 통상 조약이 체결되고 근대식 문물이 도입되면서 언어 문제가 본격적으로 대두되기 시작했다. 이 시기 대두된 언어 문제는 통상 조약(通商條約)의 언어 사용이나 외국 문물 도입에 필요한 언어 학습의 필요성 등이 주된 문제였다.

외교 통상 조약은 개항 이후 각국과의 교섭 과정에서 필연적으로 체결되는 조약이었다. 우리나라 최초의 통상 조약은 운요우호 사건 직후 1876년 2월 26일 일본과 체결한 '수호조규'이다. 이 조약은 판중추부사 신헌(申櫶), 부관 도총부 부총관 윤자승(尹滋承), 일본측 특명 전권 판리대신 구로다(黑田淸隆), 특명 부전권 판리대신 이노우에(井上馨) 사이에 체결된 것으로 총 12관으로 구성되었다. 그 내용을 살펴보면 다음과 같다.

【 수호조규[7) 】

大朝鮮國과 大日本國은 오래부터 友誼가 두텁게 지내 왔었으나 근래 양국간의 情義가 만족하지 못하게 되었으므로 옛 友好를 거듭 닦고 친목을 굳게 하고자 한다. 이를 위하여 日本國 정부는 特命全權辦理大臣 陸軍中將 겸 參議開拓長官 黑田淸隆과 特命副全權辦理大臣議官 井上馨을 선발하여 朝鮮國 江華府에 파견하고, 조선국 정부는 判中樞府使 申櫶과 都摠府 副摠管 尹滋承을 선발하여 각각 諭旨를 받들어 議定한 條款을 다음에 列記한다.

第1款 조선국은 自主國이며, 日本과는 평등한 권한을 가진다. 이후로 양국이 和親의 實을 表하려 할 때에는 마땅히 피차 동등한 예로써 서로 대우할 것이며, 추호라도 侵越·猜嫌하여서는 안될 것이다. 우선 종전에 交隣의 情誼를 저해하는 憂患이었던 모든 例規를 일체 혁파하고 寬裕·弘通의 法을 확충하여 영원히 서로 평화롭게 지낼 것을 기하려 한다.

第2款 日本國 정부는 지금부터 15개월 후, 使臣을 조선국 京城에 수시로 파견하여 예조판서와 직접 만나 교섭사무를 상의할 수 있다. 사신의 駐留 기간의 長短은 모두 時宜에 따른다. 조선국 정부 역시 사신을 일본국 東京에 수시로 파견하여 外務卿과 직접 접촉하여 교섭사무를 상의할 수 있으며, 사신의 駐留기간 역시 時宜에 맞게 한다.

第3款 이후로 양국 간의 왕래 공문서는 일본은 자기 나라 國文을 쓰되, 지금부터 10년 간은 漢文譯本 1통을 별도로 갖춘다. 조선국은 眞文(한문)을 쓴다.

第4款 조선국 草粱에는 일본 공관이 있어 오랫동안 양국인의 통상지였다. 이후부터는 종전의 관례와 歲遣船 등의 일은 혁파하고, 새로 의정된 條款에 기준하여 무역 사무를 처리할 것이다. 또한 조선국 정부는 별도로 第5款에 실린 2개 항구를 개항하여 일본국 인민의 왕래·통상을 허락한다. 이들 항구내의 지역을 賃借하여 가옥을 건축하거나 혹은 해당 지역 주민

---

7) 『한성순보』, 1883.11.30. 관훈클럽신영연구기금(1983)의 번역문을 옮김.

의 가옥에 僑寓하는 등의 일은 편리한대로 한다.

　第5款 경기·충청·전라·경상·함경 5개도의 船海중 통상에 편리한 항구 2개처를 선정하여 地名을 지정한다. 항구를 개항하는 시기는 日本曆 明治 9년 2월, 조선력 丙子年 2월부터 起算하여 共히 20개월 이내로 한다.

　第6款 이후로 일본국 선박이 조선국 연안에서 大風을 만나거나 땔감이나 양식이 떨어져서 지정된 항구에 도달하기가 불가능할 경우에는, 연안의 어떠한 항구에라도 寄港하여 위험을 피하며, 부족한 물품을 보충하고, 船具를 수선하며, 땔감 등을 구입할 수 있다. 그 지역에서 공급한 물품에 대한 비용은 반드시 船主가 지불해야 되지만, 무릇 이러한 사태에 대하여 지방 官民들은 憐恤의 情으로 구호하여 보급에 부족함이 없도록 해 주어야 한다. 또한 양국의 선박이 大洋 중에서 파선되어 승무원이 漂着하였을 때에는, 그 지방 주민은 즉시 그들을 救恤하여 생명을 보전케 하고 지방관에 보고하면, 그 지방관은 그들을 본국으로 호송하거나 근처에 駐在하는 본국 관리에게 交付한다.

　第7款 조선국 연해의 島嶼와 巖礁는 이제까지 조사를 거치지 않아 매우 위험하니, 일본국의 항해자가 자유롭게 해안을 측량하도록 허가하여 그 위치의 깊고 얕은 데를 자세히 조사하여 海圖를 제작, 양국의 船客들이 위험을 피하여 안전을 도모할 수 있도록 한다.

　第8款 이후부터 일본국 정부는 조선국이 지정한 항구에 경우에 따라 일본국의 商民을 관리할 관원을 둘 수 있다. 만약 양국간에 교섭할 안건이 있을 때에는 그 관원은 그 지역 지방관과 회동하여 처리한다.

　第9款 양국은 이미 通好하였으니 상대편 인민은 각자 임의로 무역할 수 있다. 양국 관리는 조금도 여기에 간섭하지 못하며, 또 제한하거나 금지하지도 못한다. 만약 양국의 商民이 장사를 하면서 속이거나 貸借한 것을 보상하지 않을 때는 양국 관리는 그 위반 상민을 엄중히 다스려서 손해를 입힌데 대하여 추가로 배상하도록 할 것이다. 다만 양국 정부는 이를 대신 판상할 수 없다.

第10款 일본국 人民이 조선국이 지정한 각 항구에서 조선국민에게 관계되는 죄를 범한 사건을 일으켰을 경우에는 일본 관원이 심판할 것이다. 만약 조선국 인민이 죄를 범하여 일본국 인민과 교섭할 일이 발생했을 경우에는 조선관원이 조사하여 처리할 것이다. 다만 각각 자기나라 법률로 심문·처리하되, 조금도 庇護함이 없이 공평 타당하도록 해야 한다.

第11款 양국이 이미 通好하였으므로 따로 통상장정을 설정하여 양국 商民의 편의를 도모할 것이다. 또한 아울러 현재 설정한 각 條款 중 다시 細目을 보충하여 조건을 따르는 데 편리하게 할 것이다. 이것은 지금부터 6개월 이내에 양국이 따로 委員을 조선국 京城 또는 江華府에 파견하여 회동·상의하여 제정케 한다.

第12款 이상에 설정한 11款의 조약은 지금부터 양국이 신의로 遵行한다. 양국 정부는 이를 다시 변경할 수 없으며, 영원히 신의로써 준행하여 和好를 돈독하게 할 것이다. 이를 위하여 約書 2통을 작성, 양국이 위임한 大臣이 각각 조인하고, 서로 교부하여 증거를 명확히 한다.

이 조약은 제1관에서 자주와 평등을 천명했지만, '일본 상민의 자유로운 해안 측량', '일본국 상민 관할 관원 파견', '자유 무역 허가', '일본인 범죄자에 대한 일본측 관할' 등과 같이 상호 조약이라고 부르기 힘들 정도로 불평등한 조약이었다. 이와 같은 불평등 조약이 체결된 데에는 당시 조선인의 개항에 대한 대처 방안이나 만국 공법(萬國公法)에 대한 무지 등이 작용했음은 틀림없다. 언어적인 면에서도 제3관에 천명한 바와 같이 일본은 자국문을 사용하는 데 비해 조선측은 진문(한문)을 사용한다고 명시했다. 이는 그 당시까지 국제 조약에 자국문을 사용해야 한다는 의식이 없었기 때문이다.

이러한 문제는 1880년대 각국과 체결된 대부분의 조약에서도 동일하게 나타난다. 수호조규와 함께 체결된 '통상장정(通商章程)' 제1칙에서도 일본측의 의견만 반영하여 "이 보단(報單) 및 기타 서류는 그 어느 것이나 일본문(日本文)을 사용하고 한역문(漢譯文)은 필요하지 않다"고 규정한 것이나, 1883년 5월 19일 비준된 '한미수호통상조약' 제13조에서 "본 조약 체결 후 앞으로의 양국 정부간 왕복 공문은 조선국 측에서는 한어(漢語)로 할 것이고, 미합중국은 한어(漢語)를 사용하며 혹 영어(英語)를 사용하면 한어(漢語)를 이에 첨부하여 오해를 피하도록 한다"라고 규정한 것 등은 이 시기 한국측의 외교 언어가 한문이었음을 증명하는 것이다. 이러한 경향은 1884년 4월 28일 비준된 '한영수호통상조약'도 비슷한데 이 조약의 제12조에서는 조약을 영어와 중국어로 작성하며 해석상 이의(異議)는 영문(英文)을 참조하여 결정하도록 하고, 모든 공식 서신도 '당분간'이라는 수식어가 붙어 있기는 하지만, '중국 역문(中國譯文)'을 첨부하도록 하였다. 서양 각국이 자국문을 사용한 데 비해 조선측이 한문을 사용한 예는 통상 조약뿐만 아니라 일반적인 외교 문서도 마찬가지였다. 허재영(2009)에서 밝힌 바와 같이 신미양요를 전후로 한 외교 문서에서도 조선측이 사용한 문자는 한문이었다. 통상 조약에 한문을 사용한 것은 자국어의 중요성을 인식하지 못한 채, 기존의 관례를 따른 것이었다. 문자 창제 이후 1880년대에 이르기까지 훈민정음으로 외교 문서를 작성한 바 없고, 외국과의 통상 과정에서도 이 문자를 공식적으로 사용한 적이 없었다.

이처럼 한문을 외교 언어로 사용하게 된 배경에는 조선왕조의 통치 이념이 유교의 정치사상을 근간으로 하였고, 과거제를 비롯한 각종 제도나 도서 인쇄 및 반포가 한문으로 이루어졌으며, 각종 교육기관의 교육 내용이 한문으로 구성되었듯이, 국문의 가치를 인식하지 못한 데서 비롯된 것이었다. 이러한 흐름은 조선 후기 실학자들에게서도 쉽게 찾아볼 수 있는데, 이군선(2007)에서 논의한 바와 같이, 박제가, 홍양호, 박지원, 정약용 등과 같은 실학자들도 한문 중심의 학문적 전통을 벗어나지 못하고 있다.

【 실학자들의 언어관8) 】

ㄱ. 朴齊家『北學議』'화어(華語)'. 漢語爲文字之根本 如天直呼天 更無一重諺
解之隔 故名物尤易辯 雖婦人小兒知書者 尋常行話 盡成文句 經史子集 信口而
出 蓋中國 因話而生字 不求字而釋話也. 故外國 雖崇文學 喜讀書 幾於中國
而終不能無間然者 以言語之一大膜子 莫得而脫也 我國地近中華 音聲略同 舉
國人而盡棄本話 無不可之理 夷之一字可免 而環東土數千里 自開一周漢唐宋
之風氣矣 豈非大快.

> **번역** 한어는 문자의 근본이다. 하늘을 그대로 하늘(天)이라고 부르면
> 되지 한번도 언문으로 거듭 번역하여 나타나는 차이가 없다. 따라
> 서 사물의 이름을 분간하기가 더욱 쉽다. 비록 글을 모르는 부인이나 어
> 린아이라도 일상적으로 쓰는 말은 모두 문구를 이루고 경사자집(經史子
> 集)이 입에서 분명히 나온다. 대개 중국은 말로 인해 문자가 생성되며 문
> 자를 탐구하여 말을 풀이하지 않는다. 그러므로 외국이 문학을 숭상하고
> 독서를 좋아하는 것이 중국에 가깝다고 해도, 결국 간극이 생기지 않을
> 수 없는 것은 언어가 하나의 막(膜)이 되기 때문에 이해가 어렵고 벗어나
> 기 힘들기 때문이다. 우리나라는 중국과 가까워 글자의 음이 대략 비슷하
> 므로 온 나라 사람이 본래의 말(본국어)을 버려도 이치에 어긋날 것이
> 없다. 그래야 오랑캐라는 문자를 면할 수 있고, 다시 우리나라 수천리가
> 한 번 주, 한, 당, 송의 풍기가 열릴 것이다. 어찌 좋은 일이 아니겠는가.

ㄴ. 朴趾源『熱河日記』'避暑錄'. 中國因字入語 我東因語入字 故華彝之別在
此 何則 因語入字則自語書自書 如讀天字曰漢捺天 是字外更有一重難解之諺.

> **번역** 중국은 글자를 인하여 말에 들어가고 우리나라는 말을 인하여 글
> 자에 들어간다. 그러므로 '화(華)'와 '이(彝)'의 구별이 여기에 있
> 다. 어찌 그러한가는 곧 말을 인해 글자에 들어가면 말은 각자의 말이고

---

8) 이군선(2007), 「중세 라틴어 문화권과 한자 문화권의 이중 언어와 문화: 조선 사인의
언어문자 인식」, 『동방한문학』 30호, 동방한문학회, 35~55쪽.

글은 각자의 글이니 마치 천(天)을 '하늘 천(天)'이라고 읽는 것과 같다. 이 글자 이외에 다시 <u>일종의 난해한 토속말</u>이 있는 것이다.

ㄷ. 丁若鏞 『與猶堂全書』 '跋竹欄物名攷'. <u>中國言與文爲一 呼一物便是文 書</u>一物便是言 故名實無舛 雅俗無別 東國則不然 試論麻油一種 方言曰參吉音 文字曰眞油 人唯知眞油之爲雅 而不知有香油胡麻油苣蕂油等本名也 又有難者 萊菔方言曰蕪尤菜 不知是武葔菜之訛也 菘菜方言曰拜艸 不知是白菜之誤也 由是言之中國學其一已足 東國學其三猶不足也.

| 번역 | <u>중국은 말과 글이 일치하여</u> 한 사물을 부르기가 편하다. 그러므로 |

이름과 실제의 어긋남이 없고 우아한 말과 속어의 차이가 없다. 동국은 그렇지 않다. 예를 들어 마유(麻油) 하나를 들어보면 방언은 참길음(參吉音)이라고 부르나 문자로는 진유(眞油)라고 하니 사람이 오직 진유가 우아한 것으로 알고 향유(香油), 호마유(胡麻油), 거승유(苣蕂油) 등 본명이 있음은 알지 못한다. 또 그보다 어려운 것은 래복(萊菔)은 방언으로 무채(蕪尤菜)라고 하는데 이것은 무후채(武葔菜)가 와전된 것임을 모른다. 숭채(菘菜)는 방언으로 배초(拜艸)라고 하는데 이것은 백채(白菜)가 와전된 것임을 모른다. 이로 말미암아 중국에서는 하나만 배워도 충분한데 동국은 세 가지를 배워도 오히려 부족하다.

이 세 가지 예는 이군선(2007)에서 발췌한 것으로, 조선 후기 대표적인 실학자들의 언어관을 나타낸다. 박제가는 한어가 문자의 근본이라고 하면서, 한자는 말로 인해 글자가 생성되어 말과 글이 일치된다고 주장한다. 이는 박지원이나 정약용도 마찬가지이다. 이들은 중국에 비해 우리나라는 토속말(諺)이 있고, 이와 대응하는 한자(漢字)가 있기 때문에, 언어생활에 혼란이 온다고 여겼다. 엄밀히 말하면 이 주장은 구어로서의 '언어(言語)'와 문어로서의 '문자(文字)'의 관계를 정확히 구분하지 못한 데서 온 주장이다. 중국의 경우 중국말 '티엔'과 문자 '天'이

일치하므로 그 자체로 언문일치가 실현된 것이라고 할 수 있다. 그러나 우리나라의 경우 고유어와 한자어가 공존하며, 한자어의 경우 중국음이 변음된 상황이므로, 한자 사용 유무가 언문일치를 판단하는 근거가 될 수 없다. 예를 들어 우리나라의 경우 구어로서의 '하늘'을 한자 '天'으로 표기한다면, 언문일치가 실현되지 않은 셈이며, 한자어인 '천상(天上)'을 한글로 '천상'이라고 쓰든 한자 '天上'으로 쓰고, '천상'이라고 읽든 그 자체는 언문일치가 실현된 셈이다.

이러한 차원에서 볼 때 실학자들의 언어관은 고유어와 한자어의 관계, 한자와 국문의 관계 등을 정확히 구분하지 못한 데서 비롯된 것으로 판단할 수 있다. 그럼에도 개항 직전까지 대부분의 학자들이 한자의 유용성을 고집한 데는 공동문어로서의 한자가 갖는 유용함 때문이었던 것으로 보인다. 특히 한자가 갖는 국제적인 공동문어로서의 위력은 '필담(筆談)'이라는 형태를 통해 드러난다.

【 필담(筆談) 기록9) 】

ㄱ. 臣等入燕以後, 連因勅使之有公故, 使首譯先送略干幣物於上勅西明家, 仍與約會。初二日, 辟雍演禮罷後, 臣等與書狀官臣李鼎運, 直詣上勅家。上勅出重門外, 延入客室。臣等揖讓再三, 上炕而坐。上勅素不解文字, <u>難以筆談</u>, 故使首譯傳言曰: "大人遠臨小邦, 平安還朝, 深爲欣幸?" 上勅答曰: "托庇好好歸來矣".

번역 신 등이 연경(燕京)에 들어간 이후에 연달아 칙사가 공무가 있었기 때문에 우두머리 역관을 시켜서 먼저 약간의 폐물(幣物)을 상칙사(上勅使) 서명(西明)의 집에 보내고, 이어서 서로 만나기로 약속을 하였습니다. 초2일에 벽옹에서 예식을 연습하는 일을 파한 뒤에 신 등은 서장관 신 이정운과 함께 상칙사의 집으로 직접 찾아가니, 상칙사가 중문

---

9) 국사편찬위원회 조선왕조실록(sillok.history.go.kr)에서 옮김.

(重門) 밖까지 나와서 맞이하여 객실로 들어갔습니다. 신 등은 읍양(揖讓)하기를 두세 번 하고 온돌[炕] 위에 앉았습니다. <u>상척사가 본래 문자를 알지 못하여 필담(筆談)하기가 어려웠기 때문에</u>, 우두머리 역관으로 하여금 말을 전하기를, '대인이 멀리 작은 나라에 갔다가 편안히 조정에 돌아왔으니, 매우 다행한 일입니다.'라고 하니, 상척사가 대답하기를, '덕택에 무사히 돌아왔습니다.'라고 하였습니다.

—『정조실록』 권19, 정조9년(1785) 2월 14일 갑오

ㄴ. 慶尙左水使具胄元以本月十五日, 到付釜山僉使尹錫萬, 馳報問情任譯李周鉉手本內: 卑職等乘船追異樣船下碇處, 船上之人一齊出見, 垂以浮梯. 攀緣以上, 則人形通同古怪, 身長不大不小. 頭髮鬖鬆, 或黃或赤, 鼻高髥禿, 眼睛或黃或碧, 腕臂間有鍼刺文. 所戴或氈或如我國戰笠. 所著或靑或黑, 上單襦下單袴, 皆氈之屬. 而合襟處, 連結團鈕, 足著俱黑皮靴, 共八名而無女人. <u>言語初不曉解, 繼以筆談, 亦無所答.</u> 使之書字, 則如雲如畵, 非諺非篆, 憑問無路

번역 경상좌도 수군절도사(慶尙左道水軍節度使) 구주원(具胄元)이, '이 달에 도착한 15일 부산 첨사(釜山僉使) 윤석만(尹錫萬)의 치보(馳報)에서 문정임역(問情任譯) 이주현(李周鉉)의 수본(手本) 내에, 비직(卑職)들이 배를 타고 이양선(異樣船)이 정박하고 있는 곳까지 쫓아갔는데, 배 위에 있던 사람들이 일제히 나와 보면서 사다리를 내려 주었습니다. 사다리를 타고 올라가 보니, 사람들의 겉모습이 모두 괴상하게 생겼는데 키는 크지도 않고 작지도 않았으며 더부룩한 머리털은 노랗기도 하고 붉기도 하였습니다. 코는 우뚝하고 수염은 성글었으며 눈알이 노랗기도 하고 푸르기도 하였는데 손목과 팔뚝 사이에는 바늘로 문신(文身)한 것이 있었습니다. 머리에는 전모(氈帽)나 우리나라의 전립(戰笠)같은 것을 쓰기도 하였고, 옷 색깔은 푸르거나 검은 색으로 홑저고리와 홑바지를 입었는데, 모두 모직류였습니다. 옷깃을 여미는 곳에는 단추를 달아 연결하였으며 발에는 다같이 검은 가죽신을 신었는데, 모두 8명으로 여자는 없었

습니다. 말은 처음부터 알아들을 수가 없어 필담(筆談)으로 계속해 보았으나 역시 대답이 없었고, 글자를 쓰게 했더니 구름 같기도 하고 그림 같기도 한 것이 언문(諺文)도 아니고 전자(篆字)도 아니었는데, 물어 볼 길이 없었습니다.

　　　　　　　　　—『고종실록』 권3, 고종3년(1866) 2월 25일 을묘

　이 두 자료는 국사편찬위원회에서 제공하는 조선왕조실록 홈페이지에서 '필담'을 키워드로 검색한 자료이다. 실록에 등장하는 '필담'은 말을 주고받을 수 없는 상황에서 은밀히 의사소통을 하기 위해 문자를 주고받는 경우도 있지만, 외인(外人)과의 의사소통을 위해 문자를 주고받는 경우도 있다. 『정조실록』에 등장하는 '필담'은 연경에서 상칙사와 필담을 주고받는 장면이며, 『고종실록』에 등장하는 '필담'은 서양인과 의사소통을 하기 위해 문자를 주고받는 장면이다. 전자의 경우 한국어를 모르는 상칙사와 필담을 통한 의사소통이 가능해야 함을 전제하고 있고, 후자의 경우 서로의 언어를 알지 못하는 상황이므로 필담조차 성립되지 않음을 알 수 있다.

　통상·외교를 위한 언어 문제는 개항과 함께 중요한 문제로 대두되었다. 비록 일본의 사례를 소개한 것이기는 하지만 『한성주보』 1887년 4월 4일(제57호) '각집일견(各執一見)'은 이 문제를 잘 보여준다.

【 各執一見(각집일견) 】

二月二十一日 滬報云 日本來信云 現聞日廷商議與各國往來時 所用語會文字應用何國之言爲準一俟議定 即著爲例 因與各國駐日星使籌之在日廷之議則欲英文商 法使謂用英文不如用法文 壹歐洲列邦均以法文爲正也 德星使則稱實用英文爲妥 盖德國之人皆通英語則免轉相傳邂之煩 而俄公使則謂兩說皆非天以堂堂日本 即用本國之語言 何等冠擇何必捨己從人 而學他邦之語言文字乎. 三星使各執一詞 故現尙未經議定 因按三使之言 似議甚公然 亦不無私意.

夫法之霸於歐羅巴也獨早 故各國皆奉其字爲正文. 今歐洲列邦群起爭雄 法已
不復能執牛耳 則法文固可從霸 亦可棄也. 德國主從英語 尙曰廷之意 德使之意
非在於英也. 實恐日廷從法之文. (…中略…) 俄使所言應用本國語言最然得體
以此行之尙不失大邦擧論 然不知俄使之意 實以俄國語言 他邦議者甚少. 不能
使其從俄文. 又不欲聽其從於他國. 究不如以冠冕之言動之使. 日人操日語之爲
得也. 雖然. 三使之所言. 吾猶以俄使之言爲是.

번역 2월 21일 滬報에 "일본에서 온 소식통에 의하면 현재 듣건대 일본
조정의 商議가 각국과 서로 왕래할 때에 쓰는 언어문자는 어느
나라 말을 표준으로 삼아 한결같이 議定해서 즉시 예를 만들어야 할 것이
므로, 일본에 駐在하는 각국의 星使(사신)와 함께 그를 籌畫하였는 바, 일
본 조정의 의론은 英文을 사용하는데, 프랑스 대사는 영문을 쓰는 것이
프랑스 문자를 쓰는 것만 못하다고 하였으니, 대체로 유럽의 列邦들이 균
일하게 프랑스 글을 제일로 치고 있기 때문이다. 독일의 星使는 영문을
쓰는 것이 타당하다고 하였으니 대체로 독일 사람은 모두 영어에 능통하
여 이중 삼중으로 전술하는 번거로움이 없기 때문인데, 러시아의 公使는
이르기를 '두 설이 모두 그르다. 당당한 일본국에서는 곧 본국의 언어를 써야
할 것이지, 어떤 치레를 위해서 하필 자기 것을 버리고 남의 것을 따라 他邦의
언어 문자를 배우려 한단 말인가.'라고 하였다. 이래서 세 星使는 각기 자기
주장을 고집하고 있기 때문에 현재 아직도 의정을 못하고 있는 실정인데
세 성사의 말을 따져본다면 말이 매우 공변된 듯하다. 그러나 또한 私意가
없지는 않다. 대저 프랑스가 유럽에서 패주가 된 지 이미 오래이기 때문
에 각국이 모두 그들의 문자를 바른 글로 여겨왔다. 그러나 지금은 유럽
의 列邦이 떼 지어 일어나 서로 자웅을 겨루는 시대로서 프랑스는 이미
다시 유럽의 盟主가 될 수 없고 보면 프랑스 글은 진실로 따를 수도 있고
또 버릴 수도 있다. 독일은 영어를 쓸 것을 주장하였으니, 오히려 일본
조정의 뜻에 영합한 것이다. 그러나 독일 성사의 뜻은 영어에 있는 것이
아니라 실상은 日本이 프랑스 문자를 따를까 염려해서이다. (…중략…)

러시아 公使가 말한, 응당 그 本國의 언어를 써야 한다는 것이 가장 事體에 타당한 것으로서 이와 같이 시행하면 오히려 大邦의 擧論을 잃지 않을 듯하다. 그러나 러시아 공사의 뜻이 진실로, 러시아의 언어는 他邦에서 아는 자가 매우 적으므로 러시아의 언어를 따르도록 할 수는 없고 또는 他國의 언어를 쓰는 것을 들어주고 싶지 않으므로 끝내 겉치레적인 말로 동요시켜 일본인에게 日語를 쓰는 것이 가장 타당하게 여기도록 한 것인 지도 모를 일이다. 아무리 그렇다 치더라도 세 사신이 말한 가운데서는 나는 그래도 러시아 공사의 말이 가장 옳다고 본다."고 하였다.

이 기사에는 개항 직후 일본 조정에서 통상 언어로 어느 국가의 언어를 사용할 것인가를 결정하는 과정이 소개되어 있다. 이에 따르면 프랑스 대사는 프랑스어가 유럽의 으뜸 언어이므로 프랑스어를 사용해야 한다고 주장하고, 독일 대사는 영어를 사용할 것을 주장한 데 비해 러시아 대사는 자국어인 일본어를 사용할 것을 주장하고 있다. 그런데 각 사신이 표면상 주장한 것과는 달리 독일 대사가 영어를 주장한 것은 자국인이 영어를 잘하고 프랑스를 견제해야 할 필요에서 비롯된 것이며, 러시아가 일본어를 주장한 것은 러시아 세력이 세계적으로 크지 않기 때문에 러시아어가 널리 쓰이지 않을 것임을 알고 있었기 때문이라는 것이다. 어떤 이유이든 이 기사의 근원이 된 『호보』 기자는 외교 통상 언어에서 자국어 사용이 정당함을 주장하고 있다. 이 기사는 비록 짧은 기사이지만, 근대 이후 언어 권력의 속성을 잘 나타내준다. 19세기 제국주의 시대에 서세동점기에 놓인 아시아 국가에서의 국제적인 언어 사용 문제는 제국주의 패권 세력과 밀접한 관련을 맺고 있는 셈이다. 이러한 차원에서 개항 이후 서양과의 통교(通交)는 의사소통 양식에도 많은 변화를 가져왔다. 한국보다 좀 더 일찍 서구 문화를 접한 중국과 일본도 비슷하다. 각종 서양어를 배워야 할 필요성이 급증하고, 언어 학습을 위한 교재 개발이나 통번역 문제가 등장한다.

1880년대 서양인을 대상으로 한 한국어 학습서는 주로 선교사들에 의해 저작되었다. 그 중 대표적인 것으로 존 로스(1877, 1882)의 『Corean Primer(한국어입문)』, 『Korean Speech(한국어회화)』, 언더우드(1890)의 『An Introduction to the Korean Spoken Language(한영문법)』, 게일(1894)의 『ᄉ과지남(Korean Grammatical Forms)』 등이 있다. 이러한 교재는 문법과 회화로 구성되었는데, 흥미로운 것은 로스(1877)의 회화문이다. 이 교재에서는 평안방언과 함경방언의 회화를 대상으로 하였는데, 그 이유는 로스가 만주를 거쳐 평안도 지방에서 선교 활동을 펼쳤기 때문이다. 이에 비해 5년 후에 저작된 로스(1882)는 서울말을 기준으로 회화문을 작성했다. 이처럼 이들 회화서에서는 '구어'를 중시했기 때문에 이 시기부터 본격적으로 '언문일치' 문제가 제기되었다고 볼 수 있다. 물론 이 시기 인접 국가인 일본에서도 1880년 동경외국어학교에 '조선어학과'를 둘 만큼 한국어 교육에 관심을 기울이기 시작했고, 호세코(寶迫繁勝, 1880)의 『한어입문(韓語入門)』, 『일한선린통화(日韓善隣通話)』와 같은 학습서가 등장했다. 그뿐만 아니라 전통적인 한국어 학습서였던 『교린수지(交隣須知)』의 수정판이 나오기도 하였다.

그러나 1880년대까지는 한국인에 의해 저작된 서양어 학습서를 찾아보기 어렵다.[10] 이 시기 중국이나 일본의 경우 다양한 서양어 학습서가 등장했는데, 이들 교과서도 국내에 유입되어 활용되었음은 쉽게 추론할 수 있다. 예를 들어 양훈 집역(楊勳 輯譯, 1879)의 『영자지남(英字指南)』

---

10) 황영순(2014), 「한국에서의 미국영어 교육의 변천과정 조망」, 『미국사연구』 40, 한국미국사학회, 201~238쪽. 이 논문에서는 한국에서 영어교육이 1886년 육영공원 설립과 함께 본격적으로 시작된 것으로 기술하였다. 이 시기 배재학당이나 육영공원 등의 학교에서 영어교육을 실시한 것은 틀림없으나, 이들 학교에서 어떤 교재를 사용했는지는 잘 알려져 있지 않다. 육영공원의 교재와 관련한 논문으로는 서명일(2014)의 「육영공원의 교과서와 근대 지식의 전파」(『한국사학보』 56, 고려사학회, 181~213쪽)를 참고할 수 있는데, 이 논문에서는 육영공원 학생이었던 정운호(1874~1916)의 교과서를 소개하고 있다. 이에 따르면 정운호가 사용한 영어 교과서는 뉴욕, 일본, 상해, 런던 등지에서 발행한 학습서를 교과서로 사용했음을 확인할 수 있다.

은 현재 국립중앙도서관 소장본을 확인할 수 있고, 1876년 존 프라이어 (중국명 傳蘭雅)가 중심이 되어 발행한 『격치휘편』의 '강남 제조총국 역서사략(譯書事略)'에서도 요셉 에드킨스(중국명 艾約瑟)이 저술한 『언어상비(言語相比)』와 같은 저작물이 있었음을 확인할 수 있다. 특히 1871년 상해 미국 장로회 선교사 출판부(American Presbyterian Mission Press)에서 발행한 『중서역어묘법(中西譯語妙法)』은 서양인이 중국어를 학습하는 대표적인 교재였다.[11] 일본의 경우 서양어 학습서 편찬이 좀 더 활발했던 것으로 보이는데, 1881년 조사시찰단원이었던 조준영의 『문부성소할목록』에 따르면 '대학 법리문 3학부'에는 영어 교과목을 필수로 하였고, 『영어급영문학사(英語及英文學史)』(克列克 著) 등의 교재가 있었음을 확인할 수 있다. 대학 예비문에서도 '영어'는 필수 과목이었는데, 독법, 철법(작문)을 위해 점불아(占弗兒)가 저술한 『독본(讀本)』, 문법을 위해 불라옹(弗羅翁)이 저술한 『영국소문법서(英國小文法書)』 등을 사용했다는 기록이 남아 있다.[12]

의사소통을 위한 외국어 학습뿐만 아니라 통번역 문제는 근대어 형성과 직접적인 관련을 맺는다. 1880년대 조선의 경우, 외국서 번역이 활발하지 못했다. 그럼에도 정관응의 『이언』이 언해되고, 『한성주보』에 지리·역사 자료가 편역되기 시작한 것은 근대 지식의 수용과 함께 국어의 어휘, 문체 변화의 관점에서 의미 있는 일로 볼 수 있다. 특히 서양 각국의 학술이 등장하면서 학술어에 일정한 변화가 생겨난 것은 주목할 현상이다.

---

11) 이 교재는 서울대학교 규장각에 소장되어 있다. 책의 체제는 우상단에 서국자 중국음을 두고 우하단에 중국자 중국어, 좌상단에 서국자 서국어, 좌하단에 중국자 서국음을 두어 영어와 중국어를 대조하여 학습하도록 한 교재이다. 예를 들어 제1과 '수(Numerals)'에서는 "English 1. One Ⅰ (魂): yih - ㅡ Chinese"와 같은 형식이다. 여기서 魂의 중국 발음은 영어 one과 같으며, yih는 중국 발음으로 ㅡ에 해당한다.
12) 허동현 편(2003), 『조사시찰단보고서』 권5, 국학자료원.

2. 근대 지식의 형성과 국어국문

2.1. 근대 지식의 형성

전통적 학문이 '수기치인(修己治人)'의 윤리적 수양을 목표로 한 데 비해, 근대의 학문 발달은 '합리성', '실증성', '체계성'을 특징으로 한다는 것은 널리 알려진 사실이다. 한국 학문사에서도 이른바 실학시대에 이르러서는 근대 학문의 특징인 합리와 실증 정신이 나타나고 있다는 사실은 학계의 일반적인 견해이다. 그럼에도 개항 이후의 지식과 그 이전의 지식 사이에는 현격한 차이가 나타난다. 그 가운데 대표적인 것이 '지식의 체계'이다.

근대 한국의 시민의 탄생 과정을 연구한 송호근(2013)의 『시민의 탄생: 조선의 근대와 공론장의 변화』(민음사)에서는 '지식 국가의 분화와 근대의 여명'에서 '문(文)의 분화'라는 개념을 사용하였다. 이 책에서 언급한 문의 분화는 기존의 통치 체계에 묶여 있던 문(곧 지식)이 종교·문예·향촌 질서의 차원에서 급격히 분화되는 현상을 지칭하는 개념이다. 비록 추상적인 개념처럼 보이지만, 구본신참(舊本新參)이 격돌하는 경쟁 구도에서 '한문의 쇠락'과 '언문의 상승'으로 이어지는 어문 변화 실태를 요약하는 데 적합한 개념이라고 할 수 있다. 달리 말해 개항 이후 근대 의식이 성장해 가는 과정에서 사회적·시대적 한계에 따라 근대적 시민 사회가 불완전하게 성립되었다 할지라도, 어문 의식의 차원으로 볼 때 1880년대부터 '국어'와 '국문'이라는 용어가 등장하고, 갑오개혁의 결과 '국문위본'이 천명되는 상황에 이르렀다.

이와 같은 어문 의식의 변화는 근대적 지식의 형성과 체계화와 밀접한 관련을 맺는다. 송호근(2013)에서 언급한 바와 같이 근대의 지식은 전통적인 지식 체계를 지칭하는 '문(文)'의 분화 과정으로 설명할 수 있다. 여기서 말하는 '문(文)'은 조선시대의 통치 질서를 뒷받침하는 사상과 의식을 뜻한다.13) 다소의 견해 차이가 있겠지만, 조선이 문치주의의 국가이자 성리학적 통치 질서를 기반으로 하는 국가였다는 사실은 별도의 논증을 필요로 하지 않는다. 이에 비해 근대의 지식은 성리학적 통치 질서라는 틀을 고집하지 않는다.

한국 학문사에서도 지식의 체계에 대한 논의가 없었던 것은 아니다. 조선시대 성리학자들 사이에서 벌어진 '이기론'에 대한 논쟁도 넓은 의미에서 본다면 사고의 체계, 좀 더 확장할 때 지식의 체계에 대한 논의의 하나로 간주할 수도 있다. 그럼에도 이러한 논쟁은 '문(文)'의 범주 내에서 이루어진 논쟁이라고 볼 수 있다. 실학시대『성호사설』,『오주연문장전산고』등과 같은 백과사전식 사문(事文)을 유취(類聚)하는 성과가 없었던 것은 아니나 그 자체가 자연과 인간, 사회에 대한 합리적 사유와 관찰 등을 통해 산출한 지식을 체계화한 것은 아니었다.14)

이러한 배경에서 근대적 지식 체계는 개항 직후 수신사를 통해 들어온 정관응의『이언』, 1881년 조사시찰단의 일원으로 일본에 파견되었던 조준영의 보고서인『문부성소할목록』등에서 처음으로 나타난다.

『이언』에 등장하는 근대 지식 체계는 상권 2 '논고시(論考試)'의 '부론양학(附論洋學)'에 들어 있다. 중국에서 '고시'는 '취사(取士)의 방법'을

---

13) 송호근(2013: 46)에서는 '문'의 개념을 정의하지 않았지만, "조선은 문(文)의 나라였다. 문은 세계관이자 인격이었고, 종교이자 통치 철학이었다. 양반과 사대부는 문을 통해 우주와 만났고 문을 통해 현실을 인식했다. 문은 조선 선비와 관료에게 진리의 근원을 알려 주었고, 진리에 도달하는 방법과 실천하는 방식을 가르쳐 주었다. 그들의 삶은 문으로 시작해 문으로 끝났다. 문은 도를 담는 그릇이었다."라고 하여 조선의 통치 철학인 '문치주의'를 지칭하는 개념임을 드러냈다.

14) 이 점에서 학계에서는 근대의 학자로 최한기를 주목하는 경향도 있었다. 송호근(2013: 62)에서도 혜강 최한기가 '청의 문물을 넘어 학문을 대폭 수용할 것'을 제안하면서, "이(理)를 기(氣)로 포용하는 기학(氣學)을 정립하면서 전통적 인식론인 경학을 역수학(曆數學), 물류학(物類學), 기용학(器用學)으로 나눠 기초학문으로 삼을 것을 제안하고, 보다 세분화된 전문 분과로 성인학(聖人學), 정술학(政術學), 예율학(禮律學), 문장학(文章學), 농상공학을 분류했다."라고 설명하였다. 최한기의 학문 분류에 대한 좀 더 자세한 설명은 유봉학(1998)의 「개성 출신의 혜강 최한기」(『조선 후기 학계와 지식인』, 비봉출판사)를 참고할 수 있다.

논하는 것이므로, 과거제와 밀접한 관련을 맺고 있으며, 이 점에서 중국의 학문 체계가 인재 등용을 중심으로 한 문과(文科), 무과(武科)를 기본으로 하였음을 알 수 있다. 『이언』에서도 서양의 인재 등용 방식(과거)을 전제로 '고시'를 논한 뒤, 서양 학문 체계를 소개한 셈이다.

【 이언의 서양 인재 등용과 학문 체계 】

ㄱ. 論考試: (…中略…) 聞西國 設有數科 量材取士 雖王子國戚 欲當水師將帥者 無不兼習天輿地球格致測量諸學 初編行伍 以資練習 文案則自理 槍礮則自燃 即至賤至粗之事 皆不憚辛勤而畢試之. 及功成名遂 致仕閑居 亦不廢立說著書 以期傳於當時 垂諸後世.

언해문 드르니 셔국은 두어 가지 과거를 비셜ᄒᆞ야 인ᄌᆡ를 혜아려 션비를 ᄎᆔᄒᆞ디 비록 왕ᄌᆞ와 국쳑이라도 슈군 대쟝을 ᄒᆞ고져 ᄒᆞᄂᆞᆫ 재면 텬문디리와 격치지학과 측량ᄒᆞᄂᆞᆫ 모든 학을 겸ᄒᆞ야 닉히지 아니미 업셔 쳐음의 군ᄉᆞ 항오에 너허 련습ᄒᆞ기를 ᄌᆞ뢰ᄒᆞ며, 문셔는 스스로 다스리고 양창 대포는 스스로 닉히여 지극히 쳔ᄒᆞ고 츄ᄒᆞᆫ 일이라도 다 괴로오믈 긔탄치 아니ᄒᆞ야 모다 시험ᄒᆞ엿다가 공명을 일위고 치ᄉᆞᄒᆞ고 한가히 거ᄉᆞ야도 ᄯᅩᄒᆞᆫ 의견을 셰워 글을 민ᄃᆞ러 긔어히 당시의 젼ᄒᆞ고 후셰의 나타나며

ㄴ. 附論洋學: 夫設科選士 本有定程 而濟世求才 難拘成例 是必推廣中西之學 宏開登進之途 使世人知所指歸 期於實用而後習文者 不專求諸詩賦文字 習武者 不徒事於弓馬刀石也.

언해문 데뎌 과거를 베퍼 션비를 ᄲᆞᄂᆞᆫ 거시 본릭 뎡ᄒᆞᆫ 공졍이 잇ᄉᆞ나 셰샹을 건지며 ᄌᆡ죠를 구ᄒᆞᄂᆞᆫ 거슨 일원 젼례를 구ᄋᆡᄒᆞ기 어려오니 이 반ᄃᆞ시 즁국과 셔국의 학교 마련ᄒᆞᆫ 법을 미루여 널니고 인ᄌᆡ를 쓰고 벼슬 시기ᄂᆞᆫ 길을 널니 여러 셰샹 사름으로 ᄒᆞ야곰 귀속홀 바를 아라 실샹으로 쓰기를 긔약ᄒᆞᆫ 연후의 글을 닉이ᄂᆞᆫ 쟈는 시부와 문ᄌᆞ만 젼쥬

호야 구호지 아니호며 무예를 닉이는 쟈는 궁마지지와 칼 쓰기와 셕젼호
기만 호곳 일숨을 거시 아니라.

이 글에 나타나듯이 '논고시'나 '부론양학'은 서양의 학문을 소개하
는 목적을 '취사(取士)'를 기준으로 설명하였다. 특히 '부론양학'에서는
인재 등용과 학교 제도가 밀접한 관계에 있음을 전제로 서양의 각종
학교 제도를 소개하고, 가장 높은 단계인 대학원을 기준으로 한 학문
체계를 소개하였다.

【 대학원의 학문 체계 】

此院(仕學院) 大抵十八歲以上 方能就學 每考僅十餘人 若入選則賜文憑 大
學院 次等入師道 格物 武學 等院. 大學院之掌院 必名望出衆 才識兼優者 方膺
此任 院中各種書籍 規儀 器物 無一不備. 一 經學, 二 法學, 三 智學, 四 醫學.
經學者 係論其教中之事 故不復贅. 法學者 考論古今政事利弊異同 如何損益
又奉使外國如何修辭 或通商事宜 有關國例者 詳加討論 然後入衙門考取 聽候
簡用. 智學者 格物 兼性理, 文字言語諸事. 醫學者 分六課. 首以格物統覈全身
及 內外諸部位 次論經絡表裏功用 次論病源製配藥品 次論胎産接生 必須考選.

언해문 이 원은 대뎌 십팔 셰 이샹이라야 바야흐로 나아가 비호느니
미양 취직의 겨유 십여 인이오, 만일 ᄲ히는 딕 참예흔즉 톄문
을 쥬어 대학원의 드러가게 흐고 버거는 ᄉ도원과 격물원과 무학원 [모다
원 일홈] 등쳐로 드려보니느니 대학원에 쟝원 [원 일을 쥬쟝흐는 관원]은
반드시 명망이 츌즁흐고 직식이 겸비흔 쟤라야 바야흐로 이 소임을 담당
흐고 원 즁에 온곳 셔척이며 제도 규모와 긔물이 흐나토 곳쵸지 아니미
업스니 하나흔 경셔 비호는 학이오, 둘흔 법 비호는 학이오, 셰흔 기예
비호는 학이오, 네흔 의슐 비호는 학이니, 경학이란 쟈는 그 가르치는 즁
의 일을 의론흐민고로 더 의론흐지 아니흐며, 법학이란 쟈는 고금 졍ᄉ의
리해와 곳고 다른 거술 샹고흐야 엇지흐면 가감흐며 또 외국에 ᄉ신 가미

엇지ᄒ면 말ᄉ을 닥그며 혹 통샹ᄒᄂ 스뮈 나라 법례에 관계ᄒᆫ 쟈를 ᄌ셰히 토론ᄒᆫ 연후의 아문의 드러가 취ᄌ 보와 간퇵ᄒ야 쓰기를 되후ᄒ고 <u>지학이란</u> 쟈ᄂ 격치지학의 셩리 문ᄌ와 언어 등ᄉ를 겸ᄒ미오, <u>의학이란</u> 쟈ᄂ 여섯 가지 과목을 분비ᄒ야 몬져 격치지학으로 사름의 젼신과 뇌외에 모든 위ᄎ를 일통으로 사회ᄒ고 버거ᄂ 경락과 표리의 공효를 의론ᄒ고 버거ᄂ 병 근원의 약지를 비합ᄒᆷ믈 의론ᄒ고 버거ᄂ 슈퇵ᄒ고 희산ᄒ며 련졉ᄒ야 싱기ᄂ 거슬 의론ᄒ미니 반ᄃ시 샹고ᄒ야 쌀 거시오.

이 글은 미국 사례를 기준으로 최고 학부인 '대학원'의 학문 체계를 소개한 글이다. 이에 따르면 당시 중국에 소개된 서양 학문은 '경학', '법학', '지학', '의학'으로 구분되었고, 이들 학문은 모두 취사(取士)의 전제 조건으로 인식되었다.

여기서 주목할 것은 근대의 지식 체계와 관련한 용어의 사용이다. 특히 언해문의 경우 난해한 한자어를 우리말로 주석한 사례가 많은데, 그 가운데 일부를 살펴보면 다음과 같다.

【 이언언해의 용어 주석 】

ㄱ. 학교 및 기관: 향슉(향촌 학교 일홈), 군학원(고을의 잇ᄂ 학교), 기예원(기예 비호ᄂ 학교), 스학원(벼슬ᄒ기를 비호ᄂ 원), 통샹원(샹로 통ᄒᄂ 일을 쥬쟝ᄒᄂ 원), 농졍원(농스 졍스 쥬쟝ᄒᄂ 원), 단쳥원(그림 쥬쟝ᄒᄂ 원), 률악원(음률과 풍류를 쥬쟝ᄒᄂ 원), 스도원(도를 스승ᄒᄂ 원), 션도원(도를 베프ᄂ 원), 녀학원(녀인이 비호ᄂ 원), 훈고ᄌ원(아븨 업ᄂ ᄌ식을 가르치ᄂ 원), 양폐질원(병폐ᄒᆫ 사름들을 가르치즌 원), 훈죄동원(죄인의 ᄋ희 가르치ᄂ 원), 나마문회(글ᄒᄂ 이 모히ᄂ 디), 신문관(신문ᄌ 쥬쟝ᄒᄂ 곳)

ㄴ. 문물: 텰로(길의 쇠를 ᄲ라라두고 화륜거를 단니게 ᄒᆫ 것), 포ᄃ(돈ᄃ를 모ᄒ고 대포를 버려둔 곳), 다리풍(뎐긔션 ᄀᆺ튼 것),[15] 텰함(쇠빈 이

름), 교당(셔학 가르치는 당)

   ㄷ. 학문: 화학(조화지리를 빅호는 것), 리학(리치를 궁구ᄒ는 학), 경위선(텬문 도수), 력산(칙력 만ᄃᆞ는 산)

『이언언해』에서는 어려운 한자어, 중국과 서양의 지명, 학교 및 기관명, 새로운 문물, 학문 용어 등을 주석하고 있다. 특히 문물명이나 학문명은 이 시기 등장하는 신조어라고 볼 수 있는데, 이러한 신조어는 근대어의 특징 가운데 하나라고 할 수 있다. 이러한 차원에서 비록 한자로 표기되었을지라도 『한성순보』나 『한성주보』에 등장하는 학술어도 근대 어휘의 특징을 잘 나타낸다.

그러나 송호근(2013)에서 말한 바와 같이 우리나라에서는 성리학적 문(文) 이외에 지식을 체계화한 사례가 거의 없다. 이러한 상황에서 근대의 지식 개념이 도입되고, 그것을 언어로 표현하는 과정에는 여러 가지 문제가 제기될 수밖에 없다. 이 점은 『한성주보』 1886년 2월 15일자 「논학정(3)」에서도 잘 나타난다.

【 논학정(3) 】

   夫學政者治國牖民之大權輿也. 雖上智未有不資學而成　雖下愚亦未有不由學敎化者矣. <u>我國於性命義理之學 其法可謂寢備 而於錢穀甲兵之術 農工商賈之說未 可日周悉爲今計 莫若設立學政區別學類無相混淆 得以成就則治國之道牖民之術 可以益備矣. 今歐洲學制分類學科 各成一門如小學校則其於需世實用補益匪淺也, 其科有一十四門記之於左</u> （…中略…） 此外大中各學校皆莫不分類學科 而學校漸高則學業漸繁 近見日本亦倣歐制設有職工學校 若卒業

---

15) 다리풍(爹釐風)은 소식을 전하는 것으로 풀이하였는데, 텔리폰을 음차한 말로 추측된다. 후대의 문헌이지만 『대조선독립협회회보』 제17호(1897.6) '환유지구잡기(環游地球雜記)'에는 '덕률풍(德律風)'이라는 차자가 등장하며, 『그리스도신문』 1901년 1월 10일자 '공장편리설'의 '덕률풍론'에서는 이 용어가 '전화기'임을 명시하고 있다.

該校亦不過僅爲工人而其學科則以就學四年爲期前一年則敎習學科凡有八門如左. (…中略…) 凡歐洲大中小學校 皆敎以本國文字言語事物 無有所沮而其交 以二十六字母相連相生分合成聲 與我國諺文毫無珠異 以之敎習初學者費工二三朔 便可讀書作文 以之記述凡百書籍, 初不用力於誦讀 亦可曉解義理 或爲貧民資者 雖學一朔 文辭足用 比於東洋學制則便否不啻宵壤也. 然則我國設立學校 亦當以諺文敎習學生 自孔孟聖賢之書以至歐人殖貨之術 皆用諺文繙譯之 數十年就學無累於家計者則傍令學習漢交可做鴻儒. 如是則學校普便敎化周洽矣. 我國素無分類學科之制 況於近時 始開之學術敎之 以諺書則學士大夫擧皆恥於入學矣.

> **번역**　학정은 나라를 다스리고 백성을 계도하는 일대 시발점이다. 상지(上智)라 할지라도 학문을 쌓아 이루지 않은 사람이 없고, 하우(下愚)라도 학문을 통하여 교화되지 않은 사람이 없다. 우리나라는 성명(性命)과 의리(義理)의 학문에는 그 법이 완비되었다고 이를 만하지만 전곡(錢穀)·갑병(甲兵)의 기술과 농공 상고의 설에 대해서는 두루 갖추었다고 할 수 없다. 지금 계교해 보건대 학정을 설립하고 학류(學類)를 구별하여 서로 혼동됨이 없이 각기 성취될 수 있게 하는 것이 제일이다. 이렇게 한다면 나라를 다스리는 도와 백성을 계도하는 술을 더욱 갖추었다고 할 수 있다. 지금 유럽의 학제는 학과를 분류하여 각기 한 가지씩 전문적인 것을 성취하게 하고 있다. 소학교의 경우에는 세상의 실용에 필요한 학문으로 유익한 점이 적지 않다. 그 학과가 왼편에 기록한 것과 같이 14문이 있다. (…중략…) 구주의 대학 중학 소학에서는 모두 본국의 문자와 언어로 가르치는데 사물에 대해 모르는 것이 없다고 한다. 그들의 글자는 26자인데 자모가 상련되어 단어를 만들고 분합에 따라 소리가 달리 생기는 것이 우리나라의 언문(諺文)과 조금도 다르지 않다. 이 글자로 초학자(初學者)들을 교습하여 2~3개월만 되면 즉시 책도 읽고, 글도 지을 수 있으며 이 글자로 모든 서적을 기술하기 때문에 당초에 송독의 노력을 들이지 않아도 의리(義理)를 분명히 이해할 수 있다. 혹 가난하여 학자금을 지출

할 수 없는 사람이라도 1개월만 배우면 문사(文辭)가 일용에 쓰는 데 구애되지 않는다. 이를 동양 학제와 비교해 보면 그 편부(便否)가 하늘과 땅이다. 그렇다면 우리나라에서도 학교를 설립하여 의당 언문으로 학생들을 교습하여, 공맹 성현의 책으로부터 구주의 식화술에 이르기까지 모두 언문으로 번역하여 가르쳐야 한다. 그리고 수십 년을 공부해도 가계에 군색함이 없는 사람일 경우에는 부차적으로 한문(漢文)을 학습시켜 홍유(鴻儒)를 만들도록 해야 한다. 이렇게 하면 학교가 보편화되고 교화가 두루 흡족하게 될 것이다. 우리나라는 본래 학과를 분류하는 제도가 없는 데다가 근세에 비로소 개발된 학술을 언문 책으로 가르치므로 학문이 있는 사대부들이 거개 입학하는 것을 수치스럽게 여기고 있다.

이 논설에 나타나듯이, 우리나라에서는 성명(性命)·의리(義理)의 학문 이외에 기술·농공상 등의 학문에 대한 체계화가 이루어진 적이 없었다. 『이언』과 『문부성소할목록』을 비롯하여, 유럽의 학제가 소개되면서 근대 학문과 지식이 형성되고, 이를 보급하는 과정에서 국어와 국문이 필요하다는 인식은 자연스럽게 싹트기 시작했다. 박영효(1988)의 건백서에 등장하는 '국어국문'이라는 용어도 이를 반영한다.

2.2. 지식 보급과 계몽 언어

일반적으로 학문은 사물의 이치를 궁구하여 지식을 산출하는 일을 의미한다. 그런데 근대적 의미에서 학문은 지식을 산출하는 일보다 해당 분야의 지식을 배우는 일을 뜻할 경우가 많았다. 이 점에서 근대의 학문론은 교육 문제와 불가분의 관계를 맺고 있음을 확인할 수 있다. 『독립신문』에 등장하는 다음과 같은 학문론도 마찬가지이다.

【 학문의 개념 】

ㄱ. 정치학이라 ᄒᆞᄂᆞᆫ학문은 문명긔화ᄒᆞᆫ 나라에셔들 여러 쳔년을 두고 여러 만명이 ᄌᆞᄀᆡ 평싱에 쥬야로 싱각ᄒᆞ고 공부ᄒᆞ야 ᄆᆞ든 학문인ᄃᆡ 졍부에 관인이 되야 가지고 이학문을 비호지 안ᄒᆞ여ᄂᆞᆫ 못쓸지라 이 학문을 안 후에도 본ᄅᆡ 심지가 그른 사ᄅᆞᆷ은 못된 일ᄒᆞᄂᆞᆫ 사ᄅᆞᆷ이 만히 잇ᄂᆞᆫᄃᆡ 흠을며 이학문도 업ᄂᆞᆫ이가 졍부에 잇스면 몰나셔 잘못ᄒᆞᄂᆞ이도 잇고 ᄆᆞ음이 글너셔 잘못ᄒᆞᄂᆞ이도 잇ᄂᆞᆫ지라 졍부 속에 학문도 업고 ᄆᆞ음도 그른사ᄅᆞᆷ이 만히 잇스면 그ᄒᆡ난 ᄇᆡᆨ셩이 닙ᄂᆞᆫ거시요 ᄇᆡᆨ셩이 ᄒᆡ를 닙으면 나라에 화가 잇슬거시니 그러면 곳ᄌᆞᄀᆡ 몸에 앙화가 밋칠거시라 지금 죠션셔 졍치학에 능ᄒᆞᆫ이만 쏀바 졍부 즁임을 맛길 슈가 업ᄂᆞᆫ거시 졍치학을 ᄀᆞᆮ치지 아니ᄒᆞ엿스니 엇지 알 사ᄅᆞᆷ이 잇스리요.

— 『독립신문』, 1896.4.14

ㄴ. 사ᄅᆞᆷ이란거슨 학문이 업슬소록 허ᄒᆞᆫ거슬 밋고 리치 업는 일을 ᄇᆞ라는 거시라 그런고로 무당과 판슈와 셔앙당과 풍슈와 즁과 각싴 이런 무리들이 ᄇᆡᆨ셩을 쇽이고 돈을 쎅시며 ᄆᆞ음이 약ᄒᆞᆫ 녀인네와 허ᄒᆞᆫ거슬 밋는 사나희들을 아혹히 유인ᄒᆞ야 ᄌᆡ물을ᄇᆞ리고 악귀를위ᄒᆞ게 ᄒᆞ니 그거슨 다름이 아니라 사ᄅᆞᆷ들이 몰나셔 이러케 쇽는 거시요 이사ᄅᆞᆷ들이 몰나셔 ᄂᆞᆷ을 쇽이ᄂᆞᆫ거시니 엇지 가이업지 안ᄒᆞ리요 (…즁략…) 산리라 ᄒᆞᄂᆞᆫ거슨 더구나 허무ᄒᆞᆫ 일인고로 길게 말 아니 ᄒᆞ나 구산ᄒᆞᄂᆞᆫ ᄉᆡᆰ에 시비와 원망과 무리ᄒᆞᆫ 숑ᄉᆞ가 만히 잇스니 산리란게 업ᄂᆞᆫ줄만 알면 이런 폐단이 업슬터이니 다만 우리가 오날 말ᄒᆞ기ᄂᆞᆫ 산리란거슨 쳥국 사ᄅᆞᆷ의 허ᄒᆞᆫ 싱각으로 ᄆᆞ든 일이니 이런거슬 밋을 지경이면 죠션도 쳥국 모양이 되리라 후일에 그ᄌᆞ셔ᄒᆞᆫ 리치와 외국 산쇼 쓰는 법을 말 ᄒᆞ리라.

— 『독립신문』, 1896.5.7

ㄷ. 셰계 각국에셔 슈ᄌᆞᄂᆞᆫ 다 맛찬 가지라 죠션도 ᄎᆞᄎᆞ 외국과 통상이 되야

샹무가 흥왕 ᄒᆞ거드면 불가불 <u>외국 산학을 써야 셰음 치기가 쉽고</u> 또 히
노혼 셰음을 아모가 보아도 알아 볼터이라 그런고로 말은 서로 외국사름
과 통치 못 ᄒᆞᆯ지라도 문셔는 서로 알아 보게 ᄒᆞ여야 죠션 사름들이 ᄎᆞᄎᆞ
태셔 각국 사름 ᄒᆞ고 쟝ᄉᆞ를 못 ᄒᆞ게 될터인고로 우리가 <u>오늘 날 외국</u>
<u>슈ᄌᆞ를 여긔 츌판 ᄒᆞ야 죠션 인민들이 셰계 만국에셔 쓰는 슈ᄌᆞ를 알아</u>
<u>보게 ᄒᆞ노라</u> 우리가 몬져 한문 슈ᄌᆞ를 쓰고 그 밋히 외국 슈ᄌᆞ를 써스니
이거슬 자셔히들 공부 ᄒᆞ야 외국 슈ᄌᆞ를 알아 보게 되기를 바라노라 一
흔일즈는 1 二 두이즈는 2 三 셕삼즈는 3 四 넉ᄉᆞ즈는 4 五 다ᄉᆞ오즈는
5 六 여셜륙즈는 6 七 일곱칠즈는 7 八 여덟팔즈는 8 九 아홉구즈는 9
十 열십즈는 10 十一 은 11 十二는 12 十三은 13 十四는 14 十五는 15 十六
은 16 十七은 17 十八은 18 十九는 19 二十은 20 二十一은 21 웃것과 ᄀᆞ치
두이즈 엽헤 두이즈를 쓰면 이십이가 되고 두이즈 엽헤 셕삼즈를 쓰면
이십 삼이 되고 그모양으로 이십구 신지 가고 삼십은 30 ᄉᆞ십은 40 오십
은 50 륙십은 60 칠십은 70 팔십은 80 구십은 90 일빅은 100 일빅 일은
101 일빅 이는 102 쏘 그모냥 웃것과 ᄀᆞ다 일빅 십은 110 일빅 십일은
111 일빅 십이는 112 웃것과 ᄀᆞ다 일빅 이십은 120 일빅 삼십은 130 일빅
ᄉᆞ십은 140 웃것과 ᄀᆞ다 이빅은 200 삼빅은 300 ᄉᆞ빅은 400 웃것과 ᄀᆞ다
일쳔은 1,000 일쳔 일은 1,001 일쳔 이는 1,002 웃것과 ᄀᆞ다 일쳔 일빅은
1,100 일쳔 일빅 십일은 1,111 일쳔 일빅 십이는 1,112 쏘 웃것과 ᄀᆞ다
일만은 10,000 일만 일쳔 일빅 십일은 11,111 웃 경계와 밋치 ᄒᆞᆫ가지라
십만은 100,000 일빅 만은 1,000,000 일쳔 만은 1,000,000,000 일빅 억만은
10,000,000,000 이 경계티로 어느 슈신지라도 올나 가고 내려 가는거시니
누구던지 가만히 안져 싱각을 죠곰 믄 ᄒᆞ거드면 잠간 이 경계를 ᄭᆡ쳐 <u>외국</u>
<u>슈ᄌᆞ를 알아 볼터이라</u> 셜녕 산학은 못 ᄒᆞ더릭도 위션 슈ᄌᆞ나 알아 두거드면
유죠혼 일이 만히 잇슬터이니 유지각 흔 대쇼 인민은 이거슬 공부 ᄒᆞ고
만일 모르는거시 잇스면 신문샤로 와셔 뭇거드면 대강은 일너 줄터이니
제 군ᄌᆞ는 이거슬 알아 두기를 바라노라. <u>태셔 제국에셔 쓰는 반절 흔벌을</u>

박아 너니 이거슬 공부 ᄒ기를 바라노라 글ᄌ를 몬져 쓰고 그 밋ᄒᆡ 국문으로 음을 달앗스니 이 음ᄃᆡ로 빅호라 A 에이 B 비 C 시 D 듸 E 이 F 에푸 G 지 H 에취 I 아이 J 제 K 케 L 엘 M 엠 N 엔 O 오 P 피 Q 큐 R 아—알 S 에스 T 틔 U 유 V 븨 W 짜블유 X 엑스 Y 와이 Z 씨

—『독립신문』, 1897.2.18

위 논설에서 '정치학'은 구체적인 개념이 드러나지 않으나, 정부 관인이 되기 위한 사람이 배워야 할 학문'임을 전제하고 있음을 알 수 있다. 또한 두 번째 제시한 '산리(무당과 판수의 점치는 이치)'를 비판하는 데 쓰인 '학문'에서도 '이치를 따지는 일'이라는 개념이 드러나기는 하지만, 그 자체가 지식을 산출하는 일을 뜻하지는 않는다. 세 번째 예문의 경우 외국의 숫자와 반절(로마자 낱자)을 익히는 것이 학문이다.

이와 같이 1895년부터 1900년 초까지는 '학문=배움=지식 보급=교육'으로 인식한 논설이 매우 많다. 이러한 논설은 대체로 학리에 대한 연구, 곧 지식의 탐구보다는 지식 보급을 위한 교육(학교 설립)을 강조한다.

이러한 차원에서 근대 지식 형성은 근대적 지식 보급과 불가분의 관계를 맺는다. 이 점에서 근대의 학문론은 '계몽주의'와 불가분의 관계를 맺는다. 엄밀한 의미에서 서구의 계몽철학은 '이성주의'를 기반으로 한다. 이성을 기반으로 한 실증정신, 과학주의는 근대 지식 산출의 근본 정신이다. 그러나 한국 근대정신의 키워드를 이루는 '계몽주의'는 지식 산출의 과정보다 근대적 지식을 효과적으로 보급해야 하는 더 시급한 문제를 안고 있었던 셈이다. 곧 한국 근대의 언어 문제는 계몽의 수단으로서 지식을 보급하는 적합한 형식을 찾는 문제와 밀접한 관련을 맺고 있었다고 할 것이다.

한국 사회에서 지식의 대중화는 갑오개혁 직후의 근대식 학제 도입, 『독립신문』을 비롯한 순국문 신문의 발행 등이 주요 계기가 된다. 근대

식 학제의 도입은 '소학교-중학교'를 통한 보통교육이 이루어지기 시작함을 의미하며, 순국문 신문에 소재하는 각종 학문론은 대중의 각성을 통한 시민 형성의 토양이 될 수 있음을 의미한다. 근대 계몽의 언어는 이러한 시대 현실에 부합하여 변모한다.

먼저 근대 지식 보급 수단으로서 학제 도입 직후 편찬된 교과서의 언어 형식을 살펴볼 필요가 있다. 강윤호(1973), 박붕배(1987), 이종국(1991) 등의 선행 연구에서 밝힌 바와 같이, 근대식 학제가 도입된 직후 학부에서 편찬한 교과서는 『국민소학독본』을 비롯한 24종이다.[16]

【 학부 편찬 교과서 】

번호	분야	교과서명	편저자	연도	발행자	형태	문체	기타
1	독본	國民小學讀本		1895	學部		국한문	편찬
2	독본	尋常小學 卷三		1896	學部		국한문	편찬
3	독본	尋常小學 卷二		1896	學部		국한문	편찬
4	독본	尋常小學 卷一		1896	學部		국한문	편찬
5	독본	牖蒙彙編		1896	學部		국한문	편찬
6	독본	小學讀本		1895	學部		국한문	편찬
7	법률	公法會通(3책)		1896	學部		한문	역술
8	산술	近易算術		1896	學部		국한문	편찬
9	산술	簡易四則算術		1896	學部		국한문	편찬
10	수신	西禮須知		1896	學部		한문	편찬
11	수신	夙惠記略		1895	學部		국한문	편찬
12	역사	朝鮮歷史		1896	學部		국한문	편찬
13	역사	萬國史略(上下)		1896	學部		국한문	편찬
14	역사	泰西新史攬要(국문2책)	리제마태	1897	學部		국문	역술
15	역사	泰西新史攬要(漢文本)	리제마태	1877			한문	역술
16	지리	輿載撮要		1896	學部		한문	편찬
17	지리	萬國地誌		1896	學部		국한문	편찬
18	지리	士民必知(국문본)	헐버트	미상	미상		한문	편찬

---

16) 학부 편찬 교과서 목록은 1897년 발행된 『태서신사남요』 부록에 실려 있다. 그 이후 학부에서는 『서례수지』(언역본) 등과 같은 몇 종의 교과서를 더 발행하였다.

번호	분야	교과서명	편저자	연도	발행자	형태	문체	기타
19	지리	朝鮮地誌		1895	學部		국한문	편찬
20	지리	士民必知(漢文本)	헐버트	1896	學部		한문	역술
21	지리	東輿地圖		1896	學部		한문	편찬
22	지리	國文小地球圖着色		1896	學部		국문	편찬
23	지리	小地球圖着色		1896	學部		한문	편찬
24	지리	地璆略論(지구약론)		1896	學部		국문 (한자부속)	편찬

이 표에 나타나듯이 학부 편찬 교과서는 독본, 법률, 수신, 역사, 지리 등의 교과목을 대상으로 이루어졌다. 여기서 주목할 점은 교과서에 사용된 제재와 언어 형식이다. 급격한 학제 도입에 따른 결과이기는 하지만, 이 시기 편찬된 교과서의 제재는 『국민소학독본』을 제외하면 대부분 전통적인 수신 규범이나 역사서, 지리서, 상해 광학회에서 발행한 『태서신사』, 『서례수지』 등을 임시방편으로 출판한 데 지나지 않는다. 또한 언어적인 면에서 『태서신사(언역본)』과 같이 순국문 교과서가 없는 것은 아니지만, 대부분의 교과서가 한문 또는 국한문으로 편찬되었다. 이는 칙령 제1호에서 '국문위본'을 천명했지만, 그 당시까지 순국문으로 근대 지식을 교육하는 수준까지는 이르지 못했음을 의미한다.

근대 교과서에 사용된 한문은 계몽의 언어로서 적합한 형식을 갖춘 언어가 아니다. 이 점에서 한문으로 편찬한 교과서의 경우 연대를 주석하거나 서양인의 인지명을 통일하고자 하는 시도가 나타나기도 한다. 이러한 예로 『태서신사남요』를 들 수 있는데, 이 교과서의 '범례'에는 중국어 번역의 의미와 연대 주석, 도량형과 인지명 표기 방식 등을 밝히고 있다.

【 태서신사남요 범례(泰西新史覽要 凡例) 】
一. 是書所紀 全係西事在西入之習聞掌故者 自各開卷了然. 及傳譯華文 華

人不免有隔膜處 故閒採華事以相印證原書則無是文也.

一. 朝鮮 建陽 元年 丙申 即 西曆 一千八百九十六年 而是書所紀年月 專從西歷閱者 不免茫然 故檢查朝鮮 及 西國長曆每於年月下標明 我朝鮮年代庶易於披攬也. [學部增補]

一. 書中所述權度量衡 與 夫圜法地畝道里之屬 皆從西制 而博考中華今制以證之亦注釋體也.

一. 讀他國書莫苦於人地諸名 記憶不淸 且鈔胥偶譌 或有以一人而誤 作兩人一地而誤分兩地者. 故此書卒業而後 別作人地諸名合壁表一卷 以冠諸首書中 前後字樣偶有歧出者 卽注表中 庶幾循環瀏覽豁然貫通.

一. 西塾書籍隨事繪圖地球 及 各國分合諸圖 尤皆童而習之 華人則已失古者左圖右史之良法 故山川疆域罕能了然於心 爰先繪一地球圖於卷首 以爲標識 讀是書者披圖印證豈曰小補之哉.

一. 是書誰譯作華文 而一句一字不敢意爲增損 惟中西文氣之互異者 則於一節中有或前或後之別 而已傳譯之際煞費 經營脫稿之時 幾經點竄要視 此書爲振興中國之鴻寶 故不敢輕心 以棹衹惜學識有限才力不逮 尙望博通 中西新學諸君繩衍糾謬尤爲厚幸.

一. 是書首二卷 爲初繹書者秉筆於原書之次序 間或有互易處閱者鑒之.

번역　일. 이 책에 기록한 것은 모두 서양 사정과 관련된 것으로, 서양인이 배우고 듣고 주관하는 것들인 까닭이다. 이어 중국 글자로 번역 보급하는 것은 중국인이 격막한 땅에서 벗어나지 못하므로 중국의 일을 채록하여 인증한 것은 곧 이 글에는 없었던 것이다.

일. 조선 건양 원년 병신년 곧 서력 1896에 이 책의 연월을 기록했는데, 오직 서양 역사만을 보기 때문에 아득함을 면하지 못하여, 조선 및 서양의 역사를 조사하여 모든 연월 아래에 밝혀, 우리 조선 연대로 피람(披覽)하는 데 쉽게 하였다. [학부에서 증보함]

일. 책 속의 저울, 도량형 및 환법(圜法: 천문을 나타내는 단위), 지묘(地畝: 토지를 나타내는 단위), 도리(道里: 거리를 나타내는 단위)는 모두 서양 제도를 따르고, 중국 현재의 제도를 널리 상고하여 주석으로 밝혔다.

일. 다른 나라의 책을 읽을 때에는 인명과 지명보다 고통스러운 것이 없다. 기억하기 어렵거나, 혹은 한 사람이 바꾸어 놓은 것도 있고, 두 사람이 한 지명을 두 지명처럼 잘못 나눈 것도 있다. 그러므로 이 책을 마친 이후 별도로 인지명표 한 권을 만들어서 머리 권 앞에 두고, 전후 자양(字樣)이 여러 갈래 짝이 있는 것은 곧 표 가운데 주석하여 두루 살펴 활연히 꿰뚫어 볼 수 있게 하였다.

일. 서양 학교 서적의 지구 회도(繪圖) 및 각국 분합도(分合圖)를 따라 아동이 그것을 익히도록 하였으니 중국인은 좌도우사(左圖右史: 『당서』 '양관전'에서 유래한 말로 왼쪽에 지도를 놓고 오른쪽에 역사를 둔다는 뜻. 세상사를 이해하기 위해서는 시간과 공간에 대한 인식이 뚜렷해야 한다는 뜻)의 좋은 법을 잃어버리고 있으므로 산천 강역을 명료히 이해하는 것이 드물다. 먼저 지구도 한 폭을 수권(首卷)에 두어 표지로 삼고 이 책을 읽을 때 그림으로 인증하게 하니 이 어찌 작은 보탬이라 하겠는가.

일. 이 책은 누군가 중국어로 번역하며 일자일구도 감히 그 뜻을 증보하거나 훼손하지 않았으니, 혹 한 구절에서 혹 전후의 차이가 있는 것은 오직 중국어와 서양어의 차이일 뿐이다. 번역을 할 때 수많은 경비가 들었으며, 탈고할 때 그 경점(經點)과 찬요(竄要)를 볼 따름이니, 이 책은 중국을 진흥시키는 큰 보배이다. 그러므로 감히 가벼운 마음을 가질 수 없으며 도기(棹祇)로도 학식이 유한하고 재주가 미치지 못함이 안타까우니 널리 통할 수 있기를 바라노라. 중서의 신학문을 공부하는 제군들이 더욱 승연 규류(繩衍: 줄을 다듬고 잘못을 바로잡아)하면 다행이라 하노라.

일. 이 책의 머리 두 권은 원서를 처음 번역할 때 덧보탠 것으로 다음 차례로 참고하여 볼 수 있다.

범례의 내용은 서양에서 사용하는 '일주(一周)'의 개념, 책의 구성 원리, 학부에서 증보한 것, 외국 인지명표 등으로 책을 읽는 데 필요한 것들이다. 이 가운데 '인지제명표'는 『태서신사람요』에 등장하는 서양 인명과 지명을 대조한 표로, '범례'에서 밝힌 바와 같이, 해당 권수와 절을 표시하고, '한글 음역'과 '한자', 인지명의 성격을 대조하였다. 예를 들어 제1권 제1절에 등장하는 '유럽'은 '유롭 : 歐羅巴 : 洲'와 같은 방식으로 총 24쪽에 이르는 비교적 많은 양의 인지명이 수록되어 있다. 또한 목록에 제시하지 않은 '양민유법'을 수록했는데, 이 글은 중국어 역자인 리처드가 저술한 '광학(廣學), 공작(工作), 운전(轉運), 통상(通商), 격치 겸 화학(格致兼化學), 전기(電氣), 보관(報館, 신문사), 유학(遊歷), 신학(新學), 교화(敎化)' 등의 10개 항에 대한 부국책(富國策)이다.

이러한 한문본 교과서는 편찬 직후 각 지역의 소학교에 보급되었는데, 『황성신문』 1898년 3월 8일자 별보(別報)에서 이를 확인할 수 있다. 이 신문에서는 당시 학부에서 평안남도 공립 소학교에 보낸 공문을 게재하였는데, 이 훈령에서는 공립 소학교에 『공법회통(公法會通)』, 『태서신사(泰西新史)』(국한문), 『서유견문(西遊見聞)』, 『중일사략(中日史略)』, 『아국약사(俄國略史)』, 『심상소학(尋常小學)』 등의 교과서를 보내면서, 태서신사를 읽고 답할 수 있는 문제를 아울러 보냈음을 확인할 수 있다.

이와 같이 일반 민중에게 적합하지 않은 교과서의 언어 문제는 언역본 『태서신사』, 『서례수지』 등의 편찬으로 이어졌다. 이뿐만 아니라 『신정심상소학』과 같이 학년 개념을 도입한 교과서가 편찬되기도 하였다. 이러한 노력은 근대 지식 보급과 교육상의 필요에 따라 이루어진 것이다.

이러한 흐름에서 교과서의 진보는 민간 차원에서 좀 더 활발히 이루어졌다. 특히 계몽의 언어로서 국어와 국문의 발전을 도모하는 것은 필연적일 수밖에 없는데, 1902년 조 헤버 존스(한국명 조원시)가 편찬한 『국문독본』이다. 이 독본은 '영문 서문', '국문 서문'을 포함하여 51과로 구성되었는데, 초학자를 위한 순국문 독본이라는 점에서 의미가 있다. 이 독본의 영문 서문 및 국문 서문을 살펴보면 다음과 같다.[17]

【 국문독본 서문 】

ㄱ. Preface to First Edition: With the rise of a new system of Education in Korea comes an urgent call for suitable textbooks. Under the old regime, when the native script was ignored and education was confined to Chinese, the old textbooks served very well. But changed conditions have prevailed since 1894 and a new national spirit has led the Koreans out along new lines of development. Especially has this been the case in education — the old school system being modified for the bester, a place being accorded the Korean script which was formerly denied. At first there were no text-books with which to being a study of the script, and to meet the need of a Primer, the Cho-hak Un-mun, was issued. It is now felt that the time is ripe to send forth a continuation of the Primer in the form of a First Reader, which with supplement the Primer and carry those who began their study with it deeper in to a knowledge of Korean. Originality is not claimed for the collection of stories herewith offered. Some of them have been taken from the Chinese readers already in use in the government schools for the study of Chinese, and some of them have been translated from western history. But the most of them have been gathered from the stories which circulate among the Koreans and which are familiar to them.

—GEO HABER JONES, "Chemulpo", Korea May 1st, 1902

번역 한국에서 새로운 교육 제도가 도입된 이후 이에 적합한 교과서에 대한 요구가 시급해지고 있다. 구시대의 체제 하에서, 고유한 사상이 무시되고 중국식으로 짜인 교육에는 낡은 교과서가 적합했다. 그러나 1894년 이후 상황이 바뀌고 새로운 국가사상이 한국인을 발전의 선상

---

17) 이 번역문은 허재영 엮음(2016), 『(조헤버 존스 著) 국문독본』(도서출판 경진)의 번역문을 옮긴 것임.

에 서게 하였다. 특히 교육에서는 낡은 학제가 좀 더 나은 학제로 변화해가고 있으며, 예전에는 부정되었던 한국의 사상에 적합해지고 있다. 이러한 학습에 적합한 교과서가 전혀 없었을 때 처음으로 초급 학습자이 만난 『초학언문』은 큰 관심사가 되었다. 초학자용 학습서가 제4판까지 지속되어 초급 독자가 생겨났고, 초등용을 보완하고 배움을 좀 더 깊게 하고자하는 사람들에게 적합한 교재가 필요함을 느끼게 되었다. 여기에 제공된이야기들은 독창적인 것이 아니다. 일부는 기존에 정부의 학교에서 한문독자들을 위해 사용했던 것이며, 일부는 서양의 역사를 번역하였다. 그러나 이들 대부분은 한국인들 사이에 이미 널리 알려져 있고 친숙한 것들을모은 것이다.

—조 해버 존스, 「제물포」, 1902.5.1

ㄴ. 국문독본 서문: 대개 사람이 세상에 나매 무론남녀하고 불가불 학문이 잇서야 지식이 발달하고 의견이 고명하나니, 학문상에 유익한 서책은부지기수로대 아희가 깁흔 학문을 배홀 수 업는 거슨 지식과 의견이 부족한 연고라. 그런고로 학문 배호는 차서가 잇스니 비유컨대 사다리에 올나가는 것과 갓흐니, 사다리에 올으는 사람이 아래을 밟아 차차 올나가지아니하고 졸지에 우헤를 쮜여 올으고자 하면 반다시 넘어지지 아니하면써러질지라. 므릇 적은 거스로 큰 거슬 니르고 갓가온 대로브터 먼 대를니르는 거슨 자연한 리치오 쩟쩟한 법이라. 대한에 글 두 가지가 잇스니하나흔 한문이오, 하나흔 국문이니 한문으로 말하게 데면 자양이 긔묘하야 그림과 갓고 문리가 교책하야 비단문의 갓하니 진실노 문장 선배의글이라. 사다리의 쏙닥이되고, 국문으로 말하게 데면 자획은 간단하나 어음이 쏙쏙하며 문리가 천근하나 쓰지 못할 배 업스니 가히 모든 리치를가르칠 만하도다. 남녀로유 간에 이 국문 사다리를 밟으면 능히 올나가지못할 지식이 업고 쏘한 넘어지고 써러질 념려 업스리라. 일노 말매암아국문을 힘써 숭상함이 한문 공부에 비교하면 가위 사반공배요 모든 학문

상에 유익한 리치를 다 배화 알 만한지라. 또 세상 풍속에 남자는 혹 학교에 드러가 교육 밧는 자가 잇스나 여자는 당초에 학문을 가르치지 안코 다만 천력으로 부리기를 노비갓치 하며 문 밧긔 나지 못하게 하야 옥에 갓친 죄인과 갓치 하니 무삼 식견이 잇스리오. <u>학문이 업는 고로 의견이 몽매하야 첫재는 좁은 마음으로 매사를 잘 헤아릴 수 업고 둘재는 남의 어미되여 자녀 훈계할 줄을 잘 알지 못하니</u> 진실노 개탄한 일이라. 그런 고로 남녀 무론하고 어린 아희 초학을 위하야 책 일 편을 저술하엿스니 일홈은 <u>초학언문</u>이라. 이 책은 언문 자획과 그 배호는 법과 아희 교육하는 법을 형성하엿고 또 이번에 저술한 책 일홈은 <u>국문독본</u>이니 이 책은 지식의 유익한 뜻과 학문에 진보되는 말과 고금에 유명한 사람의 사기를 대강 긔록하엿스니 그 전 공부에 비하면 뜻이 조곰 깁고 문맥이 호번하니 거의 초학하는 자의게 차서가 될 듯도다. 이 글을 잠심하여 보고 볼 쑨 아니라 쓰기도 하며 쓸 쑨 아니라 외오기도 하며 외올 쑨 아니라 리치를 궁구하면 초학자의 유익함이 잇쓸가 하노라.

—주강생, 一千九百三年 월 대미국선교사 조원시

외국인 선교사에 의해 저술된 것이지만, 『국문독본』은 계몽의 언어이자 교과서의 언어로서 국문을 어떻게 사용해야 하는지를 잘 보여준다. 이 서문에서는 『초학언문』과 같이, 초학자가 근대 지식을 쉽게 익힐 수 있도록 국문을 사용해야 하며, 국문을 익히는 것도 사다리를 밟고 올라가듯 단계가 있어야 함을 강조하였다. 이러한 의식은 『독립신문』 창간호 논설에서 '언문으로 쓰기는 남녀 상하귀천이 모두 보게 함'을 목표로 한 것과 다르지 않다. 달리 말해 근대식 매체의 출현과 학제 도입은 '국민' 또는 '민중'의 존재를 깨달으면서 나타난 현상이다. 『독립신문은』 창간호부터 지속적으로 '상하귀천', '남녀노소'를 포함한 민중 계몽을 목표로 한 논설을 게재하였는데, '조선 사람', '백성', '인민', '무론 상하귀천', '무론 남녀노소' 등의 표현은 모두 민중 계몽을 전제로 한 것이다. 비록 이 신문이 혁명적인 정치 질서를 부르짖은 것은 아니나 군주로부터 관료, 백성에 이르기까지 문명개화를 위해 학문과 지식 보급이 우선되어야 함을 일관되게 주장하였다.

【 독립신문 논설[18] 】

죠션 사름마다 경영호기를 엇더케 호여야 벼슬도 호고 엇더케 호여야 나라 일도 좀 호여 보고 엇더케 호여야 부ᄌ도 되기를 원호나 벼슬호여 가지고 나라 일호랴는 싱각은 아직 그만 둘 거시, 아모리 그런 경영은 잇드릭도 벼슬흔 후에 나라 일홀 도리가 업슬 거시 첫직는 죠션 사름들이 정치학을 비호지 못호여슨즉 셔령 직무를 맛드릭도 늠보다 더 낫게 홀 사름이 업고 나라에 ᄉ업호는 거시 다만 벼슬만 호여 가지고 홀 쑨이 아니라 평민이라도 홀 일이 무슈흔디 만일 벼슬을 호면 일이 잘 안 될 싯둙은 첫직는 관인이 되야 가지고는 빅셩과 셕기지 못흔즉 빅셩이 관인의 말을 덜 밋고 차라이 동리 빅셩의 말을 더 밋게 되얏는지라. 빅셩이 되야 가지고 홀 ᄉ업이 무슈호야 이로 다 긔록홀 슈 업스나 흔가지 일을 오늘날 유지각 호는 이들의게 고호노니 이 일을 쥬의호야 듯고 시쟉호기를 ᄇ라노라. 정부에셔 학교들을 시쟉호엿스나 ᄀ르칠 칙은 아죠 업는 셰음이고 또 농ᄉ 호는 빅셩과 샹민과 쟝쉭들이 무엇슬 비호고 스프되 비홀 칙이 업슨즉 셔령 비호고 스푼 ᄆ음이 잇드릭도 ᄀ르치는 사름도 업고 칙 가지고 비홀 슈도 없스니 엇지 빅셩이 진보호기를 ᄇ라리요. 늠의 나라에셔는 칙 ᄆ드는 사름이 국중에 몃 천 명식이요 칙 회샤들이 여러 빅 기라. 칙이 그리 만히 잇시도 둘마다 새 칙을 몃 빅권식 ᄆ드러 이회샤 사름들이 부ᄌ들이 되고 또 나라에 큰 ᄉ업도 되는지라. 죠션도 이런 회샤 흔나히 싱게 각싴 셔양 칙을 국문으로 번역호야 츌판 호거드면 첫직는 이 칙들을 보고 농ᄉ 호는 사름들이 농법을 비홀 터이요 쟝ᄉ호는 사름들이 샹법을 비홀 터이요

---

18) 『독립신문』, 1896.6.2.

각식 쟝식들이 물건 몬드는 법을 비홀 터이요 관인들이 정치호는 법을 비홀 터이요 의원들이 고명흔 의슐들을 비홀 터이요 학교에 가는 사름들이 각국 긔수와 산학과 디리와 텬문학을 다 능히 비홀지라. 문명 긔화호는디 이런 큰 스업은 다시 업슬 터이요, 쟝수호는 일노 보드릿도 이보다 더 리 늡을거시 지금은 업는지라. 유지각흔 사름 몃치 이런 회샤 호나를 모화 놉흔 학문 잇는 죠선 말 호는 셔양 사름 호나를 고립호야 이런 칙들을 모도 번역호여 츌판호거드면 일년 뇌에 큰 리가 늡을 거슬 밋고 이 회샤호 는 사름들은 죠선에 큰 스업호는 사름들노 싱각호노라. 이런 일을 정부에 다 밀고 아니 호는 거시 어리석은 일이니 경향간에 나라와 빅셩도 스랑호 고 큰 쟝수도 호랴는 사름들은 이일 시쟉호기를 브라노라.

이 논설에서는 유지각한 사람들이 '정부 일(나라 사업)'에 뜻을 두지 말고 우선적으로 백성과 상민을 위한 책 만들기를 촉구하고 있다. 특히 정부가 학제를 도입하고 학교를 개설하였으나 가르칠 책이 없음을 통 탄하고, 각종 서양 책을 국문으로 번역하여 보급하는 일이 시급함을 역설하였다. 이는 1895년 학부 설립과 학제 도입 과정에서 정부 차원의 교과서 몇 종을 제외한 지식 보급 서적이 없는 상황에서 당연한 논리였 다. 이 점에서 『독립신문』, 『매일신문』, 『협성회회보』, 『조선크리스도인 회보』, 『그리스도신문』, 『제국신문』 등의 순국문 신문이 출현한 1890년 대 후반기는 계몽의 언어이자 국문의식이 확립된 시기라고 할 수 있다.

3. 지식 계몽과 역술 문헌

3.1. 근대 계몽기 지식 유통과 번역

지식 계몽의 차원에서 언어와 문자 문제는 매우 중요한 의미를 갖는

다. 조선 후기 국문자 사용의 양상은 훈민정책 차원에서 저작된 언해서(諺解書), 왕실을 비롯한 사대부, 평민들의 언간(諺簡) 사용, 일부 시가와 이야기책의 언문 사용 등에서 확인할 수 있다. 이 점에서 서양과의 접촉이 본격화되면서 천주교계의 국문 사용은 교리(敎理)를 중심으로 한 것이지만, 기존의 언문 사용과는 다른 양상을 띤다. 정광(2010)에서 1787년 이후 본격적인 서학 교리서가 등장했다고 규명했듯이, 개항 이전의 천주교 활동에서는 이른바 '동국말', '언문', '세속글' 등으로 표현되는 국문 사용이 점차 확산되고 있다. 다음 자료를 살펴보자.

【 개항 이전 천주교 활동과 국문 】

ㄱ. 『긔히일긔』[19] 범나렌신(범나오렌시오): 범나오렌신는 브랑시아 나라 사름이라. 어려로브터 셩픔이 관홍인인이ᄒᆞ샤 나히 겨유 칠셰에 부친과 ᄒᆞᆫ가지로 셩셔를 보다가 즁인의 령혼이 만히 디옥에 떠러진다 ᄒᆞᄂᆞᆫ 구절에 니ᄅᆞ러 크게 감동홈과 측음홈을 발ᄒᆞ야 부친끠 고ᄒᆞ야 글ᄋᆞᄃᆡ 후릭에 나ᅵ 맛당이 원방에 전교ᄒᆞ야 즁령을 구ᄒᆞ리이다 ᄒᆞ더니, 나히 졈졈 쟝셩ᄒᆞ매 학식이 류에 뛰여나고 본원이 더욱 근졀ᄒᆞ매 팔만리 바다길흘 멀니 아니 넉이시고 즁화에 니ᄅᆞ러 젼교ᄒᆞ신 지 십여년에 즁국 글과 말을 널니 통ᄒᆞ야 붉히고 덕망이 멀니 펴인지라. (…중략…) 명은 밧은 지 수월만에 몬져 죠션으로 오실ᄉᆡ 간험홈을 피치 아니샤 곳 동국 경셩에 니ᄅᆞ시니 때ᄂᆞᆫ 뎡유년 십이월 초일일이러라. 겨유 두어들에 언어를 대략 통ᄒᆞ샤 능히 고히신공을 밧으시고 <u>공경규뎡을 다시 뎡ᄒᆞ야 동국말노 번역ᄒᆞ시니</u> 지우와 로유를 의론치 말고 간략ᄒᆞ야 알기 쉽게 홈을 위ᄒᆞ심일너라. 념경강도ᄒᆞ심이 은근샹명ᄒᆞ시며 말슴을 빈호고 칙을 번역ᄒᆞ시기를 ᄀᆞ쟝 브ᄌᆞ

---

19) 『긔히일긔』는 1839년 기해박해를 전후하여 순교한 천주교 신자에 관한 기록이다. 편자는 현석문(玄錫文)으로 알려져 있으나, 조선교구 제2대 교구장 앙베르 주교를 비롯한 여러 사람들의 공동 저작물로 추정된다. 활판본 『긔히일긔』는 1905년 뮈델 주교의 감준(監准) 으로 서울에서 간행되었을 것으로 추정된다. 이 자료는 한국교회사연구소(1985)의 자료 제16집 『긔히일긔, 치명일긔, 병인치명자젼』에 수록되어 있다.

런이 ㅎ시더라.

ㄴ.『병인치명자젼』[20]: 뎡말슌는 냥반의 ᄌ손이라. 본릭 경긔 슈원 싱쟝이며 인픔이 진실졍직ᄒ고 어려셔브터 션빅ᄉ염을 독실이 ᄒ여 공명에 뜻이 ᄀ졀ᄒ고 그 빅시 셩교홈을 대단히 조강ᄒ야 심지어 셔칙을 불슬으며 칙망ᄒ되 량반이 되야 국금을 범ᄒ니잇가 ᄒ더니 삼십셰 넘기에 니르러 친구 황 안드레아의 ᄀ졀ᄒ 권면으로 이젼 고집ᄒ던 ᄆ음이 번연히 곳치여 즉시 도리와 경문을 비화 졍셰 입교ᄒ고 드듸여 열심슈계홀시 과거를 젼폐ᄒ고 외인 친구를 도모지 ᄭᆞ흐며 셩셔는 진셔와 언문을 의논치 말고 친히 벗겨 만히 쟝만ᄒ고 칙을 보아 도리를 익히며 육신 ᄉ무를 견혀 닛고 령혼 공부를 오롯이 ᄒ니 ᄌ연히 도리가 붉고 덕힝이 염으는지라. 그 안해 니 가타리나와 흔가지로 슈계를 긴히 ᄒ며 졍억 직희기로 서로 의론ᄒ야 언약을 든든히 ᄒ고 가셰는 빈루흔 고로 ᄋ희들을 또 셰속 글을 ᄀᄅ쳐 육신 싱명을 보호ᄒ더라.

필사본『긔ᄒ희일기』와『병인치명자젼』은 저작된 연대를 정확히 고증하기는 어렵다. 그러나 이 두 자료는 1839년의 기해박해와 1866년의 병인박해를 대상으로 한 기록이라는 점에서, 이 시기 천주교계의 국문 사용 양상을 보여준다. 서양 선교사의 경우 전교 목적으로 조선에 들어와 조선 민중의 문자(세속글)로 교리를 번역 보급하며, 천주교 세례를 받은 사람들은 그들로부터 배운 교리를 세속글로 가르친 셈이다. 이러한 차원에서 '번역'과 '출판'은 근대 언어를 변혁시키는 주요인으로 작용한다.

번역어는 언어 접촉의 결과로 형성된다. 번역의 역사를 연구한 쓰지

---

20)『병인치명자젼』은 필사본으로 1866년 병인박해 때 서울에서 순교한 28명의 전기이다. 한국교회사연구소(1985) 자료 제16집에 수록되어 있다.

유미(1993)의『번역사 산책』을 참고하면, 번역은 문자 발명과 함께 종교나 문학 분야에서부터 출발하였다고 한다.[21] 고대 메소포타미아에서 영웅 서사시 '길가메시'는 이 문명권에 속한 각종 언어에서 발견되고, 유대인의 '벤 시라의 지혜'라는 책도 히브리어에서 그리스어로 번역되었다고 한다. 르네상스 이후 종교개혁에 이르는 시대에 서양에서 '자국어 성경 번역'이 근대어 형성에 적지 않은 영향을 미쳤듯이, 동양권에서도 종교 경전의 번역 전통은 동서 접촉과 함께 근대어 형성에 큰 영향을 미쳤다.

1906년 10월 19일 창간된 천주교회의『경향신문』의 부록『보감(寶鑑)』에 연재된 '대한 셩교ᄉ긔'에 따르면 천주교 서적의 국문 번역은 1800년대 이전부터 등장했음을 확인할 수 있다.[22] 또한 김병철(1975)의 '성서 번역사'와 '찬미가 번역사'를 참고하면, 한국에서의 성서 관련 번역은 1790년경 '주기도문', '천주교 성서' 등이 번역되기 시작하여, 1880년대 이후 각종 성경 번역이 본격화된 것을 확인할 수 있다.[23] 특히 1880년대에는『누가복음』(1882, 봉천),『요한ᄂ복음』(1882, 봉천),『뎨자ᄒ격』(1883, 봉천),『말코복음』(1883, 봉천),『마태복음』(1883, 봉천) 등이 간행됨으로써 본격적인 국문 성경 보급이 시작되었다. 이러한 흐름에서 1890년대에는 '성교서회(聖敎書會)'가 설립되어 다양한 국문 전교서를 발행하였다.[24]

지식 교류와 번역에서 등장하는 일차적인 문제는 용어의 사용이다. 예를 들어 서양의 인지명을 어떻게 표기할 것인가, 또는 전통적인 지식 체계와 다른 서양의 교리나 지식을 어떤 용어로 표현할 것인가 등의

---

21) 쓰지 유미, 이희재 역(2001),『번역사 산책』, 궁리, 28쪽.

22) 한국천주교 중앙협의회,『보감』, 태학사, 350쪽. "지금 쥬신부가 지엇다 ᄒᆞᆫ는 칙 ᄒᆞ나히 잇서 언문으로 번역ᄒᆞ엿ᄉ니 봉ᄌᆞ 째와 부활 째를 잘 지내기를 위ᄒᆞ야 ᄀᆞᄅ침이라."

23) 김병철(1975),『한국 근대 번역문학사 연구』, 을유문화사, 23~26쪽과 86~105쪽. 이 책에서는 '주기도문'(정조 14년), '천주교 성서'(1788~1791년) 등을 비롯하여 1970년대 초까지의 성서 관련 번역 자료 56종을 정리하고, 찬미가의 경우 1762년 '우리 홀 본분은'을 비롯한 81곡, 찬양가 117곡, 찬셩시 83편을 정리하였다.

24) 「대한성교셔회샤 셔칙 략론」,『그리스도신문』, 1901.2.14.

문제가 그것이다. 이러한 문제는 1800년대 초 천주교 서적에서도 등장한다. 예를 들어 1800년부터 1801년 사이 한역 서학서를 번역한 『묵상지장(默想指掌)』[25)]에는 다음과 같은 '범례'가 들어 있다.

【 묵상지장 범례 】

일은 두어 말의 대개 뜻은 임의 본디 오히려 미진흔 디는·이 보람을 써 분별ᄒ고

일은 대개 뜻이 임의 붉고 흔 됴목 강논을 임의 뭇츤 디는 。이 보람을 써 분별ᄒ고

일은 말 니르켜는 디와 혹 일간 뎨목과 혹 뭇기를 말ᄒ는 디는 △ 이 보람을 써 분별ᄒ고

일은 셩경 말ᄉᆞᆷ과 셩인 셩여의 의논은 ㄱ ㄴ 이 보람을 써 분별ᄒ고

일은 셩인의 일홈과 짜 일홈과 혹 셩ᄉ셔음을 긔록흔 거슨 ㅣ 이 보람을 써 분별ᄒ고

이 범례에서는 뜻을 정확히 밝히거나 외국의 인지명을 표시하기 위하여 '·, 。, △, ㄱ ㄴ, ㅣ' 등의 기호(보람)를 사용하는 원칙을 제시하고 있다. 이러한 기호 사용은 전통적인 언해서에서는 볼 수 없는 방식으로, 언어 접촉에 따른 의사소통의 어려움을 해소하기 위한 방편에서 고안된 것으로 볼 수 있다.

이와 같은 언어 접촉과 번역상의 문제는 한국뿐만 아니라 중국에서도 찾아볼 수 있는데, 『격치휘편』 1880년 6월호부터 8월호까지 연재되었던 '역서사략(譯書事略)'의 '논역서지법(論譯書之法)'을 살펴보면 다음

---

25) 이 책은 포르투갈 출신의 프란치스코 교회 선교사 북경 교구장 구베아(Alexandre de Gouve, 중국명 湯士選, 1751~1808) 주교가 1800년경 저술한 묵상 지도서로 언제 어디서 초간되었는지 알 수 없으나, 우리나라에서는 주문모 신부가 활동하던 1800년부터 1801년 사이 최창현(崔昌顯)에 의해 번역 필사된 것으로 알려져 있다. 이에 대해서는 안홍균(1986)의 '해제'(『한국교회사연구자료집』 제17집, 한국교회사연구소)를 참고할 수 있다.

과 같다.

西人嘗云 中國語言文字最難爲西人所通 卽通之亦難 將西書之精奧譯至中
國 蓋中國文字最古最生而最硬. 若以之譯泰西格致與製造等事 幾成笑談. 然中
國自古以來最講求敎門與國政. 若譯泰西敎門或泰諸國政則不甚難. 況近來西
國所有格致門類甚多名目尤繁 而中國前無其學與其名焉 能譯妥誠屬不能 越
之難也等語. 然推論此說實有不然. 蓋明時利瑪竇諸人 及今各譯書之人 並前末
遇有甚大之難以致中止 譯西書<u>第一要事爲名目</u>. 若所用名目 必爲華字典內之
字義 不可另有解釋則譯書事本不能成. 然中國語言文字與他國 略同俱爲隨時
逐漸生新實非一旦 而忽然俱有. 故前時能生新者則後日亦可生新者 以至無窮.
近來中國交涉事件多 一年則新名目 亦必每年增廣 如中國聖諱每行禁用則能
定寫 以何法代 以何字而仝境內 每年所改所添之字 則難爲國家定奪 如貿易 或
交涉事內 有新意新物 必設華字 新名始能明顯 然所設新名間 有文雅者間 有粗
拙者 如前西人與華人所定各名常有蠹 而不能久行者 蓋各國所設名目.

번역 　서양인이 일찍이 말하기를 중국의 언어와 문자는 서양인이 소통
하기 가장 어렵다고 하였으니, 곧 소통 또한 어려워 장차 서양 서
적을 정밀히 번역하여 중국에 유통하는 것이 어렵다. 대개 중국의 문자는
가장 오래되었으며 가장 어렵다. 만약 이로써 태서의 격치와 제조 등과
관련된 것들을 번역하면 다소 우스운 말이 될 수 있다. 그러나 중국은
자고로 교문(敎門, 종교)과 국정을 가장 많이 연구하여 왔다. 만약 태서의
교문(종교)이나 국정을 번역하는 일은 어렵지 않다. 하물며 근래 서양의
격치 학문이 매우 다양하며 명목이 번잡하나 중국은 이전에 그 학문과
명목이 없었으니 능히 이를 번역하는 것은 진실로 가능하지 않아 어려움

---

26) 『격치휘편』, 1880.6. 이 글은 허재영(2017)의 「근대 중국의 서양서 번역·보급과 한국 근대
　　학문에 미친 영향」(『한민족어문학』 제76집, 한민족어문학회)에서 옮긴 것임.

을 극복하기 쉽지 않고 그 이론을 추론할 수는 있으나 실제로는 그렇지 않다. 명나라 때 마테오리치 등 여러 사람과 지금 역서를 하는 사람이 모두 이전에 경험하지 못한 심각한 어려움이 있는데, 이 때문에 역서를 중단한다. 서양서 번역에서 제일 요건은 명목을 정하는 것이다. (번역어 창출 과정) 만약 필요한 명목(명사)이 있다면 반드시 중국 자전 내의 자의 (字義)로 해야 하는데, 해석이 불가능하면 번역이 불가능해진다. 그러나 중국의 언어와 문자는 타국에 비해 대략 비슷하며 수시로 새로운 것이 생겨나는 일이 적지 않아 갑작스럽게 생겨날 수 있다. 그러므로 이전에 생겨난 것이 후일 또한 새롭게 탄생할 수 있으며 이로 인해 무궁해진다. 근래 중국의 교섭 사건이 많아 일 년이면 곧 새로운 명목이 또한 매년 증가하니, 중국의 성휘(聖諱, 성인의 이름)로 모든 행위를 금지하면 어느 법으로 대신하며, 어느 글자로 전모를 대신하겠는가. 매년 고쳐 첨가하는 글자는 곧 국가가 정하고 금지하기 어려우니, 무역이나 교섭 사건 내의 새로운 사물의 새로운 뜻을 반드시 중국 문자로 하고, 신명(新名, 신명사, 신어)을 드러내어 쓰기 시작하면, 설정된 신명사 간의 우아한 것이 있고, 조졸(粗拙)한 것이 있는 것과 같으며, 이전 서양인과 중국인이 각각 정한 신명사에도 맞지 않는 것이 있어 오래가지 못하는 것은 대개 각국이 명목 (신명사, 신어 등)을 정하는 것과 같다.

이 논설에서는 서양서를 중국어로 번역하기 어려운 까닭은 명목(名目)의 차이가 크기 때문이라고 주장하고, 이를 해결하기 위해 신명(新名)을 정해야 한다고 주장하였다. 여기서 말한 '신명'은 곧 번역에 적합한 새로운 언어, 곧 신어를 의미한다. 허재영(2017)에서 밝힌 바와 같이 '역서사략'에서 이를 해결하고자 한 방법은 크게 세 가지이다.

【 論譯書之法 】
此館譯書之 先中國諸士皆知名目爲難 欲殿法以定之議多時後則略定要事有三[27]

一. 華文已有之名. 設疑一名目爲華文已有者 而字典內無處可察則有二法. 一. 可察中國已有之格致 或工藝 等書 並 前在中國之天主敎師 及 近來耶穌敎師 諸人所著 格致 工藝 等書. 二. 可訪中國客商 或 製造 或 工藝 等 應知此名目之人.

二. 設立新名. 若華文果無此名 必須另設新者 則有三法. 一. 以平當字外 加偏旁而爲新名 仍讀其本音如 鎂鉀布矽 等 或 以字典內不常用之字 釋以新義而新名 如鉑鉀鈷鉢 等 是也. 二 用數字解釋其物 卽以此解釋爲新名 而字數以少爲妙如 養氣 輕氣 火氣 輪船 風雨表 等 是也. 三 用華字寫其西名以官音爲主而西字各音 亦代以常用同之華字 凡首譯書人已用慣者則襲之華人可一見 而知爲西明所已設之新名不過暫爲試用 若後能察得中國已有古名 或見所設者不妥則家更易.

三. 作中西名字彙: 凡譯書時所設新名 無論爲事物人地等名 皆宜隨時錄於華英小簿 後刊書時可附書末 以便閱者核察西書 或關諸西人而各書內所有之名宜彙總書製成大部 則以後譯書者有所核察可免混名之弊

번역 이 서관에서 책을 번역하는 것은 먼저 중국의 여러 선비들의 명목을 아는 것이 어려워, 법을 정해 의논한 연후 대략 세 가지 사항을 정했다.

일. 중국에 이미 존재하는 명목: 한 명목이 중국 문자에 이미 존재하는 것으로 자전에 없는 것은 두 가지 방법이 있다. 하나는 중국에 이미 존재하는 격치 혹 공예 서적 등과 이전 중국 천주교사 및 근래 야소교사 여러 사람이 지은 격치 공예 등의 서적을 살피는 일이다. 둘은 중국을 찾는 상인, 제조 혹 공예 등에서 이들 명목을 알고 있는 사람들을 응용하는 것이다.

이. 새로운 명목을 만드는 일: 만약 중국에서 이들 명사가 없다면 반드시 새로운 것을 만들어야 하는데, 세 가지 방법이 있다. 하나는 요신(鎂

---

27) 『격치휘편』, 1880.6. 허재영(2017)에서 옮김.

鉮), 포자(布矽) 등과 같이 신명사 곁에 평상시 쓰는 글자를 부가하여 그 본음을 읽도록 하거나 박갑(鉑鉀, 氯鉑酸鉀, 화학 용어의 하나임) 고모(鈷鉧)와 같이 자전에 상용하지 않는 글자로 새로운 뜻을 해석하여 신명사로 쓰는 방법이 있다. 둘은 수자로 그 물질을 해석하는 것으로, 이 해석이 신명사가 되며 글자 수가 적어 적절하다. 양기(養氣), 경기(輕氣, 수소), 화기(火氣, 중국 의학 용어), 윤선(輪船), 풍우표(風雨表) 등이 그것이다. 셋은 관음(官音)을 위주하여 서양 각음을 중국 문자로 베끼는 것으로, 또한 같은 중국 문자를 상용하여 대신하며, 무릇 번역하는 사람이 이미 습관적으로 사용하여 중국인이 볼 수 있고 서양에서 밝혀 새로운 명사가 된 것은 잠시 시험적으로 사용하도록 하고, 만약 후에 능히 중국의 옛날 이름에서 찾을 수 있거나 만든 것이 타당하지 않으면 다시 쉽게 고치도록 한다.

삼. 중국과 서양의 자휘(字彙)를 만듦: 무릇 번역할 때 사물이나 인지명 등과 같이 새로운 명사를 만들면 마땅히 중국어와 영어에서 채록한 작은 장부에 따라 대조하고 후에 간행할 때 책 말미에 부가하여 보는 사람이 서양서의 핵심을 편히 보도록 하고, 혹은 책 속의 서양인과 관련된 명사가 있으면 총서를 제작하여 후에 번역하는 자가 살펴 혼란스러운 명칭이 생기는 폐단을 면하도록 한다.

일종의 번역어 창출 과정에 해당하는 이 원칙은 근대 중국의 학술어 생성 원칙을 기술한 것이라고 볼 수 있는데, 이러한 과정을 통해 생성된 용어 가운데 상당수는 한자어에 익숙한 근대 한국 지식인에게도 적지 않은 영향을 미쳤다.

그러나 개항 직후 한국에서의 학술서 국문 번역은 거의 존재하지 않는다. 앞서 살펴본 『이언』을 제외하면, 근대 지식을 대상으로 한 국문 번역서를 찾아보기 어렵고, 1895년 유길준의 『서유견문』에 이르러, 근대 학술어가 체계적으로 등장한다. 흥미로운 것은 갑오개혁 당시 '국문위본'을 천명한 직후, 종교계 신문의 경우 근대 지식을 순국문으로 소개한 경우가 많다는 점이다. 그 가운데 『그리스도신문』(1897년 4월 1일 창간~1905년 6월 24일 종간, 미북장로회 선교회 발행)은 순국문 종교계 신문이지만, 전교뿐만 아니라 근대 과학 지식 보급에도 적지않은 노력을 기울였다. 이 신문 창간호의 '지식이라'를 참고하면 다음과 같다.

【 지식이라28) 】

죠션 빅셩들이 직조가 업는 거시 아니어니와 아는 거시 업서셔 모르니 그 무음이 뷘집과 ᄀ흐매 셔양국에 적은 ᄋ히들도 아는 것 즁에 그 즁 쉬운 거슬 죠션 사름들이 아지 못ᄒᄂ니 이는 죠션 사름들이 공부홀 째에 모든 췩을 외오는 것과 글ᄌ를 놉히 위ᄒᄂ 것과 ᄉ셔와 삼경만 공부ᄒᄂ 거시니라. 이 거슬 곳치려 ᄒ면 ᄒᄂ 수가 ᄒ나밧긔 업스니 <u>만물의 리치</u>를 널니 펼 거시니 췩으로 번역도 ᄒ고, 학당을 셜립도 ᄒ고, 각쳐에 연셜도 ᄒ고 신문을 널니 펼 거시니라. 빅셩들이 ᄒ번 리치를 알면 싱각ᄒ고 압흐로 나아가ᄂ니 지식이 잇스면 이것뎌것 비교ᄒᄂ 수도 잇고 여러 가지 즁에 쟉뎡ᄒ야 퇵ᄒᄂ 수가 잇ᄂ니라. 이를 위ᄒ야 이 <u>그리스도 신문을 셜립ᄒᄂ 거슨</u> 죠션 빅셩을 위ᄒ야 지식을 널니 펴려 ᄒᄂ 거시니 지식을 말ᄒ려면 다른 거시 아니라 텬디만물의 리치와 형상과 법을 아는 거시오 타국 정치샹을 아는 거시오 타국 빅셩의 사는 풍쇽을 아는 거시오 모든 물건을 ᄆᄃᄂ 법을 아는 거시니라. 아모 싱업이라도 각 학문을 비혼 거시 유익지 아님이 업스니 지식이라 ᄒᄂ 거슨 각 사름의게 직목노 유익게 홈이니 나라헤도 유익홈이 되ᄂ니라. (···중략···) 이 셰계 즁 큰 나라헤셔는 이 <u>부강흔 나라히라</u> 말이니 빅셩들을 억지로 공부를 식히거늘 나라법은 ᄋ히마다 무론 남녀ᄒ고 학당에 가셔 처음 공부흔 거슨 붉이 공부ᄒ여야 쓰ᄂ니라. 이후는 죠션에셔도 이와 ᄀᆺ치 홀 터히나 그 ᄉ이에

---

28) 『그리스도신문』, 1897.4.1~4.8.

는 게어르지 말 거시오 우리의게 잇는 긔틀을 다 써셔 지식을 널니 펼지라. 또한 우리들이 쟝셩한 남녀의 비홀 거슬 フ르쳐 주려 홀 째에는 이 <u>나라혜 잇는 쇼년들의게 브라는 ᄆᆞ음이 잇게 ᄒᆞ야 학당에 가셔 지식을 통ᄒᆞ게 홀 거시니라.</u> 이러ᄒᆞ면 우리들이 이후에 압호로 나아가는 길을 예비홈이니 아직은 이 사름이 지식도 업거니와 만일 <u>텬디의 리치를</u> フ르 칠지라도 유익홈을 엇을 힘도 업스니 모든 일이 죽어가는 것 ᄀᆞ고 날마다 ᄉᆞ방으로 힘을 극진히 허비ᄒᆞ는 거슬 보니 이 나라희 힘과 ᄌᆡ물을 쓰는 거시 헛되이 업셔지느니 텬리를 알지 못홈으로 써 힘과 슈고로움을 헛도 이 쓰고, <u>화학을 알지 못홈으로</u> 써 보비로운 물건을 쓸듸업는 물건으로 알아 헛되이 쓰고 위싱의 법을 알지도 못홈으로 써 긔운과 싱명을 헛되이 스고 허비ᄒᆞ야 샤치홈으로 써 ᄌᆡ물을 헛되이 쓰고 합당치 아니한 물건을 쓰매 ᄌᆡ물을 헛되이 쓰고 게여름(게으름)과 남의 말을 ᄒᆞ기를 됴화ᄒᆞ야 허숑세월노 셔 째와 돈을 헛되이 쓰고 <u>농ᄉᆞ법을 알지 못ᄒᆞ야 됴혼 ᄯᆡ흘 아니 씀으로</u> 써 ᄌᆡ물을 헛되이 쓰느니라. 우리가 이후에 일이 잘 될 거슬 아는 대로 일이 되겟다고 ᄒᆞ듸 과치 아니한 말이니 (…중략…) <u>우리 신문 보는 사름의게</u> ᄌᆞ긔가 부지런ᄒᆞ기만 ᄒᆞ면 무슴 편홈과 즐거움과 복을 밧을 거슬 뵈여 지금 게어르게 허숑 셰월ᄒᆞ는 거슬 원통이 넉이게 ᄒᆞ기를 원ᄒᆞ노라. 텬디의 일을 알고, 텬리 쓸 줄을 씌드르면 게어르게 일ᄒᆞ는 것 과 눔의 말ᄒᆞ기를 됴화ᄒᆞ는 거시 녯젹 일이 되리라. <u>더들이 사는 세상의 일과 긔이혼 것과 ᄉᆞ방에 소동ᄒᆞ는 거슬 일녀ᄒᆞ리니 사름이 텬디의 법을 빈화 텬디로 써 사름의게 복종케 ᄒᆞ려 ᄒᆞ는 것도 알고 시브며 쏘 졔나라 히 왕셩ᄒᆞ여 가는 거슬 보고 졔 ᄌᆞ녀의게 졔가 밧은 학문보다 나흔 거슬 주려 ᄒᆞ리라. 우리의게는 이 의향이 잇스니 이후 호에는 엇더혼 학문이 모든 원ᄒᆞ는 사름의게 주는 거시 맛당혼지 말ᄒᆞ겟노라.</u>

이 논설에 나타난 것처럼, 이 신문의 취지는 '조선 백성들에게 지식을 널리 펴는 것', '부강하고 문명한 나라를 만드는 것'을 목표로 하였다. 특히 근대 지식 가운데 '천지의 이치', '화학', '농사법' 등과 같은 것들은 문명의 근본으로 인식하고 있었으며, 이는 전교의 목적(천지의 이치를 이해하는 일이므로)과도 부합하는 것이었다. 이러한 근대 지식은 대부분 서양 선교사 또는 서양 학자들의 이론을 신문 발행에 관여하는 사람들이 번역한 것으로 볼 수 있는데, 이에 대해서는 창간호 '론셜'에서 다음과 같이 밝히고 있다.

【 론셜 】

그리스도신문을 뎨일호로 오늘 내는디 이 신문에 엇더케 홀 거슬 말ᄒᆞ느니 이 신문은 <u>그리스도 교회 신문이니, 그리스도 교회가 만민의게 복된 쇼식과 착ᄒᆞᆫ 일을 젼ᄒᆞ려 ᄒᆞ매</u>, 이 신문에 잇는 말은 <u>죠션 나라와 빅셩을 위홈이오</u> 이 교회가 <u>님군을 셤기기를 극진히 츙셩ᄒᆞ라</u> ᄒᆞᆫ는 거시니 이 신문은 대군쥬 폐하를 극진히 츙셩으로 셤김이오 빅셩을 위ᄒᆞᆫ는 교회니, 이 신문이 <u>빅셩을 도으려 홈이오</u> 착ᄒᆞ고 참된 것만 ᄒᆞ려 홈이니, 일이 참되고 바른 것만 긔록홈이오, 아모 째라도 어르거지는 일을 알면 바로 말홈이오, 올흔 일은 참 능홈이니 이 신문은 더욱 올흔 거슬 조ᄎᆞ며 붉게 ᄒᆞ자 홈이니, 이는 대쇼 인민으로 참된 거슬 ᄒᆞ기를 위홈인 고로 뎨일호에 대군쥬 폐하의 셩덕을 칭숑ᄒᆞ야 만셰 만셰를 부르노라.

죠션 나라와 빅셩을 위ᄒᆞ려 ᄒᆞᆫ는 거시라. <u>한 쥬일에 ᄒᆞᆫ 번식 낼 거시니 각호에 농리편셜과 공쟝 편셜과 죠션 나라 일이 엇더케 되는 것과 외방 빅셩들의 ᄒᆞᆫ는 일과 타국 ᄉᆞ긔신지라도 다 판각ᄒᆞ야</u> 널니 펴려ᄒᆞ노라.

ᄒᆞᆫ 사름이 모든 일을 엇지 다 알 수가 잇스리오. ᄒᆞᆫ 사름이 다 알 수 업는 고로 우리들이 죠션에 나온 모든 외국 사름의게 말ᄒᆞ야 각각 아는 대로 모다 글을 지어 죠션 사름의게 유익ᄒᆞᆫ 말을 쓰겟다고 ᄒᆞ엿시니, 이 신문 판각ᄒᆞᆫ는 째마다 유명ᄒᆞᆫ 사름의 글 지은 거슬 올녀 판각ᄒᆞ겟노라. 유명이 글 지은 량반인즉 여러분이 되니 셩명을 다 긔록지 못ᄒᆞ나, 대강 긔록ᄒᆞ니 미국 공ᄉᆞ 실 씨와 부공ᄉᆞ 알런 씨와 륙영공원 교ᄉᆞ 하치신 씨

와 빅지학당 교亽 쌩커 씨와 영국 사름 견묘 씨와 『사민필지』 지은 미인 홀보 씨와 의벼션 의원과 또 고명훈 여러분이 되느니라.

창간호 논설에서는 신문 발행의 취지와 함께, '농리 편설'과 '공장 편리설'을 두는 이유, 이 칼럼의 필진과 주요 내용 등을 간략히 밝히고 있다. 신문 발행 취지에서는 전교뿐만 아니라 '충군애국', '백성 교화'를 목표로 하고 있음을 분명히 하고, 신문 내용에서는 '농리 편설', '공장 편리설', '조선 국내 사정', '외방 사정', '역사' 등을 기록할 것임을 밝혔다. 주요 필진은 미국 공사 실, 부공사 알렌, 육영공원 교사 허치슨, 배재학당 교사 벙커, 영국 사람 견묘(미상), 『사민필지』의 저자 헐버트 등인데, 이들은 스스로 글을 쓸 뿐만 아니라, 외국어로 된 서신이나 서책을 번역하여 소개하는 일을 맡기도 한 것으로 보인다. 이에 대해 1897년 5월 13일자 논설에서는 다음과 같이 밝힌 바 있다.

【 론설29) 】
(련속) 죠션에서 신문을 내는 일이 어려움을 젼호에도 대강 긔지ᄒ엿거니와 또 ᄒ가지 어려온 거슨 <u>외국 친구들이 죠션 사름을 위ᄒ야 신문에 긔지홀 말이 만흐나 흔이 죠션말을 아지 못홈으로 본국 말노 긔록ᄒ야 보내니, 그 ᄯᅳᆺ을 부득불 죠션 방언으로 번역ᄒ여야 죠션 사름 보기에 편리홀 거시어늘 번역ᄒ야 줄 사름이 부죡흔 고로, 신문을 겨슐ᄒᄂᆫ 이가 번역ᄒ게 되더라.</u> 또흔 슈무ᄒᄂᆫ 직분도 쉬온 거시 아니니 신문 내기를 셜시ᄒ려 ᄒ면 본져 신문에 긔지ᄒᄂᆫ 졀ᄎᆞ를 마련ᄒᆞ며 판츌ᄒᄂᆫ 일을 맛기며 신문 보시는 이를 만히 엇기로 쥬션도 ᄒ며 광고를 내여 달나는 이도 널니 구ᄒ며 신분을 판츌흔 후에는 사 보시는 여러분의게 보내며

---

29) 『그리스도신문』, 1897.5.13.

이 논설은 근대 지식의 유통이 활발하지 못한 상황에서 '농리 편설'이나 '공쟝 편리셜'에 수록한 내용은 창간호 논설에 등장하는 선교사들이 번역한 것이 적지 않았음을 확인해 주는 자료이다. 이 점에서 '농리 편설'과 '공쟝 편리셜'의 용어는 중국에서 한역된 서양서나 일본의 서적과는 다소 차이가 있는 것으로 보인다. 다음을 살펴보자.

【 '농리 편설'과 '공쟝 편리셜'의 제목 】

ㄱ. 농리 편설: 슌 집는 것(1897.4.1), 밧츨 가는 론, 싀골 도로를 슈리ᄒᆞᄂᆞᆫ 것, 권연 ᄆᆞᆫ드는 담비(1897.4.8), 농ᄉᆞ의 됴흔 법, 흙을 가는 법(1897. 4.15)

ㄴ. 공쟝 편리셜: 가쥭 달우는 법, 쇠 강ᄒᆞ게 ᄒᆞᄂᆞᆫ 법, 어듸에 집 짓는 것, 위싱법(1897.4.1), 싱지론, 거믜쥴, 옴병, 솟 ᄰᅢ우는 법, 가금 ᄆᆞᆫ드는 법(1897.4.8), 운동ᄒᆞᄂᆞᆫ 것, 개얌이의 공교흔 것, 위싱ᄒᆞᄂᆞᆫ 법(1897.4.15)

이 신문의 근대 지식 담론에 등장하는 용어 가운데 '싱재론(生財論)', '위싱법(衛生法)'과 같이 한자어로 굳어진 것들도 있지만 한국어의 통사 구조에 따른 표현이 비교적 많이 쓰였다. 지식 번역 과정에서 외국의 인지명과는 달리 특정 학술어를 번역하기 위해서는 일정한 원칙이 필요하다. 앞서 살펴본 '역서사략'과 같이 중국의 경우 자국어의 어재(語材)를 활용하여 신조어를 만들 경우 인지명 차자(借字)를 제외하면 학술어의 음차가 많지 않은데,[30] 이를 수용한 우리나라도 비슷한 처지였다. 더욱이 한자에 능숙하지 않은 외국인이 번역할 경우 한국어 통사 구조에 적합한 '구 구조'의 학술어를 사용하게 된다. 이러한 용어 사용법은

---

30) 『격치휘편』 1876년 7월호에는 설촌 서수(徐壽)의 '기기명명설(機器命名說)'이 실려 있다. 그는 "중국에 없는 기기는 그 이름이 없으므로 지금 이름을 부여하고자 하면 마땅히 가차(假借)를 하는 것이 가장 많고, 그 다음 지사(指事)·회의(會意) 등을 사용하나 가히 뜻을 나타내지 못하거나 이해하기 어려울 경우가 많다."고 지적하였다.

1800년대 『믁샹지장』이나 1883년의 『이언언해』를 비롯한 순국문 번역서에서 확인할 수 있는데, 1900년대 대부분의 순국문 번역서에도 이러한 번역법을 확인할 수 있다. 예를 들어 『제국신문』 1899년 4월 11일자 논설의 '나아가는 론(진화론)'이나 1900년 10월 18일자 논설의 호흡론에 등장하는 '들어가는 긔운(들숨)', '나오는 긔운(날숨)' 등과 같이 구 구조의 용어를 사용하는 경우가 많다. 또한 애니 베어드가 번역한 『동물학』(1906), 『싱리학 초권』(1908), 『식물학』 등의 순국문 전문 서적에서도 구 구조의 번역 용어가 빈번히 사용되고 있음을 확인할 수 있다.

이러한 전문 용어는 쉽게 이해할 수 있는 장점이 있지만, 전문 용어로서 적절하지 않을 경우가 많다. 전문 용어 또는 학술어는 특정 전문 분야에서 사용하는 용어로, 일상어와는 차이가 있다. 시바다다케시(柴田武, 1989)는 전문 용어의 특징을 '통용 범위가 좁고', '어휘 습득 과정이 일상어 습득 이후에 이루어지며', '성립 시기가 짧고', '개념이 변화할 가능성'이 있음을 제시하였다. 특히 전문 용어는 '원어와 대역어의 관계'가 성립되며, '인위적 조작 가능성'이 높은 점도 특징이다.31) 이점에서 근대 계몽기 순국문 번역에 등장하는 용어 사용법은 학술어로서의 생존 가능성이 높지 않다. 그렇기 때문에 번역이 활성화되고 근대 지식이 광범위하게 유통되면서 한자를 활용한 신조어나 외국어를 음차 또는 번역 차용한 신조어가 범람하게 되었고, 1910년대 이후에는 각종 매체에서 '신어', '유행어' 등과 같은 용어 정리를 시도한 예가 많다. 사전 편찬의 역사를 살펴볼 때, 국어사전이 편찬되기 이전인 1917년 신문사 편집부에서 『간명 법률경제숙어사해』를 발행한 것이나 1926년 송완식의 『백과신사전』이 등장한 것도 이러한 흐름을 반영한다. 이와 같이 근대 지식의 형성과 유통 과정은 지식의 내용뿐만 아니라 지식의

---

31) 전문 용어의 특징에 대해서는 최석두(2000)의 「한글 전문 용어 관리의 특성에 관한 연구」 (『한국정보관리학회 학술대회 논문집』 7, 한국정보관리학회)를 참고하였다. 시바다다케시의 이론은 최석두(2000)의 논문에서 재인용하였다.

표현 방식, 특히 어휘와 담화 등의 차원에서 언어의 근대화를 촉발한다. 다양한 어휘의 사용이나 대중화된 지식 표현 양식, 전문어의 증가 등은 계몽정신과 밀접한 관련을 맺게 되며, 이를 바탕으로 '계몽의 언어'가 발전하게 되는 것이다.

3.2. 출판문화의 변혁

지식 계몽의 차원에서 또 하나의 중요한 변화는 출판문화의 변혁이라고 할 수 있다. 전통적으로 출판은 국가가 관장하는 중요한 사업의 하나였다. 특히 조선(朝鮮)은 태조의 등극 이후 교서감(校書監)을 두었으며, 태종은 주자소(鑄字所)를 두고 활자를 제작하였다. 윤병태(1992)에서 정리한 바와 같이, '계미자'(癸未字, 태종 3년), '경자자'(庚子字, 1421), '갑인자'(甲寅字, 1434) 등은 모두 주자소의 산물이다. 조선 중기 이후 지방 관아나 사찰에서 활자를 만들고, 『고사촬요』와 같은 방각본이 등장하기도 하였지만, 전통적인 출판은 기술적인 면이나 서적 유통의 차원에서 제한적일 수밖에 없었다.[32]

근대 지식이 형성되면서 출판은 지식 보급과 전교(傳敎)의 차원에서 매우 중요한 문제가 되었다. 이 점은 중국도 마찬가지였다. 예를 들어 『격치휘편』 1876년 4월호의 '인서기기도설(印書機器圖說)', 1876년 8월호 '사자기기(寫字機器)' 등이 이에 해당한다. 이 가운데 '인서기기도설'은 영국의 신문 인쇄가 대량으로 이루어지는 원리를 소개한 글로, 지식 대중화와 인쇄 기술이 밀접한 관련이 있음을 소개하고자 한 목적을 갖고 있다.

---

32) 조선시대 출판문화에 대해서는 윤병태(1992)의 『조선 후기의 활자와 책』(범우사)을 참고할 수 있다.

【 印書奇器圖說(인서기기도설)[33] 】

中國刻木板印書籍者 已二千餘年矣. 至今仍守舊法尙未更變. 西國刻木板印
書之始 不到四百年前 而創行之 惟近今所用之法 年精一年 與昔日者迥異 而初
更變 將字母分而刻之. 然後集湊成字成文後 又以鉛作字 而代木刻 因造鉛字之
一模 則能做出許多鉛字. 豈非大勝於用木之字母哉. 其鉛字已經最爲得法 加以
在行考究印書.

> **번역** 중국이 목판을 새겨 서적을 인쇄한 것은 이미 2천 여년 전이나
> 지금까지 옛날 방법을 지켜 변경하지 않고 있다. 서국은 목판으로
> 책을 인쇄하기 시작한 것이 불과 4백 년 전에 처음 시행했으나 오직 근래
> 사용하는 방법을 보면 해마다 정교해져 옛날과 매우 다르니 처음 변경하
> 고 장차 자모를 나누어 새겼다. 그런 후 글자를 모아 문장을 만든 뒤 납으
> 로 활자를 만들어 목각을 대신하였다. 이로 인해 연활자가 만들어지니
> 곧 허다한 연활자를 만들어 낼 수 있었다. 이것이 어찌 나무로 만든 자모
> 보다 크게 우월한 것이 아니겠는가. 그 연활자가 이미 가장 좋은 법을
> 얻었으니 이에 더해 서적 인쇄하는 방법을 고찰하고자 한다.

이 자료는 연활자의 출현과 인서의 효용성을 논하고, 구체적인 활자
제작 및 사용법을 설명하기 위해 쓴 글이다. 납으로 만든 활자는 주자
(鑄字)가 편리할 뿐 아니라 대량 인쇄가 가능하다는 점에서 기존의 서적
인쇄와는 차원이 다른 지식 보급이 이루어진다.

개항기 한국에서의 신문 발행은 1883년 8월 박문국의 설치로부터 시
작된다. 이광린(1969)에서는 1883년 8월 20일(양력 9월 20일)부터 저동
(苧洞)의 박문국에 사무실과 인쇄소를 두고 신문 발행을 시작했다고 하
였는데, 10월 30일에 이르러 창간호를 발행하게 되었다. 이 신문은 얼
마나 인쇄되었는지 기록으로 남아 있지 않으나, 이광린(1969)에서는 중

---

33) 『격치휘편』, 1876.4.

앙정부 각 관청과 400이 넘는 각 지방 관청에 보내졌을 것으로 추정하면서 비교적 상당한 양이 발행되었을 것으로 추정하고 있다.[34] 그러나 『한성순보』와 『한성주보』는 정부가 관장하는 신문이었으며, 한문체로 이루어진 신문이라는 점에서 근대 지식 보급에 한계가 있었음이 분명하다. 이러한 맥락에서 민간 차원의 서적 인쇄는 지식 보급 차원에서 중요한 의미를 갖는데, 우리나라에서 민간 차원의 서적 인쇄가 본격화된 시점은 1889년 배재학당에 인쇄소를 설치한 이후로 알려져 있다.

윤병춘(1984)에서는 '초기 선교사들의 문서 선교 운동'을 정리하면서, 배재학당 당사(堂舍) 건축과 인쇄소 설립 과정을 정리한 바 있는데, 이에 따르면 배재학당 당사는 1887년 8월 기공하여 12월 완공되었으며, 르네상스식 붉은 벽돌집으로 최초의 양옥 건물로 지어졌다. 구조는 교실 4, 강당 1, 당장실 1, 지하실로 이루어졌으며, 지하실에서는 공업부를 설치하고 고학(苦學)하는 학생들에게 일을 할 수 있는 기회를 제공했다고 한다.[35] 처음에는 붓 만드는 일, 구두 만드는 일 등을 하도록 했으나 실패하고, 1889년 인쇄소를 설치한 뒤 식자, 조판, 인쇄, 제본 등의 업무를 맡겼다. 기록마다 다소 차이가 있으나 윤병춘(1984)에서는 감리교계의 '삼문출판사' 설립 연대가 배재학당 인쇄소보다 늦은 것으로 보고 있으며, 이보다 한두 해 늦은 시점에 한국성교서회가 설립된 것으로 추정한다.

배재학당 인쇄소에서는 『배재학당규칙』(1890, 국한문혼용), 『복음요사(福音要史)』(1896), 『의회통용규칙』(1896) 등을 발행했으며, 헐버트는 배재교육총서 제1권으로 『듸한력사』, 제9권으로 『사민필지(四民必知)』, 제10권으로 『삼자경(三字經)』 등을 발행한 것으로 알려져 있다. 또한 삼문출판사에서는 아펜셀러의 『성교촬요(聖敎撮要)』, 『미이미교회문답(美

---

34) 이광린(1969), 『한국 개화사연구』, 일조각, 69~77쪽.
35) 윤병춘(1984), 『한국 기독교 신문·잡지 백년사』, 대한기독교출판사. 국어학자 주시경도 배재학당에서 일을 했던 것으로 나타난다.

以美教會問答)』등의 서적을 출판한 것으로 알려져 있는데, 『그리스도신문』 1901년 2월 14일자에는 1900년대 초까지 기독교 전교서를 발행한 '대한성교서회', '미이미교회 성교서 회사', '그리스도 신문사'를 소개하고 있다. 먼저 '대한성교서회'의 약사(略史)를 살펴보자.

【 대한셩교셔회샤 략론 】

우리 대한국 셩셔회샤는 셔국 여러 목스가 우리나라 사름들이 열니지 못ᄒ야 사름의 당연이 홀 직분을 찾지 못ᄒ매 샹하 인민들이 맛치 어둔 밤에 위험ᄒ 길을 가는 것과 굿ᄒ야 그 압길이 위틱홈을 익셕히 력여 이 회샤를 셜시ᄒ고 몃히 동안에 셔칙 19가지를 번역ᄒ고 수십만 권을 출판ᄒ엿시니 이는 취리ᄒ랴는 거시 아니오 다만 어두온 인민을 붉히고져 홈이라. 나ㅣ 드르니 대한 션빅가 놉흔 학문이 잇스면 스스로 교만ᄒ야 즈긔만 못ᄒ 사름을 능멸ᄒ고 압졔ᄒ며 조곰이라도 교육ᄒ야 나와 굿ᄒ 사름 되기를 원치 아니ᄒ며 무슴 긔묘ᄒ 방문이 잇스면 놈이 알가 두려워ᄒ야 혹 친ᄌ뎨라도 ᄀᆞ르치지 아니ᄒ고 죽은 이가 잇다 ᄒ기는 ᄒ나, 이는 다름 아니라 샹쥬의 진리를 알지 못ᄒ ᄉᆞᆰ이니라. ᄯᅩ 대한 션빅들이 언문을 슝샹치 아니ᄒ고 중국 문ᄌ만 슝샹ᄒ니 이는 제가 져를 알지 못ᄒ면셔 놈을 안다 홈이 아니온잇가. 국외(局外) 사름이 보건듸 엇지 붉은 사름이라 ᄒ리오. 이 회샤에셔는 언문 셔칙을 출판ᄒ기로 무식ᄒ 사름들도 언문법을 ᄎᆞᄎᆞ 아는 이가 더러 잇고 목슈초동과 부인유ᄋ들이 ᄎᆞᄎᆞ 내 나라글을 알게 되어 四百여년 곰초엿던 언문이 지금이야 힝셰ᄒ니 더옥 감샤ᄒ노라. 이와 굿치 사름이 올흔 목덕과 춤된 도리를 힘써 힝ᄒ면 당시에는 혹 칭찬밧지 못ᄒ나 후에는 명셩이 낫타나 영영토록 썩지 안느니 우리 동포들은 힘쓸지어다. 이 출판ᄒ 셔칙 뜻을 대강 좌에 셜명ᄒ노니 지식을 넓히고져 ᄒ는 쳠군ᄌ들은 유람ᄒ여 보시오.

이 기록에 따르면, 대한성교서회는 설립 직후부터 1901년까지 19종의 서책을 발행하였으며, 이 책자는 모두 순국문으로 발행되었음을 확인할 수 있다. 당시 발행한 책은 19종이라고 하였으나 내용을 소개한 것은 18종이다. 이를 표로 나타내면 다음과 같다.

【 발행 서책 목록 】

책명	번역자	내용
성경문답	시란돈 목사 대부인	천지 만물의 이치와 원죄, 고생을 면하는 방법
쟝원량 우샹론	마포 목사(S.A.Moffett)	예수를 믿는 쟝이 친구 원에게 전도하는 말
텬로지귀	빈 목사	예수를 믿는 사람의 몸과 영혼, 행동
구셰진쥬	빈 목사	마귀의 유혹과 예수 강림의 의미
파혹진션론	노병삭 저술	한국인의 언행과 부강한 나라 사람들의 차이
쥬일 직희는 론	소 목사 번역	주일 예배를 드리는 이유와 방법
인가귀도	오 목사 번역	타락한 사람이 변하여 착한 사람이 되는 도리
샛별젼	빈 목사 부인 저술	귀신을 섬기다 집안이 망한 14세 여아의 신앙
복음요소	그포 목사 번역	성경 복음 발췌 번역
구셰론	마포 목사 번역	3위 일체의 계명
리췌예수	셔 목사 번역	천국과 지옥의 이치
훈ᄋ진언	시란돈 목사 대부인 번역	자손을 가르치는 원리
텬로력정	긔일 목ᄉ	천국 노정기
구셰진젼	마포 목사 번역	그리스도교의 원리
성경략론	리쟝진 번역	성경 공부 방법
쟝즈로이론	빈 목사 부인 저술	쟝원량우상론과 인가귀도와 비슷한 책
셩교촬리	원두우 목사 번역	1890년 처음 출판된 그리스도교 원리(한문책 번역)
환난 면ᄒᄂ 론	마포 목사 저술	1895년 괴질병이 심할 당시 우상을 섬기지 말고 상주를 섬겨 환난을 면해야 하는 이유를 밝힘

이 글에 제시한 18종의 서적은 모두 순국문 기독교 관련 서적이다. 이와 함께 미이미교회 성교서 회사에서 발행한 15종의 서적도 소개하였는데, 그 내용은 다음과 같다.

【 미이미교회 성교서 회사 서책 】
一. 라병론: 이 칙은 오 목ᄉ가 번역흔 칙이니 사름의 죄가 문동병과 굿다 ᄒᄂ는 칙이니라.

二. 미이미 감리교회 강례: 이 칙은 시 목ᄉ 란돈 씨가 번역ᄒᆫ 칙이니 미이미 감리교회 쟝졍 규칙과 례문이니라.

三. 미이미 감리교회 문답: 이 칙은 죠 목ᄉ 원시 씨가 번역ᄒᆫ 칙이니 우리 예수교 리치를 문답으로 간략히 ᄒᆡ셕ᄒᆫ 글이니라.

四. 진도위문 문답: 이 칙은 오 목ᄉ가 번역ᄒᆫ 칙이니 셩경을 ᄭᅵᄃᆞ라 알 만치 ᄒᆡ리ᄒᆫ 칙이니라.

五. 신덕통론: 이 칙은 예수교인의 직분은 ᄇᆰ히 ᄀᆞᄅ치ᄂ는 글이니 본리 쳥국 형뎨가 져슐ᄒᆫ 글인ᄃᆡ 오 목ᄉ가 대한말노 번역ᄒᆞ엿ᄂᆞ니라.

六. 묘축문답: 이 칙은 리 목ᄉ가 번역ᄒᆫ 칙이나 젼도인과 신당직이라 문답ᄒᆫ 말이라. 사름이 학문이 넓지 못ᄒᆞ여 ᄌᆞ긔 아ᄂ는 것만 묘ᄒᆫ 줄노 알고 놉ᄒᆫ 톄ᄒᆞ다가 춤 리치 아ᄂ는 사름을 맛나면 얼굴ᄉᆞ식(말이 막히고 얼골이 변홈)ᄒᆞ야 병신과 ᄀᆞᆺᄒᆞ니 누구던지 이 칙을 보면 지식이 열니ᄂᆞ니라.

七. 찬미가: 찬숑ᄒᆞᄂ는 시를 합셩ᄒᆫ 칙이니 죠 목ᄉ 원시 씨와 로왈너 션싱 부인과 홈긔 번역ᄒᆞ고 ᄯᅩ 져슐ᄒᆫ 칙이니라.

八. 구약공부: 이 칙은 구약에 잇ᄂ는 셩경을 공과로 ᄆᆞᆫ들고 ᄒᆡ리ᄒᆫ 칙이니 죠 목ᄉ 원시 씨가 져슐ᄒᆫ 칙이니라.

九. 의경문답: 이 칙은 오 목ᄉ가 번역ᄒᆫ 칙이니 젼도인의게 유조홈이 만ᄒᆞ니라.

十. 셰례문답: 이 칙은 시 목ᄉ 란돈 씨가 져슐ᄒᆫ 칙이니 셰례 밧을 사름이면 공부ᄒᆞ여 도강홀 칙이니라.

十一. 셩경도셜: 이 칙은 로왈너 부인 션싱이 번역ᄒᆫ 칙이니 80도로 분ᄒᆞ엿ᄂᆞᄃᆡ 뎨일도로브터 48도ᄭᅵ지ᄂ는 구약셩경에 요긴ᄒᆫ 말ᄉᆞᆷ이오 49도브터 80도ᄭᅵ지ᄂ는 신약셩경에 요긴ᄒᆫ 말ᄉᆞᆷ을 긔록ᄒᆫ 칙이니라.

十二. 쥬일례비경: 이 칙은 시 목ᄉ가 번역ᄒᆫ 칙이니 쥬일 례비보ᄂ는 례식을 마련ᄒᆫ 례문이니라.

十三. 초학언문: 이 칙은 죠 목수 부인이 져술한 칙이니 언문 공부를 도아 주는 칙이라. 무론 남녀 로유하고 언문 씨치기 쉬온 칙이니라.

十四. 셩공회 문답: 이 칙은 근본 영국 잇는 목수들이 예수교 리치를 구초와 주셰히 히셕한 글이니 죠 목수 원시 씨가 대한말노 번역한 칙이니라.

十五. 영어총론: 이 칙은 비지학당에셔 출판한 칙이니 영어를 대한 국문으로 구르치는 글인듸 쌩커 목수가 져술한 칙이니라.

미이미교회 성서회사는 미국 미이미 감리교회에서 설립한 회사로 한국에서는 1889년 처음 설립되었다고 한다.[36) 이 회사에서 발행한 15종의 책은 주로 기독교 전교와 관련된 것이지만, 전교 과정에 필요한 국문 학습서를 발행한 점도 주목된다. 현재 『초학언문』의 실체에 대해서는 확인된 것이 없지만,[37) 조 헤버 존스(한국명 조원시)의 『국문독본』(1902)의 서문에서도 "언문 자획과 그 배호는 법과 아희 교육하는 법"을 내용으로 『초학언문』을 지었다고 서술한 바 있다. 『초학언문』과 『국문독본』은 기독교 전교와 지식 계몽에 필요한 국문 해독 능력을 배양하는 데 목표를 둔 교재이다. 『영어총론』은 배재학당에서 영어를 국문으로 가르치는 데 필요한 책이다.

이와 함께 그리스도신문사에서도 지속적으로 서적 발행을 하였는데, 『그리스도신문』 1901년 2월 14일자 '그리스도신문샤에셔 판각한 칙'에 소개된 것은 『령혼주긔문답』, 『대쥬지명』, 『예수교문답』, 『상뎨진리』, 『권중회구』, 『권즁론』, 『즁싱지도』 등 확인된 것은 7종이다.[38) 이처럼

---

36) 『그리스도신문』, 1901.2.14.
37) 숭실대학교 기독교박물관에 소장되어 있는 '언문초학'(1917년 밀러가 청주 지역 지방 선교를 위해 만든 한글 학습 자료로 '언문 자모표'와 '예수쯰셔 구원하심'으로 구성되어 있다)과는 다른 자료이다.
38) 한국교회사문헌연구소(2014)의 영인본은 이 기사가 낙장이어서, 몇 종의 책이 더 소개되었는지는 확인하지 못했다.

1890년대 이후에는 기독교계의 국문 서적 출판이 활발했는데, 이광린(1994)의 '한역 기독교 서적의 영향'[39]에서는 1903년 종로 감옥 서적실에 소장되어 있던 『감옥서 서적 목록(監獄署 書籍 目錄)』(이 목록은 월남 이상재의 영손 이홍식 소장품으로 1903년 1월 17일부터 1904년 8월 31일까지 20개월간 감옥서의 죄수와 간수가 대출해 간 도서 목록을 적은 것이라고 함)을 근거로 52종의 기독교계 한글책명을 소개한 바 있다.[40]

이와 같이 1890년대 이후의 서적 출판은 천주교, 기독교계를 중심으로 활발했으나, 내국인에 의한 출판은 그다지 활발하지 않았다. 『독립신문』 1898년 7월 26일자 논설 '신문 모로는 빅셩'에서는 "대한 경성 인구를 작게 쳐도 이십여 만 명은 될 터인딕 신문 넷이 믹일 팔이는 쟝슈가 불과 이천오빅 쟝이라."라고 기록한 것을 보면, 민간 차원의 출판이 매우 저조했음을 쉽게 짐작할 수 있다. 더욱이 신문이나 서책 발행에 필요한 활자 제작이 국내에서 이루어지지 않은 경우가 많았기 때문에 인쇄 출판에 어려움을 겪었던 것으로 보인다. 한 예로 『죠션크리스도인회보』 1898년 5월 25일부터 7월 27일까지 연재된 최병헌의 '일본에 열남흔 일'을 참고할 수 있는데, 이 기행문은 기독교 목사 최병헌이 선교사 벙커와 함께 새로운 국문 활자 제작 문제로 일본에 갔다 온 기록이다. 당시 최병헌은 성경 글자를 유취하여 보기 편하게 하고, 일본의 인쇄 기계를 구경하며, 종이 회사를 방문한다. 이는 이 시기까지 국내의 활자 제작과 인쇄업이 활발하지 못했음을 보여주는 자료로 볼 수 있다. 이러한 상황은 1900년대까지 지속된 것으로 보이는데, 『황성신문』 1905년 4월 4일자 논설 '서적을 인쇄하여 보급하는 것이 개명의 제일 공적(書籍印布爲開明之第一功業)'에서도 "우리나라는 판본 활자의

---

39) 이광린(1994), 『개화기연구』, 일조각.
40) 이 목록의 서적명은 대부분 대한성교서회, 미이미교회 성교서회, 그리스도신문사의 서적명과 일치하며, 『신약전서』, 『요한복음대지』 등의 번역 성서, 『성공회문답』, 『고린도전서주석』 등이 포함되어 있다.

창설이 오래되지 않은 것이 아니며, 열조의 서적 발행이 광포하지 않은 것이 아니지만 오히려 자금이 많이 드는 것이 안타까운 일이니 공부하는 사람들의 병이 된 지 오래되었다. <u>근일 인쇄기의 수입으로 가격이 저렴하고 제작 과정이 간소하여 구매하기 쉽고 판매하는 것이 또한 흥왕할 것이니, 마땅히 서적 간행이 예전에 비해 융성해야 할 것이지만, 오히려 예전보다 적막한 것은 어떠한 까닭인가.</u> 오호라. 서적에 뜻을 둔 자는 비록 역술(譯述)이나 혹은 편술(編述)이라도 자금이 부족함을 걱정하여 헛되이 책을 품고 탄식하며 자금이 있는 자는 이런 사업에 일체 무시하고 또 이 사업을 경영하는 이익을 알지 못하니 비록 편리한 기계와 신기한 서적이라도 침몰하여 세상에 광포되는 일이 없으니"[41] 라고 탄식하는 글을 게재한 데서도 확인할 수 있다.

4. 결론

언어는 의사소통을 위한 도구이자 사고 표현의 수단이다. 역사 발전 과정에서 근대정신은 합리주의와 평등사상, 자유주의와 민족사상 등을 기반으로 한다. 이는 근대 언어가 민족어를 기반으로 하며, 국가사상이나 만민주의를 반영하고 있음을 의미한다. 종교개혁 이후부터 자국어 성경 번역을 중시했던 서구의 전통이나 서세동점기 서구어에 대한 중국인의 생각이나 일본인의 태도 등은 국문의식이 확립되어 가는 한국의 상황과 크게 다르지 않다. 한국어에서도 국어와 국문의식의 확립을 통

---

41) (논설) 『황성신문』, 1905.4.4. "我國은 版本活字之刱設이 非不久矣오. 列朝書籍之發刊이 非不廣矣로딕 猶恨其資金之鉅費ᄒ야 爲學者之病이 宿矣러니 <u>近日 印刷器之輸入으로ᄂᆞᆫ 價廉而工省則 其購者易而發售者ㅣ 亦興旺矣러니 宜其書籍之發刊이 比前盛多어늘 反寥寥於前日은 何哉오</u> 嗚乎라 其有志於書籍者ᄂᆞᆫ 雖有譯述 或 編撰이라도 病資乏ᄒ야 徒懷書而咄咄ᄒ고 其有資者ᄂᆞᆫ 於此等事業에 一切 弁髦之ᄒ고 且不知此爲營業之一大利点 故로 雖有便利之器械와 新奇之書籍이라도 無奈沈沒而不得廣佈於世ᄒ니."

한 계몽의 언어를 확립해 가는 과정을 통해 근대성을 찾아볼 수 있다.

개항 이후 출현한 근대적 신문 매체는 비록 한문을 위주로 하였지만, 국가와 국민, 민중을 대상으로 지식을 보급하는 역할을 담당했다는 점에서 전근대의 상황과는 달라진 모습을 보인다. 특히『한성주보』에서 실험한 순국문체, 국한문체의 등장은 점진적으로 국어의 모습을 변화시키는 계기가 되었다. 이러한 상황에서 좀 더 주목할 일은 동서 접촉에서 등장하는 언어 문제이다. 1876년 수호조규 이래로 국가의 공식 문자는 한문이었다. 이중번역의 모순을 안고 있는 한문 외교문서는 그 한계가 명확하다. 이러한 차원에서 외국어 학습의 필요성과 자국어 번역의 필요성을 인식하게 된 것은 자연스러운 변화라고 할 수 있다.

근대의 국어와 국문은 언어 내적인 문제뿐만 아니라 계몽의 언어, 곧 지식 보급에 적합한 언어로 변화함을 의미한다. 1880년대부터 본격적으로 소개되기 시작한 서구의 학문 체계와 지식·문물은 국어의 어휘 체계에서 다양한 학술어와 전문 용어를 산출하는 계기가 되었고, 이를 바탕으로 근대의 '국문론'을 산출하는 요인으로 작용했다. 특히 근대식 학제 도입을 전후하여 편찬되기 시작한 다종의 교과서, 기독교계 종교서 등은 근대 지식을 보급하는 데 적합한 언어 형식이 어떠해야 하는지에 대한 고민을 하게 하였다. 국문의 중요성을 인식하고 보급하고자 하는 노력뿐만 아니라 용어의 사용, 인지명 번역 등의 다양한 문제가 이 시기에 본격적으로 출현하였다. 이는 궁극적으로 외부 지식을 번역 편술하는 이른바 '역술 문화'를 낳게 하였다. 이러한 과정은 번역 방법론이나 번역어의 형성에 기여한다. 비록 국내에서 1890년대까지 번역 방법에 대한 논의가 활발히 전개된 적은 없으나, 성서 번역의 경우 1800년대부터 기호를 사용한 번역 표기가 등장하고, 인지명 차자 방식에 대한 논의가 이루어졌다는 점은 번역어 형성과 관련하여 주목할 만하다.

이러한 흐름에도 불구하고 1900년대 초까지 계몽의 언어로서 국어의 역할은 충분하다고 보기 어려운 점이 있다. 개항 직후부터 이 시기까지 국내의 지식 보급 수단인 활자 제작이나 인쇄기계 개발이 제대로 이루어지지 못했기 때문이다. 전통적인 활자 대신 근대적 활자를 제작하고 대량 인쇄가 가능한 기계를 발명하여 활용하는 일은 경제적인 문제일 뿐 아니라 언어 자체의 변화에도 직접적인 영향을 주는 문제이다. 이 점에서 1900년대까지의 국어와 국문은 현대어와 같이 대량생산과 소비, 모든 국민의 의사소통 수단으로 작용하기 이전 '계몽의 언어'로서 근대어의 지위를 확보한 것으로 볼 수 있다.

제3장 국가어와 민족어

: 국어와 조선어

정대현

1. 국가와 민족

1.1. 국가와 국민

근대 지식의 보급은 계몽의 언어로서 국어와 국문의 성장에 직접적인 영향을 주었다. 여기서 주목할 점은 근대 계몽기의 '국어국문'이 갖고 있는 성격이다. 이는 세계사의 보편적 발전 과정에서 언어적 근대가 보이는 '자국어의 독립', '평등한 사회', '시민의식의 성장' 모습이 한국 근대 계몽기에서는 특수한 형태로 발전하고 있다는 뜻이다.

국가는 개인과 사회 개념보다 훨씬 이전에 생성된 개념이라는 사실은 플라톤의 '이상국가론'을 통해서도 확인할 수 있다. 특히 홉스의 『라비이어던(Leviathan)』(1961)에서 국가는 방대한 권력이 주어져야 하다는 주장에서 알 수 있듯이, 국가가 존재하는 곳에는 '권력'의 문제가 상존한다. 이 권력은 통치와 피치의 관계를 규정하는 주요인일 뿐 아니라,

국가 구성원의 생활의 규율하는 기본 요인이 될 수 있다. 언어 문제도 마찬가지이다. 권력 구조 내에서 의사결정 및 소통 방식은 개인과 사회의 언어 양태에도 직접적인 영향을 미친다.

한국에서 국가 권력의 문제가 본격적으로 제기된 시점은 개항 이후 근대사상이 유입되면서부터로 볼 수 있다. 비록 서구의 영향을 받은 중국인의 저술이지만, 『이언언해』의 '론공법(論公法)'에서는 태서의 정치 체제를 다음과 같이 설명하고 있다.

【 론공법 】

태셔에 인군이 쥬쟝ᄒᆞᄂᆞ 나라(君主之國)도 잇고 ᄇᆡ셩이 쥬쟝ᄒᆞᄂᆞ 나라(民主之國)도 잇ᄉᆞ며 인군과 ᄇᆡ셩이 ᄒᆞᆷ긔 쥬쟝ᄒᆞᄂᆞ 나라(君民共主之國)도 이시니 비록 풍쇽은 각각 ᄀᆞᆺ지 아니ᄒᆞ나 의리ᄂᆞ 혹 다르미 업ᄉᆞ니 쳐음 긔국ᄒᆞᆯ 졔 규모ᄅᆞᆯ 셰우고 례법을 지으믜 비샹ᄒᆞᆫ 션비 온ᄀᆞᆺ 의ᄉᆞ로 유익ᄒᆞᆯ 도리ᄅᆞᆯ 널니ᄒᆞ야 길게 다ᄉᆞ리고 오ᄅᆡ 편안ᄒᆞ게 ᄒᆞᆯ ᄆᆞ음이 엇지 업셔시리오마ᄂᆞ 그러나 시셰와 운수ᄅᆞᆯ 샹고ᄒᆞ고 셩쇠지리ᄅᆞᆷ 슯히건ᄃᆡ 부국강병ᄒᆞᄂᆞ 거시 쇼이연이 잇ᄉᆞ믈 알 거시니 진실노 일죠일셕의 된 거시 아니라. (…중략…) 모든 나라히 힘샹으로 닷토와 단니니 젼국 ᄯᅥ 칠국으로 무어시 다ᄅᆞ리오. 의론ᄒᆞᄂᆞ 쟤 니ᄅᆞᄃᆡ 아라ᄉᆞᄂᆞ 형승ᄒᆞᆫ ᄯᅡ히 웅거ᄒᆞ야 부강ᄒᆞᆫ 형셰ᄅᆞᆯ ᄌᆞ랑ᄒᆞ고 토디ᄅᆞᆯ 긔쳑ᄒᆞ며 졍신을 가다듬어 다ᄉᆞ리기ᄅᆞᆯ 도모ᄒᆞᆫ즉 진나라의 련횡 [홀노 잇셔 타국을 졔어ᄒᆞ미라]ᄒᆞᄂᆞ 형셰와 ᄀᆞᆺ고 영국 미국과 보국 법국과 오국 일국 모든 나라ᄂᆞ 약됴ᄅᆞᆯ 셰우고 밍셰ᄅᆞᆯ 뎡ᄒᆞ며 군ᄉᆞᄅᆞᆯ 련습ᄒᆞ고 졍ᄉᆞᄅᆞᆯ 닥가 일심으로 아라ᄉᆞᄅᆞᆯ 방비ᄒᆞᆫ즉 륙국의 합종 [여러 나라히 합ᄒᆞ야 셔로 구원ᄒᆞ미라]ᄒᆞᄂᆞ 형셰와 ᄀᆞᆺ트ᄃᆡ 졔국이 빙쟈ᄒᆞ야 셔로 얽ᄆᆡ여 화친ᄒᆞ기ᄅᆞᆯ 편안이 너기ᄂᆞ 쟈ᄂᆞ 오직 만국공법을 봉ᄒᆡᆼᄒᆞ미라. 니ᄅᆞᆫ 바 공(公)이ᄅᆞᆫ 거슨 일국만 ᄉᆞᄉᆞ로이 ᄒᆞᆯ ᄇᆡ 아니오, 법이ᄅᆞᆫ 거슨 여러 나라히 ᄀᆞᆺ치 그 법을 ᄒᆡᆼᄒᆞᄂᆞ 거시나, 그러나 명명이 허락ᄒᆞᄂᆞ 것과 가마니 허락ᄒᆞᄂᆞ 것과 심셩으로 쇼ᄉᆞ나ᄂᆞ 법과 예ᄉᆞ로이 ᄒᆞᄂᆞ 법이 의리로 법을 숨고 싸호는 리해로 강령을 슴으니, 다 텬리 인졍 밧긔 버셔나지 안는 고로 공법(公法)이 흔번 나미 여러 나라히 감히 방즈히 힝치 못ㅎㄴ니 실노 셰도와 민싱의 크게 유익ㅎ나 그러나 반두시 스스로 졔 나라를 보건듸 능히 만국 가온듸 흔 기시(거시) 된염즉흔 연후의 공법이 가히 힝ㅎ리라.

공법(公法)의 필요성을 논한 이 글에서는 '나라를 주장하는 형태', 곧 권력의 소재에 따라 '군주국', '민주국', '군민공치국'의 세 가지 형태의 국가가 있음을 주장하고 있다. 비록 이 논설에서 '주장'이라는 말을 사용했지만, 이는 곧 주권의 소재를 의미하는 것이라고 할 수 있다. 이와 같이 주권 소재에 따른 국가 형태, 곧 '국체(國體)'에 대한 논의는 『한성순보』에서도 찾아볼 수 있다. 예를 들어 1884년 1월 30일자 '구미입헌정체(歐米立憲政體)'나 2월 7일자 '역민주여각국장정 급 공회당해(譯民主與各國章程及公議堂解)'는 서구의 정치 체제와 입헌주의, 민주주의 등을 소개한 대표적인 글이다.

그럼에도 1890년대까지의 국가사상에서는 전통적인 군주 중심의 '충군애국(忠國愛國)'을 벗어나지 못했다. 갑오개혁의 성격을 연구한 유영익(1990)에서 논한 바와 같이, 개혁을 주도한 정부 관료들의 중심 사상이 '반청 독립사상(反淸獨立思想)'을 중심으로 하였고, 일부 내각 중심의 입헌군주제와 제한적 대의정치를 실현하고자 한 점이 있었으나,[1] 그 기저에는 충군애국의 국가주의가 존재했다. 이는 1896년 조직된 독립협회도 마찬가지이다. 회장 안경수(安駉壽)와 사무위원장 이완용(李完用)의 이름으로 발표된 '독립협회 윤고(輪告)'에서는 사대주의 사상을 비판하고 군주의 성덕을 칭송하며, 신민(臣民)으로서의 도리를 다하기

---

1) 유영익(1990), 『갑오경장연구』, 일조각, 제5장 '갑보개화파 관료의 집권 경위·배경 및 개혁 구조'. 이 책에서는 갑오년과 을미년에 발포된 조칙과 개혁안, 법령, 기타 '서언(誓言)', '홍범 14조' 등을 분석하여 개혁파의 정치 개혁 구상을 '대외적 자주·독립 선양', '내각 중심의 입헌군주제 및 제한적 대의정치 실현', '경제적으로 외자 도입 경제개발 계획', '근대적 상비군과 경찰제도 확립', '능력 본위·평등사회의 실현'으로 나누어 고찰하였다.

위해 협회를 조직하였음을 밝히고 있다.[2]

'신민(臣民)'은 군주국 체제하의 백성을 의미하는 개념으로 근대적 의미의 '민중', '인민', '국민'의 개념과는 구별된다. 이러한 의미에서 근대적 의미의 '민(民)'에 대한 논의는 량치차오(梁啓超)의 '신민설(新民說)'과 같이 새로운 의미의 '민'으로 재구성된다.

량치차오의 '신민설'은 "국가라는 것은 민(民)이 모여 이루어진 것으로 국가에 '민'이 있음은 몸에 사지 오장 혈맥이 있음과 같다. 사지가 끊어지고, 오장이 피폐하고 근맥이 훼상되고, 혈륜이 굳었는데 신체를 보존하는 것은 있을 수 없다. 곧 그 백성이 어리석고 비겁하며 흩어지고 혼탁한데 국가가 존립하는 것은 있을 수 없다. 그러므로 신체를 오래 보존하고자 하면 불가불 섭생의 방법을 밝혀야 하고, 국가를 안전하고 부귀하며 존영케 하고자 한다면 곧 신민(新民)의 도를 불가불 강론해야 한다"[3]라는 전제 아래, '민'의 의미를 재구성해야 하는 이유를 밝히고자 하였다. 량치차오의 '신민설'에 등장하는 '신민'의 개념은 말 그대로 '새로운 민(민중, 국민, 인민의 민)'을 의미한다. 그는 "무릇 한 국가가

2) 「독립협회 윤고」, 『대조선독립협회회보』 제1호(1896.11.30). "我國이 僻히 一偶에 在ᄒ야 壤地가 褊(편)히 小홈으로 蠖屈龍蟄(구굴용칩)의 歎이 不無ᄒ야 久히 人下에 居ᄒ지라. 被西坰(피서경)을 瞻ᄒ질진딗 門을 名ᄒ야 曰迎恩이라 ᄒ고 舘을 名ᄒ야 曰慕華라 홈이 何故也오. 嗚呼痛哉라. 此는 有志ᄒ 士의 慷慨嘆息ᄒᄂ 바이러니 天運이 循環ᄒ야 昔屈을 今伸ᄒ야 我大朝鮮國이 獨立國이 되야 世界萬方으로 並肩ᄒ니 此ᄂ 我 大君主 陛下의 威德이 曠絶ᄒ샤 百王에 卓冠ᄒ심이오, 我 大朝鮮國의 亘萬古 未曾有ᄒ 光榮이오 我 同胞兄弟 二千萬 人口의 今日 適丁ᄒ 幸福이니 猗歟盛矣(의여성의)라. 然이나 尙今토록 紀念ᄒ 實蹟이 無홈은 誠一欠典이라. 玆에 公共흔 議로 獨立協會를 發起ᄒ야 前 迎恩門 遺址에 獨立門을 新建ᄒ고 前慕華舘을 修改ᄒ야 獨立舘이라 ᄒ야 舊日의 恥辱을 洗ᄒ고 後人의 標準을 作코저 홈이오, 其附近地를 曠棄치 못홈으로 仍ᄒ야 獨立公園을 順便排設ᄒ야 써 其門과 舘을 保管코져 ᄒ오니 盛擧라 아니치 못홀지라. 願컨딗 其工役이 浩大ᄒ야 巨款을 費ᄒ리니 衆力으로 帮成치 아니면 成就ᄒ기를 期치 못홀 거시오 我國 臣民된 者가 樂聞樂赴치 아니리 無홀지라. 玆庸函告ᄒ오니, 照亮ᄒ오셔 補助金을 多少間에 隨意 送付ᄒ시고 本會 會員에 參入ᄒ실 意가 有ᄒ시거든 示明ᄒ심을 望ᄒᄂ니다."

3) 梁啓超(1904), 「新民說」, 『飮氷室文集』 上卷, 廣智書局. "國也者積民而成. 國之有民 猶身之有四肢五臟筋脈血輪也. 未有四肢已斷. 五臟已瘵 筋脈已傷. 血輪已涸 而身猶能存者 則亦未有其民愚陋怯渙散混濁. 而國猶能立者. 故欲其身之長生久視. 則攝生之術不可不明. 欲其國之安富尊榮 則新民之道不可不道."

세계 속에 우뚝 서는 데는 그 국민만의 특유한 성질이 있다. 위로는 도덕·법률로부터 아래로 풍속·습관·문학·미술에 이르기까지 모두 독립적인 정신이 있어서 조부가 아버지에게, 아버지가 자식에게 전하여 집단이 만들어지고, 국가가 이루어진다. 이것이 바로 민족주의의 원천이다"[4]라고 주장하면서, 중국에는 본래 부민(部民)은 있었으나, 국민(國民)은 없었다[5]고 강조한다. 여기서 '부민'은 봉건 질서하에서 백성을 거느리는 것을 의미하며, 국민은 약육강식·우승열패의 시대에 민족을 유지하는 요소로 해석하였다. 량치차오의 '신민' 개념은 근대 계몽기 한국 지식인들에게도 적지 않은 영향을 미쳤다. 비록 '신민설'을 직접 번역한 사례는 찾기 어려우나,[6] 자주 국가, 독립 국가를 유지하기 위해 '부민'이 아니라 주체 의식을 가진 '국민'이 되어야 하고, 이를 위해 '입헌주의(立憲主義)'를 택해야 한다는 주장은 1900년대 지식인들의 논설에서 쉽게 찾아볼 수 있다.

이 점에서 근대 계몽기 '민(民)'의 개념은 국가를 전제로 한 '국민'을 의미하는 것이었으며, 때로는 '인민'이라는 개념과 뒤섞여 쓰이기도 하고, 때로는 '민족'이라는 개념과 혼동되기도 한 것으로 볼 수 있다. 이러한 예로 나진 저·김상연 역술(1908)의 『국가학』을 들 수 있다.

【 國民과 人民의 差別[7] 】

通俗의 用法을 從ᄒᆞᆯ 時에ᄂᆞᆫ 人民과 國民 間에 差別이 無ᄒᆞ되 學問上에ᄂᆞᆫ 十分 其 用法을 區別치 아니ᄒᆞ면 不可ᄒᆞ나 然이나 <u>學問上에도 國을 據ᄒᆞ야</u>

---

4) 梁啓超(1904). "凡一國之能立於世界 必有其國民獨具之特質 上自道德法律 下至風俗習慣文學美術 皆有一種獨立之精神. 祖父傳之子孫繼之. 然後羣乃結 國乃成 斯實民族主義之根柢源泉也."

5) 梁啓超(1904). "昔者吾中國有部民 而無國民."

6) 『호남학보』 제6호(1908.11)에 이기(李沂)의 '대학신민설(大學新民說)'이 수록되어 있으나, 이 글은 량치차오의 '양묵변(楊墨辨)' 번역의 서문에 해당한다.

7) 石能 羅瑨·壽松 金祥演 譯述(1908), 『國家學』(국립중앙도서관 디지털라이브러리).

其 用法이 大異흔 故로 混雜의 弊가 亦 不少ᄒᆞᄂᆞ니 假令 英語에 所謂 '세-샥루'의 文字ᄂᆞᆫ 開明의 觀念을 包含흔 者로되 日耳曼人은 反히 '네-손'의 文字로써 此 意味를 用ᄒᆞ니 英語 '네-손'의 文字 意味ᄂᆞᆫ 日耳曼人이 用ᄒᆞᄂᆞᆫ '호구루' 文字의 意味와 相異흔지라. 今에 國民과 人民의 差別의 例를 示홀진되 中古 日耳曼人은 人民으로써 國民이라 ᄒᆞ되, 其後에 一國民된 日耳曼 人民이 分ᄒᆞ야 數國民이 되얏스니, 卽 日耳曼 人民은 人民으로ᄂᆞᆫ 一이나 國民으로ᄂᆞᆫ 數個에 分ᄒᆞ얏더니, 今日에 至ᄒᆞ야 一次 分裂흔 日耳曼人이 再次 結合ᄒᆞ야 一國民을 成ᄒᆞ얏ᄂᆞᆫ지라.

人民과 國民이 擧皆 歷史의 生産物로써 人民은 元來 心理上의 變遷을 依ᄒᆞ야 起흔 者라 謂ᄒᆞᄂᆞ니, 玆에 一種 人類가 集合ᄒᆞ야 其他 集合體와 相異흔 生活의 狀態와 社交의 風氣가 發達ᄒᆞ야 漸次 其 子孫에게 傳홈에 至ᄒᆞ야 始乃 人民이 生出ᄒᆞ니, 此를 復言ᄒᆞ면 人類ᄂᆞᆫ 偶然히 結合홈을 由ᄒᆞ야 곳 人民되기 不能ᄒᆞ고, 其 人民되ᄂᆞᆫ 形을 造ᄒᆞ기신지ᄂᆞᆫ 數時代의 實驗과 變遷을 要ᄒᆞ야 人類가 永久흔 結合을 依ᄒᆞ야 生ᄒᆞᄂᆞᆫ 特質과 文化를 子子孫孫에게 傳홈에 至흔 後에 비로소 人民이란 者ㅣ 成홈을 得ᄒᆞ되, 彼 國民은 此를 反ᄒᆞ야 人民과 如히 心理上의 變遷으로 由홈이 아니오, 全혀 政治上 變遷을 依ᄒᆞ야 起흔 者ㅣ니, 卽 國民은 國家的 團結이오, 人民은 開化的 團結이라.

번역 통속의 용법을 따를 때 인민과 국민 사이에는 차별이 없으나, 학문상에는 그 용법을 구별하지 않으면 안 된다. 그러나 학문상에도 '국'을 근거하여 그 용법이 크게 다른 까닭에 혼잡한 폐단이 또한 적지 않으니, 가령 영어에 소위 '피플'이라는 문자는 개명의 관념을 포함한 것이며, 일이만인은 반대로 '네이션'으로 사용하니, 영어 '네이션'의 의미는 일이만인이 사용하는 '호구루'라는 문자와 의미가 다르다. 지금 국민과 인민의 차이를 나타내는 예를 들면, 중고시대 일이만인은 인민을 국민이라고 하였으나 그 뒤 한 국민이 된 일이만 인민이 나뉘어 몇 개의 국민이 되었으니, 곧 일이만 인민은 인민으로는 하나이나 국민은 몇 개로 나뉘었다. 지금은 한 차례 분열된 일이만인이 다시 결합하여 한 국민을 이루었다.

인민과 국민은 모두 역사의 산물로 인민은 원리 심리상 변천에 따라 생긴 것이라고 하나, 지금 일종 인류가 결합하여 기타 결합체와 서도 다른 생활 상태와, 사교하는 풍기가 발달하여 점차 그 자손에게 전함에 이르러 이에 인민이 생겨나니 다시 말하면 인류는 우연히 결합함으로써 인민이 되지 못하고, 그 인민의 모습을 갖추기까지는 몇 시대의 실험과 변천이 필요하여 인류가 영구한 결합에 따라 발생하는 특질과 문화를 자손에게 전한 뒤에 비로소 인민이라는 것이 형성된다. 저 국민은 이와 반대로 인민과 같이 심리상 변천에 따른 것이 아니라 오직 정치상 변천에 따라 생겨난 것이니 곧 국민은 국가적 단결체요, 인민은 개화적 단결체이다.

이 설명에 따르면 통속에서는 '국민'과 '인민'의 구별이 없으나 학문적으로는 큰 차이가 있다고 하였다. 곧 '피플'은 개명의 관념을 포함한 용어이나 독일에서 '네이션'의 개념으로 사용하며, 중고시대 독일인은 인민과 국민을 구별하지 않았으나 후대에는 인민 속에 여러 개의 국민이 존재한다고 하였다. 사실 이러한 설명은 '피플'을 '시민'과 유사한 개념으로 설정하고, '국민'은 국가를 단위로 설정한 개념으로 파악된다. 그럼에도 '인민'과 '국민'의 구별은 '민족'과 '국민'을 고려한 것으로 추정된다. 이는 '특질과 문화를 자자손손 전'해야 '인민'이 형성된다는 주장을 근거로 한 것이다. 이러한 주장은 인민 형성의 조건을 통해 좀 더 명료해진다.

【 國民과 人民의 差別(이어짐)[8] 】

人民되는 一體를 造形ᄒ기 爲ᄒ야 各種의 勢力이 有ᄒ 要素가 有ᄒ니 此 要素를 依ᄒ야 各人이 共同의 精神이 生ᄒ며 共同의 利弊가 起ᄒ며 普通의 習慣 等이 生ᄒ야 드듸여 人類의 偶然ᄒ 結合体와 全혀 區別이 有ᄒ

---

8) 石能 羅瑨·壽松 金祥演 譯述(1908), 『國家學』(국립중앙도서관 디지털라이브러리).

一體를 構成ᄒᆞ는 者ㅣ니 今에 其 要素의 二三을 左에 枚擧ᄒᆞ면,

第一: 宗敎는 人民 組織홈에 一大 要素니 宗敎上 信仰은 中古 歐羅巴와 古代 亞細亞에 至ᄒᆞ야 人人의 思想뿐 아니라 其 生活上에도 非常ᄒᆞᆫ 影響이 及ᄒᆞ야 '나소나리디-'의 根據됨을 容疑홀 바 無ᄒᆞ니, 卽 當時에 在ᄒᆞ야 同一 宗敎를 奉ᄒᆞ는 者는 一 社會를 成ᄒᆞ고, 其 社會는 '나소나리디-'의 根據가 成ᄒᆞ야, 信仰이 異ᄒᆞᆫ 者는 外國人으로 認做ᄒᆞ야 其 社會에 拒絶ᄒᆞᄂᆞ니, (…中略…)

第二: 國語ㅣ니 此는 人民을 區別ᄒᆞ는 一 要素로 其 勢力이 宗敎보다 愈大ᄒᆞᆫ지라. 盖 言語를 同一홈은 可히 一種 人民된 證據가 確明ᄒᆞᆫ 것이 各國의 人民이 元來 同一ᄒᆞᆫ 言語를 使用ᄒᆞ다가 漸次로 特殊ᄒᆞᆫ 言語를 爲ᄒᆞ야 終乃 互相히 理解치 못ᄒᆞ는 境遇에 至ᄒᆞᆫ 故로 自然 其 同一ᄒᆞᆫ 言語를 用ᄒᆞ는 者는 同一의 結合을 作ᄒᆞ고 此와 言語가 不同ᄒᆞᆫ 者는 指斥ᄒᆞ야 外國人이라 稱홈에 至ᄒᆞᆫ지라. (…中略…)

第三: <u>國土, 住所, 生活, 職業, 習慣, 及 政治上의 結合을 同一ᄒᆞᆫ 者</u>ㅣ니 <u>上述과 如히 國語에 依ᄒᆞ야 自然 異種의 人民이 混和ᄒᆞ는 事가 有ᄒᆞ나 然이나 同人民과 同言語가 반다시 相伴ᄒᆞᆫ다고 斷言키 不能ᄒᆞᆫ 것이</u> (…中略…)

第四: <u>人種의 合同이</u> 亦新人民을 組成ᄒᆞ는 一 原因이 되ᄂᆞ니 大抵 나소나리디가 殊異ᄒᆞᆫ 者ㅣ 相集홈으로써 特別ᄒᆞᆫ 新人民을 生成ᄒᆞ는 境遇가 又 不少ᄒᆞ니 是는 歐羅巴 及 阿米利加의 歷史를 觀ᄒᆞ면 其例가 多有ᄒᆞ니라.

번역 인민이라는 한 모습을 갖추기 위해 각종 세력을 갖춘 요소가 필요하니, 이 요소에 따라 각각의 사람들의 공동 정신이 생겨나고 공동 이해와 폐단이 일어나며 보통의 습관 등이 생성되어 드디어 인류가 우연한 결합체와 전혀 다른 한 단체를 구성하니 지금 그 요소의 한 둘을 왼편에 매거하면,

제일. 종교는 인민 조직에 가장 큰 요소이니 종교상 신앙은 중고 구라파와 고대 아세아에 이르러 사람마다 사상뿐만 아니라 그 생활상에도 매우 큰 영향을 미쳐, '내셔널리티'의 근거가 되었음은 의심할 바 없다. 즉

158

당시에 동일한 종교를 신봉하는 자는 한 사회를 구성하고, 그 사회는 '내셔널리티'의 근거를 이루어 신앙이 다른 자는 외국인으로 간주하여 그 사회에서 거절하니 (…중략…)

제이. 국어이니 이는 인민을 구별하는 한 요소로 그 세력이 종교보다 더 크다. 대개 언어가 동일함은 가히 일종 인민이 된 증거가 명확한데 각국의 인민이 원래 동일한 언어를 사용하다가 점차 특수한 언어를 사용하여 마침내 서로 이해하지 못하는 지경에 이르므로, 자연히 그 동일한 언어를 사용하는 자는 동일한 결합을 이루고, 이와 언어가 같지 않은 자는 배척되어 외국인이라고 일컫기에 이른다. (…중략…)

제삼. 국토, 주소, 생활, 직업, 습관 및 정치상 결합이 동일한 것이니 위에 말한 바와 같이 국어에 의해 자연 다른 종류의 인민이 혼화하는 일이 있으나, 같은 인민과 같은 언어가 반드시 함께한다고 단언하기 어렵다. (…중략…)

제사. 인종의 합동이 또한 새로운 인민을 만드는 한 원인이 되니 대저 '내셔널리티'가 다른 자가 서로 모여 새로운 인민을 생성하는 경우가 또한 적지 않다. 이는 구라파 및 아메리카의 역사를 보면 그 예가 많이 있다.

이 설명에 따르면 인민을 형성하기 위해서는 '종교', '국어', '정치상의 결합' 등의 조건이 필요하다고 주장한다. 비록 인민과 언어가 반드시 일치하지는 않는다고 하였지만, 종교와 국어를 전제로 인민이 형성된다는 사상은 '인민'을 '민족'과 유사 개념으로 파악한 것으로 볼 수 있다. 이는 인민을 "공통의 정신과 동일 감각이 존재하는 인종에서 시작하여 세습 사회에 그 직업이 같지 않고 지위가 다른 사람이 결합한 것"이라는 부연 설명이나 "언어, 풍속, 개명의 힘이 이를 단결하게 하는 까닭에 국가적 일치 단결과 다른 일종의 특이한 감각"이 존재한다는 설명을 덧붙인 데서도 확인된다. 그러나 김상연 역술의 『국가학』에서 주장하는 '인민'과 '국민'의 차이는 '국가의 유무'에 달려 있고, 진정한

'국민'의 성립은 '주권' 행사 여부를 기준으로 한다.

【 國民과 人民의 差別(이어짐)[9] 】

一步를 進ᄒ야 國民의 定義를 述ᄒ면 國民者는 一國家 內에 團結ᄒ 바 社會를 云홈이라. 凡 人民으로써 國民이 되랴면 能히 政治的 團結에 關ᄒ 知覺의 發達을 要홀지오 又 國民者는 其 國土를 離ᄒ야도 尙 且 國民이라 稱ᄒ나 是는 假稱ᄒ는 國民에 不過ᄒ고 新領土에 新國家를 組織홈에 不至 ᄒ 則, 眞實ᄒ 國民이라 稱치 못ᄒ느니 今에 國民된 者ㅣ 國家보다 先起ᄒ 者를 擧홀진ᄃ 모셰스가 引率ᄒ던 猶太國民이 其猶太 國家를 組織ᄒ기 前 에 이믜 國民된 者와 如ᄒ얏스나 然이나 此는 特別ᄒ 境遇로셔 猶太人이 國民되는 感覺이 强大ᄒ 故라. 如此ᄒ 例外는 姑置ᄒ고 其 一般 國民된 者 를 考察홀진ᄃ 先述홈과 如히 國家의 興起와 共히 國民이 亦生ᄒ 者ㅣ 故로 國民된 觀念은 반다시 國家의 關係를 有ᄒ야 國家가 無ᄒ 者는 國民이 無ᄒ 느니 是以로 政權이 無ᄒ 人民에게 向ᄒ야 國民의 名稱을 與치 못한다 홈 은 一般 政治學者 間의 公論이 됨으로써 國民이 無ᄒ 時에는 國家가 無ᄒ다 云홈이니 盖 專制國에 在ᄒ야는 其 國民된 者ㅣ 無ᄒ고 오직 其 君主에 從屬된 人民이라 稱ᄒ느니라.

번역 한걸음 더 나아가 국민의 정의를 진술하면, 국민이라는 것은 한 국가 내에 단결한 바 사회를 일컫는 것이다. 무릇 인민이 국민이 되려면 능히 정치적 단결에 관한 지각 발달이 필요하다. 도한 국민은 국 토를 떠나도 또한 국민이라고 일컬으나, 이는 가칭의 국민에 불과하고, 새로운 영토에 새로운 국가를 조직하는 데 이르지 못하면 곧 참된 국민이 라고 일컫지 못하니, 지금 국민이 국가보다 먼저 발생한 예를 들면 모세 가 인도하던 유태국민이 유태 국가를 조직하기 전에 이미 국민이 된 것과 같으나, 이는 특별한 경우로 유태인이 국민 되는 감각이 강대한 까닭이다.

---

9) 石能 羅瑨·壽松 金祥演 譯述(1908), 『國家學』(국립중앙도서관 디지털라이브러리).

이와 같은 예는 고사하고 그 일반 국민이 된 것을 고찰하면 먼저 말한 것과 같이 국가의 흥기와 함께 국민이 또한 생겨나는 것이므로 국민이 되는 관념은 반드시 국가와의 관계가 있어, 국가가 없는 자는 국민이 없다. 그러므로 정권이 없는 인민에게 국민이라는 명칭을 부여하지 못한다는 것이 일반 정치학자들 사이의 공통된 의견이므로, 국민이 없을 때에는 국가가 없다고 말하는 것이다. 대개 전제국에서는 그 국민 된 자가 없고 오직 그 군주에게 종속된 인민이라고 일컫는다.

인민과는 달리 '국민'은 '한 국가 내의 단결한 집단(사회)'을 일컫는 개념으로 국가를 떠나 국민이 존재하지 않으며, 인민은 정권(政權)과 무관하나, 국민은 정권이 있어야 국민이 되기 때문에 전제국에는 국민이 없다고 주장한다. 현대 정치학의 차원에서 '국가'와 '정권'을 준거로 인민과 국민을 구별하고자 한 이 논리는 논란의 여지가 많다. 그렇지만 근대 계몽기 '신민론'이나 '인민'과 '국민'의 구별론에서 두드러진 것은 '문명 진보론'과 함께 '국가주의'가 강화되고 있다는 점이다. 이러한 경향은 국권 침탈이 가속화되는 1906년 이후에 더욱 고조되는데, 이 시기 『황성신문』과 『대한매일신보』의 논설을 참고하면 '국민', '국가', '국시' 등의 용어가 거의 매일처럼 등장하고 있다.[10]

1.2. 민족과 사회

국권 침탈기에 등장한 또 하나의 중요 개념 가운데 하나는 '민족(民族)'이다. 이 용어가 등장한 것은 1900년 전후로 보인다. 예를 들어 재일

---

10) 김동택(2006)의 논문 「독립신문의 근대국가 건설론」(『근대계몽기 지식의 발견과 사유 지평의 확대』, 소명출판)에서는 1896~1899년 사이 『독립신문』에서 '국민'은 30회에서 70회, 인민은 500회에서 900회, 백성은 1000회를 상회한다고 한 바 있는데, 1906년 이후 두 신문의 논설 제목에는 '인민'이라는 명칭이 잘 사용되지 않음을 확인할 수 있다. 이 또한 '국가'와 '국민' 개념이 강화된 데 따른 것으로 판단된다.

유학생 친목회의 『친목회회보』 제6호(1898.4.9)에 발표된 장호익(張浩翼)의 '사회경쟁적(社會競爭的)'이라는 논설에는 '민족'이라는 용어가 세 번 등장한다.

【 사회경쟁적11) 】

故로 歐洲 諸國은 競爭의 勢에 先覺ᄒ야 社會에 老혼 人類가 多ᄒ며 邦境을 限ᄒ야 民族이 集하며 巧智 進ᄒ야 武力이 長흘지라. 如此ᄒ고 隆暑冽寒한(융서열한)의 地와 汗下剪劣의 位를 離ᄒ야 優高安榮의 地에 入흠은 民族의 固有혼 本心이오 (…中略…) 制度 法律은 暗黑時代에 滿目腐朽(만목부후)흔 舊制를 慕ᄒ며 政權은 朋黨 排擠ᄒ는디 從事ᄒ야 朝夕變改ᄒ며 當局 執事者는 强國을 賴ᄒ야 權勢를 依ᄒ고 獨立 自主的에 經綸이 無ᄒ야 權利가 何物인지 自由가 何物인지 不分ᄒ며 民族은 貪官汚吏의 膏澤을 浚(준)ᄒ는디 無氣無力ᄒ야 愛國精神이 乏絶ᄒ며

번역 그러므로 구주 여러 나라는 경쟁의 형세를 먼저 깨달아 사회에 노쇠한 사람이 많고, 국가 경계를 한정하여 민족이 모여 지혜를 발달시켜 무력을 길렀다. 이와 같이 덥고 추운 지역과 한하전열(汗下剪劣, 땀흘리고 힘든) 위치를 떠나 우아하고 번영할 만한 땅에 들어가는 것은 민족 고유의 본심이요 (…중략…) 제도와 법률은 암흑시대에 썩은 옛날 제도를 흠모하며 정권은 붕당이 밀쳐 싸우는 데만 종사하여 조석변개하며, 당국의 집정자는 강대국에 의뢰하여 권세를 의지하고 독립 자주적 경륜이 없어 권리가 무엇인지 자유가 무엇인지 구분하지 못하고, 민족은 탐관오리에게 고택(膏澤, 고혈)을 빼앗기는데 무기력하여 애국정신이 결핍하며

이 논설에 등장하는 '민족'은 구체적으로 어떤 의미를 갖고 있는지 파악하기 어려우나, 사전적 의미의 민족 개념과 배치되지 않는다. 홍미

---

11) 장호익(1898), 「사회경쟁적」, 『친목회회보』 제6호(1898.4.9).

로운 것은 이 시기 '인민'과 '국민'이라는 용어가 널리 쓰인 데 비해 '민
족'이라는 용어를 사용한 예를 찾기 어렵다는 점이다. 그 대신 '종족(種
族)'이나 '인종(人種)'이라는 용어를 사용한 예가 많은데, 엄밀히 말하면
'종족'이나 '인종'은 '민족'과 동의어가 아니다. 다음을 살펴보자.

【 종족(種族)과 인종(人種) 】

ㄱ. 일본 동양 협회에셔 영국 학ᄉ 두만씨가 연셜을 ᄒᄂᄃᆡ 제목은 <u>일본
인죵의 근본</u> 두만씨의 말은 <u>일본 죵ᄌ</u>가 본ᄅᆡ 일본 토인 아이노와 어골
싱긴거시 비스름 ᄒ고 말과 싱각 ᄒᄂᆫ 법이 토인과 ᄀᆞᆺᄒᆫ 일이 만히 잇ᄂᆫ
지라 그걸 보거드면 아이노 죵ᄌ난 본ᄅᆡ 인도 북쪽에셔 온 죵ᄌ라 그런
고로 지금 일본 사름들이 인도 북쪽과 아셰아 셔쪽 아셰아 토이긔 근쳐에
셔 온 죵ᄌ라 그러기에 <u>일본 말 ᄒᄂᆫ 경계와 토이긔 말 경계가 ᄀᆞᆺᄒᆫ 일이
만히 잇다고 말</u> ᄒ더라 일본 잇ᄂᆫ 영국 공ᄉ 남쟉 샤토씨ᄂᆫ 두만씨의 싱
각과 좀 다른거시 <u>일본 죵ᄌ가 셕긴 죵ᄌ가 아니요</u> 젼국에 잇ᄂᆫ 인민이
얼골이 대강 ᄒᆫ 모양으로 다 싱겻고 싱각 ᄒᆞᄂᆫ것과 말ᄒᄂᆫ거시 별노히
다를거시 업ᄂᆫ지라.

—『독립신문』, 1896.4.7.

ㄴ. 世界ㅣ 廣大흠을 因ᄒ야 諸洲 列國의 人民이 其風俗과 習慣이 自然이
다르고 또흔 其 <u>外貌와 骨格이 갓지 못ᄒ야 許多흔 種族이 有</u>ᄒᄂ니 大別
흔 則 五種이라. 亞非利加洲의 土民은 皮膚가 漆黑이니 曰 阿伯啞種 [또 黑
色人이라 云ᄒ고]이라 ᄒ고, 印度 諸島의 土民은 棕色이니 馬來種 [또 銅色
人이라 云ᄒ고]이라 ᄒ고, 亞米利加洲의 土民은 赤銅色이니 亞米利加種 [또
銅色人이라 云ᄒ고]이라 ᄒ고 歐羅巴의 諸國民은 卵白色이니 高加色種 [또
白色人이라 云ᄒ고]이라 ᄒ고 我國과 日本과 支那의 國民은 黃色이니 蒙古
種 [또 黃色人이라 云ᄒ고]이라 ᄒᄂ니라.
　世界의 人民은 其風俗과 制度와 倫理와 學術 等의 進否를 從ᄒ야 開化의

分數가 各各有異ᄒᆞ니 亞米利加와 阿西亞尼亞洲의 土民과 亞細亞洲 一部의 人民은 廣漠흔 山野와 或 海濱에 起居ᄒᆞ야 漁獵으로ᄡᅥ 生業을 ᄒᆞ야 形狀이 穴居時와 無異ᄒᆞ니 蠻夷라 稱ᄒᆞ니라. 亞非利加의 黑人과 亞細亞 一部의 土人은 極히 粗野흔 屋舍에 住ᄒᆞ야 風俗이 자못 殘忍ᄒᆞ야 好殺ᄒᆞ며 大槪ᄂᆞᆫ 文字가 업스되 蠻夷에 比ᄒᆞ면 若干 進步흔 바ㅣ 잇스니, 未開의 民이라 ᄒᆞ니라. 支那人과 印度人과 土耳其人과 其他 亞細亞 中의 數多흔 人民은 農工商 等의 業을 行ᄒᆞ며 技藝와 文字를 講習ᄒᆞ니 未開民에 比ᄒᆞ면 開化의 域에 進ᄒᆞ되 흔갓 古를 貴히 알고, 다시 文明의 域에 進흠을 希치 아니ᄒᆞ며 實學을 講究치 아니ᄒᆞ고 虛誕에 惑溺ᄒᆞ야 自己ㅣ 有흠만 知ᄒᆞ고 國家ㅣ 有ᄒᆞ믈 不知ᄒᆞ며 虛禮에 拘泥ᄒᆞ야 智識을 開發흘 志가 無ᄒᆞ니 半開의 民이라 ᄒᆞᄂᆞ니라.

歐洲 諸國과 亞米利加 合衆國과 亞細亞에셔 稱ᄒᆞ되 日本은 農商 百工의 業이 旺盛ᄒᆞ야 學術과 技藝ㅣ 크게 進步ᄒᆞ고 印刷와 輪船과 鐵道와 電線 等에 文明의 利器를 活用ᄒᆞ야 富國强兵흠을 힘쓰고 上下ㅣ 心을 如一히 ᄒᆞ야 國家의 隆盛흠을 圖ᄒᆞ야 政令이 明白ᄒᆞ고 刑罰이 寬大ᄒᆞ야 人民의 虛飾이 少ᄒᆞ고 廉恥의 心이 興ᄒᆞ야 文明 開化의 最高度에 達ᄒᆞ니 곳 文明의 民이라 ᄒᆞᄂᆞ니라. 世界의 人民은 文明의 分數를 좃ᄎᆞ 文明의 民이며, 半開의 民이며, 未開의 民이며, 蠻夷의 四 階級으로 分ᄒᆞ니, 吾等은 自顧ᄒᆞ야 富國强兵의 實을 勉ᄒᆞ야 스스로 勇進ᄒᆞ야 可히 文明 開化의 스름이 되기를 圖謀흘 거시라.

번역 세계가 광대함에 따라 여러 대륙의 열국 인민이 그 풍속과 습관이 자연히 달라지고, 또한 그 외모와 골격이 같지 않아 수많은 종족이 있으니, 크게 나누면 곧 5종이다. 아프리카주의 토민은 피부가 검은색이니 아백아 종「또 흑색인이라고 이름」이라고 말하고, 인도 여러 섬의 토민은 종색(棕色)이니 말레이종「또 동색인이라고 이름」이라고 하며, 아메리카주의 토민은 적동색이니 아메리카종「또 동색인이라고 이름」이라고 하고, 구라파의 여러 국민은 난백색(卵白色)이니 코사서스종「또 백색인이라고 이름」이라고 하고, 우리나라와 일본, 중국의 국민은 황색이니 몽고종「또 황색인이라고 이름」이라고 한다.

세계의 인민은 그 풍속과 제도, 윤리와 학술 등의 진보에 따라 개화의 등급이 각각 다르니, 아메리카와 오세아니아주 토민과 아세아주 일부 인민은 광막한 산야와 해안가에 기거하여 어렵으로 생업을 하여 형상이 혈거 시대와 차이가 없으니 만이(蠻夷)라고 칭한다. 아프리카의 흑인과 아세아 일부의 토인은 극히 조잡한 집에 살아 풍속이 다소 잔인하고 죽이기를 좋아하며 대개 문자가 없으나 만이에 비하면 약간 진보한 것이 있으니 미개민이라고 한다. 중국과 인도인, 터키인, 기타 아세아 중 많은 인민은 농공상 등의 업을 행하고 기예와 문자를 배우니 미개민에 비하면 개화한 지역에 들었지만 한갓 옛것만 귀하게 알고 다시 문명의 지역에 나아가는 것을 바라지 않고, 실학을 강구하지 않으니 허탄에 빠져들어 자기가 있음만 알고 국가가 있음을 알지 못하며, 허례에 구속되어 지식을 개발할 의지가 없으니 반개민이라고 한다.

구주 제국과 아메리카 합중국과 아세아에서 일컫되 일본은 농상과 모든 공업이 왕성하여 학술과 기예가 크게 진보하고 인쇄와 윤선, 철도, 전선 등 문명의 이기(利器)를 활용하여 부국강병에 힘쓰고, 상하가 마음을 함께 하여 국가가 융성함을 도모하여 정령(政令)이 명백하고, 형벌이 관대하여 인민의 허식이 적고, 부끄러움을 아는 마음이 활발하여 문명 개화의 최고도에 달했으니 곧 문명의 인민이라고 한다. 세계의 인민은 문명의 분수를 따라 문명의 인민, 반개의 인민, 미개의 인민, 만이의 네 등급으로 나누니, 우리는 스스로 돌아보아 부국강병의 실질에 힘써 스스로 용진하여 가히 문명 개화의 사람이 되기를 도모해야 할 것이다.
―학부(1895), 『만국약사』 권1 제1편 총론 제4장 '인종 개별 급 개화 계급'

『독립신문』에 등장하는 '일본 인종', '일본 종자'는 언어를 기준으로 설정된 일본 사람을 뜻하는 개념이다. 이때 사용된 '인종'은 '민족'이라는 용어와 유사하나 그 자체가 민족을 의미하는 것은 아니다. 『만국약사』에는 '아백아종(阿伯亞種, 아프리카 인종), 마래종(馬來種, 말레이 인종), 고가색종(古加色種, 코카서스 인종), 몽고종(蒙古種)' 등과 같은 인종 명칭이 등장하며, 피부색을 각 인종의 특징으로 제시하였다. 이때 각 인종은 문명 진보와 국가 유무에 따라 '만이(蠻夷), 미개(未開), 반개(半開), 문명(文明)'의 민(民)을 이룬다고 하였다. 여기에 사용된 '민(民)'은 '인민'으로 해석된다.

이 점에서 '민족'이 '혈연 공동체'이자 '역사 공동체'라는 의미를 강하게 내포하기 시작한 시점은 1900년대 이후로 볼 수 있다. 이는 『황성신문』을 통해 확인할 수 있는데, 이 신문에서 '민족'을 키워드로 검색하면 1899년부터 1910년 사이에 대략 236회의 '민족(民族)'이라는 표현이 등장한다. 흥미로운 것은 이 신문에서도 1900년 이전에 '민족'이라는 용어를 사용한 예는 1900년 1월 23일자 외보에 등장하는 '문명(文明)의 전쟁(戰爭)'뿐이다.[12] 이 용어의 연도별 출현 빈도를 살펴보면 1901년부터 1903년까지는 1회씩에 불과하고, 1904년 3회, 1905년 5회, 1906년 19회 등과 같이 국권 침탈의 위기가 가속화된 1906년 이후부터 본격적인 '민족 담론'이 형성되고 있음을 확인할 수 있다.

민족 담론이 국권 침탈의 위기와 밀접한 관련을 맺고 있음은 이 용어가 사회진화론이 만연된 1900년대 '우승열패(優勝劣敗)'의 경쟁 구도에서 민족의 의미를 찾고자 했기 때문이다. 특히 제국주의 팽창 정책이 본격화되고, 일본 제국주의의 침략이 노골화되면서 '국가주의'뿐만 아니라 민족을 중심으로 한 자각의식이 본격적으로 싹튼 셈이다. 다음 논설을 살펴보자.

---

12) 「文明의 戰爭」, 『황성신문』, 1900.1.23. "世人이 或트란스발 人을 指하야 兇暴흔 半野蠻의 民族으로 想像하느 然하나 其軍隊의 規律이 嚴肅하고 博愛의 情에 富흠은 實히 感服흔것이 英軍의 捨去흔 病傷者에 對하야 厚待치아님이 無흠인 英軍의 野戰病院長도트 國政府에 向흐야 感謝히녁이는 電報를 發ㅎ얏더라."

166

【 再佈告全國民人13) 】

嗟 我全國同胞之人이여. 顧我大韓이 南鄰 日本하고 北界 滿俄하야 每昔
以保護維持之說로 甘誘我 愚弄我하면 我난 信以爲眞 若可恃可賴者하야 晏
然不知焚棟之患이 迫在眉睫이러니 今時已急矣오. 計已晚矣라 日可恃乎아.
東南之勢난 如潮湧河決하야 不可防遏矣오 俄可依乎아 西北之患은 如燎原懷
山하야 四千年檀箕故彊이 將有缺裂之形하고 二千萬同胞民族이 必及淪溺之
歎하며 尤所憤恨者난 彼電氣鐵道와 三井軍艦은 不過一個商民之事件 而至以
此紛紛然騰議於國際하며 歸憂於宸衷하야 威脅之言과 慢侮之辱이 無所不至
호되 妥辦이 無期에 凌轢이 滋甚하니 是可曰 政府有人乎며 全國有人乎아.

> **번역**   아. 우리 전국 동포인들이여. 우리 대한을 돌아보건대 남쪽에 일
> 본이 있고 북쪽에 만주와 러시아가 있어 매번 보호 유지하겠다는
> 말로 우리를 유혹하고 우리를 희롱하면 우리는 그것을 진실로 믿어 가히
> 기대하고 의지하니, 어찌 그리 집이 불타는 환란이 눈썹에 이르렀음을
> 알지 못하니 지금은 이미 위급한 상황이며, 계책을 세우기에 늦었으니
> 날로 가히 기다릴 수 있겠는가. 동남의 형세는 조류가 밀려들어 막기 힘
> 들 지경이니 러시아에 가히 의지하겠는가. 서북의 환란은 들판의 불처럼
> 타올라 산을 무너뜨리니 사천년 단군 기자의 강토가 장차 붕괴될 형세에
> 있고, 이천만 동포 민족이 반드시 빠져 죽을 위험에 이르렀음을 탄식하며
> 더욱 분한 것은 저 전기 철도와 미쓰이 군함은 불과 일개 상민 사건이나
> 이와 같이 분분연히 국제화하여 다투며, 속내는 협박의 말과 모욕과 업신
> 여김이 이르지 않은 곳이 없는데, 타협에 기한이 없고 능멸이 더욱 심하
> 니 이것이 가히 정부에 사람이 있는 것이며 전국에 사람이 있는 것인가.

이 논설은 러시아와 일본이 극한 대립을 보이며 전쟁을 준비하는 중
일본이 상민 보호를 명분으로 군함을 보내 협박한 사건을 개탄하며 쓴

---

13) (논설) 『황성신문』, 1903.6.30.

논설이다. '이천만 동포 민족'이라는 표현에서 확인할 수 있듯이, 이때 사용한 '민족'은 '동포'와 같은 개념이다. 이처럼 '국가' 대신 '동포'와 '민족'을 호명하게 된 것은, 일본 제국주의의 침탈에 따른 위기의식이 작용하고 있기 때문이다.

민족 담론이 제국주의 침탈과 밀접한 관련이 있다는 사실은 1900년 대 초 한국 지식인에게 많은 영향을 주었던 량치차오(梁啓超)의 『음빙실 문집』에서도 확인할 수 있는데, 그는 시국편(時局編)에서 '민족경쟁의 대세'를 다음과 같이 논하고 있다.

【 論民族競爭之大勢[14] 】

天下勢力之最宏大最雄厚最劇烈者 必其出於事理之不得不然者也. 自中古 以前(羅馬解紐以前) 歐洲之政治家 常視其國爲天下 所謂世界的國家 World State 是也. 以誤用此理想故. 故愛國心不盛. 而眞正强固之國家不能立焉.(按吾 中國人愛國心之弱 其病源太半坐是而歐人前此亦所不能免也). 近四百年來 民 族主義 日漸發生. 逐磅礴鬱積. 爲近世史之中心點. 順玆者興 逆玆者亡. 所號稱 英君哲相 如法王路易第十一 顯理第四. 英女王 意里查白. 英相格林威爾. 湛沁. 意相 嘉富洱. 德相 俾士麥. 皆乘此潮流. 因勢而得道之. 故能建造民族的國家.

> **번역** 천하의 세력으로 가장 굉대하고 극렬한 것은 반드시 사리가 부득연한 데서 나오는 것이다. 중고 이전(로마 해뉴 이전) 서구 정치가는 늘 국가가 천하라고 생각했는데 이른바 세계적 국가(월드 스테이트)가 그것이다. 이에 이 이상을 잘못 사용하여, 애국심이 융성하지 않았다. 그러므로 진정 강고한 국가가 성립하지 않았다.(내가 생각건대 중국인의 애국심이 약한 것도 그 병의 근원은 태반 서구인처럼, 이를 또한 면하기 어려웠을 것이다.) 근 사백년 이래 민족주의가 점차 발생하여 드디어 우레와 같고 울창한 숲과 같이 근세사의 중심점이 되었다. 이에 순응하는

---

14) 梁啓超(1904).

자는 흥하고 이에 역행하는 자는 망한다. 프랑스의 루이11세, 헨리4세, 영국 여왕 엘리자베드, 영국 재상 크롬웰, 글라스틴, 이탈리아의 가부이, 독일의 비스마르크 등과 같이 이른바 영웅 군주 재상으로 불리는 사람들은 모두 이 조류를 타고 그 세력으로 인해 갈 길을 찾아 능히 민족적 국가를 건설하였다.

1902년 쓰인 이 논설은 세계 각국의 대세를 논하고 중국의 사정을 살피고자 하는 목적에서 출발하였다. 이 논설의 해설에서는 『19세기말 세계의 정치』, 『평민주의와 제국주의』, 『일본 제국주의』, 『제국주의의 이상』 등의 저서를 참고하여 저술한 했다고 밝히고 있는데,[15] '민족주의'가 '사리의 부득연한 상황'에서 나온 것과 같이, '제국주의 침탈'과 밀접한 관련이 있음을 쉽게 짐작할 수 있다.

이러한 배경에서 1906년 이후 민족은 혈연 공동체이자 언어·역사 공동체로 인식되었으나 세계사에서 자주 독립국가를 건설하지 못한 민족의 비애를 일깨우는 개념으로 사용되기 시작했다. 이러한 예는 『대한매일신보』 1908년 7월 30일자 논설 '민족과 국민의 구별'에서도 잘 나타난다.

【 民族과 國民의 區別[16] 】

　國民이라 云ᄒᆞᄂᆞᆫ 名詞ᄂᆞᆫ 民族 二字와 區別이 大有ᄒᆞ거늘 不知者가 往往 此를 混稱ᄒᆞ니 此ᄂᆞᆫ 不可의 甚ᄒᆞᆫ 者라 今에 此를 畧辨하노라 民族이란 者ᄂᆞᆫ 只是同壹ᄒᆞᆫ 血統에 系ᄒᆞ며 同壹ᄒᆞᆫ 土地에 居ᄒᆞ며 同壹ᄒᆞᆫ 歷史를 擁ᄒᆞ며 同壹ᄒᆞᆫ 宗教를 奉ᄒᆞ며 同壹ᄒᆞᆫ 言語를 用ᄒᆞ면 便是同壹ᄒᆞᆫ 民族이라 稱ᄒᆞᄂᆞᆫ 바

---

15) 梁啓超(1904). "本論宗旨在綜覽現今世界各國之勢. 推原其政略所從出及其所以集勢於中國之由. 而講求吾國民應變自立之道. 篇中取材多本於美人靈綬所著『十九世紀末世界之政治』, 潔丁士氏所著『平民主義 與帝國主義』. 日本浮田和民氏所著『日本帝國主義』, 『帝國主義之理想』等書. 而參以己見. 引伸發明之不敢. 掠美附識數言."

16) (논설) 『대한매일신보』, 1908.7.30.

어니와 國民二字는 如此히 解釋ㅎ면 不可홀지라.

大抵 血統 歷史 居住 宗敎 言語의 同壹홈이 國民되는 要素가 아님은 아니나 但只 此가 同壹홈으로 便是國民이라 云홈을 不得하나니 譬컨듸 彼骨筋脉絡이 固是動物되는 要素나 許多解散된 骨筋脉絡을 壹處에 聚集ㅎ야 此를 有生機의 動物로 强認치 못홈과 又치 彼壹盤 亂沙的으로 聚居호 民族을 指ㅎ야 國民이라 稱홈이 奚可ㅎ리오.

國民이란 者는 其血統 歷史 居住 宗敎 言語의 同壹호 外에 又必 同壹호 精神을 有ㅎ며 同壹호 利害를 感ㅎ며 同壹호 行動을 作ㅎ야 其內部의 組織이 壹身의 骨絡과 相同ㅎ며 其對外의 精神이 壹營의 軍隊와 相同ㅎ여야 是를 國民이라 云하나니. (…中略…) 嗚乎라 此時代를 遭호 者여 耳가 有ㅎ거던 其聰을 鍊ㅎ며 目이 有ㅎ거던 其明을 務ㅎ며 靈性이 有ㅎ거던 其才智를 修ㅎ며 肢體가 有ㅎ거던 其强勇을 務ㅎ고 同壹호 心腦와 同壹호 思想으로 同壹의 進步를 作ㅎ야 國民資格을 養成홀지어다.

번역 국민이라 일컫는 명사는 민족 두 자와 차이가 크거늘, 알지 못하는 자가 왕왕 이를 혼동하여 부르니, 이는 그렇게 해서는 안 되는 것이다. 지금 이것을 간략히 밝히고자 한다. 민족이란 것은 다만 동일한 혈통에 걸려 있고, 동일한 토지에 거주하며, 동일한 역사를 지키고, 동일한 종교를 받들며, 동일한 언어를 사용하면 편의상 이를 동일한 민족이라 칭하는 바이지만, 국민 두 자는 여와 같이 해석하면 안 된다.

대저 혈통, 역사, 거주, 종교, 언어의 동일함이 국민이 되는 요소가 아닌 것은 아니나, 단지 이것이 동일하다고 편의상 국민이라 일컬으면 불가하니 비유하건대 저 골근 맥락이 진실로 동물되는 요소이나 허다하게 흩어져 있는 골극 맥락을 한 곳에 모아 이를 유생물체의 동물로 인식하지는 못함과 같이, 저 일반으로 혼란스럽게 모여 거주하는 민족을 지칭하여 국민이라고 일컫는 것이 어찌 가하겠는가.

국민이란 것은 혈통, 역사, 거주, 종교, 언어가 동일한 이외에 반드시 동일한 정신이 있고, 동일한 이해를 느끼며, 동일한 행동을 하여 그 내부의 조직이 한 몸의 골격 맥락과 같고 그 대외 정신이 한 영내의 군대와 같아야 이를 국민이라 일컬으니 (…중략…) 아아. 이 시대를 만난 자여. 귀가 있으면 그 듣기를 연마하고 눈이 있으면 그 보기를 힘쓰며, 영성이 있으면 그 재주와 지혜를 수련하고 사체가 있으면 그 강함과 용기를 힘써 동일한 심뇌와 동일한 사상으로 동일의 진보를 이루어 국민 자격을 양성해야 할 것이다.

이 논설에 등장하는 것과 같이 민족은 '혈연, 역사, 거주지, 종교, 언어'의 공동체로 인식된다. 그러나 민족 자체가 국가를 이루는 요소는 아니며 진정 중요한 것은 '국가'이므로, 국가의 구성원이 되는 '국민정신'을 길러야 한다는 주장이다. 여기서 말하는 국민정신은 '총명재지(聰明才智)'를 바탕으로 한 '애국심'을 일컫는 말임은 시대 상황을 통해 쉽게 짐작할 수 있다. 이러한 흐름에서 근대 계몽기의 국가를 대상으로 한 '애국심'은 국권 침탈과 상실 상태에서 '민족'을 대상으로 한 '애국심'과 같은 의미로 해석될 경우가 많았다. 특히 '언어 공동체'이자 '역사 공동체'로서의 민족 개념이 국가를 대신한 새로운 이데올로기가 될 수 있었던 것은, 제국주의 침탈에 저항하는 주체로서 '민족' 개념이 재정립되었기 때문으로 볼 수 있다.

2. 국어와 민족어

2.1. 국가어로서의 국어·국문

서구의 근대 국가가 출현하면서부터 '언어'가 국민 통합의 상징이 되었듯이, 개항 이후 한국에서도 '국어'와 '국문'이라는 용어가 빈번히 사용되기 시작했다. 이 용어가 등장한 것은 1881년 조준영의 『문부성소할목록』이나 1888년의 박영효 '건백서'에서 확인할 수 있듯이, 개항 직후부터로 추정되나 본격적으로 널리 쓰인 것은 갑오개혁 전후로 볼 수 있다. 특히 1894년 칙령 제1호에서 '국문위본(國文爲本)'을 천명한 것은, '국문'이 '국가 문자'의 근본임을 자각한 결과로 볼 수 있는데, 이 점에서 '국문'이라는 용어의 개념을 좀 더 살펴볼 필요가 있다.

1880년대 선교사들의 한국어 저술에서는 '한국어'를 대용하는 표현으로 'Corean Language' 또는 'Korean Language'가 등장한다. 이 용어는 한국에서 사용하는 구어와 문어를 통칭하는 개념으로, 한국에 중국이나 일본과 다른 언어가 존재함을 강조하기 위한 표현이다. 특히 '언문'으로 통칭되는 한국의 문자는 중국의 문자인 한자와 달리 쉽고 편리한 문자라는 점을 빈번히 강조한다. 그러나 이 시기에도 서양인의 저술에서는 한국어와 문자를 '국어(national language)' 또는 '국문(national characters)'으로 부르지 않았다. 예를 들어 헐버트의 『사민필지』 서문에서는 '본국 글자'라는 용어를 사용하고 있는데, 이는 국가를 전제로 한 용어의 한 형태로 볼 수 있다.

주목할 것은 천주교가 전래된 이후 1800년대 전후부터 천주교계에서는 지속적으로 한글로 성서를 번역 보급했다는 점이다. 정광(2010)에서 밝힌 바와 같이, 1800년대 전후 다량의 한글 성서가 번역 인쇄된 바 있고, 기해박해나 병인박해를 거치면서도 한글 성교서(聖敎書) 보급은 중단되지 않았다. 이처럼 천주교계에서 한글 성교서를 보급했음에도 1890년대 이전에는 '국문'이라는 용어를 사용한 예는 없으며, '언문' 또는 '세속글', '동국글' 등의 용어를 사용하고 있음을 확인할 수 있다.17)

이 점에서 '국문' 개념이 널리 사용된 배경에는 '국가주의'가 존재하고 있음을 추측할 수 있다. 다음은 이를 뒷받침하는 논설이다.

---

17) 이에 대해서는 이 책 제2장을 참고할 것.

【 타국 글 아니라[18] 】

○ 나라마다 방언만 다를 쑨 아니라 각기 국문이 잇는 고로 어느 나라 사름이던지 몬져 본국 말을 다 안 연후에 타국 말을 빈호고 본국 글을 다 통달흔 연후에 타국 글을 빈호는 것은 사름의 상경이요 수리에 당연흔 바로다 대한 디방이 청국과 심히 갓갑고 상관되는 일이 쏘흔 만흔 고로 몃 千년 이리로 한문을 슝샹ᄒ엿거니와 대한국에 와셔는 세종대왕끠셔 세계 각국은 다 국문이 잇스되 대한이 홀노 업는 것을 민망이 녁이샤 특별히 훈민졍음을 지으샤 민간에 광포ᄒ심은 비록 향곡에 사는 녀ᄌ와 하에비 신지라도 다 알고 씨닷기 쉽게 ᄒ심이니 후셰에 신민된 이가 맛당히 그 셩의를 봉ᄒᆡᆼᄒ야 국문을 슝샹홀 것이여늘 그젼에는 대한 젼국이 엇지ᄒ야 다만 한문만 슝샹ᄒ고 본국 글은 등기ᄒ엿던지 우리가 죡히 말홀 것이 업거니와 갑오 경쟝흔 이후로는 대한 졍부에셔 황연이 씨다른 고로 한문을 급쟉이 폐지는 못ᄒ되 국문을 얼마큼 소즁이 알어셔 관보와 각항 공문을 다 국문과 한문을 통용ᄒ야 믄들고 학부에셔도 셔칙을 혹 슌젼이 국문으로만 번력ᄒ야 빅셩이 유무식 간에 다 보고 알게 ᄒ엿스니 이것은 젼국 인민을 기명 식히는듸 크게 유익흔 일이라 대한에 와셔 잇는 외국 사름 신지라도 속ᄆᆞᆷ에 얼마큼 칭찬 ᄒ엿더니 근일에 드른즉 대한 졍부에셔 뎡쟝 법률 교졍 ᄒ난듸 쟉항 쟝뎡 규칙에 온젼히 한문으로 쓰라고 ᄒ엿다 ᄒ니 지금 대한 졍부에 당국 ᄒ신 재공은 고명흔 식견으로 이 쌔를 당ᄒ야 아모죠록 기명에 진보코져 홀 터인듸 엇지 구습을 바리지 못ᄒ고 졈졈 뒤로 물너가는 일을 행 홀 리가 잇스리오 한문의 피혜는 대한 사름이 우리 보다 더 알터인즉 반다시 셜명 홀 것이 업스되 (⋯중략⋯) 그 즁에도 대한 ᄉᆞ름 빅명을 모하 놋코 보면 한문 아는 이가 열명 되기가 어려온즉 이 무식흔 빅셩의 어두온 ᄆᆞᆷ을 어느 하가에 한문으로 글ᄋ쳐 쇽히 기명케 ᄒ리오 대한 국문은 진소위 ᄒ로아ᄎᆞᆷ 글이라 오늘 몰으다가

---

18) (논설) 『독립신문』, 1899.5.20.

리일 아는 슈가 잇슬쑨 아니라 국문으로 못믄들 말이 업고 못 번력홀 글
이 업스니 과연 쉽고도 긔묘흔 글이로다 대한 정부에서 엇지 쉽고 편흔
국문은 쓰지 안코 어렵고 ✓다룬 한문을 슝샹 ᄒ고져 ᄒᄂ지 우리ᄂ 밋지
안노라.

이 논설에 등장하는 '국문' 개념은 국가를 기본으로 한 '문자'를 의미
한다. 국문의 명칭으로 '훈민정음'과 '하루아침 글'이 등장하는데, 이는
세종대왕이 훈민 차원에서 만든 글이며, 누구나 쉽게 익힐 수 있는 글
임을 강조하는 개념이다. 이 점에서 '국문'이 '국가주의' 또는 '국민정
신'을 강조하는 개념으로 사용된 것은 아니다. 물론 이 시기 주상호(주
시경)의 '국문론'(『독립신문』, 1897.9.25~9.28)에서 "이 글즈들노 모든 일
을 긔록 ᄒ고 사름마다 졀머슬 째에 여가를 잇어 실샹 ᄉ업에 유력흔
학문을 익혀 각기 흘믄흔 즉업을 직혀셔 우리 나라 독립에 기동과 주초
가 되어 우리 대군쥬 폐하씌셔 남의 나라 님군과 ᄀᆺ치 튼튼 ᄒ시게 보
호 햐 드리며 쏘 우리나라의 부강흔 위엄과 문명흔 명예가 셰계에
빗나게 ᄒᄂ거시 맛당ᄒ도다"라고 한 것이나, 신해영(申海永)의 「한문
자와 국문자의 손익 여하」(『대조선독립협회회보』 제15~16호, 1897.6)에서
"지금 우리 조선국이 독립 후에 정부도 일신하여 사회 만사 만물을 옛
것을 버리고 새로운 것을 취함에 국민의 신면목을 위해 국문 전용의
훈령을 반포할 때, 각각 다소의 파란이 일어 일시 동요를 부르고 지금
에 이르기까지 국가 실제에 무엇을 표준으로 하여 방침을 세울지 신구
간 미혹하여 한 방향을 정리하지 못한 것이 많다"[19]라고 한 데서 확인
할 수 있듯이, '국문'이라는 용어 속에 '국가주의'가 전제되어 있음을
부정할 수는 없다. 그럼에도 1900년대 이전의 '국문론'은 '국민정신',
'애국심' 등의 차원보다 '국가 존재', '편리한 글'이라는 차원에서 논의

---

19) 신해영(1897), 「국문자와 한문자의 손익 여하」, 『대조선독립협회회보』 제15~16호(1897.6).

된 경우가 많다. 이에 비해 1900년대의 '국문론'은 '국가와 국민 유지' 차원에서 국문의 중요성을 강조하거나 국어와 국수(國粹)를 동일시하는 논의가 확산된다. 다음을 살펴보자.

【 국어유지론: 박태서[20] 】

歐洲學者는 國家의 三大要素가 土地, 人民, 法律이라 云ㅎ나 余는 以爲호딕 國家의 要素가 土地, 人民, 法律에만 止홀 뿐이 아니라 此外에도 國家와 相互關係가 有ㅎ야 須臾難分홀 三要素가 又有ㅎ니 國語, 宗敎, 歷史ㅣ라 宗敎歷史는 後日에 必有論時ㅎ겟기로 煩不贅筆ㅎ고 國語의 原理와 現今 我邦이 不可不 國語를 維持保護홀 形便及理由와 國語維持의 方策을 論述ㅎ노라.

夫言語者는 吾人의 胸懷에 伏在에 意志思想을 相互發表ㅎ는 天賦的形無運用器라 人生斯世ㅎ면 必有其國ㅎ고 旣有其國이면 必有國語라 <u>國語는 一國思想을 發表ㅎ고 國是롤 演起케 ㅎ며 文章을 代表ㅎ야 人民롤 敎育ㅎ고 歷史롤 述傳ㅎ는 天然的 無形運用器라</u> 故로 完全 獨立혼 國語ㅣ 無ㅎ면 人民도 難敎오 歷史도 難傳이며 國是도 難一이라 何則고 人生暮歲면 能通言語오 能通言語면 稍成國語라 其純潔無瑕혼 天然 腦髓에 對ㅎ야 其國家的 思想에 鑄印ㅎ고 國語에 鍊熟혼 乃祖乃父가 其獨立혼 國語로 國家思想을 注射ㅎ며 歷史의 說話롤 日試홈으로 雖沒覺無識혼 孩提라도 漸次 感化ㅎ야 不識不知之中에 <u>國語를 能通ㅎ며 國民的 愛國 思想을 涵養ㅎ는지라 如斯히 先天的으로 成혼 思想은 如何혼 壓迫과 如何혼 勸諭를 受ㅎ야도 難抛難變이라 此等에 不折不撓ㅎ는 思想이 國家를 組成ㅎ나니 故로 國語ㅣ 無혼 國은 完全 獨立혼 國이라 難稱</u>이로다.

現今 世界 列强을 試見ㅎ면 國語ㅣ 無혼 國이 無혼지라 英有英語ㅎ고 德有德語ㅎ고 佛有佛語ㅎ며 俄有俄語하고 淸有淸語ㅎ며 日有日語ㅎ고 其他 和蘭 西班牙 伊太利, <u>所謂 文明之國은 皆有國語ㅎ야 務講維持ㅎ며 保護擴張ㅎ</u>

---

20) 박태서(1907), 「국어유지론」, 『야뢰』 제1호(1907.2.5).

야 世界語로 삼으랴고 相互競爭ᄒ니 强國은 不受其害나 弱國은 難免其害라 其爭競擴張ᄒᄂ 主義ᄂ 弱國을 精神的으로 占奪ᄒ고 旣往 占奪ᄒ 國은 其人民의 愛國思想을 潛消暗削케 ᄒᄂ 純一 占奪主義라 由此觀之컨ᄃ 國語ᄂ 强國의 略奪ᄒᄂ 一武器오 弱國의 精神的 被呑ᄒᄂ 一 外敵이라 其例를 擧ᄒ면 英之印度와 俄之波蘭과 日之琉球라 以上 三國이 被幷ᄒ지 許多年에 不能 興復者ᄂ 被幷當時로 自ᄒ야 各其 占奪國이 其本國語로 編纂ᄒ 教科書로 其 本國法式으로 新設ᄒ 許多 學校에서 雖讎敵이라도 感化될 만ᄒ 其本國歷史 及 事情과 雖愚稚라도 欽羨(흠이)홀 만ᄒ 制度와 矩模(구모)를 教授ᄒ야 其 老朽ᄒ 國民의 腦髓를 移舌로 誘惑ᄒ고 强制로 打破ᄒ야 精神的 愛國思想과 歷史的 興復機會가 湧出萌生홀 餘暇가 無케 홈이니 豈不重且懼乎아

번역 구주의 학자는 국가의 3대 요소가 토지, 인민, 법률이라고 말하나 나는 국가의 요소가 토지, 인민, 법률에만 그치는 것이 아니라 그 밖에도 국가와 상호관계가 있어 조금도 분리하기 어려운 세 가지 요소가 있다고 생각하니, 국어, 종교, 역사가 그것이다. 종교와 역사는 후일 논할 기회가 있을 것이므로, 번잡하게 말하지 않고 국어의 원리와 현재 우리나라가 불가불 국어를 유지 보호해야 할 형편 및 이유와 국어 유지의 방책을 논술한다.

대저 언어라는 것은 우리가 가슴에 품고 있는 의지와 사상을 서로 발표하는 천부적 무형의 운용 기기이다. 사람이 이 세상에 태어나면 반드시 국가가 있고, 국가가 있으면 반드시 국어가 있다. 국어는 한 나라의 사상을 발표하고 국시(國是)를 불러일으키며 문장을 대표하여 인민을 교육하고, 역사를 서술하여 전하는 천연적 무형의 운용 기기이다. 그러므로 완전히 독립한 국어가 없으면 인민을 가르치기 어렵고, 역사도 전하기 어려우며, 국시도 하나로 통일하기 어렵다. 왜 그런가. 사람이 이 세상에 태어나면 언어를 통달하고 언어를 통달하면 국어를 익힌다. 그 순결하고 흠집 없는 천연의 뇌수에 국가적 사상을 주조하여 새기고, 국어에 연숙한 조부가 독립한 국어로 국가사상을 주사하며 역사적 설화를 날로 시행하면,

비록 몰각 무식한 어린아이라도 점차 감화하여 부지불식 중 국어에 능통하며 국민적 애국 사상을 함양하게 된다. 이와 같이 선천적으로 이루어진 사상은 어떤 압박과 어떤 권유를 당해도 포기하거나 변질되지 않을 것이다. 이처럼 꺾이지 않고 흔들리지 않는 사상이 국가를 조성하니 그러므로 국어가 없는 나라는 완전히 독립한 국가라고 칭하기 어렵다.

현금 세계 열강을 보면 국어가 없는 국가가 없다. 영국에는 영어가 있고 독일에는 독일어가 있으며 불란서에는 불어가 있고 러시아에는 러시아어가 있으며, 청국에는 청국어가 있고 일본에는 일어가 있으며 기타 네덜란드, 스페인, 이탈리아 등 소위 문명국은 모두 국어가 있어 유지를 힘쓰고 보호 확장하여 세계어를 삼고자 상호 경쟁하니, 강국은 그 피해를 받지 않으나 약국은 그 해를 면하기 어렵다. 그 경쟁 확장하는 주의는 약국을 정신적으로 점탈하고 이미 점탈한 국가는 그 인민의 애국사상을 점점 소멸시켜 없애게 하는 순전히 점탈주의이다. 이로 보건대 국어는 강국의 약탈하는 무기의 하나이요, 약국의 정신을 집어삼키는 외부의 적이다. 그 예를 들면 영국의 인도나 러시아의 폴란드, 일본의 유구가 있다. 이 세 나라가 병합된 지 허다한 해에 다시 회복하지 못한 것은 병합 당시로부터 각기 점탈한 국가가 그 본국어로 편찬한 교과서로 그 본국 법식대로 신설한 수많은 학교에서 비록 적이라도 감화될 만한 본국의 역사 및 사정과 비록 어리석은 아이라도 부러워할 만한 제도와 규식을 가르쳐 그 노후한 국민의 뇌수를 말로 유혹하고 강제로 타파하여 정신적 애국사상과 역사적 부흥 기회가 싹틀 여지를 없앤 것이니 어찌 중하고 두렵지 않겠는가.

이 논설에 등장하는 '국어'는 국가 유지의 필수조건이며, 애국사상의 핵심 요인이다. '국어'는 종교, 역사와 함께 국가를 이루는 핵심 요소이며, 국시(國是)를 이루는 중요 도구이다. 또한 국어가 없으면 그 나라는 완전한 독립국가가 될 수 없고, 문명국이 될 수 없다는 것이 이 논설의 핵심 요지이다. 이러한 논설이 쓰인 배경에는 국권 침탈 과정에서 발생한 일본어의 범람이라는 사회 현상이 존재한다. 그는 "우리 한국도 몇천 년 전래한 완전 독립한 국어가 있지만 현금 인사들은 국어를 도외시하여 열강과 같이 연구 확장하는 것은 고사하고 외국어학만 열심히 숭상하여 우리 한국의 원기를 소멸케 하되 돌이켜 성찰하고 깨우치지 아니하며, 어학은 신학문 연구의 예비 과정으로 인식하지 않고 강국에 치우치고 이익만 취하고자 하는 유혹에 빠져 국가의 원소가 소멸하는 근본 요인을 배양한다. 매번 노상에서 보고 앉아 들으면 곧 백발 노인부터 어린아이까지 외국어를 한둘이라도 쓰지 않는 경우가 없고 곤니찌와 오하요(일본어) 등의 구절을 상용하며 그밖에 물명 등의 용어는 입에 달고 있으며, 이를 모르는 자를 도리어 조롱하고 자국을 멸시하는 것이 야만인보다 심하고, 동포를 압박하는 것이 노예보다 심하고, 남산 호위(외국인 거주지)를 호가호위하여 제반 나쁜 일을 만드는 데 거리낌이 없으니, 어찌 통곡할 일이 아닌가"[21]라고 통탄하며, 국어를 유지하는 방책으로 다섯 가지를 제시하고 있다.

【 국어유지론: 박태서[22] 】

是는 外國語를 取利趨强의 目的으로 知ᄒ고 形式的으로 硏究ᄒ다가 中無所主ᄒ고 心無君國흔 所致로 自然 陷惑흠이오 本國 國語를 着心 硏究ᄒ고 精神的 敎育을 不受흔 緣故라 今日 如此 人士에 對ᄒ야 回復本心ᄒ기를

---

21) 박태서(1907), 「국어유지론」, 『야뢰』 제1호(1907.5). "惟我韓도 幾千年 傳來흔 完全 獨立흔 國語ㅣ 有ᄒ건마는 現今 人士 等은 國語을 置之度外ᄒ야 列强과 如ᄒ게 硏究 擴張은 姑舍ᄒ고 外國語學만 熱心 崇尙ᄒ야 我韓 元氣를 消滅케 호되 反不省覺ᄒ며 語學은 新學問 硏究의 豫備科程으로 不認ᄒ고 逐强取利(이강취리)로 陷惑ᄒ야 國家 原素ㅣ 消滅ᄒ믄 基因를 胎釀ᄒ는지라 每於路上에 試見ᄒ고 稱座에 慣聽흔 則 自霜髮 老人으로 至於黃口幼兒ᄭ지 外國語를 雖一二라도 無不通曉오 곤니찌,와,오ᄒ요(日語) 等句는 依例常用ᄒ며 其外 物名 等語는 率口代用ᄒ며 此를 不知ᄒ는 者를 反譏ᄒ고 自國을 蔑視흠이 土蠻에 甚ᄒ고 同胞를 壓迫흠이 奴隸에 甚ᄒ고 南山 虎威를 擬狐假來ᄒ야 諸般 惡事를 做出無忌ᄒ니 豈不痛哭處耶아."

22) 박태서(1907), 「국어유지론」, 『야뢰』 제1호(1907.2.5).

望흠은 緣木求魚의 類싿 아니오 望虎投石의 類라 非徒無益이오 必受其害ᄒ리니 此將奈 何오 其矯弊方策이 惟有一焉ᄒ니 分條論左ᄒ노라.

(一) 迻強取利的으로 外國語를 通解ᄒ야 無理를 行ᄒᄂ 者ᄂ 化外弊民으로 認定ᄒ야 國民的 待遇와 國民的 交際를 停止 謝絶홀 事

(二) 國語學校와 國語研究所를 設施ᄒ야 一般人民으로 熱心 講究케 홀 事

(三) 國語讀本을 編ᄒ야 學齡 兒童으로 國語 精神的 敎育을 受케 ᄒ고 國語辭典를 編纂ᄒ야 國語를 一定ᄒ고 永久히 保存ᄒ야 准用홀 事

(四) 國民的 敎育을 不受ᄒ얏거나 此를 受ᄒ야도 國民的 思想이 不固ᄒ 者와 未成年者(法律上 制定ᄒ 一定 年齡에 未達ᄒ 者) 及 白痴者ᄂ 外國에 遊學ᄒ며 外國語 硏究를 不許홀 事

(五) 政府와 其他 一般 人民의 父兄 及 保護者ᄂ 外國人과 直接 關係가 有ᄒ 時와 一定ᄒ 處所(外國語 硏究ᄒᄂ 學校 及 其他 硏究所와 外國人家) 外에ᄂ 外國語 濫用ᄒ난 事를 禁斷홀 事

번역 이는 외국어를 이를 취하고 강함에 기울어지게 하는 목적으로 알고 형식적으로 연구하다가 중심이 없고 마음으로 임금과 국가가 없는 까닭으로 자연 유혹에 빠진 것이요, 본국 국어를 마음에 두어 연구하고 정신적 교육을 받지 못한 연고이다. 금일 이러한 인사에 대하여 본심을 회복하기를 바라는 것은 연목구어의 유형이 아니며 호랑이를 보고 돌을 던지는 유형이다. 헛되이 무익하여 반드시 그 피해를 받을 것이니 이 장래 어찌하겠는가. 그 폐단을 교정할 방책이 오직 하나뿐이니 조목을 나누어 논하고자 한다.

(1) 이강취리적으로 외국어를 통해하여 이치에 없는 일을 행하는 자는 외국인이 되어 인민에 폐를 끼치는 것으로 인정하여 국민적 대우와 국민적 교제를 정지하고 사절할 일

(2) 국어 학교와 국어 연구소를 설치하여 일반 인민이 열심히 강구하게 할 일

(3) 국어독본을 편찬하여 학령 아동으로 국어 정신적 교육을 받게 하고

국어 사전을 편찬하여 국어를 일정하고 영구히 보존하여 준용할 일

(4) 국민적 교육을 받지 못했거나 이를 받아도 국민적 사상이 견고하지 못한 자와 미성년자(법률상 제정한 일정 연령에 미달한 자) 및 백치자는 외국에 유학하거나 외국어를 연구하는 일을 허락하지 않을 일

(5) 정부와 기타 일반 인민의 부형 및 보호자는 외국인과 직접 관계가 있을 때와 일정한 처소(외국어를 연구하는 학교 및 기타 연구소와 외국인의 집) 외에는 외국어를 남용하는 일을 금지할 일

박태서가 제시한 국어 유지 방책은 평등의 원칙을 고려하면 다소 무리한 부분도 있다. 그러나 기본적으로 '외국어의 남용'을 질책하고, '국어 연구소'를 설립하여, 국어로 국민교육을 실시해야 한다는 주장은 이 시기 국문 사용을 주장하는 대부분의 논설에서도 쉽게 찾아볼 수 있다.

2.2. 민권(民權)과 국문의식

한국의 근대 지식의 형성과 보급 과정에서 등장한 '독립', '자주', '국가'의식은 본질적으로 무지한 인민을 대상을 각성시켜야 한다는 지식인들의 계몽의식을 바탕으로 하였다. 특히 갑오개혁 이전의 각종 매체에서 '자유'와 '평등'을 부르짖거나 '독립 유지의 방안'을 구체적으로 제시하는 담론이 형성되지 못했음을 고려할 때, '만민'을 대상으로 하는 『독립신문』의 자유론과 독립론은 그 자체로서 근대 의식의 성장을 의미하는 것으로 해석할 수 있다. 그럼에도 갑오개혁 직후의 독립사상은 전통적 '충군애국'의 관념적 국가주의를 벗어나지 못했다. 비록 '군민공치'의 통치체계를 이상으로 여기는 사상이 등장하기는 하였으나, 그것을 수용할 만한 근대적 시민 개념이 등장한 것은 아니었다.

사전적 의미에서 '시민'은 "국가 사회의 일원으로 그 나라 헌법에 의한 모든 권리와 의무를 가지는 자유민"을 의미한다. 특히 역사적 의미

에서 근대를 이끈 주체로서 시민의 역할은 매우 중요한 것이었다. 이에 대해 황성모(1986)의 『지성과 근대화』(서울대학교 출판부)에서는 사회 적·종교적 관점에서 서양의 시민 계급이 갖는 특징을 6가지로 요약한 바 있다.

【 시민 계급의 특징[23] 】

ㄱ. 시민 계급이 최초로 주도적 사회 세력으로 출현했을 때, 그들은 한편 으로는 귀족에게 자유를 요구하였지만, 다른 한편으로는 밑에서 노동 자 계급으로부터 위협을 받고 있었다. 다시 말해 그들은 최초의 중간 층이었다.

ㄴ. 시민 계급은 도시화의 산물이었다. 따라서 시민들은 봉건주의와 전통 의 멍에로부터 해방되어 독립된 생활양식과 합리적 사고의 자유를 획 득했다.

ㄷ. 초기의 시민 계급은 상인에 의해 형성되었다. 그들의 상매(商賣) 정신 은 단순히 상업적 경영자에 그치지 않고, 창조적인 사회의 지도자라 는 점에 긍지를 가지고 있었다. 그들의 종업원과 공동체에 대한 서비 스는 지도자로서의 양심의 표현이었다. 그들 사회 정신의 근저를 이 루고 있는 것은 사회에서 다윈의 '적자생존설'에 대한 뿌리 깊은 신봉 이었다.

ㄹ. 시민들은 종교 사항 언론의 자유라는 개인의 자유에 가치를 두었다. 상업의 자유는 너무나 당연하다고 생각되어 문제로 삼지도 않았다. 공정한 의논을 중시하고 타인에게 관용하는, 정치에서 의회주의의 정 신도 이러한 자유의 원칙에서 생겨난 것이었다.

ㅁ. 시민들은 국가의 권력 행사에 깊은 불신감을 품고, 스스로를 법의 힘 에 의해 국가권력으로부터 지키려고 했다.

---

23) 황성모(1986), 『지성과 근대화』, 서울대학교 출판부, 331~332쪽.

ㅂ. 그러나 자본주의가 고도로 발달한 단계에서는 대기업과 국가는 점점 공동의 이익을 나누어가지게 되었다. 이러한 사실은 본래적 자유 원칙의 변용을 가져왔다.

이 책에 요약한 시민의 특징은 서구 사회를 기준으로 한 것으로, 근대 계몽기 한국 사회의 경우 '시민'이라는 용어 자체가 생소한 개념이었다. 예를 들어 『황성신문』의 경우 '시민(市民)'을 키워드로 검색하면, 205회가 등장하나 이들 용어는 대부분 축자적 의미의 '도시 인민'을 뜻하는 개념이다. 다만 문명 진보의 필요성을 논하는 일부 논설이나 서구 사회의 시민자치제도 등을 소개하는 글에 쓰인 '시민'은 근대의 시민 계급을 뜻하는 용어로 볼 수 있다.

【 근대적 시민 개념어 】

ㄱ. 一 自更張 以後에 布木紬緞을 處處開舖ᄒ되 亂廛이 更無ᄒ고 鍾路市門은 零星寥落ᄒ야 白木廛은 木鞋舖로 代ᄒ고 苧布廛은 氷水店을 開ᄒ얏스니 此ᄂ 市民의 見害홈이오 八主掌繕工九契ᄂ 貢物의 最鉅ᄒ 都中이라.

> **번역** 일. 경장 이후 곳곳에 포목 주단 점포를 열었으나 난전이 다시없고, 종로 시문은 영성 퇴락하여 백목전은 목혜 점포가 대신하고 저포전은 빙수 점포를 열었으나, 이는 시민이 해를 본 것이요, 팔주당 선공구계는 공물이 가장 큰 도회 중이다.

—「개화원설(怨開化說)」, 『황성신문』, 1900.9.4

ㄴ. 我韓之人은 全國中所有新聞이 僅爲二種而帝國新聞은 又以純國文發行故로 購讀者ㅣ 不過市民婦女 等 略干人而已오 自皇城內外로 以及地方官廳ᄒ 上下紳士之所通覽者난 只是皇城新聞而已오.

> **번역** 우리 한국인은 전국에 신문이 겨우 두 종뿐이나 제국신문은 또한 순국문으로 발행하는 까닭에 구독자가 불과 시민과 부녀 등 약간

의 사람뿐이요, 황성 내외로부터 지방 관청에 이르기까지 상하 신사가 통람하는 것은 단지 황성신문뿐이다.

—(논설) 「신문의분별각호(新聞宜分別各号)」, 『황성신문』, 1904.3.25

ㄷ. 一日 市民程度니 夫商賈의 爲業이 海外의 物品을 輸入ᄒ고 外人의 交際가 頻繁홈으로 耳目所及에 思想開發이 最易ᄒ지라. 是以로 西道各處에ᄂᆞᆫ 一般商民의 開明思想과 敎育事業이 實有先於士林者이거늘 乃漢城界에ᄂᆞᆫ 商民等의 守舊不變ᄒᄂᆞᆫ 狀態가 反有甚於士大夫ᄒ야 敎育이 何事인지 文明이 何物인지 全然不知ᄒ니 此ᄂᆞᆫ 市民 程度가 不及地方이 遠矣라 以若國內의 中心點과 首善地로 風俗의 改良과 敎化의 革新이 若是其遲遲緩緩ᄒ니 寧不可恠며 寧不可嘆가ᄒ더라.

번역 하나는 시민의 정도이니 대저 상고의 위업이 해외 물품을 수입하고 외인의 교제가 빈번함으로 이목이 미치는 바에 사상 개발이 가장 쉽다. 그러므로 서도 각 지방에는 일반 상민의 개명사상과 교육 사업이 실로 사림보다 앞섰거늘 한성에서는 상민 등이 옛것을 고집하여 불변하는 상태가 오히려 사대부보다 심하여 교육이 무엇인지 문명이 무엇인지 전혀 알지 못하니 이는 시민의 정도가 지방에 미치지 못한 것이다. 만약 국내의 중심점과 수선지로 풍속 개량과 교화 혁신이 이와 같이 지지부진하니 어찌 이상하지 않으며 어찌 탄식하지 않겠는가.

—(논설) 『황성신문』, 1908.8.11

ㄹ. 위션 그 외양으로 발표된것만 보아도 거위 굴파 문명국의 시민ᄌᆞ치제도와 부합홀샏더러 더구나 몃빅년릭로 다만 압졔아릭에셔 죽어가며 몸은 관리의 ᄒᆞᆫ 노례오 협의에 ᄒᆞᆫ 동물인줄노 ᄌᆞ작 인뎡ᄒᆞ며 국가의 흥망과 민족이 셩쇠ᄂᆞᆫ 쑴밧긔 붓쳐두고

—「농업계의 새 복음」, 『대한매일신보』(국문판), 1908.6.10

'개화원설'이나 '신문을 마땅히 각호로 나누어야 함'을 주장하는 논설에 등장하는 '시민'은 축자적 의미의 시민으로 해석할 수도 있다. 특히 제국신문 독자가 '시민 부녀 약간'이라고 표현한 구절은 부르주아 계급으로서의 시민을 의미하는 것은 아니다. 그러나 '사상개발'과 '문명 교화'를 주도하는 세력으로서의 '시민'은 근대적 의미의 부르주아를 전제로 한 용어임에 틀림없다. 그러나 부르주아로서의 시민이라는 용어를 사용한 것이 그 자체로서 시민의식의 성장을 의미하는 것은 아니다. 그럼에도 갑오개혁 이후 '민권사상'이 싹트기 시작했고, 독립협회를 비롯한 각종 단체가 조직되었으며, 비록 좌절을 경험했을지라도 '만민공동회'와 같은 민권운동이 본격화되면서 점차 계몽의 주체로서 '지식인'의 역할이 강조되기 시작했다.

'민권'은 '인민의 권리'를 의미하는 개념으로, 유길준(1895)의 『서유견문(西遊見聞)』(교순사)에서 그 개념을 비교적 명료하게 정의하고 있다.24) 그는 "마음이 하고자 하는 대로 어떤 일이든지 따라 굴복하거나 장애가 없는 것"이 '자유'라고 정의하고, "타인을 방해하거나 타인의 방해를 받지 않고 스스로 말미암아 하고자 하는 권리"가 '인민의 권리'라고 규정하였다. 이러한 권리는 억조 인민이 공동으로 향유하는 것이며, 천부에 속하는 것이라고 하였는데, 이는 서구의 민권 사상을 수용한 개념이다. 특히 그는 '신명의 자유', '재산의 자유', '영어의 자유', '집회의 자유', '종교의 자유', '언사(言詞)의 자유', '명예의 통의(通義)' 등 7가지 조목을 자유의 내용으로 제시하였는데, 그가 제시한 7가지 자유는 근대 시민사회의 자유 개념과 동일한 내용을 갖고 있다.

이러한 민권 개념은 1895년 이후 신문 매체를 통해 대중에게 확산되

---

24) 야나부 아키라, 김옥희 역(2011)의 『번역어의 근대』(마음산책)에서는 '권리'라는 용어가 영어 right를 번역한 말로, 후쿠자와유키치(福澤諭吉)은 이 용어를 '통의(通義)'라고 번역했음을 밝힌 바 있다. 유길준이 사용한 '통의(通義)'라는 표현도 후쿠자와유키치의 번역어에서 유래한 것으로 볼 수 있다.

기 시작했는데, 『독립신문』의 경우 1896년부터 1899년까지 '민권'이라는 용어가 등장하는 기사의 수는 18개로, 그 중 다음 논설은 민권의 유래와 개념을 이해할 수 있는 대표적인 논설이다.

【 민권이 무엇인지[25] 】

○ 세상 일을 근심 ᄒᆞᄂᆞᆫ 사람들이 말 ᄒᆞ되 빅여년 전에 불란셔에 낫던 민변이 대한에 날가 염려라 ᄒᆞ니 대황뎨 폐하ᄭᆞ읍셔 여졍 도치 ᄒᆞ시ᄂᆞᆫ 셰계에 그런 변혁이 잇슬 리ᄂᆞᆫ 만무 ᄒᆞ거니와 혹 ᄉᆞ셰를 ᄌᆞ셰히 모로ᄂᆞᆫ이가 잇슬가 ᄒᆞ야 대강말 ᄒᆞ노니 법국의 그 ᄯᅢ 졍형과 대한 금일 ᄉᆞ셰를 비교 ᄒᆞ면 대단히 다른것이 몃 가지라 첫ᄌᆡ 법국은 본ᄅᆡ 민회가 엇던 나라이라 그런 고로 비록 압졔가 심홀 ᄯᅢ에도 빅셩이 민권이 무엇인지 알앗거니와 대한은 ᄌᆞ고 이ᄅᆡ로 민권 이ᄌᆞᄂᆞᆫ 일홈도 모로다가 겨오 근일에 와셔야 말이나 듯고 둘ᄌᆡᄂᆞᆫ 법국이 가창 악졍에 괴로아 인민이 도탄에 잇슬 ᄯᅢ도 우리 나라에 비ᄒᆞ면 학문이 흥왕 ᄒᆞ야 빅셩의 교육이 우리 보다 월승 ᄒᆞ며 국가과 교계가 번셩 ᄒᆞ야 문견이 총명 ᄒᆞ얏거니와 대한은 교육이 쇠미 ᄒᆞ야 한문ᄌᆞ이나 낡은 사람 외에ᄂᆞᆫ 젼국이 무식 ᄒᆞ고 타국과 린왕이 업셧ᄂᆞᆫ 고로 완고 ᄒᆞ고 고루 ᄒᆞ야 내 나라이 더러온것도 붓그러워 안코 남의 나라의 죠흔것도 빈홀 긔운아 업스며 셋ᄌᆡᄂᆞᆫ 법국 민변 나기 젼 여러 십년에 유명ᄒᆞᆫ 학ᄉᆞ들이 셔ᄎᆡᆨ을 반포 ᄒᆞ며 연셜과 신문으로 인민의 ᄌᆞ유 권리와 졍부의 직분 등ᄉᆞ를 넓히 교훈 ᄒᆞ야 빅셩들이 다ᄆᆞᆫ ᄌᆞ유 권리 잇ᄂᆞᆫ줄ᄆᆞᆫ 알ᄲᆞᆫ 아니라 ᄌᆞ유 권리를 엇지 쓰ᄂᆞᆫ것을 ᄭᅢ다른 사람이 만흔 ᄉᆞ듥에 압졔 졍부를 번복 ᄒᆞ고도 오히려 그다시 랑픽 보지 아니 ᄒᆞ엿거니와 대한에ᄂᆞᆫ 그러ᄒᆞᆫ 학ᄉᆞ들의 교훈도 업셧고 신문과 셔ᄎᆡᆨ도 업셔셔 인민이 다ᄆᆞᆫ ᄌᆞ유가 무엇인지 알지도 못 홀ᄲᆞᆫ 외라 ᄌᆞ유권을 뭇기더라도 쓸줄을 몰나 어린 ᄋᆞ히의게 칼 준것 ᄀᆞᆺ홀터이오 넷ᄌᆡᄂᆞᆫ 법국이 그 ᄯᅢ

---

25) (논설) 『독립신문』, 1898.7.9.

에 비록 닉경은 잘못 흐엿스나 무공을 슝샹 흐야 병갑이 강셩 흐야 <u>민권당</u>이 창궐 흘 쌔에 각국이 쳐 드러와도 명쟝과 졍병이 일심으로 싼화 타국 군소가 감히 엿 보지 못 흐게 흐엿거니와 대한은 불힝히 즈고로 진담 누셜이나 슝샹 흐고 무긔를 업수히 넉히여 인민이 준약 흐고 겁이 만흐여 몃 빅년을 남의 나라의 공격문 밧고 슈치문 당 흐야 <u>쓸딕 업는 큰 쇼릭문 한문 법으로 홀줄 알되 남의 나라를 흔번도 쳐 보지 못 흐엿스며</u> 지금 인민의 긔샹이 쇠약 흐니 엇지 타국과 닷홀슈가 잇스리요 다셧지는 법국 사룸들은 나라를 사랑 흐야 샤혐을 닛는 고로 평시에 셔로 닷호다가도 국가에 유소 흐면 모도 일심이 되야 민변 후에 릉히 토와 국권을 보젼 흐엿거니와 대한 사룸들은 샤소 싼홈에는 용밍이 잇다가도 나라 싼홈에는 겁이 만 흐며 국가가 다망 흐더라도 샤소 이증으로 붕당문 일 삼으니 이 몃 가지를 비교 흐여 보면 빅여년 젼 법국 형셰가 금일 대한 졍셰 보다 소양지 판이라 우리가 이 곳치 무식 흐고 죠약 흐고 익국 홀 므음이 업시 엇지 법국 사룸이 흐던 소업을 경 이나 흐리오 부딕 그러흔 싱각들은 쑴 에도 품지 말고 다문 신문과 교육으로 동포의 문견문 넓히 흐며 우리 분 외의 권리는 불으지도 말고 대황뎨 폐하셔 허락 흐신 양법 미규나 잘 시힝 되도록 관민이 일심 흐면 <u>즈연 총명과 교육이 느는딕로 민권이 츠츠 확쟝</u>이 되야 황실도 만셰에 견고케 흐며 국셰도 부강 흐게 될 일을 긔약 흐노라.

이 논설에는 '민권'이라는 용어가 4회에 걸쳐 등장한다. 이 논설에 따르면 '민권'의 유래는 프랑스 대혁명과 밀접한 관련이 있으며, '자유 권'과 통하는 개념이다. 이 논설에서는 프랑스 대혁명 시기와 논설이 쓰인 1898년 당시의 대한 사정이 크게 다르기 때문에 '민변'이 일어날 염려는 없으나, '관민 일심', '총명 교육'을 통해 민권을 확장해야 한다 고 주장하고 있다. 특히 논설 가운데 '대한의 교육 쇠미'가 '한문자'나 읽고, '연설'과 '신문' 등이 없는 데서 비롯된다는 주장은 민권 확장의 전제 조건이 '민지 향상'에 있음을 의미하는 것으로, 민지 향상론은 기존의 한문을 대신하는 국문의 역할을 강조하는 논리로 귀결된다. 이 점에서 근대 계몽기 국문론은 '민권론'과 그 맥이 닿아 있다. 『만세보』에 실린 양성관 주인의 '국문권학'도 이러한 논리를 대변한다.

【 국문권학: 양성관 주인26) 】

吁噫라 我韓國이 四千年 基業 以來로 現行ᄒᆞᄂᆞ 宗敎ᄂᆞ 儒敎가 最初붓터 行敎ᄒᆞ얏스니 其創敎主는 卽 支那에 誕降ᄒᆞ신 孔夫子ㅣ시니 其宗敎에 精神을 言ᄒᆞ면 三綱과 五輪과 敬上順下ᄒᆞᄂᆞ 딕 在ᄒᆞ고 其文體 則 理解키 深玄ᄒᆞ고 作키 妙難ᄒᆞᄂᆞ 寒窓雪案에 飮水十載ᄒᆞ고 學成滿腹ᄒᆞ야 及其成功則有金不援에 自有萬鐘之祿이ᄂᆞ 人人不能者는 何也오 (…中略…) 所以로 其耳目과 體肢와 性質은 同然無異ᄒᆞᄂᆞ 自己에 姓名의 三字를 不記者ㅣ 其十에 八九에 達ᄒᆞ고 只以漆心만 滿腔ᄒᆞ기로 全國 人民의 分黨이 確立ᄒᆞ고 敎育이 全昧ᄒᆞ야 政府와 民權이 何如ᄒᆞ 資格인지 分析치 못ᄒᆞ고 政府ᄂᆞ 何를 謂ᄒᆞ야 政府라 ᄒᆞ며 民權은 何를 指ᄒᆞ야 民權이라 ᄒᆞ며 國의 政府와 人民에 生命權位가 一個 其 君主의 私有物노만 認知ᄒᆞ고 民黨社會에 關係가 確無ᄒᆞ 줄노 知ᄒᆞ얏기로 政府의 民黨이 異他ᄒᆞ 部分으로만 思想ᄒᆞ고 政府ᄂᆞ 民을 壓制ᄒᆞᆯ 意思히 滿腔ᄒᆞ고 人民은 其壓制를 堪之又堪ᄒᆞ야 必乃其苦況을 難免ᄒᆞ기로 相視如讐ᄒᆞ야 咬呀를 不絶ᄒᆞ니 國과 民이 同一ᄒᆞ 範圍內에 在ᄒᆞ야 國이 亡ᄒᆞ면 自己民도 亡ᄒᆞ며 國이 富强ᄒᆞ면 其民도 富强ᄒᆞ며 其民이 富强ᄒᆞᆷ과 民位에 權黨이 確立ᄒᆞ면 其國에 權黨이 成立ᄒᆞᆷ을 不覺ᄒᆞᆷ은 何也오.

學問이 不同ᄒᆞ고 敎育이 不調ᄒᆞ기로 國과 民이 連絡됨과 團體되ᄂᆞ 意思히 貫通치 못ᄒᆞ기로 如斯ᄒᆞ 境遇에 至ᄒᆞ얏스니 民智가 蒙昧ᄒᆞ야 敎育치 못ᄒᆞ며 其國에 損害가 如何히 關係가 重ᄒᆞ다 謂ᄒᆞᄂᆞ지. 愚意로 像想ᄒᆞᆯ진딕 其中에 必然不少ᄒᆞ 關係가 有ᄒᆞᆫ지라. 其人民의 宗族과 言語와 習慣이 同ᄒᆞ고

---

26) 養性館 主人(1906), 「國文勸學」, 『만세보』, 1906년(광무 10년) 7월 16일.

同一호 土地에셔 同一호 統治權內에 存在호 人民이 其學文과 敎育을 不尙호 야도 互相 離爭違戾(위려)홀 理가 無홀 듯호는 其 實際를 細察호면 人民이 互相 親愛호야 團體를 組成호는 것시 各各 爭奪치 아니호야 安寧을 維持호 고 其國을 保護호야 富强케 호는 것이 모다 學文과 敎育의 感化力이 아니 면 豈能信仰服從호야 漸漸 其 連絡됨과 團體되는 基礎를 確立호리오. 我韓 이 瞽聾(고롱)호 政治國으로 一大變革을 當호야 海外列國을 交涉호고 其文 明호 學術을 高等호 博士의게 敎育을 受혼즉 可以爲比前習慣호면 開發文明 흠이라 謂홀 것이나 不然호면 其實志가 不足흠이라 其實志者는 何也오 其 實志者는 伐齊爲名의 行爲로 其衣其髮만 從俗지 말고 寸陰을 是惜호야 學 文을 熱心 注意호되 一般 國民에 雖 閨房女子와 丐乞下賤이라도 本國에 現行 호는 國文이 在호니 是는 卽 我 世宗大王의셔 聖俊英聰으로 著述호신 비 니 是를 熱心으로 勸勉만 홀지라도 人人이 各히 一週日間이면 卒業에 至홀 거시니 如斯히 均一호게 國文을 通解호는 後에 經濟上 高等호 學文과 社會上 各新聞을 國文으로 發刊호야 男女로 敎育호면 其慧智가 日新호리니 如斯則 足以忠君愛國誠과 團結連絡되는 血心이 踊出호야 國富民强호리니 豈不美 哉리오.

번역 아, 우리 한국이 4천 년 기업 이래 현행하는 종교는 유교가 최초부 터 시행되었으나 그 창교자는 중국에서 탄생하신 공부자이시니 그 종교 정신을 말하면 삼강오륜과 상하 공경 순종하는 데 있고, 그 문체 는 곧 이해하기 매우 어렵고 짓기 미묘하고 난해하여 한창설안(寒窓雪案) 에 십년을 보내고 학업을 이루어 배가 부르게 하여 그 성공하면 곧 저절 로 부와 만종의 녹이 있으나 사람마다 그렇게 할 수 없는 것은 왜일까? (…중략…) 그런 까닭에 그 이목과 신체와 성질은 다름이 없으나 자기의 성명 세 자를 쓰지 못하는 자가 열에 여덟 아홉에 이르고 단지 검은 마음 만 가득하여 전국 인민의 분당이 확립되고, 교육이 모두 우매하여 정부와 민권이 어떠한 자질과 격식을 갖는지 분석하지 못하고, 정부는 무엇을 일컬어 정부라 하며, 민권은 무엇을 가리켜 민권이라 하며, 국가의 정부와 인민의 생명 권위가 일개 군주의 사유물로만 인식하고 '민당사회(民黨社會)'와 관계가 없는 줄로 알기 때문에 정부의 '민당'을 다른 부분으로 생각하고 정부는 인민을 압제할 의사가 가득하고, 인민은 그 압제를 감내하고 또 감내하여 반드시 그 고통스러운 지경을 면하지 못하기 때문에 서로 원수처럼 대하여 으르렁거리니, 국가와 인민은 동일한 범위 내에 있어 국가가 망하면 자기의 인민도 망하며, 국가가 부강하면 그 인민도 부강하며, 그 인민이 부강함과 인민을 중심으로 하는 권당이 확립되면 그 국가에 권당이 성립함을 깨닫지 못하니 왜 그런가.

학문이 같지 않고 교육이 조화롭지 못해 국가와 인민이 밀접한 관계가 있고 단체가 되는 의사가 일관되게 통하지 못하기 때문에 이러한 경우에 이르렀으니, 민지가 몽매하여 교육하지 못하며 그 국가 손해에 얼마나 중한 관련이 있는지. 어리석은 생각으로 상상하더라도 그 중 반드시 적지 않은 관계가 있을 것이다. 인민의 종족과 언어와 습관이 같고, 동일한 토지에서, 동일한 통치권 내에 존재한 인민이 그 학문과 교육을 숭상하지 않더라도 서로 경쟁하고 배반할 이치가 없을 듯하나, 실제를 자세히 관찰하면 인민이 서로 친애하여 단체를 조성하는 것이 각각 쟁탈치 아니하여 안녕을 유지하고, 그 국가를 보호하여 부강하게 하는 것은 모두 학문과 교육의 감화력이 아니면 어찌 능히 믿고 복종하여 점점 그 밀접한 관련일 맺는 단체의 기초를 확립할 수 있겠는가. 우리 한국이 어두운 정치국으로 일대 변혁을 당하여 해외 열국과 교섭하고 그 문명한 학술을 고등한 학사로부터 교육을 받은즉, 이전 습관에 비하면 문명을 개발한 것이라 할 것이라고 말할 것이다. 그렇지 않으면 그 실지가 부족한 것이다. 그 실질적 의지는 무엇인가. 실질적 의지라는 것은 모든 것을 이름에 맞게 하는 행위로 옷과 머리털만 풍속을 따르지 말고 촌음을 아껴 학문에 열중하되, 일반 국민이 비록 규방의 여자이거나 천한 걸인과 천민이라도 본국에 현행하는 국문에 있으니, 이는 곧 우리 세종대왕께서 성스럽고 영용한 지혜로 저술한 것이니, 이를 열심히 권면한다면 사람마다 각각 일주일 간이면 졸업할 수 있을 것이다. 이렇게 균일하게 국문을 통해한 후 경제상 고등한 학문과 사회상 각 신문을 국문으로 발간하여 남녀에게 교육하면 그 지혜가 일신할 것이니, 이렇게 하면 곧 '충국애국'의 정성과 단결 연락되는 혈심이 솟아나 국부민강할 것이니 어찌 아름다운 일이 아니겠는가.

이 논설의 '국문권학'의 논리는 중국의 종교 정신과 한문으로 인해 인민이 자각하지 못하고, 교육받지 못한 결과 민권이 무엇인지 알지 못하고, 정부가 군주의 사유물로 인식되었다는 전제 아래, 국문을 통해 (通解)하고 학문 발달과 교육 진보가 이루어져야 민권이 발달할 수 있다는 논리이다. 달리 말해 근대의 주도 세력으로 시민이 형성되지 못한 주된 요인은 지식 부진과 교육 부재에 있는 셈이며, 이러한 문제를 해결하는 근본 방안이 '국문' 보급에 있음을 의미하는 것이다.

2.3. 국권 침탈과 민족어

한국 근대의 중심 사상이 '국가주의'를 기반으로 한 데 비해, '민족주의'는 제국주의의 침탈과 밀접한 관련을 맺고 있다. 그렇기 때문에 1905년 이후의 각종 논설에서는 '민족'를 주제로 한 논의가 활발해진다. 한국 민족주의가 일제의 침탈 과정과 밀접한 관련을 맺고 있음은 다음 논설을 통해서도 쉽게 확인할 수 있다.

【 帝國主義와 民族主義[27] 】
風雲이 起ㅎㄴ듯 洪水가 駈ㅎㄴ듯 雷霆이 鳴ㅎㄴ듯 潮가 打ㅎㄴ듯 火가 焚ㅎㄴ듯 二拾世紀 帝國主義여(領土와 國權을 擴張ㅎㄴ 主義) 神聖혼 門羅主義(我가 他人을 干涉지 아니ㅎ고 他人도 我를 干涉지 못ㅎㄴ 主義)가 白

---

27) (논설) 『대한매일신보』, 1909.5.28.

旗를 壹堅호 後로 東西大洲에 所謂六大强國이니 八大强國이니 ᄒᆞᄂᆞᆫ 列强이 모다 滿腔血誠으로 此帝國主義를 崇拜ᄒᆞ며 모다 奮鬪爭先ᄒᆞ야 此帝國主義에게 屈服ᄒᆞ야 世界舞臺가 壹帝國主義的活劇場을 成ᄒᆞ얏도다. 然則此帝國主義를 抵抗ᄒᆞᄂᆞᆫ 方法은 何인가 曰民族主義(他民族의 干涉을 不受ᄒᆞᄂᆞᆫ 主義)를 奮揮홈이 是니라. 此民族主義ᄂᆞᆫ 實로 民族保全의 不二의 法門이라. (…中略…) 惟望컨뒤 韓國同胞ᄂᆞᆫ 民族主義를 大奮發ᄒᆞ야 '我族의 國은 我族이 主張ᄒᆞᆫ다' ᄒᆞᄂᆞᆫ 壹句로 護身符를 作ᄒᆞ야 民族을 保全홀지여다.

번역 풍운이 일어나는 듯, 홍수가 몰아오는 듯, 뇌성이 울리는 듯, 조류가 몰아치는 듯, 불이 타오르는 듯. 20세기 제국주의여.(영토와 국권을 확장하는 주의). 신성한 먼로주의(내가 타인을 간섭하지 않고 타인도 나를 간섭하지 못하는 주의)가 백기를 세운 뒤 동서 대륙에 소위 6대 강국이니 8대 강국이니 하는 열강이 모두 혈성 가득 이 제국주의를 숭배하며, 모두 다투어 이 제국주의에 굴복하여 세계무대가 하나같이 제국주의의 활극장을 이루었도다. 그런즉 이 제국주의에 저항하는 방법은 무엇인가. 민족주의(다른 민족의 간섭을 받지 않는 주의)를 분투 발휘하는 것이 그것이다. 이 민족주의는 실로 민족 보전의 둘도 없는 법문이다. (…중략…) 생각건대 한국 동포는 민족주의를 크게 분발하여 우리 민족의 국가는 우리 민족이 주장한다는 한 구절로 호신부를 삼아 민족을 보전할지어다.

이 논설에 나타난 바와 같이, 민족주의는 다른 민족의 간섭을 받지 않는 주의로 제국주의 시대에 자민족을 보전하기 위한 방편으로 인식되었다. 국권 침탈기 이러한 주장이 강화된 것은 1905년 전후의 각종 '보호국론', '식민지론'에 대항하기 위한 이데올로기로서 '민족'을 재발견한 데 따른 것이다. 이 점에서 한국 민족주의는 '애국'과 동의어로 간주되는 경향이 있었고, 민족의 역사, 문화, 언어, 종교 등은 한국 민족의 특질을 나타내는 징표일 뿐 아니라 국가 보전의 요인으로 간주되기도 하였다.

이와 같이 비서구 국가에서 제국주의에 저항하는 양식으로 민족주의가 활용된 데는 사회진화론과 인종론(또는 민족 우열론)이라는 또 다른 이데올로기가 존재한다. 19세기 이후 만연된 사회진화론은 이른바 '문명 대 야만'의 대립 구도를 낳았고, 문명 담론은 인종적 차이에서 기인하며, 인종적 차이는 인종이나 민족의 우열 관계에서 비롯된 것이라는 제국주의적 시각이 반영된다. 다음 논설은 이러한 구도를 반영하는 논설의 하나이다.

【 民族論[28) 】

大抵 人類가 與他 動物노 不同흠은 흔갓 그 種族의 由來와 系統의 如何흠을 瞭然知察흔 然後에야 可히 最靈最貴흔 地位를 占ᄒᆞᄂᆞ니라. 故로 彼歐洲 列强國의 諸博學士들은 다토아 民族의 沿革을 깁피 講究ᄒᆞ야 各各 그 性質의 固有와 智藝의 優劣을 較閲흠에 무릇 國際上 問題와 個人的 交際도 모다 此로 準흘 ᄲᅮᆫ 不啻라. 人類 外의 動物과 밋 植物의 來歷ᄭᅡ지 精細히 研究ᄒᆞ니 엇지 驚畏치 아니ᄒᆞ리오. 이럿타시 今日 歐羅巴에셔ᄂᆞ '쥬-톤' 民族을 第一노 尊重이 너기믄 無他라. 此 民族의 大部分은 英獨 兩國에 住居ᄒᆞᄂᆞ되 그 性質의 勁悍(경한)흠과 腦髓의 英敏흠을 因ᄒᆞ야 二十世紀에 卓冠흔 文明을 致ᄒᆞ얏고 其外에 世人의 極히 注目되고 模範될 만흔 民族은 다믓 猶太人族이니 何故오. 彼 民族은 自國이 滅亡흔 以後로 全地球上 何國을 勿論ᄒᆞ고 大槪 播住ᄒᆞ되 그 固有흔 祖國精神을 毫末도 變치 아니흠은 確據가 有ᄒᆞ니 本來 猶太人이 耶蘇敎를 左道로 排斥ᄒᆞ야 드듸여 耶蘇를 十字架에 磔殺(역살)흔 고로 當時 歐洲 全局의 憎惡흔 바 되야 맛ᄎᆞᆷ뇌 露西亞의계 慘酷흔 滅亡을 當흔 後로 擧皆 露兵의 捕虜되야 壓迫이 太甚흘 境遇에ᄂᆞ 成群作隊ᄒᆞ야 露人과 爭鬪ᄒᆞ다가 抵當치 못ᄒᆞ야ᄂᆞ 비록 個人이라도 藏釼密行(장일밀행)ᄒᆞ야 露廷 官吏를 頻頻(빈빈)히 暗殺ᄒᆞ고 其後 東西洋 各國에 散在ᄒᆞ

---

28) 韓興敎(1907), 「民族論」, 『낙동친목회학보』 제1호, 1907.10.

야도 民族主義를 堅守勿失호니 춤 欽慕호고 尊仰홀 만호도다. 嗟홉다. <u>我大</u>
<u>韓 民族도 亦是 世界 民族의 一部分을 占有호면서 엇지 如斯히 萎靡不振호</u>
<u>며 寂然無聲호는디 吾人은 不可不 最初에 硏究홀 必要가 有호즉 今에 一言</u>
<u>으로 決홀딘디 호갓 民族의 如何홈을 不知호 所以로 團體力이 自然乏絶호</u>
<u>結果라 호노라.</u> 이런 고로 余의 淺見을 不顧호고 玆에 民族論이라 特題호
노니 讀者 僉君子는 泛然히 看過치 말고 깁히 窮究호야 我韓 民族이 다시
世界上에 表揚되기를 熱望호노라.

번역 대저 인류가 다른 동물과 같지 않음은 한갓 그 종족의 유래와 계통
이 어떠함을 명료히 관찰한 연후에 가히 가장 신령하고 귀한 위치
를 차지한 것이다. 그러므로 저 구주 열강국의 여러 학자들은 다투어 <u>민족</u>
<u>의 연혁을 깊이 강구하여 각각 그 성질의 고유함과 지혜의 우열을 비교</u>
<u>고찰하니 무릇 국제상의 문제와 개인적 교제도 모두 이를 기준으로</u> 한
것일 뿐 다름이 아니다. 인류 이외의 동물과 식물의 내력까지 정세히 연구
하니 어찌 놀랍지 않겠는가. 이렇듯이 금일 구라파에서는 튜튼 민족을
제일 존중히 여기는 것은 다름 아니다. 이 민족의 대부분은 영국과 독일
두 나라에 거주하는데 그 성질이 경한하고 두뇌가 영민하여 20세기에 우
뚝한 문명을 만들었고 그밖에 세인이 극히 주목하고 모범이 될 만한 민족
은 다만 유태인족이니 어찌하여 그런가. 저 민족은 자국이 멸망한 이후
전지구상 어떤 나라를 물론하고 대부분 흩어져 거주하되 고유한 조국 정신
이 변하지 않은 확실한 증거가 있으니, 본래 유태인이 야소교를 배척하여
드디어 야소를 십자가에 매달아 죽인 까닭에 당시 구주 전국이 증오한
바 되어 마침내 러시아에게 참혹한 멸망을 당한 후 대부분 러시아 병사의
포로가 되었다. 압박이 극심할 경우 무리를 지어 대오를 만들고 러시아인
과 투쟁하다가 당해내지 못해 비록 개인일지라도 칼을 감추고 은밀히 행하
여 러시아 조정 관리를 빈번히 암살하고 그 후 <u>동서양 각국에 산재해서도</u>
<u>민족주의를 견고히 지켜 잃지 않으니</u> 참 흠모하고 존경할 만하다. 아, 우리
대한 민족도 역시 세계 민족의 한 부분을 점유하면서 어찌 이와 같이 위미

부진 적연 무성한데, 우리는 불가불 최초 연구할 필요가 있으니 곧 지금 한 마디로 하면 한갓 민족이 어떠함을 부지한 까닭으로 단체력이 자연히 결핍 절멸한 결과라고 할 것이다. 이런 까닭에 나의 얕은 견해를 돌아보지 않고, 이에 '민족론'이라고 제목을 붙이니 독자 첨군자는 범연히 보지 말고 깊이 궁구하여 우리 대한 민족이 다시 세계상 드러나게 되기를 열망한다.

'민족론'이라는 제목의 이 논설은 민족 우열을 전제로 국제 문제와 개인 문제가 결정되는 현실을 직시하고, 대한 민족의 생존과 세계상의 존립을 위해 민족 연구가 필요함을 역설한 논설이다. 학리적인 차원에서 '인종론'이 구체적으로 소개된 것은 일제 강점기 재일 유학생 잡지인 『학지광』 제15호(1918)의 '민종 개선학(民種 改善學)'과 같은 예가 있다. 이 논문에서는 "인생 일생에 병신보다 완전한 사람이 행복되고, 나약한 사람보다 강건한 사람이 행복됨은 누구나 아는 바어니와 이 둘 간의 관계는 이보다 심함이 있으니 근래 학설에 의하면 모든 범죄자, 걸린, 악덕자가 다 정신상으로나 신체상으로 결함이 있는 자"라고 규정하고, "정신 신체의 불건전은 이를 한 개인으로 보면 불행의 극치요 한 가족이나 국가로 보면 쇠퇴의 징조이니 사람된 자는 누구나 이러한 불행의 원인을 삼제(芟除)하고 다시 적극적으로 행복을 증진하는 방법은 연구하여야 할 것"이라고 주장한다.29) 다윈의 진화론과 이를 응용한 민종 개선학은 일제 강점기 '개조론'의 기반이 된 사상이라고 볼 수 있으나, 제국주의의 입장에서는 식민 지배를 정당화하는 이론으로 작용한다. 그러나 어떤 입장에서든 '민종(民種)'은 민족과 종족을 기준으로 하며, 국가 존립의 위기나 국가 상실 상황에서 '민족'이 국가를 대신하는 새로운 관념이 될 수 있음은 자연스러운 현상이다.

---

29) 「民種 改善學에 就하야」, 『학지광』 제15호(1818.3). 이 논문에서는 민종 개선학이 영국 프란시스 골튼에 의해 창조된 학문으로, 다윈의 인위도태설(유전, 변화, 선택설)에 기반한 학문임을 소개하고 있다.

3. 어문민족주의와 조선어

3.1. 어문사상 일체관과 어문민족주의

국가주의와 민족주의가 성장해 가는 과정에서 '국어'와 '국문'은 국가정신 또는 민족정신과 동일시되는 경향이 있었다. 특히 을사늑약의 국권 침탈 상황에서 이러한 사상이 확고해지기 시작했는데, 유길준의 '소학교육에 대하는 견해'에서도 이러한 의식을 확인할 수 있다.

【 小學教育에 對ᄒᆞᄂᆞᆫ 見解[30]) 】

小學은 國民의 根本敎育이라 高尙ᄒᆞᆫ 文學을 主ᄒᆞᆷ이 아니오 人世의 普通 知識을 幼年者의 腦中에 浸染ᄒᆞ야 習이 性으로 더브러 成ᄒᆞ야 將來 善良ᄒᆞᆫ 國民이 되게 ᄒᆞᆷ이니 故로 其敎育ᄒᆞᄂᆞᆫ 方法이 <u>一. 國語로 以ᄒᆞᄂᆞᆫ 事, 二. 國體에 協ᄒᆞᄂᆞᆫ 事, 三. 普及을 圖ᄒᆞᄂᆞᆫ 事.</u>

蓋 <u>國語로 以ᄒᆞᄂᆞᆫ 所以ᄂᆞᆫ 兒童의 講習의 便易케 ᄒᆞᄂᆞᆫ 同時에 自國의 精神을 養成ᄒᆞ기 爲ᄒᆞᆷ</u>이라. 故로 大韓 兒童의 敎科書籍은 大韓 國語를 用ᄒᆞᆷ이 可ᄒᆞ거날 近日 行用ᄒᆞᄂᆞᆫ 小學書籍을 觀ᄒᆞ건ᄃᆡ 國漢字를 混用ᄒᆞ야시나 漢字를 主位에 寘ᄒᆞ야 音讀ᄒᆞᄂᆞᆫ 法을 取ᄒᆞ고 國字ᄂᆞᆫ 附屬이 되야 小學用으로ᄂᆞᆫ 國文도 아니고 漢文도 아인 一種 蝙蝠 書籍을 成ᄒᆞ지라 是以로 滿堂ᄒᆞᆫ 小兒가 敎師의 口를 隨ᄒᆞ야 高聲喧鳴ᄒᆞ고 或 其文意를 叩ᄒᆞᆫ 則 茫然히 雲霧 中에 坐ᄒᆞ야 其 方向에 迷ᄒᆞᆫ 者가 十의 八 九에 是居ᄒᆞ니 此ᄂᆞᆫ 國中 子女에게 鸚鵡 敎育을 施ᄒᆞᆷ이라.

번역 소학은 국민의 근본 교육이다. 고상한 문학을 주로 하는 것이 아니고, 인간 세상의 보통 지식을 어린이의 뇌 속에 물들게 하여 습관이 성품과 더불어 이루어져 장래 선량한 국민이 되게 하는 것이니, 그

---

30) 유길준(1908), 「小學敎育에 對ᄒᆞᄂᆞᆫ 見解」, 『황성신문』, 1908.2.29.

러므로 그 교육 방법이 1) 국어로 할 일, 2) 국체에 협력케 할 일, 3) 보급을 도모할 일 등이다.

대개 국어로 하는 이유는 아동의 강습을 편이케 하는 동시에 자국의 정신을 양성하기 위한 것이다. 그러므로 대한 아동의 교과 서적은 대한 국어를 사용해야 하거늘 근일 행용하는 소학 서적을 보면 국한자(國漢字)를 혼용하였으나 한자를 중심에 두고 음독하는 법을 취하며 국자(國字)는 부속이 되어 소학교용으로는 국문도 아니고 한문도 아닌 일종 편복(박쥐) 서적을 이룬다. 그러므로 교실 가득한 소아가 교사의 입을 따라 큰 소리로 읊고 혹은 그 문자의 뜻을 살핀즉 망연히 운무 중에 앉아 그 방향이 미혹한 자가 열에 여덟아홉에 이르니, 이는 국중 자녀에게 앵무새 교육을 실시하는 것이다.

이 논설에서는 소학 교육에서 '국문'을 사용해야 하는 이유가 '강습 편의'와 '자국 정신 함양'에 있다고 하였다. 이 논설의 취지가 당시 교과 서의 국한문체 사용 방식을 비판하는 데서 출발했을지라도, 이 논설에 서 주장한 '자국 정신 함양'은 이 시기 국가주의가 점차 민족주의로 변화해 가는 상황을 고려한다면, 민족정신을 함양하는 문제로도 귀결된다. 이 점은 1900년대 '국문 관련 논설'[31]에 빈번히 등장하는 '국문 편리', '국문 존중'의식과도 다소 차이가 있다. 허재영(2010)에서 정리한 바와 같이 1905년 이전의 국문 관련 논설 17편은 대부분 '국문 편리'를 기반으로 지식 보급에 유용한 문자임을 강조하는 논설이 많다. 이에 비해 1906년 이후의 논설에서는 '편리'뿐만 아니라 '자국문'임을 강조하는 내용으로 전환되는 경향이 짙다. 이는 주시경의 '필상자국문언(必尚自國文言)'에서도 명료히 드러난다.

---

31) 이에 대해서는 하동호 편(1986)의 『국문 관련 논설집』(탑출판사), 허재영(2010)의 『근대 계몽기 어문정책과 국어교육』(보고사) 등의 자료를 참고할 수 있다.

【 必尙自國文言[32] 】

人以文言得享最强之權: 人이라 ᄒᆞ는 動物이 如此ᄒᆞᆫ 權利를 能享ᄒᆞ는 것은 其實際를 窮究ᄒᆞ면 猛獸는 體軀의 猛利홈이 人보다 몃 倍 더 强ᄒᆞ고 智慧도 不少ᄒᆞ되 但 言語가 不足ᄒᆞ며 文字가 업셔 其 生活의 法을 變通홀 줄 몰나 今日 虎窟이 古日虎窟과 如ᄒᆞᆫ 것이요 今日 鵲巢가 古日 鵲巢와 如ᄒᆞᆫ지라 <u>人이 他動物과 特異ᄒᆞᆫ 것은 智慧가 最多홀 ᄲᅮᆫ더러 言語가 具備ᄒᆞ며 文字를 制用ᄒᆞ는 緣由라</u>. 大事는 個人의 獨力 單旋으로 能成치 못ᄒᆞᄂᆞ니 <u>言語라 ᄒᆞ는 것은 其智慧로 窮理ᄒᆞ야 經營ᄒᆞ는 意思를 發表ᄒᆞ야 相告相應ᄒᆞ며 相導相助케 ᄒᆞ는 紹介라</u> 人이 各種動物中에 相愛ᄒᆞ는 倫義와 相助ᄒᆞ는 經綸이 最多ᄒᆞ나 其道의 實行됨은 言語가 最備ᄒᆞ여 其意를 無疑相通홈이요 人事가 漸興ᄒᆞ는ᄃᆡ로 <u>智術을 더욱 發達ᄒᆞ여 其道其業을 益精케 ᄒᆞ랴고 文字를 乃制ᄒᆞ여 事實을 記載ᄒᆞ며 學識을 講究ᄒᆞ니</u> 制度作設이 益善ᄒᆞ여 於是焉 人道가 極備ᄒᆞ여 萬物로 다 그 屈用을 삼으니 人이 天下에 最强ᄒᆞ는 權을 能得홈이 다 言語이 具備홈에서 成ᄒᆞ더라.

번역 사람은 문언(文言)으로 최강의 권리를 향유함: 사람이라 하는 동물이 이처럼 권리를 능히 누리는 것은 그 실제를 궁구하면 맹수는 몸체에 맹렬하고 날카로움이 사람보다 몇 배나 더 강하고 지혜도 적지 않으나 단 언어가 부족하고 문자가 없어 그 생활 방법을 변통할 줄 몰라 금일 호랑이 굴이 옛날 호랑이 굴과 같은 것이요, 금일 까치집이 옛날 까치집과 같은 것이다. 사람이 다른 동물과 특이한 것은 지혜가 가장 많을 뿐만 아니라 언어를 갖추고 문자를 만들어 쓰는 까닭이다. 큰일은 개인의 혼자 힘으로 홀로 주선하여 이루지 못하니 <u>언어라는 것은, 지혜로 이치를 따져 경영하는 의사를 발표하여 서로 호응하며 서로 이끌어 돕도록 하는 매개체이다.</u> 사람이 각종 동물 중에 서로 사랑하는 윤리와 정의, 서로 돕는 경륜이 가장 많으나 그 도리가 실행되는 것은 언어를 구비하여

---

32) 주시경(1907),「必尙自國文言」,『황성신문』, 1907.4.1~6.

그 뜻에서 막힘이 없게 하기 때문이요, 사람의 일이 점차 흥하는 대로 지식과 기술이 더욱 발달하여 그 방법과 업무를 더욱 정밀하게 하고자 문자를 만들어 사실을 기록하며 학식을 강구하니 제도를 만드는 것이 더욱 좋아져 이에 사람의 도리가 극히 갖추어져 만물이 모두 그것을 사용하도록 하니 사람이 천하에 최강의 권리를 능히 얻는 것이 모두 언어를 갖춘 데서 이루어진다.

주시경의 '자국 문언을 반드시 존중해야 한다'는 뜻의 이 논설은 인간은 언어적 동물임을 전제로, 인간이 동물 가운데 가장 강한 권리를 누리는 이유가 '언어 사용'에 있음을 강조한다. 곧 언어는 의사소통의 매개체일 뿐만 아니라 공동체를 구성하는 핵심 요인이다. 인간은 언어를 사용하여 의사를 소통할 뿐 아니라, 지식과 기술을 발달시키고, 문자를 통해 사실을 기록하며 학식을 증장시킨다. 주시경은 여기서 한걸음 더 나아가 '인류의 경쟁'이 '문언(文言)'과 밀접한 관련이 있고, '자국문'은 '자국 특립(自國特立)의 표시'로 인식한다.

【 必尙自國文言33) 】

自國의 言語文字는 <u>天然的으로 不同흔 區域의 人衆이 天然的으로 一個團體 自由國되는 特性이 標準이라</u>. 其 社會 人衆을 志意相通ᄒ며 經營相助ᄒ야 一團體 되게 ᄒ는 言語가 他衆之文言의 弄絡을 被ᄒ야 紊亂混雜ᄒ면 其衆의 思想과 團體도 紊亂分離ᄒ야 國家 自主의 保全을 期望키 不能ᄒ더라

번역 자국의 언어 문자는 천연적으로 같지 않은 구역의 사람들이 천연적으로 일개 단체, 자유국이 되는 특성을 표준으로 한 것이다. 그 사회 인중의 뜻을 서로 통하게 하며 서로 도와 경영하여 한 단체가 되게 하는 언어가 다른 인중(人衆)이 사용하는 문언(文言)의 농락을 당해 문란

---

33) 주시경(1907), 「必尙自國文言」, 『황성신문』, 1907.4.1~6.

하고 혼잡해지면 그 무리의 사상과 단체도 문란하고 흐트러져 국가 자주의 보전을 기대하기 어렵다.

주시경의 논설에서 '자국 언어 문자'는 표면상 국가를 전제한 표현으로 보이나 '천연적 구역', '인중(人衆)' 등의 용어가 함께 사용된 것으로 볼 때, 단순한 국가주의의 표현이라기보다 민족을 전제로 한 것으로 해석된다. 이는 이 논설의 결론에 해당하는 '권고 전국 유지제군 여 상하 동포'라는 표현에서도 확인할 수 있는데, 이 시기 '동포'라는 표현은 '민족'과 유의어로 사용된 예가 많다.

【 必尙自國文言34) 】

勸告全國 有志諸君 與 上下同胞: 今日을 當ㅎ여 有志ㅎ신 이들이 敎育 敎育ㅎ니 旣往 漢文을 學習흔 者에게만 敎育코자 ㅎ심이 안이겟고 漢文을 不解ㅎᄂ 者ᄂ 幾十年이던지 不計ㅎ고 漢文을 敎授흔 後 成業됨을 對ㅎ여 諸他學術을 乃敎코자 ㅎ심도 안일지라 然則 英文이나 日語로 敎育코자 ㅎ나 英文이나 日語를 我民이 何以知之리오 漢文보다도 倍難홀지라 如今之世를 當ㅎ여 特別이 英德法日淸俄 等國의 文言을 學習ㅎᄂ 者도 必有ㅎ여야 겟으나 全國人民의 思想을 變化ㅎ며 智識을 發興케 ㅎ랴면 不可不 國文으로 各種學文을 著述ㅎ며 飜譯ㅎ여 주어야 될지라. 英法德等國은 漢文의 形狀도 不知ㅎ되 如彼히 富强興進ㅎᄂ지라 我半島가 四千餘年 前부터 開基흔 二千萬衆 社會에 時時로 通用ㅎᄂ 言語를 以口 報傳ㅎ던 것도 莫大欠事(막대흠사)어날 國文 頒布된지 四百六十餘年에 語典 一卷도 不製ㅎ고 漢文만 猶事ㅎᄂ 것이 엇지 羞愧치 안ㅎ요 自今以後로ᄂ 國文을 賤視ㅎᄂ 陋習을 變ㅎ여 我國文言의 法兵義를 極力 講究ㅎ고 字典 文典 讀本을 著成ㅎ여 더욱 精利흔 文言이 되게 홀 쑨더러 我 全國 上下가 國文을 我國의 本體로

---

34) 주시경(1907), 「必尙自國文言」, 『황성신문』, 1907.4.1~6.

崇用ᄒᆞ여 我國이 世界에 特立되ᄂᆞᆫ 特性의 表柄을 堅持ᄒᆞ고 自由萬萬歲를 永享ᄒᆞ기 伏乞ᄒᆞᄂᆞ이다. (完)

번역 전국 유지 제군과 상하 동포에게 권고함: 금일 유지하신 이들이 '교육, 교육'하니 지금까지 한문을 학습한 자에게만 교육하고자 하는 것은 아닐 것이고, 한문을 해석하지 못하는 자기 몇 십 년이든지 계산하지 않고 한문을 가르친 후 업을 이루어 여러 다른 학술을 가르치고자 하는 것도 아닐 것이다. 그러므로 영문이나 일본어로 교육하고자 하나 영문이나 일어를 우리 민족이 어찌 가히 알 것인가. 한문보다 배나 더 어려울 것이다. 지금 세상에서 특별히 영국 독일 프랑스 일본 중국 러시아 등의 언문을 학습하는 자도 반드시 있어야 하겠으나, 전국 인민의 사상을 변화하며 지식을 발흥케 하려면 불가불 국문으로 각종 학술 문헌을 저술하며 번역하여 주어야 할 것이다. 영법덕 등 국가는 한문의 형상도 모르되 이와 같이 부강하고 흥진하였다. 우리 반도가 사천년 전부터 기반을 열어 이천만 민중 사회에 시시로 통용하는 언어를 입으로 전하던 것도 잃어서는 안 될 것이어늘, 국문이 반포된 지 사백육십 년에 어전(語典) 한 권도 만들지 않고 한문만 오직 숭상하는 것이 어찌 부끄럽지 아니할 것인가. 자금 이후로 국문을 천시하는 누습을 바꾸어 아국 문언의 법칙과 병의를 힘써 강구하고 자전(字典), 문전(文典), 독본(讀本)을 저술하여 더욱 정교하고 예리한 문언이 되게 해야 할 뿐만 아니라 우리 전국 상하가 국문을 아국의 본체로 숭상하고 이용하여 아국이 세계에 특립하는 특성을 나타내는 지표로 견지하고 자유 만만세를 향유하기를 엎드려 바랍니다.

주시경의 '국어', '국문' 개념은 국가 차원의 언어를 넘어 '상하 동포'가 사용하는 언어를 의미한다. 언어는 전국 인민의 사상을 변화하며, 지식을 발흥케 하는 수단이다. 특히 이천만 민중이 통용하는 언어는 곧 민중의 언어이자 민족의 언어인 셈이다. 이러한 의식에서 근대 계몽기 애국계몽가들이 사용한 '국문' 개념 속에는 '민족'이 전제되어 있고,

어문(語文)은 곧 '사상(思想)' 표현의 수단일 뿐 아니라, 사상 그 자체로 인식되었다.

3.2. 일제 강점기 '국어', '조선어', '한글'

근대 계몽기 국가어 개념이 일제 강점기에 지속되기 어려웠던 이유는 식민 지배의 결과 국가를 상실했기 때문이다. 더욱이 근대 계몽기 국어의 표준화가 이루어지지 못한 상태에서 식민지로 전락한 조선에서는 민족의 언어를 '국어'로 부르지 못하는 상황에서 '철자법 통일', '표준어 사정', '사전 편찬' 등의 작업을 진행하게 된다.

마쓰이 다카시(2002)의 박사학위논문에서 지적한 바와 같이, 식민지 조선에서의 조선어는 다수 민중이 사용하는 언어임에도 차별 받는 소수언어였다.[35] 강제 병합의 결과 '국어'가 '조선어'가 되고, '일본어'가 '국어'가 된 시점에서, 식민지 조선어는 지배의 편의를 위한 제한적 도구일 뿐, 정책적으로 지식과 계몽의 수단으로 작용하기 어려웠다. 더욱이 근대 이후 국가사상을 기반으로 형성된 '국어' 의식은 식민 치하의 조선 민중에게도 일본어를 배워 사용할 것을 강요하는 이데올로기를 형성하였다. 일제 강점기 이러한 이데올로기를 가장 잘 대변한 매체가 『매일신보』이다. 다음 논설을 살펴보자.

【 國語 普及의 急務[36) 】
　◇國語 普及의 急務: 夫 國家 領有에 屬ᄒ 者 地域은 勿論 肥饒瘠确ᄒ고 總히 國土라 稱ᄒ며 國家 統治에 歸ᄒ 者 人衆은 勿論 賢愚貴賤ᄒ고 能히 國民이라 稱ᄒ나니 故로 國民의 齊一ᄒ 議論에 不可岐貳ᄂ 其名曰 國論이

---

35) 마쓰이 다카시, 임경화·고영진 역(2013), 『식민지 조선의 언어 지배 구조』, 소명출판.
36) (논설) 『매일신보』, 1913.11.2~11.5.

오 國民의 共同한 風俗에 不可背馳는 其名曰 國俗이라 (…中略…) 又況 我朝鮮人은 新附에 歸屬한지 日淺하야 內地人으로 더부러 意見上 相違點에 不無하고 習慣上 差異處가 不無함은 勿論인즉 第一 要點되는 國語를 不知하고 엇지 同舟共濟相保의 密接情誼를 融通和解하리오. 故로 當局에셔 行政上 急務가 莫先於國語普及이라 專力鼓動하며 極 意獎勵함은 一般了知하는 바이어니와 其所以됨은 二가 有하니 一은 日鮮人의 情誼가 疏通하야 速히 同化 方面으로 燭爛同流코즈 함이오 一은 朝鮮人의 至願을 語悉하야 行政事務에 障碍가 無코즈 함이니, 我朝鮮人은 此意를 克體하면 寧히 一日不食이언뎡 不可一日無國語오 寧히 一夜不寢이언뎡 不可一日無國語니 何者오 (…中略…) 我不敢知어니와 言語는 人身의 樞機라 萬事萬物의 造化發達이 總히 此를 經中치 안이함이 無하니 此를 能히 了解치 못하면 엇지 一日의 生活을 可得하리어. 故로 當局에셔 愛欲日生의 慈念으로 日急一日히 國語普及을 注意하나니 今에 我人民은 假令 此 學習에 對하야 一日之緩이 有하면 一日之害가 立至하고 一年之緩이 有하면 一年之害가 立至하리니 我同胞는 國語研習에 急起着手할지라.

번역 국어 보급의 급무: 대저 국가 영토에 속한 자는 지역이 비옥하거나 척박함을 물론하고 모두 국토라고 칭하며, 국가 통치에 속한 자는 인중(人衆)이 현명함과 어리석음, 귀함과 천함을 물론하고 능히 국민이라고 칭하니, 그러므로 국민의 일치한 의논이 둘로 나뉠 수 없는 것은 그것을 일컬어 국론이라 하고, 국민의 공동한 풍속에 배치되지 않는 것이 국속(國俗)이다. (…중략…) 하물며 우리 조선인은 새로운 지역에 귀속한 지 얼마 되지 않아서, 내지인(일본인)과 더불어 의견상 어긋나는 점이 없지 않고 습관상 차이가 없지 않음은 물론이니, 제일 요점되는 국어를 알지 못하고 어찌 같은 배에 타서 함께 살며 서로 보호하는 밀접한 정의를 융해하고 화합하겠는가. 그러므로 당국에서 행정상 급히 해야 할 일은 '국어 보급'보다 선행할 것이 없으므로, 전력으로 고동하며 극력으로 장려하는 것은 일반이 모두 아는 바이어니와 그 이유가 둘이 있으니, 하나는 조선인의 지극한 소원을 다 말하여 행성 사무에 장애가 없게 하고자 함이니, 우리 조선인이 이 뜻을 극히 체험하면 차라리 하루를 굶더라도 하루라도 국어가 없는 일이 가능하겠으며, 차라리 하룻밤을 자지 않더라도 하루라도 국어가 없는 날이 불가할 것이니 왜 그런가. (…중략…) 내가 감히 알지 못하나 언어는 인신의 기구이다. 만사만물의 조화 발달이 모두 이를 거치지 않는 것이 없으니 이를 능히 이해하지 못하면 어찌 하루의 생활이 가능하겠는가. 그러므로 당국에서는 일상생활의 자비로운 마음으로 날로 급히 국어 보급에 주의하니 지금 우리 인민은 가령 이 학습에 대해 하루라도 늦추면 하루의 피해가 발생하고 일 년이 늦으면 일 년의 피해가 생길 것이니 우리 동포는 국어 연습에 급히 착수해야 할 것이다.

이 논설에 등장하는 '국어'는 '일본어'를 의미한다. 루이 장 칼베의 '식민주의와 언어'라는 논문에서 확인할 수 있듯이, 식민주의는 군대와 행정 관료 집단, 뒤이어 상인 집단이 도시에 이식됨으로써 언어 전쟁을 치르게 된다.[37] 이른바 언어 침식으로 불리는 식민지 언어 지배는 행정이나 법률 등에서 우선적으로 나타나며, 이로부터 두 언어의 공존 기간이 시작되고, 그 기간이 지난 뒤 식민 지배국의 언어가 피지배 언어를 화석화시킨다. 이러한 흐름은 정도의 차이가 있을지라도 식민지 조선에서도 나타난다. 일제 강점기 어문정책을 연구한 허재영(2011)에서 밝힌 바와 같이, 식민시기 조선총독부의 어문정책의 핵심은 '일본어 보급 정책'에 있었다. 식민 정책으로서 '일본어 보급'은 제1차 조선 교육령 보통학교 규정 제7의 3항 "국어(일본어)는 국민정신이 깃든 것이니 또 지식 기능을 습득하게 함에 빠지지 못할 것이므로 어떤 교과목에 대해서도 국어의 사용을 정확히 하고 그 응용을 자유롭게 함을 기약함이

---

37) 루이 장 칼베, 「식민주의와 언어」, 이병혁 편(1986), 『언어사회학 서설: 이데올로기와 언어』, 까치.

필요함"38)에서 확인할 수 있듯이, '국어'와 '국민정신'의 일체관을 바탕으로 하고 있다. 이러한 사상은 이른바 '어문사상일체관'을 의미하는 것으로, 근대 계몽기 한국인들의 어문민족관이 단지 한국 고유의 사상이 아님을 보여준다.

이 정책은 강점 직전인 통감시대, 곧 을사늑약으로부터 시작되며, 일제 강점기에는 1910년대부터 문화정책이 천명된 1920년대를 거쳐, 병참기지화된 1930년대에 이르러 '일본어 상용화'가 강제되듯이 지속적으로 추진되어 왔다. 그 과정에서 식민지 조선인과 조선어는 비문명인이자 불완전한 언어로 간주되고, 민족 차별 정책과 함께 언어 차별도 심해져 갔다. 조선어가 더 이상 국어가 아니며, 정책적인 억압과 차별을 받는 상황에서 근대 계몽기 싹튼 '민족' 개념은 언어를 통한 민족 유지가 필요하다는 '어문 민족 동일체 사상'을 발달시켰다. 특히 더 이상 '국문(國文)'이라는 용어를 사용하기 어려운 상황에서 '국문'을 대체할 '한글'이라는 용어가 탄생한 것은 주목할 현상이다.

이규영의 필사본 '한글모죽보기'39)의 '조선언문회(朝鮮言文會)' 연혁에 따르면, 주시경은 1907년부터 '하기국어강습소(夏期國語講習所)'를 열고, 1908년 8월 하기강습소 졸업생과 유지들을 모아 '국어연구학회'를 조직하였다. 이 학회는 1909년 11월부터 강습소를 설치하였는데, 주시경은 이 학회를 주도한 강사였다. 국권 상실 직후인 1910년부터 '국어연구학회는 '배달말글몯음'으로 명칭을 바꾸었으며, 1913년(4247년)에는 '한글모'라고 고쳐 부른 것으로 나타난다. 이와 관련된 기록은 다음과 같다.

---

38) 제1차 조선교육령 당시 '보통학교 규정' 제7의 3. "國語ᄂᆞᆫ 國民精神이 宿ᄒᆞᆯ 바ㅣ니 ᅂᅩ 知識機能을 得케 홈에 缺치 못ᄒᆞᆯ 것인즉 何敎科目에 對ᄒᆞ야도 國語의 使用을 正確히 ᄒᆞ고 其應用을 自在케 홈을 期홈이 可홈."

39) '한글모죽보기'는 이규영이 1910년부터 1917년까지 조선언문회의 활동을 기록한 필사본이다.

四千二百四十年(光武十一年 丁未) 七月 一日 第一回 夏期國語講習所를 尙洞 靑年學院 內에 設하니 所長 金命洙 講師 周時經 先生이러라. (…中略…)

同年 同月(四十一年 八月, 연구자 입력) 三十一日 夏期國語講習所 卒業生과 其他 有志 諸氏가 發起하야 國語硏究學會를 組織하다. 會長 金廷鎭 氏. (…中略…)

同四十四年(辛亥) 六月 二十七日 右講習所 卒業式을 行하니 卒業生 合 五十一人이러라.

同年 九月 十七日 國語硏究學會를 '배달말글몯음(朝鮮言文會)'라 하고 講習所를 朝鮮語講習院이라 하야 學級를 確定하야 初等 中等 高等 三科를 各 學年으로 定하고 時間은 每週日 二時間으로 定하고 第一回 中等科만 便宜에 依하야 募集하니 合一百九十人러라. (…中略…)

同年(四十六年, 연구자 입력) 四月 日 '배달말글몯음'을 '한글모'라 함.

번역 4240년(광무 11년 정미, 서기 1907년) 7월 1일 제1회 하기국어강습소를 상동 청년학원 내에 설립하니 회장은 김명수, 강사는 주시경 선생이다. (…중략…)

동년 동월(41년 8월, 서기 1908년) 31일 하기국어강습소 졸업생과 기타 유지 제씨가 발기하여 국어연구학회를 조직하다. 회장 김정진 씨. (…중략…)

동 44년(신해, 서기 1910년) 6월 27일 우 강습소 졸업식을 행하니 졸업생이 모두 51인이다.

동년(44년, 서기 1910년) 9월 17일 국어연구학회를 '배달말글몯음(조선언문회)'이라 하고, 강습소를 '조선어강습원'이라 하여 학급을 확정하여 초등, 중등, 고등 세 과를 각 학년으로 정하고, 시간은 매주일 2시간으로 정하고, 제1회 중등과만 편의에 따라 모집하니 모두 191인이다. (…중

---

40) 이규영(1988), 「한글모죽보기」, 『한힌샘연구』 제1집, 한글학회.

략…)

동년(46년, 서기 1913년) 4월 일 '배달말글몯음'을 '한글모'라 함.

이 기록에 따르면 '한글'이라는 명칭이 공식적으로 사용된 것은 1913년에 해당한다. 그 이전 주시경은 『보중친목회회보』 제1호(1910.6.1)에서 '한나라말'이라는 용어를 사용한 적이 있으며, 이 논설에서 '(우리)나라 말과 글' 또는 '한나라글'이라는 용어를 사용하기도 하였다. 이때 사용한 '한나라말'과 '한나라글'은 '국어, 국문'과 같은 뜻의 용어이다. 그런데 강제병합에 따라 '국어'와 '국문'이라는 용어를 사용할 수 없게 되자,41) '국어연구학회'를 '배달말글몯음'으로 바꾸었는데 이때 사용한 '배달'은 '민족' 개념을 전제로 한 것이다. 더욱이 1913년 '배달'이라는 이름 대신 '한글'이라는 이름으로 개칭하였는데, 그 의도는 '한글'이라는 용어 속에 '배달'이라는 단순한 민족 개념보다 더 가치 있는 개념(크고 위대함)이 포함되어 있다고 믿었기 때문이다. 개칭 과정에 대해서는 '한글모 죽보기'의 '한글모 세움 몯음 적발'에 잘 나타나 있다.

【 한글모 세움 몯음 적발42) 】

四二四六年 三月 二十三日(日曜) 下午 十一時.

臨時摠會를 私立 普成學校 內에 開하고 臨時會長 周時經 先生이 昇席하다.

臨時 書記가 人員을 點檢하니 出席員이 二十四人이러라.

周時經 先生이 다시 草定한 本會 規則을 問可否 通過하자는 崔鉉*43)氏

---

41) 일제는 강점 직후부터 '독립', '국어', '국문' 등의 용어를 사용할 수 없게 하였다. 이에 따라 각 단체의 이름이나 교과서에서 이러한 용어가 등장할 경우, 용어 정정을 하도록 하였다.

42) 이규영(1988), 「한글모죽보기」, 『한힌샘연구』 제1집, 한글학회.

43) *글자는 '한글모 세움 적발'에서 판독하기 어려운 글자로, '崔鉉培'의 '培'자는 아닌 것으로 보인다. 그러나 '한글모 세움 몯음'에 등장하는 인명 가운데 이 글자가 포함된 사람이 등장하지 않고, 당시 언문회 강습원으로 최현배가 활동하고 있었으므로, 최현배를 잘못 적은 것으로 추정한다.

動議에 孫弘遠 氏 再請으로 可決되아 **通過하다.

本會의 名稱을 「한글모」라 改稱하고 이 몯음을 세운몯음으로 하자는 李奎榮 氏 同議에 申明均 氏 再請으로 可決되다.

번역 4246년(서기 1913년) 3월 23일(일요) 하오 11시.
임시 총회를 사립 보성학교 내에서 개최하고 임시회장 주시경 선생이 승석하다.

임시 서기가 인원을 점검하니 출석원이 24인이었다.

주시경 선생이 다시 초정한 본회 규칙을 가부를 물어 통과하자는 최현(배) 씨 동의에 손홍원 씨 재청으로 가결되어 통과하다.

본회의 명칭을 「한글모」라 개칭하고, 이 몯음을 세운몯음(창립총회)으로 하자는 이규영 씨 동의에 신명균 씨 재청으로 가결되다.

'한글모'는 '한글 모임' 곧, 한글을 연구하고 가르치는 단체를 뜻하는 신조어이다. 주시경과 그의 후학들이 이 용어를 사용한 데는 강점 직후 '국어'와 '국문'이라는 용어를 사용할 수 없었고, '배달말글'보다 '한글'이라는 용어가 좀 더 가치 있는 용어로 간주되었기 때문일 것이다. 더욱이 식민 치하에서 국어와 국문 대신 보편적으로 쓰인 '조선어', '조선문'에 비하여, '한글'은 민족적 자존심을 지킬 수 있는 용어로 간주될 수 있었다.[44]

그러나 '한글'이라는 용어가 1910년대부터 널리 쓰인 것은 아니다. 앞서 살펴본 바와 같이, 1910년대 '한글'이라는 용어는 『청춘』 제4호

---

44) 주목할 점은 '조선문'에 대응하는 '한글'이라는 신조어가 탄생했음에도 '조선어'에 대응하는 용어는 출현하지 않았다는 점이다. '한글'이라는 신조어의 조어 방식을 고려하면 '한말'이라는 용어가 사용되었을 가능성도 있으나, 일제 강점기 '한말'이라는 용어가 쓰인 예는 등장하지 않는다. 이는 일제 강점기 어문 문제의 중심이 '구어'보다 '문어'에 놓여 있었고, 그 결과 문자를 지칭하는 '한글'이라는 용어만 사용하게 된 것으로 생각된다. 그러나 일제 강점기 이른바 '한글학자'로 불리는 사람들이 문자 문제만 관심을 기울인 것은 아니었음은 의심의 여지가 없다. 그렇기 때문에 일제 강점기 '한글운동'은 단순한 문자 운동의 범위를 넘어 '어문운동' 전체를 지칭하는 개념으로 사용된다.

(1915.11)의 '한글 새로 쓰자는 말' 이외에는 찾아보기 어렵다. 그러나 주시경의 후학들은 '한글'이 '우리나라의 글'이며 '겨레의 글'로 '크고 가치 있는 글'이라는 의식을 끊임없이 갖고 있었던 것으로 보인다. 그렇기 때문에 1920년대에 이르러서 이 용어가 점차 확산되기 시작했고, 1926년 이후에는 '우리글'은 곧 '한글'이라는 의식이 일반 민중들에게도 자리잡기 시작한 것으로 보인다.

1920년대 '한글'이라는 용어가 쓰인 예는 최현배(1922)의 「우리말과 글에 대하야」45)에서 확인할 수 있는데, 그는 우리나라 문자의 유형을 설명하면서 "그 담(이두 다음)에 우리가 방금 쓰는 한글(諺文)이라는 것이올시다"라고 강연하고 있다. 총 22회에 걸쳐 연재된 강연록에는 '한글'이라는 용어가 6회 등장하는데, 한글과 '언문', '정음', '우리글'을 동의어로 사용하고 있다.

【 '우리말과 글에 대하야'에 쓰인 '한글' 】

ㄱ. 그 담에 우리가 방금 쓰는 한글(諺文)이라는 것이올시다.

ㄴ. 우리 민족의 이 보배를 한글에 대한 태도가 과연 엇더하엿는가를 말하고자 하나이다.

ㄷ. 우리글 곳 한글(正音, 諺文)에 대한 우리 祖先의 태도는 과연 어쩌하엿는가를 봅시다.

ㄹ. 世宗大王끠셔는 한글을 發布하사 國民으로 하야금 이를 배호게 하얏습니다.

ㅁ. 우리 글을 諺文이라 하고 漢文을 眞書라 하얏스며 어른에게 하는 편지에 우리 한글을 쓰면 不敬이라고 싱각하엿습니다.

ㅂ. 소리글은 우리 한글(諺文)과 갓치 글자마다 무슨 뜻을 대표하는 것이 아니요, 다만 소리를 대표하는 글을 이름이외다.

---

45) 최현배(1922), 「우리말과 글에 대하야」, 『동아일보』, 1922.8.29~9.22.

이 용례에서 알 수 있듯이 한글은 전통적으로 '언문', '정음'이라고 불리던 우리글을 대신한 용어이다. 더욱이 다수의 논설에서 등장하듯이, 한문을 '진서(眞書)'로 간주하던 사대부들의 입장에서 우리글을 천시하여 '세속글' 또는 '암클'46)이라고 부르던 풍습을 개혁하고, '국문'이라는 용어를 사용할 수 없는 상황에서 '조선글'을 대신할 수 있는 용어를 만들어 쓴 셈이다. 이 용어는 1927년 조선어연구회에서 『동인한글』을 발행한 이후, 우리글을 대신하는 용어로 정착되었을 뿐만 아니라, '한글운동' 자체가 일제 강점기 대표적인 민족운동의 하나로 간주되었다. 이러한 예의 하나로 이용제의 '조선의 어문운동'을 살펴보자.

【 조선의 어문운동47) 】

조선의 어문운동: 불어의 근원과 연혁(1) 머리말.

말이란 것은 사람의 모든 심리 작용을 그려내어 다른 여러 사람에게 알리우는 연장인데 사람의 심리작용이 깊고 까다롭고 허클런 것이니만치 말에 쟁기가 만하야 하고 이 쟁기 쓰는 모이 발라야 하고, 또 이 쟁기가 쓰는 사람의 손에 익어야 한다. 그러고 말이란 연장은 사람이 제각기 혼자만 쓰지 못하고 어떤 한 사회의 모든 사람이 다 쓸 줄 아는 것이라야 된다. 그런즉 말은 여러 사람이 모여 사는 한 사회의 전체 살림살이에 따라서 되어가는 것이니 어떤 사회의 꾸준하고 아니한 것은 그 사회의 쓰는 말에 의지하야 판단할 수 잇다. 밖에 나타난 사실을 들어 적어 노흔 역사는 그것을 쓴 사람이다. (…중략…) 우리도 우리의 정신을 오래 살릴 수 잇다면 그에서 더 큰 일이 무엇이 잇으랴! 또 우리의 정신을 걷어둘 우리의 말은 얼마나 값이 갈 것인가? 검은 구름 속으로부터 쏟아저 나리

---

46) 이 용어는 『황성신문』 1898년 9월 28일자 사설 '국문한문론'에서 찾아볼 수 있는데, "국문변론을 독한즉 이치에 맞는 일이 없지 않으나 신라시부터 한문 통용한 지 2천여 년에 국문의 편이함을 대략 알고 있으나 諺文이라 천시하며 암클이라 조롱하여 문자로 취급지 아니하거늘"이라는 구절이 이에 해당한다.

47) 이용제(1935), 「조선의 어문운동」, 『동아일보』, 1935.3.20.

는 소낙비로 난 물은 넓은 벌판을 휩쓸지언정 오래두고 흘러갈 길은 못 뚫흐며 깊은 골목 무거운 바위 틈에서 솔솔 솟아 나오는 맑은 샘(泉)은 좁은 도랑을 힘들게 뚫코 넓은 강판을 더디 구을러서도 한바다에로 나가고야 만다. 중화의 옛문화에게 엄눌려 땅밑으로 기여 흐르던 '한글'의 줄기도 이제 다시 밝은 날을 보기 시작하엿으니, <u>우리의 정신의 힘에 따라 또는 우리가 '한글'을 잘 닦고 못 닦아서 우리의 정신을 잘 그리고 못 그림에 말미암아서 '한글'의 목숨이 여리고 굳을 것이며 길고 짧을 것이다.</u> 뜻잇는 이들이 이와 같은 각오를 가지고 <u>'한글' 부흥에 몸을 바치는 이 지음에 이미 세상에 펼처난 문화를 두엇다고 자랑하는 남의 나라 말의 근원과 그의 자라나던 내력</u>을 알아보는 것이 얼마쯤 도움이 되리라고 믿는다.

이 글의 필자인 이용제는 이 시기 프랑스에서 언어학과 문학, 예술, 역사 등을 공부하던 유학생이었다.[48] 『동아일보』에 연재된 이 논문은 '한글 부흥 운동'을 돕기 위한 차원에서 언어의 성질을 프랑스어 연원에서 규명하고자 하는 데 목적이 있었다. 이 논문에 나타난 바와 같이, '말은 곧 심리작용을 그려내는 도구', '우리의 정신을 살리는 도구'라는 인식은 일제 강점기 언어학자들이 공유하는 정신세계, 곧 '어문민족 일체관'과 같은 성격을 지닌다. 그렇기 때문에 '어문 통일', 또는 '어문 정리 운동' 등은 일부 학자들의 관심사가 아니라 '전민족적 문제'로 간주되며, 민족의 생존문제로 인식된다. 이러한 예는 『동아일보』 1935년 1월 2일자 장혁주의 '어문운동과 문학'에서도 잘 드러난다. 그는 '한글 마춤법통일안' 발포 이후의 어문운동에 대해 다음과 같이 진술한다.

---

48) 이용제에 대해서는 오현금(1996), 「언어학자 이용제(1): 삶과 파리언어학계에서의 역할」 (『불어학연구』 제14권, 프랑스학회)을 참고할 수 있다.

【 어문운동과 문학 】

　조선어문의 정리 統一運動은 작년으로서 일계단을 이루엇다. 조선어학
회의 稀有한 희생적 노력으로 인해서 나오게 된 '한글' 통일안은, 일부
인사들의 반대가 잇엇음도 不拘하고 全民族的으로 支持케 된 것이니, 작년
중의 일대 快事임이 틀림없엇다. 文藝家 全部가 一致해서지지 성명을 하자,
기독교측에서, 각지 유지들에게서 전민족적으로 聲援을 하게 되엇고, 한글
硏究者는 날로날로 증가하고 잇다. 이제 우리는 朝鮮語文의 발전상 제2,
제3의 문제에 當面하야 잇다. 조선어가 整理되고 통일이 一段落을 이루엇
다고 이에 만족할 것이 못되는 것이다. 종전까지는 語學의 專門家의 부단한
노력만이 잇어 예까지 改革 發展이 된 것이나 이후부터는 語學者의 연구와
아울러 文筆家의 실제 응용이 활발히 잇어야 하겟고, 민족 전체의 日常生活
에 實用하기까지 되어야 할 것이다. 거기까지 達하기에는 한글의 앞길은
아직도 멀다. 여기에 잇어 다음과 같은 覺書를 적기로 한다.

　이 글에 나타난 것처럼 일제 강점기 어문통일 운동은 민족적인 문제
이자 민족 전체의 일상생활의 문제로 간주되었다. 그렇기 때문에 통일
안 공포 이후의 한글운동은 전조선 민족의 운동으로 간주되었으며, 한
글 보급은 민족의 생존을 결정짓는 가장 기본적인 문제로 인식되었다.
이 점은 한글운동에 대한 이극로(1936)의 「조선어문 정리 운동의 현황」[49]
에서 "사천년 역사를 가진 민족으로서 이제까지 사전 한 권이 없다는
것은 너무나 큰 민족적 수치"라고 주장하면서, "조선어문의 과학적 노
력"이 필요함을 강조하였다. '한글마춤법통일안'이 완성되기까지의 경
과를 간략히 정리한 이 논문에서는 '철자 사전 편찬', '주해 사전 편찬'을
비롯하여, '한글 학습서 간행', '한글 강연회와 강습회', '문예가의 분투',
'출판계의 협력', '대중의 총동원' 등이 한글운동의 주요 방향임을 명시

---

49) 이극로(1936), 「조선어문 정리운동의 현황」, 『사해공론』, 1936.5.

하였다. 곧 일제 강점기 어문운동은 그 자체가 민족운동이자 대중운동이었던 셈이다.

4. 결론

계몽의 시대 '국어'는 국민의 의사소통 수단일 뿐 아니라 국민 계몽의 핵심 수단으로 인식되었다. 근대 계몽기 국어라는 의식은 국가사상을 배경으로 국민의 통합하고 계도하는 수단으로 작용했다. 특히 '근대'는 민족을 단위로 한 민족국가가 중시되는 시대였고, 19세기 서구의 경우 본격적인 제국주의 시대로 접어들었다. 그 과정에서 국가를 바탕으로 하는 '국어' 의식이 확고해졌으며, 이러한 사상은 제국주의 침탈을 경험한 국가에서도 자연스럽게 나타나게 되었다.

근대 계몽기 한국에서도 타언어와의 접촉 과정에서 '국어'라는 의식이 자연스럽게 형성되었으며, 개항과 갑오개혁 등을 거치면서 지식 수용과 보급 차원에서 국문사상이 폭넓게 번져나갔다. 특히 '국문'은 '훈민정음' 창제 이후 '정음', '언문', '세속글', '암클' 등으로 불리던 국어 문자의 명칭을 '국문'으로 바꾸어 놓았으며, 1910년대 국권 상실 상황에서는 '일본어'가 '국어'의 자리를 차지하면서, 그 동안 국문으로 불리던 우리글은 주시경이 만든 '한글'이라는 용어로 불리게 되었다.

일제 강점기 어문사상에서 주목할 점은 민족사상이다. 물론 어문민족주의는 식민시기 한국인뿐만 아니라 일본인, 중국인들에게도 폭넓게 나타난다. 그러나 국권 상실 상태에서 제국주의 식민 지배국에 봉사하는 이데올로기로서의 '국가' 개념이 피지배 민족의 생존에 유효하지 않은 시점에서 민족 개념이 고조되는 것은 자연스러운 현상이었다. 이는 『동아일보』 창간호(1920.4.1)에서 '세계 개조'를 부르짖으며, "자유, 평등, 박애"의 근대정신의 시대를 지나 민족주의의 시대가 도래했음을 강조한 것과도 같은 맥락이다.

【 세계 개조의 벽두를 당하여 조선의 민족 운동을 논하노라 】

現今 世紀는 1789년 佛國 大革命으로부터 出發하얏는지라. 싸라 現代를 理解코자 할진대 반드시 佛國 革命의 原理와 影響을 悉知하여야 할지니 (1)은 自由오, (2)는 平等이오, (3)은 博愛라. 自由主義는 國家 主權이 人民 의게 存在한다는 民衆의 信仰과 自覺으로서 出하얏스며, 平等主義는 天下 萬民이 각히 天賦의 平等 權利를 所爲한다는 民衆의 意識과 熱情으로서 發 하얏스며 博愛主義는 人生 關係를 社會的으로 認識하야 互相 扶助로써만 能히 充分한 發達을 期하며 善美한 社會를 實現할 수 잇다는 民衆의 理想과 所望으로써 生하얏스니 그 是非曲直은 姑舍 勿論하려니와 至於 其影響하 야는 至大라. 不可不論이니 革命 以前 世界와 以後 世界는 그 社會 各方面 生活에 在하야 實노 天壤之差가 有하도다. 此 三大 原理는 千變萬化하야 無所不及하얏는지라. 엇지 一筆로 可히 다 記하리오만은 略論할진대 國權 民有라는 自由主義는 發하야 (1) 國內 政治에 在하야는 立憲主義가 되고, (2) 民族 間에 在하야는 民族主義가 되얏는지라. 19世紀 歐米 各國의 立憲 運動史와 民族 運動史를 繙見할진대 實노 此 양대 主義는 暴風의 加於草上 之勢로 天下 人心을 感動하얏스니

번역 지금 세기는 1789년 프랑스 대혁명으로부터 출발하였다. 따라서 현대를 이해하고자 할진대 반드시 프랑스 혁명의 원리와 영향을 알아야 할 것이니 (1)의 자유요, (2)는 평등이요, (3)은 박애이다. 자유주의 는 국가 주권이 인민에게 존재한다는 민중의 신앙과 자각으로부터 출발 하였으며, 평등주의는 천하 만민이 각각 천부의 평등한 권리를 갖는다는 민중의 의식과 열정에서 출발하였으며, 박애주의는 인생 관계를 사회적 으로 인식하여 서로 도와야만 능히 충분한 발달을 기약할 수 있으며 선미 한 사회를 실현할 수 있다는 민중의 이상과 소망에서 생겨난 것이니 그 시비곡직은 고사하고 그 영향이 지대하여 논하지 않을 수 없으니, 혁명

이전 세계와 이후 세계는 그 사회 각방면 생활에서 실로 천양지차가 있다 이 3대 원리는 천변만화하여 미치지 않는 곳이 없으니 어찌 일필로 다 기록하겠는가마는 간략히 논하면 국권이 인민에게 있다는 자유주의는 발전하여 (1) 국내 정치에서는 입헌주의가 되고, (2) 민족간에는 민족주의가 되었다. 19세기 구미 각국의 입헌 운동사와 민족 운동사를 돌아보면 실로 이 양대 주의는 폭풍이 풀 위를 덮는 기세로 천하 인심을 감동하였다.

3.1독립운동 이후 이른바 문화정치 하에서 '민족운동'이 본격화함에 따라 민족의 특징을 나타내는 '어문민족주의'가 확고해졌다. '국어'의 지위를 상실하고 '조선어'로 불린 우리말을 '민족어'라고 지칭하지는 못했으나, 다양한 민족 담론에서 한국의 언어가 민족을 유지하는 도구라는 인식이 강하게 자리를 잡았으며, 문자 차원에서 '한글'이 민족 문자임을 자각하는 운동이 광범위하게 전개되기 시작했다.『동아일보』의 경우 1922년 8월 7일부터 8월 13일까지 연재된 이필수의 '조선 민족의 반성을 촉하는 조선 문자'나 1922년 8월 29일부터 9월 22일까지 연재된 최현배의 '우리말과 글에 대하여'는 '민족 문자'인 '한글'이 '우리글'이며, 우리글은 '우리말'을 적는 수단이라는 점을 명확히 밝히고 있다. 일제 강점기 한글운동은 단순히 우리글 표기 수단의 통일(규범화)을 위한 운동이 아니라 민족의 문자, 민족의 언어를 보존하기 위한 몸부림이었다.

제4장 언문일치와 문체의 진화

김슬옹

1. 문체와 언문일치

1.1. 문체의 개념

문체란 글의 체제를 의미한다. 서복관 저·윤호진 역(2000)의 『한문 문체론 연구』(태학사)에서는 문체에 대한 중국 고대의 전통을 "문학의 형태를 각각의 문체로 규정하고 그것의 분류와 개념 정의에 힘쓴 경우" 와 "글의 특성을 밝혀 그 양식의 독특한 점을 드러내고자 한 경우" 두 가지로 나누어 한문 문체론의 형성 과정을 설명하였다. 이러한 전통과 마찬가지로 한국 근대 계몽기에도 관념론적 문체관이 존재한 사례를 찾아볼 수 있다. 1914년 저술된 이종린의 『문장체법(文章體法)』에서는 '문(文)'의 특성을 다음과 같이 설명하고 있다.

【 文章體法 序1) 】

文豈徒然者哉아. 人聲之最貴者 言이오 言聲之最貴者 文이라. 古來 聖賢豪
傑之士ㅣ 未始不急於言文而尤於文者는 言惟一時而止者오 文其萬世之傳者
라. 一時之聲은 其或磨滅이어니와 萬世之聲은 不可回收ᄒ나니 古人之急於
文者ㅣ 其爲是也로다. 文豈妄爲者哉아. 經傳史策이 各有體法ᄒ야 井井然如
兵伍之整列而不可亂ᄒ며 方方焉如河山之鋪置而不可易이어늘 今之爲文者
는 或不知文有體法ᄒ고 率以集字爲文ᄒ나니

번역 글이 어찌 헛된 것이 있겠는가. 사람의 가장 귀한 것이 말이요,
말과 소리 가운데 가장 귀한 것이 글이다. 예로부터 성현 호걸의
선비가 언문(言文)보다 급히 시작하지 않은 것이 없으나 글이 더욱 심한
것은, 말은 오직 일시에 그치는 것이요 글은 만세에 전하는 것이기 때문
이다. 일시의 소리는 혹 마멸되거니와 만세의 소리는 다시 거두어 들이기
불가하니 고인이 글을 급히 한 것이 이 때문이다. 글이 어찌 망령된 것이
있겠는가. 경전과 사책이 각각 체법(體法)이 있어서 가지런하기가 병사의
대오가 정렬한 것 같이 어지러울 수 없으며 규모가 있는 것이 산하가 배
열된 것 같이 바꿀 수 없는 것인데, 지금 글이라는 것은 혹 문장의 체법이
있음을 알지 못하고 단지 글자를 모아 글을 이루니 안타깝다.

이 글은 이종린의 『문장체법』을 읽은 이종일이 쓴 서문의 일부이다.
이 글에 나타나듯이 전통적인 '문장'의 개념은 '좋은 글', '모범이 될
만한 글'을 의미하는 것이며, 문장가는 각각의 문장에 적합한 체제가
있다고 믿고 있음을 확인할 수 있다. 『문장체법』은 문장에 사용하는
여러 가지 표현 방법을 설명하기 위한 교과서이다. 일체 사물의 법칙이
마음에서 우러나고 마음을 표현하는 것이 말이며, 이 말을 기록하는

---

1) 이종일(1914), 「문장체법 서」, 이종린 저, 『문장체법』, 보성관. 김경남 편(2015), 『(李鍾麟
著) 문장체법』(도서출판 경진)에서 재인용.

것이 문장이라는 차원에서 글을 쓸 때 사용할 수 있는 여러 가지 법칙을 설명하고자 한 것이 이 책의 저술 의도이다. 그럼에도 이 책은 '문장은 고급스러운 표현 행위'라는 전통적인 문체관을 전제로 글쓰기 방법을 설명하고 있다.

이 점에서 근대 계몽기 대표적인 작문 교과서의 하나인 최재학(1909)의 『실지응용작문법』(휘문관)에서는 '문체'라는 용어 대신 '어채(語彩)'라는 용어를 사용하고 있다. 다음을 살펴보자.

【 語彩 】

語彩는 言語上 彩色이니 語句에 純雜의 別이 有ᄒ고 語趣에 雅俗의 分이 有ᄒ지라.

一: 語句는 純正을 要ᄒᆯ지니 純正을 妨ᄒᄂᆫ 者는 雜駁과 破格과 不妥가 是라. 三者를 除去ᄒᆫ 外에 本國語로 標準을 作홈이 可ᄒᆯ지오, 此外에도 以下 各種 不正의 弊를 除去홈이 可ᄒ니, (一) 他國語의 混入: 他國語를 多用ᄒ면 本國 文字의 缺乏을 形容홈에 滿足ᄒ니 多用홈이 不可ᄒ고, (二) 方言의 混入: 方言은 地理의 不同과 住民의 不同을 由ᄒ야 生ᄒᆫ 者니 作者ㅣ 반다시 此를 不用홈이 貴ᄒ고, (三) 俚語의 混入: 俚語는 卑賤ᄒᆫ 言이니 上等人이 必厭ᄒ고, (四) 古語의 混入: 古語는 所謂 廢語니 人이 不知ᄒᄂᆫ 者ㅣ 多홈으로 亦是 不正ᄒ고, (五) 濫造語의 混入: 濫造語는 現時 作文家가 造出ᄒᆫ 新格의 不妥當ᄒᆫ 者오, (六) 誤用語의 混入: 誤用語는 字義가 相似ᄒᆫ 字를 混用홈이 是라.

二: 語趣는 人을 感動케 홈을 要ᄒᆯ지니 人이 雅俗의 不同홈이 有ᄒᆫ 故로 其趣도 各各 其人을 因ᄒ야 三等에 分ᄒ니, (一) 文壇的: 其 文字가 文人의 常用되는 者니 或 專門的 科學的이오 或 古代語가 是오, (二) 社會的: 科語로 專門家에 對ᄒ고 方言으로 本地方人에게 對ᄒ고 俚語로 下等 社會에 對ᄒ고 古語로 古代人을 寫ᄒ고 外國語로 外國人에게 對홈이 是오, (三) 滑稽的: 滑稽語는 人으로 好笑의 感을 起케 홈이라.

어채는 언어상 색채이니 어구에 순수하고 잡스러운 구별이 있고, 어취(語趣)에 아속의 구분이 있다. (1) 어구는 순정을 요할 것이니, 순정을 방해하는 것은 잡박함과 파격과 부조화가 그것이다. 세 가지를 제외하고는 본국어로 표준을 삼아야 하며, 이밖에도 각종 바르지 않은 폐단을 제거해야 하니, ① 타국어의 혼입: 타국어를 많이 쓰면 본국 문자의 결핍을 드러내는 데 그치니 많이 쓰면 안 되고, ② 방언의 혼입: 방언은 지리가 같지 않고 주민이 같지 않은 데서 비롯된 것이니 작자가 반드시 이를 사용하지 않는 것이 중요하고, ③ 이어(俚語)의 혼입: 이어는 비천한 말이니 상등인이 이를 싫어하고, ④ 고어의 혼입: 고어는 소위 폐어이니 사람이 알지 못하는 것이 많으므로 역시 바르지 않고, ⑤ 남조어의 혼입: 남조어는 지금 작문가가 만든 새로운 격식의 타당하지 않은 것이요, ⑥ 오용어의 혼입: 오용어는 글자의 뜻이 비슷한 것을 뒤섞어 쓰는 것이 그것이다. (2) 어취는 사람을 감동케 할 필요가 있으니, 사람이 아속(雅俗)이 같지 않은 까닭에 그 취미도 각각 사람에 따라 세 등분이 있으니, ① 문단적: 그 문자가 문인이 일상 쓰는 것이니 혹 전문적, 과학적이요, 혹 고대어가 그것이다. ② 사회적: 과학 언어로 전문가에 대응하고, 방언으로 본지방 사람에게 대하고, 이어로 하등 사회에 대응하고 고어로 고대인을 묘사하고, 외국어로 외국인에게 대응하는 것이 그것이요, ③ 골계적: 골계어는 사람에게 웃음의 감정을 일으키는 것이다.

'어채(語彩)'는 특정 글의 색채를 의미하는 용어이지만, '어구'와 '어취'는 그 자체로서 글의 특성, 곧 '문체'를 나타내는 핵심 요소이다. '어구'에 언급한 '타국어', '방언', '이어', '고어', '신조어', '오용어' 사용 여부는 특정 글뿐만 아니라 특정 시대의 글쓰기 경향과도 밀접한 관련을 맺는다. 또한 '어취'를 세 등분으로 나눈 것은 글에 나타난 성격을 고려하여 설정한 것이다.

1.2. 언문일치(言文一致)의 본질

문장 체법이나 어채는 일반적으로 '문체(文體)'라는 말로 표현된다. 언어적인 차원에서 문체에 대한 관심은 이완응(1929)에서도 잘 나타나는데, 그는 문체의 종류를 설명하면서, "구어체와 문어체의 구별은 각개 단어에는 구별이 극히 적으나 문체에 따라 각각 구별이 있으니"라고 하면서, 문체를 '순구어체(純口語體)', '보통 문어체(諺漢文交用)', '한문훈독체(諺解색임)', '서간문체'로 구분하였다.[2] 여기서 순구어체는 이른바 '언문일치'를 의미하는 것이며, '보통 문어체'는 국한문혼용체를 의미한다. 이러한 갈래 설정은 심의린(1935)에도 나타나는데, 이를 소개하면 다음과 같다.

【 심의린(1935)의 문체론[3] 】

文體를 大別하면, 口語體와 文語體로 區別하나, 이것을 詳細히 區別하야 보면, 여러 가지 文體가 잇다. 例를 들어 比較하야 보면 다음과 같다.

(一) 口語體: 言語와 文이 一致하야 쓴 글을 읽으면 곳 使用하는 言語가 되는 文體를 이름이다. (例) 나무가 가만이 잇스랴고 하야도 바람이 그치지를 안코, 아들이 奉養하랴고 하야도, 父母님이 기다리시지를 아니하신다.

(二) 文語體: 實際의 言語와 다른 文體를 이름이다. (例) 나무가 고요히 하고자 하나, 바람이 그치지 아니하고, 아들이 奉養하고자 하나, 어버이가 기다리지 아니하나니라.

(三) 諺漢文體: 漢字에 助詞, 助動詞를 섞은 文體이다. (例) 樹가 靜코자 하나, 風이 止치 안코, 子가 奉養코자 하나, 親이 待치 아니하나니라.

(四) 公文體: 普通 文語體의 末尾에 '⋯함·할 事' 等을 부친 文體이다. (例)

---

2) 이완응(1929), 『중등교과 조선어문전』, 조선어연구회.
3) 심의린(1935), 『중등교과 조선어문법』, 조선어연구회.

道路는 左側을 通行함이 可함. 會費는 每月 十五日 以內에 納付할 事.

　右는 細別한 名稱이나 普通文語體라 하면 口語體가 아닌 其他의 文體를 總稱한 것이다. 그럼으로 漢文을 訓讀하는 文體라든지, 諺漢文의 書簡文이라든지 모다 文語體로 볼 것이다. 그러나 現行되는 文體는 口語體가 主가 되고, 文語體라야 言文一致에 갓가운 文語體를 使用한다.

심의린(1935)의 문체 유형에서 주목할 점은 '언문일치'의 개념이다. 그는 '언문일치체'를 '언어'와 '문'이 일치하는 문체로 규정하고, '구어체'를 언문일치체와 같은 개념으로 설정했다. 여기서 주목할 점은 '언문일치'의 개념이 한자 사용 여부와 직접적인 관련이 없다는 점이다. 엄밀히 말하면 한자 사용 여부는 표기상의 문제이지 그 자체가 언문일치와 어긋나는 개념은 아닌 셈이다. '봉양'을 한자 '奉養'으로 썼다고 하여, 이 한자를 구어의 발음 '봉양'으로 읽지 않는 것은 아니기 때문이다. '구어체'와 '문어체'의 구별은 문장 표현 방식의 차이에서 비롯된 것으로 볼 수 있는데, '그치지를 않고'라는 현실 언어를 '그치지 아니하고'라고 표현할 경우 언문(言文) 불일치(不一致)가 발생한다. 또한 '언한문체(諺漢文體)'는 표기상으로만 한글과 한자를 섞어 쓰는 문체가 아니라 한문투의 한자와 한글을 섞어 쓴 문체를 말한다. '나무'라는 단어 대신 '樹'를 사용하고, '어버이' 대신 '親'을 사용한 경우가 이에 해당한다. 곧 진정한 언문일치의 개념은 '한자 사용 여부'에 의해 결정되는 것이 아니라 현실의 언어생활을 그대로 적는가 아닌가에 따라 결정되는 개념이다.

　그럼에도 한자 사용 여부는 언문일치의 실현 과정에서 중요한 요인으로 작용한다. 근대 계몽기 '언문일치'에 관한 논의는 대부분 한자 사용 문제와 연관되어 나타난다. 다음을 살펴보자.

【 근대 계몽기 언문일치론 】

ㄱ. 今設身爲一學生ㅎ야 但知國文ㅎ고 不識漢文ㅎ면 則未免矜然不足之想也리니 試看 日本國人컨딕 雖引車之夫와 賣餠之婦라도 鮮有不識字者ㅎ니 今取讀日本新學書籍則 其譯述字義 - 最屬明確ㅎ고 且於漢字右側에 附書假名ㅎ야 雖婦女兒童이라도 易於曉解라. 唯我國文國語之組成이 幸與日文日語로 大體相似而但<u>國漢文混用之法</u>이 止於語尾ㅎ야 遂使俗者로 仍然不能讀書ㅎ니 何不效附書假名之例ㅎ야 <u>務使言文一致ㅎ야</u> 雅俗共讀乎아. 今擧其例하야 開列于左ㅎ노라.

> **번역** 지금 한 학생이 단지 국문만 알고 한문을 알지 못하면 곧 익숙함을 면하지 못하고 생각이 충분하지 못하니, 일본 사람을 보면 비록 마부와 떡을 파는 부인일지라도 글자를 알지 못하는 자가 드무니, 지금 일본의 새로운 학문 서적을 보면 그 글자의 뜻을 번역하여 가장 명확하게 하고 한자 우측에 가나(假名)를 부속하여 비록 부녀와 아동이라도 쉽게 이해할 수 있다. 오직 우리 국문과 국어의 조직 방법이 행여 일본문 일본어와 대체로 비슷하나 다만 국한문혼용법(國漢文混用法)이 어미에만 그쳐 비록 속인으로 하여금 글을 읽을 수 없게 하니, 어찌 가나를 부서(附書)한 효과를 따라 언문일치(言文一致)에 힘써 아속(雅俗)이 함께 읽는 데 힘쓰지 않겠는가. 지금 그 예를 왼편에 열거하고자 한다.

—이능화, 「국문일정의견서」, 『황성신문』, 1906.6.1

ㄴ. 本朝 五百年間에 文學家 歷史를 論ㅎ건딕 京鄕 以外에는 嶠南과 湖西와 湖南이 最其彬彬可觀흔 歷史가 有ㅎ얏고 以其地勢로 言ㅎ면 釜山과 木浦와 馬山과 群山 等 各港의 開通이 已久ㅎ야 外洋의 輪舶이 聯絡ㅎ고 京金鐵路의 千里 長線이 中心을 橫貫하얏스니 外國 文物이 觸於耳目ㅎ는 者가 他道보다 尤其殷繁홀 것이오 (…中略…) 種種 病痛이 <u>固結不化혼 者ㅣ 多ㅎ거니와 第一 彰著흔 者는 文學家에셔 漢文을 專尙ㅎ고 國文을 賤視ㅎ는 習慣이</u>是라. 盖 <u>漢文은 言文相離의 苦難이 有혼 故로 普通敎育에 不合ㅎ고 國文은</u>

言文一致의 便易가 有흔 故로 普通敎育에 適合ㅎㄴ니 故로 國文의 勢가 發達치 못ㅎ고난 又化開進이 決無可望흘지라. 乃近日 三南地方에 文學家들이 國漢文의 利害가 何如흔 것을 初不硏究ㅎ고 但 國文을 賤視ㅎ야 曰 此는 婦女와 賤人輩나 學흘 것이라 ㅎ며 或曰 近日 新聞文字가 純漢文을 不用ㅎ고 國漢文을 交用흔 故로 閱讀을 不欲ㅎ노라 ㅎ니 噫 其 誤解의 甚이 何其至此오.

번역 본조 5백년간 문학가와 역사를 논하면, 경향 이외에는 교남과 호서, 호남이 가장 볼 만한 역사가 있고, 그 외 지역으로는 부산과 목포, 마산, 군산 등 각 항이 개항하여 개통한 지 오래되어 외양의 선박이 연락(聯絡)하고, 경부 철로의 천리 긴 선이 중심을 꿰뚫고 있으니, 외국 문물이 이목을 접촉하는 것이 다른 도보다 더욱 간절하고 빈번할 것이요, (…중략…) 종종 병통이 완고하여 조화하지 못한 것이 많지만 가장 두드러진 것은 문학가들이 한문만 오로지 숭상하고 국문을 천시하는 습관이 그것이다. 대개 한문은 언문(言文)이 괴리되어 어렵고 힘든 까닭에 보통교육에 맞지 않고, 국문은 언문일치(言文一致)가 쉬운 까닭에 보통교육에 적합하니, 그러므로 국문의 세가 발달하지 못하고는 개진(開進)을 결코 바랄 수 없다. 근일 삼남 지방의 문학가들이 국한문의 이해가 어떠하다는 것을 연구하지 않고 단지 국문을 천시하여 말하기를, 이는 부녀와 천인들이나 배울 것이라 하며, 혹은 근일 신문 문자가 순한문을 사용하지 않고 국한문을 교용하는 까닭에 열독(閱讀)하고 싶지 않다 하니, 아 그 오해가 어찌 이에 이르렀는가.

—(논설)「권고삼남문학가(勸告三南文學家)」,『황성신문』, 1909.2.16

이 논설은 근대 계몽기 '언문일치'의 필요성을 강조하기 위해 쓰인 논설이다. 이능화의 '국문일정의견서'에서는 일본의 가나 부속문체를 예시하며, 우리의 국한문혼용법을 바꾸어 아속(雅俗) 일체의 언문일치가 필요함을 강조하였다. '권고삼남문학가'에서는 국문을 천시하고 한

문만 존숭하는 삼남 문학가들의 완고함을 비판하고, 보통교육에 필요
한 국문 중심의 언문일치가 필요함을 주장하였다.

근대 계몽기 국문의 중요성을 강조한 대부분의 논설에서는 국문 사
용 여부를 언문일치의 핵심 요소로 파악하고 있다. 예를 들어 『독립신
문』 1897년 9월 25일자 주시경(주상호)이 기고한 '국문론'에서도 "엇던
사롭이던지 몬져 말의 법식을 빈화야 홀지라. 이 때신지 죠션 안에 죠
션 말의 법식을 아는 사롭도 업고 쏘 죠션 말의 법식을 빈우는 칙도
문들지 아니ᄒ엿스니 엇지 붓그럽지 아니ᄒ리요. 그러나 다힝히 근일
에 학교에셔 죠션말의 경계를 궁구ᄒ고 공부ᄒ여 젹이 분셕흔 사롬들
이 잇스니, 지금은 션싱이 업셔셔 빈우지 못ᄒ겟나든 말들도 못홀 터이
라. 문법을 몰으고 글을 보던지 짓는 것은 글의 뜻은 몰으고 입으로
넑기문 ᄒ는 것과 쏙 ᄀ흔지라."라고 하여, 언어에 '말'과 '글'이 있으며,
말이 우선하고 글이 이를 뒤따르는 것임을 분명히 밝히고 있다. 이러한
생각은 유길준의 『조선문전』 '서문'에서도 명료하게 제시되고 있다.

【 朝鮮文典 序[4] 】

凡人이 耳가 有ᄒ야 뼈 聽ᄒ며 目이 有ᄒ야 뼈 視ᄒ고 又 其視聽ᄒ는
바는 腦에 感ᄒ야 思想을 構成흔 則 其思想은 聲音 及 狀體로뼈 發現ᄒᄂ니
聲音은 卽 言語며 狀體는 卽 文字로듸 又 文字는 其實이 聲音의 符標며 言語
의 形迹이라. 蓋聲音은 天然에 出生ᄒ고 言語 及 文字는 人爲에 屬ᄒ니 故
로 聲音은 人物을 通ᄒ야 皆同ᄒ거니와 言語文字는 邦國種族을 隨ᄒ야 各
異흔 則 英吉利人은 英吉利의 言語文字가 有ᄒ며 法蘭西人은 法蘭西의 言語

---

4) 유길준(1904), 『(필사본) 조선문전』(역대한국어문법대계 1-01). 김민수(1976)의 「유길준
   필사 조선문전 해설」(『역대한국어문법대계』 1-01)에 따르면 이 필사본은 다른 필사 이
   본(異本) 『조선문전』에서 "1902년 11월 등초(謄草), 1904년 6월 조(造)"라고 한 기록을
   바탕으로 할 때, 그가 일본에 망명 중이었던 1902년부터 1904년 사이에 저술된 것으로
   추정할 수 있다. 이 추정을 근거로 할 때, 이 필사본은 현재까지 확인된 한국인이 저술한
   최초의 문법서이다.

文字가 有ᄒ고 伊太利人은 伊太利의 言語文字가 有ᄒ니 是乃 吾朝鮮人이 亦朝鮮의 言語文字가 自有홈이라. <u>吾人의 言語ᄂ 卽 吾人의 日用常行間에 萬般思想을 表現ᄒᄂ 聲音이며 吾人의 文字ᄂ 卽 吾國文의 簡易精妙ᄒ 狀體니[俗所謂 諺文이 是라] 吾人이 旣此一種言語를 自有ᄒ고 此 一種 文字를 自有ᄒ 則 亦其 應用ᄒᄂ 一種文典이 不有ᄒ면 不可ᄒ도다.</u>

번역 무릇 사람이 귀가 있어 듣고, 눈이 있어 보고, 또 보고듣는 것이 뇌에 전달되어 사상을 구성하니 그 사상은 성음(聲音)과 상체(狀體)로 발현되니, 성음은 곧 언어며 상체는 곧 문자인데 문자는 사실 성음의 부호이며 언어의 형적이다. 대개 성음은 자연스럽게 나타나고, 언어와 문자는 인위에 속하니 그러므로 성음은 사람이 모두 같으나 언어와 문자는 나라와 종족에 따라 각각 다르니 곧 영길리인은 영길리의 언어 문자가 있고, 법란서인은 법란서의 언어 문자가 있고, 이태리인은 이태리의 언어 문자가 있다. 이에 우리 조선인 또한 조선의 언어 문자가 있다. 우리의 언어는 곧 우리의 일상 행용하는 사이에 만반 사상을 표현하는 성음이며, 우리의 문자는 즉 우리 국문의 간이정묘한 상체(이른바 언문이 그것이다)이니 우리가 이미 이 일종 언어를 갖고 있고 이 일종 문자를 갖고 있은즉 또한 그 응용하는 일종의 문전이 없으면 안 된다.

이 서문에서는 '언문일치(言文一致)'라는 용어를 사용하지는 않았지만, 천연의 '성음(聲音)'과 인위의 '언어 문자'을 구분하고, '방국종족(邦國種族)'에 따라 언문이 달라지나, 우리의 언어는 '일상 행용하는 사이에 만반 사상을 표현하는 성음'이며, 우리의 문자(국문)는 '이를 나타내는 형식(狀體)'이라고 하였다. 문전(文典)은 이 성음과 상체를 바르게 하는 법칙을 말한다. 이처럼 근대 계몽기 성음으로서의 언어와 문자로서의 언어가 존재함을 인식한 것은 의사소통에서 '언어'와 '문자'의 일치 상태, 곧 '언문일치'가 필요함을 깨닫는 전제 조건이 된다.

2. 언문일치와 문체의 진화

2.1. 언문일치의 역사성

근대 계몽기에서 '언문일치'가 문제가 된 것은 지식인들의 오랜 이중언어 생활에서 비롯된 것이다. 우리나라 지식인들은 말은 '주목술' 구조의 우리말이되 실제로는 '주술목' 구조의 중국식 한문으로 번역해서 쓰는 생활을 사실상 조선 말까지 해 왔다. 이러한 우리의 어문 생활역사에 언문일치 문제의 본질이 들어 있다. 김미형(2004: 191)에서도 "언문일치는 우리 역사에서 한문에 의존한 특수 상황 때문에 비롯된 것이었다."는 점을 지적하고 문어체와 구어체식의 단순한 이분법적 인식을 경계하자고 했다. 이 점은 허재영(2011: 442)에서도 계몽기의 언문일치 문제를 '국한문 혼용'인가 '순국문'인가로만 볼 수 없음을 지적했다. 이는 전통 한문체에서의 '한문'과 국한문에서의 '한문'은 근본적으로 다른 것이며 국한문체의 '한문'은 국문의 일종으로 봐야 한다는 인식을 반영한 것이다.

우리가 다루는 근대 계몽기는 고종이 내각에 지시한 국문 칙령(1894)[5] 또는 국가 전체에 반포한 1895년 이후부터 1920년대 이전까지를 가리키므로 이 시기의 국한문체를 통해 누가 어떤 소통을 했으며 지식 계몽에 어떤 영향을 끼쳤느냐를 살펴보기로 한다. 이 문제를 다루기 위해서는 한글(훈민정음, 언문) 반포 이후 두 가지 문자생활의 역사성을 주목해야 한다.

첫째는 한글 반포로 인해 극단적인 두 문체가 존재해 왔다는 점이다.

---

5) "凡國內外公私文字遇有外國國名地名人名之當用歐文者俱以國文飜譯施行事."(『구한국관보』, 1894.7.9)
　　"法律勅令總以國文爲本漢文附譯或混用國漢文"(勅令第一號公文式十四條, 『구한국관보』, 1894. 11.21)

하나는 한자를 빌려 쓰면서 써온 중국식 번역체인 한문이며 홍길동전과 같은 한글전용체가 그것이다. 여기서 '극단적'이라는 표현을 쓴 것은 단지 이질적인 '한자–한글'의 문자 차원 때문에 그런 것이 아니다. 한자로 적은 글이 중국식 번역문이라는 사실이다. 대부분의 양반 지식인들은 학문이나 공적 상황에서의 글쓰기는 이런 번역문 생활을 조선말까지 이어갔다. 따라서 이러한 언어현실에서 독립신문에서 다음과 같은 국문의식이 싹텄지만 일반적인 문제의식으로 발전하지 못하고 특정 선각자의 의식에 머무를 수밖에 없었다.

우리 신문이 한문은 아니 쓰고 다만 국문으로만 쓰는 것은 상하 귀천이 다 보게 함이라. 또 국문을 이렇게 구절을 띄어쓴즉 아무라도 이 신문 보기가 쉽고 신문 속에 있는 말을 자세히 알아보게 함이라.

각국에서는 사람들이 남녀 물론하고 본국 국문을 먼저 배워 능통한 후에야 외국 글을 배우는 법인데, 조선에서는 조선 국문은 아니 배우더라도 한문만 공부하는 까닭에 국문을 잘 아는 사람이 드묾이라.

조선 국문하고 한문을 비교하여 보면, 조선 국문이 한문보다 나은 것이 무엇인고 하니, 첫째는 배우기가 쉬우니 좋은 글이요, 둘째는 이 글이 조선글이니, 조선 인민들이 알아서 백사(온갖 일)를 한문 대신 국문으로 써야 상하 귀천이 모두 보고 알아보기 쉬울 터 이라. 한문만 늘 써 버릇하고 국문은 폐한 까닭에, 국문만 쓴 글을 조선 인민이 도리어 잘 알아보지 못하고 한문을 잘 알아보니 그게 어찌 한심치 아니하리오?
　　　　　　　　　　―「독립신문 창간 사설」, 『독립신문』, 1896.4.24

둘째는 한글로 인해 다중 문체가 형성되어 왔고 그러한 다중 문체가 다양한 계층의 지적 욕구를 수행해 왔다는 점이다. 극단적인 한문체와 국문체 사이에 '용비어천가'와 같은 국한문 혼용문부터 석보상절같이 병기하되 한자를 크게 적은 것, '월인천강지곡'처럼 병기하되 한글을 더 크게 적은 등 다양한 문체가 형성되어 쓰여 왔다.

그렇다고 해서 개화기의 서유견문체와 같은 문체가 자연스런 문체 발달사를 반영하는 것은 아니다. 언해체의 전거가 있다고 하나 일반화된 문체는 아니었기 때문이다. 그래서 한문체를 벗어나기 위해 일종의 절충체로서 등장했다고 보아야 한다(김슬옹, 2016: 232).

【 언해체와 국한문체 】

ㄱ. 훈민정음 창제 당시의 언해체

　　가. 海東六龍이 ᄂᆞᄅᆞ샤 일마다 天福이시니 古聖이 同符ᄒᆞ시니 (『용비어천가』 1장)

　　나. 셰世존尊ㅅ일 ᄉᆞᆯᄫᅩ리니 먼萬링里 외外ㅅ일이시나 눈에 보논가 너기ᅀᆞᄫᆞ쇼셔 (『월인천강지곡』 기이)

　　다. 世셰尊존ㅅ일 ᄉᆞᆯᄫᅩ리니 萬먼里리 外외ㅅ일이시나 눈에 보논가 너기ᅀᆞᄫᆞ쇼셔. (『월인석보』 수록 월인천강지곡 1: 1)

　　라. 關關雎鳩ㅣ 在河之州ㅣ로다. 窈窕淑女ㅣ 君子好逑ㅣ로다. (『시경(언해)』)

ㄴ. 국한문체

　大槪開化라 ᄒᆞᄂᆞᆫ 者ᄂᆞᆫ 人間의 千事萬物이 至善極美ᄒᆞᆫ 境或에 抵홈을 胃홈이니 然ᄒᆞᆫ 故로 開化ᄒᆞᄂᆞᆫ 境或은 限定ᄒᆞ기 不能ᄒᆞᆫ 者라 人民才力의 分數로 其等級의 高低가 有ᄒᆞ나 然ᄒᆞ나 人間의 習尙과 邦國의 規模를 隨ᄒᆞ야 其差異홈도 亦生ᄒᆞᄂᆞ니 此ᄂᆞᆫ 開化ᄒᆞᄂᆞᆫ 軌程의 不一ᄒᆞᆫ 綠由어니와 大頭腦ᄂᆞᆫ 人의 爲不爲에 在홀 ᄯᆞ름이라

　　　　　　　　　—유길준의 『西遊見聞』의 「開化의 等級」 중에서

이러한 개화기 이전의 문체의 다중성은 개화기에도 그대로 이어진다. 그렇다면 독립신문과 같은 국문체를 통한 지식 소통이 홍길동전과 같은 국문체 소설의 전거가 있었음에도 성공하지 못한 것은 무엇일까?

그것은 문체의 분화에 따른 문체 사용의 질적인 배타성 때문이다. 조선조 지식인들의 경우 대부분 한문체와 언문체를 두루 사용하는 다중 문체주의자였지만 어디까지나 한문 위주의 인식과 사용은 변함이 없었다. 학문과 공공문서에서는 철저하게 한문체를 주류 문체로 사용해 왔으므로 언문체를 택하는 것은 다양한 문체 가운데 하나를 선택하는 것이 아니라 주류 문체를 바꾸는 일종의 파격적인 변화를 의미한다.

그럼에도 우리의 문자생활 자체가 다층적이었다는 점은 개화기 문체 진화를 푸는 열쇠가 된다. 1446년 훈민정음 반포 이후에 그러한 다층성이 훈민정음으로 인해 더 다양해진 것뿐이다. 훈민정음 반포 이전에는 한문체를 비롯해 이두문체, 구결문체 등이 반포 이후에는 기존의 그러한 문체가 대부분 존속되고 구결문체의 경우 구결이 한글로 바뀌고 국문체가 추가되면서 국문체, 국한문 혼용체, 언해체 등 더욱 다양한 문체가 형성되었다.

중요한 것은 근대계몽기에 이러한 국한문체가 당대 구성원들의 지식 계몽화에 어떤 영향을 끼쳤는가가 중요하므로 우리는 국문의 개념을 폭넓게 보는 관점을 지향하고자 한다. 근대 계몽기의 '국문'이 한글만을 가리키는 게 아니라는 것은 '국문'이란 명칭의 공식 기원이 된 고종의 국문 칙령(1984, 1985)과 칙령 직후에 나온 홍범 14조의 세 가지 방식의 표기가 보여준다.

1894 /11/21(고종31) 고종 국문을 기본으로 삼고 국한문 혼용문을 쓸 수 있다는 공문서 칙령 내각에 지시

1894/12/12(고종31) 국왕, 홍범 14조와 독립서고문(獨立誓告文)을 종묘에 고함.

1894/12/12(고종31) 공문서 사상 최초로 홍범 14조와 독립서고문을 한글로 반포.

1895/04/01(고종32) 유길준 저 『서유견문』, 일본 교순사에서 간행.

조선개국 503년(음력 11894년 12월 12일) 『관보』에 실린 〈홍범14조〉의 임금이 종묘에 고하는 글 앞부분

그래서 한문 번역문을 벗어난 유길준의 문체가 현토체일지라도 '언문일치'의 시도로 평가받았다. 한문체를 벗어나 한국어 구조를 반영한 문체는 일단 언문일치 범주에 든다. 그렇다면 그러한 과도기적 언문일치체는 소극적 언문일치체로 이후 진화된 오늘날과 같은 표준 문어체는 적극적 언문일치체로 설정할 수 있다.

심재기(1999: 62)에서는 이러한 문체의 변화를 발전과 진화의 문제로 보았다. 심재기(1999)에서는 국문체의 형성 과정을 '한문체 → 제1 중간문체 → 제2 중간문체 → 제3 중간문체 → 국문체'로 보고 제1 중간문체는 한문 문장에 토만 붙인 것으로 "佛이 言하시되 善男子야 譬컨대 貧家에 珍寶가 有하되 寶가 能히 내가 此가 在하다 自言치 못하는지라"(『불교대전』)와 같은 문체이고, 제2 중간문체는 어느 정도 우리말 구성을 보이나 한문 어구를 그대로 쓴 것에 토를 붙인 것이고, 제3 중간문체는 한문의 통사적 구조는 간간이 잔영만 드러내고 거의 국문체로 순화된 것으로 보았다.

2.2. 문체의 다중성과 국문체 발달

근대 계몽기 대부분의 국문론자들은 언문의 불일치(不一致)가 발생하는 주요 요인이 한자를 사용하기 때문이라고 생각하였다. 이 점은 『대한매일신보』 1907년 5월 14일자 사고 '국문보병간(國文報幷刊)'에서도 잘 나타난다.

【 國文報幷刊 】

本記者ㅣ 對此韓國人士ᄒ야 顧以一言質之ᄒ노니 夫大韓이 三千里 彊土와 二千萬 人衆으로써 自强自立을 不患不能이거늘 何故 今日에 國權을 全失ᄒ고 人權이 不存ᄒ야 無窮이 悲慘ᄒ 境遇에 陷溺ᄒ얏나뇨 其原因을 論之ᄒ면 由來韓人이 便利ᄒ 國文을 不取ᄒ고 不便利ᄒ 漢文을 專尙ᄒ 痼弊로 由ᄒ얏다 ᄒ노니 一種 漢學學에셔ᄂ 或 此言에 對ᄒ야 憤怒驚歎ᄒ 者도 有ᄒ려니와 此ᄂ 韓國 境界에 一大 魔障인즉 不可不 一場 明辯ᄒ야 爲之劈破ᄒ노라. 大抵 世界列國이 各其自國의 國語와 國文으로써 自國의 精神을 完全히 ᄒᄂ 基礎를 삼거날 惟此 韓國은 自國의 國文을 不取ᄒ고 他邦의 漢文을 專尙ᄒᆷ으로 自國의 國語ᄭ지 失却ᄒ 者가 許多ᄒ니 엇지 能히 自國 精神을 保有하리오 盖其國文을 不取ᄒ고 漢文을 專尙ᄒ 痼弊를 大略 言之라도 數段에 不下ᄒᄂ지라.

一曰 國文을 不學ᄒ고 但히 漢文을 學ᄒᆷ으로 言文이 不能一致아야 用工이 甚難이라 自非 平生專門者이면 不能人人皆學일시 國民의 普通知識을 開發ᄒᆯ 道가 甚狹ᄒ고 一曰 學之甚易ᄒ고 用之極便ᄒ 國文을 抛棄ᄒ고 學之甚難ᄒ고 用之不便ᄒ 漢文을 攻苦ᄒᆷ으로 靑春下帷(하유)ᄒ야 白首窮經하되 慧竇가 愈塞하고 實效가 愈蔑ᄒ야 自家의 經濟도 不能ᄒ거니 엇지 國民을 富强케 ᄒᆯ 能力이 有리오 知識의 窒塞과 實業의 衰頹와 廉恥의 喪失이 皆此로 由하얏고. 一曰 自國의 國文을 賤之輕之ᄒ고 他邦의 漢文을 貴之重之ᄒᄂ 故로 自國을 自侮ᄒ고 他邦을 仰視하ᄂ 奴隷의 性質을 養成하야 獨

立의 名義를 初不講知어니 엇지 獨立思想이 有ᄒ리오. (…中略…) 大抵 國
文의 工夫로도 其人이 賢良ᄒ고 其國이 富强ᄒ얏스면 其人은 哲人이 되고
其國은 覇國이 될지니 엇지 區區히 文의 能否를 問ᄒ리오 蔽一言ᄒ고 此國
은 國文이 發達ᄒ여야 人智가 大開ᄒ고 國力이 充實ᄒᆯ지라. 所以로 本館에
셔 國文報 一部를 幷刊ᄒ야 國民의 精神을 喚醒케로 注意가 久矣러니 至于
今日에 諸般 磨練이 乃能入料ᄒ야 自來月로 發行을 開始ᄒ기로 ᄒ노니 韓
國 進步의 機關은 此報의 擴張ᄒᄂ 程度로써 占驗ᄒᆯ지라 一般 人士ᄂ 同此
注意ᄒ기를 十分 切望ᄒ노라.

번역 본 기자가 한국 인사에 대해 한마디 말로 꾸짖고자 하니, 대저 대
한이 삼천리 강토와 이천만 인민들로 자강자립이 불가능할 것을
걱정하지 않거늘, 어찌 금일 국권을 모두 잃고, 인권이 존재하지 않아 끊
임없이 비참한 지경에 빠져들었는가. 그 원인을 논하면 한국인이 편리한
국문을 취하지 않고 불편한 한문은 오로지 숭상한 병폐로 말미암았다 하
니, 일종 한학(漢學)에서는 혹 이 말에 대해 분노하고 놀랄 사람도 있겠지
만, 이는 한국의 지경에 일대 병폐와 장애인즉 불가불 바르게 해명하여
벽파(劈破)를 해야 한다. 대저 세계 열국이 각기 자국의 국어와 국문으로
자국의 정신을 완전히 하는 기초를 삼거늘, 오직 한국은 자국의 국문을
취하지 않고 다른 나라의 한문을 숭상하여 자국의 국어까지 잃어버린 것
이 허다하니, 어찌 능히 자국정신을 보유하겠는가. 대개 그 국문을 취하지
않고 한문만 숭상한 고질적인 병폐를 대략 말하더라도 몇 단에 그치지
않는다.

하나는 국문을 배우지 않고 한문만 배워 언문이 불일치(言文不一致)하
고, 적절히 사용하기가 심히 어렵다. 스스로 평생 전문가가 아니면 사람마
다 모두 배우기 어렵고 국민의 보통지식을 개발할 방법이 매우 협소하고,
하나는 배우기 매우 쉽고 사용하기 매우 편리한 국문을 포기하고 배우기
매우 어렵고 사용하기 불편한 한문을 애써 사용함으로 청춘으로부터 백
발이 되도록 지혜가 더욱 막히고 실효가 더욱 없어 스스로의 생활방식도

불가능하니 어찌 국민을 부강하게 할 능력이 있겠는가. 지식이 꽉 막히고 실업의 쇠퇴와 염치를 잃는 것이 모두 이로부터 말미암았다. 하나는 자국의 국문을 천하게 여기고 경시하며 타국의 한문을 귀중하게 여기는 까닭에 자국을 스스로 모멸하고 타국을 숭상하는 노예의 성질을 양성하여 독립의 명의를 처음부터 강구하여 알지 않으니 어찌 독립사상이 있겠는가. (…중략…) 대저 국문 공부로도 그 사람이 현량하고 그 국가가 부강하면 그 사람은 밝은 사람이 되고 그 국가는 패권국이 될 것이니 어찌 구구하게 문장의 능부를 묻겠는가. 한마디로 말하면 국가는 국문이 발달하여야 인지가 크게 열리고 국력이 충실할 것이다. 스러므로 본관에서 국문보 일부를 아울러 창간하여 국민의 정신을 각성케 하기를 주의한지 오래되었는데, 금일에 이르러 제반 시설이 능히 갖추어져 내월 이후 발행을 시작하기로 하였으니, 한국 진보의 기관은 이 신문의 확장 정도로 점차 증거될 것이다. 일반 인사는 이를 충분히 주의하기를 간절히 바란다.

이 논설은 『국문판 대한매일신보』 발행을 앞두고, 국문 신문을 발행하는 취지를 밝힌 사고(社告)이다. 이 글에서 주목할 점은 국문 사용이 언문일치의 핵심 요소로 인식하고 있는 점이며, 국문이 국민정신과 독립정신의 기반이 됨을 강조한 점이다. 이러한 흐름에서 언문일치는 본질적으로 '구어'와 '문어'의 일치를 의미하는 개념[6]이나 근대 계몽기에 이르러서는 '한자 사용' 문제가 언문일치의 핵심 요인으로 인식된 셈이다.

한자 사용 문제를 기준으로 할 때 근대 계몽기에 등장한 문체는 매우 다양한 모습을 띤다. 17세기 이후 보편화되기 시작한 순국문 언해체의 전통은 19세기 대부분의 언해문이나 천주교 서적 등에서 일반적으로

---

6) 이에 대해서는 허재영(2011)의 「근대 계몽기 언문일치의 본질과 국한문체의 유형」(『어문학』 114, 한국어문학회)을 참고할 수 있다.

쓰였고, 여성 독자를 대상으로 한 다수의 교훈서나 이야기책 등에서도 순국문이 쓰였다. 이러한 흐름에 따라 『독립신문』, 『협성회회보』, 『미일신문』, 『죠선크리스도인회보』, 『그리스도신문』, 『뎨국신문』 등과 같은 매체가 순국문으로 발행되었다. 그러나 조선시대 지식인들의 한문을 위주로 한 학문 전통은 근대 계몽기에도 여전히 순한문을 사용하는 경향이 짙었으며, 1880년대 이후 국한문체가 빈번히 등장하기 시작하였다.

근대 계몽기 국문과 한자를 사용하는 방식은 이능화의 '국문일정의 견서'에 나타난 바와 같이, 부속 방식에 따라 다양한 형태를 띤다. 이에 대해 김영민(2009), 허재영(2011)에서는 부속 문체의 유형을 '음 부속 국문체(音附屬國文體)', '훈 부속 국문체(訓附屬國文體)', '부속 한자체(附屬漢字體)', '부속 국문·가나「假名」체(附屬國文假名體)' 등으로 구분하고 있는데, 이러한 구분은 1911년 저술된 이각종의 『실용작문법』에서도 찾아볼 수 있다.

【 文章總論[7] 】

朝鮮에 現用ᄒᄂᆞᆫ 朝鮮 文章에ᄂᆞᆫ 三種이 有ᄒᄂ니 其一은 漢文이오 其二ᄂᆞᆫ 諺文이오 其三은 新體文 卽 諺漢文交用文이니 今에 其 性質 功用을 論ᄒ홀진딩 (一) 簡勁雄建ᄒᄋ야 是非得失을 一言에 判ᄒ며 治亂興廢를 數句에 決ᄒ고 或은 古今을 須臾에 觀ᄒ며 四海를 一瞬에 撫ᄒ고 天地를 紙上에 籠ᄒ며 萬物을 墨下에 寫ᄒ야 紛紜浩蕩ᄒ며 踊躍峻拔의 神에 至ᄒ야ᄂᆞᆫ 不得不 漢文에 一指를 首屈홀지오 (二) 高雅優美ᄒ야 逼近히 人情을 敍ᄒ고 叮嚀히 世態를 說ᄒ며 或은 纏綿婉約ᄒ며 或은 彬蔚幽閑ᄒ며 或 淸麗悲哀ᄒ며 或은 炳然爛漫ᄒ야 讀者로 ᄒ야곰 一唱三歎케 ᄒ고 聽者로 ᄒ야곰 俯仰徘徊

---

7) 이각종(1911), 『실용작문법』. 허재영(2011)의 『(李覺鍾 編著) 실용작문법』(도서출판 경진)에서 재인용.

케 ᄒᄂᄂ 妙에 至ᄒᄋᆦᄂ 諺文의 右에 出홀 者ㅣ 無ᄒ며 (三) 大小 精粗를 觸事應物에 縱橫自在ᄒᄋᆦ 可記치 못홀 바ㅣ 無ᄒ고 可論치 못홀 바ㅣ 無ᄒ며 且 曲暢旁通ᄒᄋᆦ 其細ᄂ 毛髮을 可折ᄒ며 其大ᄂ 天地를 可包ᄒᄋᆦ 文章의 至便至利케 ᄒᆫ 者로ᄂ 新體文이 是라. 故로 諸般 實用에ᄂ 新體文을 多用ᄒ고 儀式 典傳에ᄂ 漢文을 多用ᄒ고 小說 情報에ᄂ 諺文을 多用ᄒᄂᄂ 是以로 本書에ᄂ 新體文을 爲主ᄒ고 兼ᄒᄋᆦ 漢文 諺文에 共通되ᄂ 作文上 方式 規模 等을 述ᄒᄋᆦ 學者로 ᄒᄋᆦ곰 實用에 適合케 홈과 同時에 諸般 文章의 大体를 知得케 홈을 期홈이라.

번역 조선에서 지금 사용하는 문장에는 세 종류가 있으니, 첫째는 한문이요, 둘째는 언문이요, 셋째는 신체문 즉 언한문 교용문이니, 지금 그 성질과 효용을 논하면, (1) 간결하고 웅건하여 시비득실을 한 마디로 판단하고 치란흥폐를 몇 구절로 결정하거나 혹 고금을 잠깐 관찰하고 사해를 일순간 진무하며 천지를 지상에 배열하고 만물을 글 아래 적으며 분운호탕하며 용약 준발의 신비에 이르러는 부득불 한문을 가장 우선으로 꼽을 것이다. (2) 고아우미하여 가까이 인정을 서술하고 정녕 세태를 말하며 감정을 얽어내어 순화하며 혹은 그윽하고 혹 청려 비애하며 혹 난만하여 독자로 하여금 한 번 불러 세 번 감탄하게 하고 청자로 하여금 굽어 배회하게 하는 묘미에 이르러서는 언문보다 먼저 나설 것이 없다. (3) 대소 정조를 사물에 접하여 자유자재로 기록하지 못할 것이 없고 가히 논하지 못할 것이 없으며 또 굽어 통할 때 세밀한 바는 모발을 떨게 하고 크게는 천지를 포용하여 문장이 지극히 편리하게 하는 것은 신체문(新體文)이다. 그러므로 제반 실용에 신체문을 많이 쓰고 의식(儀式)이나 경전 등에는 한문을 많이 쓰고, 소설이나 세밀한 정보에는 언문을 많이 쓰니, 이러므로 본서에는 신체문을 위주하고 아울러 한문과 언문에 공통되는 작문상 방식 규모 등을 서술하여 학자로 하여금 실용에 적합케 함과 동시에 제반 문장의 대략적인 것을 알게 하고자 한다.

이각종(1911)에서 제시한 세 가지 종류의 문장은 '한문체', '순국문체(언문체)', '국한문체'를 의미한다. 한문체의 특징이 '간경웅건(簡勁雄健)'에 있으며, '치란흥폐(治亂興廢)'를 몇 구절로 표현할 수 있다고 판단하는 것은 뜻글자로서 한자의 간결함을 고려한 판단이며, 순국문체가 갖는 특징을 '고아우미(古雅優美)', '일창삼탄(一唱三歎)'으로 표현한 것은 일상적인 정서 표현이 쉽다는 뜻으로 해석된다. 그러나 '신문체(新文體)'로 불린 교용문체를 기준으로 삼아 작문 이론을 전개한 것은 이 시기 국한문체가 다른 문체에 비해 상대적으로 더 많이 쓰였음을 전제로 한 것이다. 이각종(1911)에서는 이 세 가지 문체를 다음과 같이 구체화하고 있다.

【 文章總論8) 】

以上 說明ᄒᆞᆫ 三種文에 就ᄒᆞ야 世에 通用ᄒᆞᄂᆞᆫ 者를 觀ᄒᆞ건ᄃᆡ 左의 區別이 有ᄒᆞ니

一. 學而時習之不亦悅乎.

二. 學而時習之면 不亦悅乎아.

三. 學ᄒᆞ야 此를 時로 習ᄒᆞ면 ᄯᅩᄒᆞᆫ 悅치 아니ᄒᆞᆫ가.

四. 學[ᄇᆡ]와셔 此[이]를 時[새]로 習[익]키면 亦[ᄯᅩ]ᄒᆞᆫ 悅[깃브]지 不[아]니ᄒᆞᆫ가.

五. ᄇᆡ와셔 이것을 ᄯᅢ마다 익키면 ᄯᅩᄒᆞᆫ 깃브지 아니ᄒᆞᆫ가.

今에 右에 對ᄒᆞ야 更論ᄒᆞ면 一은 漢文이오 三은 新體文이요 五는 諺文이며 二ᄂᆞᆫ 漢字와 諺字를 交用ᄒᆞ엿스되 其 '면' 及 '아'ᄂᆞᆫ 格外의 助用이오 原意 成立에는 無關ᄒᆞ야 비록 此를 拔去ᄒᆞ여도 文의 意義에 無害ᄒᆞ고 獨立ᄒᆞᆫ 漢文을 成ᄒᆞᄂᆞᆫ 故로 此를 ᄯᅩᄒᆞᆫ 漢文이라 稱ᄒᆞᆯ지오 四ᄂᆞᆫ 諺字의 漢字를 交用ᄒᆞ엿스되 其 漢字ᄂᆞᆫ 根本意를 示ᄒᆞ야 諺字의 思想을 表ᄒᆞᄂᆞᆫ 參考用이

---

8) 이각종(1911), 『실용작문법』. 허재영(2011)에서 재인용.

요 諺文意의 成立에는 殆히 漢字의 用을 不成ᄒ고 卽 漢字를 諺字로 代用홈과 同ᄒ니 故로 此를 諺文이라 稱홀지니라. 然ᄒᄂ 通俗으로는 此를 區別ᄒ기 爲ᄒ야 二는 此를 漢文 懸吐文이라 ᄒ고 四는 諺文 傍註文 又는 言文一致體라 ᄒᄂ니라.

번역 이상 설명한 세 종류 문장에 대해 세상에 통용하는 것을 살펴보면 다음과 같은 구별이 있다. (예문 번역 생략) 지금 이상에 대해 다시 말하면 1은 한문이요, 3은 신문체요, 5는 언문이며, 2는 한자와 언문자를 교영하였지만 '면'과 '아'는 격외의 도움으로 쓰인 것이며 원래의 뜻을 성립하는 데는 무관하여 비록 이를 제거해도 문장의 의미를 해치지 않고 독립한 한자를 이루는 까닭에 이를 또한 한문이라고 부를 수 있다. 4는 언문자와 한자를 교용하였지만 그 한자는 근본 뜻을 보이고 언문자는 생각을 표현하는 데 참고하기 위해 슨 것으로 언문의 뜻을 성립하는 데는 전혀 한자를 사용하지 않고, 곧 한자를 언문자로 대용하는 것과 같으니, 이를 언문이라고 칭할 것이다. 그러나 통속에서는 이를 구별하기 위해 2는 한문 현토문(漢文懸吐文)이라 하고, 4는 언문 방주문(諺文傍註文) 또는 '언문일치체(言文一致體)'라고 한다.

이각종(1911)에서 제시한 '언문일치체'는 엄밀히 말하면 국문 부속 문체에 해당한다. '학(學)'이라는 한자의 국문 훈을 한자 옆에 부속한 것으로, 대표적인 저작물로는 유길준의 『노동야학독본』이 있다.

부속 문체는 본문이 한자를 중심으로 구성되었는지 아니면 국문을 중심으로 구성되었는지에 따라 부속 글자가 달라지는데, 전자의 경우 한자음을 부속하는 경우와 국문 훈을 부속하는 경우가 있다. 한자음 부속은 한자 표기의 한자어에 대한 국문 음을 부속하는 것이므로, 일종의 병용(幷用) 형태로 볼 수 있다. 한국어로 정착된 한자어를 대상으로 한자 옆에 국문 음을 부속하였으므로 독서의 효율을 높이기 위한 것이라고 볼 수 있다. 이에 비해 국문 훈을 부속한 것은 한자의 뜻을 밝혀

의미를 쉽게 전달하기 위한 의도를 갖고 있는 셈이다. 이러한 문체는
한문체에서 국한문체를 거쳐 순국문체에 이르는 과도기적 형태에서 비
롯된 것이라고 볼 수 있으나, 기존에 순국문체가 존재했음을 고려한다
면 이러한 과도기는 국문 사용 방법이 체계화되지 못한 상태에서 발생
한 고정관념 때문에 생겨난 현상이라고 할 수 있다. 이와 같은 과도기
적 의식을 보여주는 사례가 이광수의 '국문과 한문의 과도시대'이다.

【 國文과 漢文의 過渡時代[9] 】

우리 國文도 역시 此時代에 參與ㅎ얏도다 國文의 過渡關係ᄂ 如左三者
니 一, 國文을 專廢ㅎ고 漢文을 專用할가, 二, 國文과 漢文을 並用할가, 三,
漢文을 專廢ㅎ고 國文을 專用할가 以上三者中 詳密히 利害關係를 斟酌商量
ㅎ야 一을 定치 아니치 못ㅎ지라 (…中略…)

假定한 三者中 二者ᄂ 이믜 否定되얏스니 不可不 第三을 採用하리로다.
國文을 專用하고 漢文을 專廢ᄒ다함은 國文의 獨立을 云함이요 絶對的 漢文
을 學하지 말나함이 아니라 此萬國이 隣家와 갓치 交通ᄒᄂ 時代를 當ᄒ야
外國語學을 硏究홈이 學術上 實業上政治上을 勿論ᄒ고 急務될 것은 異議가
無홀 바이니 漢文도 外國語의 一課로 學홀지라 此重大ᄒ 問題를 一朝에 斷
行ᄒ기ᄂ 不可能ᄒ 事라 할듯ᄒ나 遷廷히 세월을 經ᄒ야 新國民의 思想이
堅固케 되고 出刊 書籍이 多數히 되면 더옥 行ᄒ기 難ᄒ리니 一時의 困難을
冒ᄒ야 我邦文明의 度를 速ᄒ게 함이 善策이 아닌가 玆의 淺薄ᄒ 意見을
陳ᄒ야 有志同胞의 注意를 促ᄒ며 幷ᄒ야 方針의 講究를 願ᄒ노라.

> **번역** 우리 국문도 역시 이 시대에 함께 하고 있다. 국문의 과도시대는
> 다음 세 가지이니, 일은 국문을 전폐하고 한문을 전용할 것인가,
> 이는 국문과 한문을 병용할 것인가, 삼은 한문을 전폐하고 국문을 전용할
> 것인가 이상의 세 가지 중 상밀한 이해관계를 짐작하여 하나를 정하지

---

9) 이보경(1908), 「국문과 한문의 과도시대」, 『태극학보』 제21호, 1908.8.

않을 수 없다. (…중략…)

　가정한 세 가지 중 둘은 이미 부정되었으니 불가불 세 번째를 채용해야한다. 국문을 전용하고 한문을 전폐하는 것은 국문의 독립을 일컫는 것이요, 절대적으로 한문을 배우지 말라고 하는 것은 아니다. 이 만국이 이웃과 같이 교통하는 시대에 외국어학을 연구하는 것이 학술상 실업상 정치상은 물론 급무가 될 것은 이의가 없을 것이니, 한문도 외국어의 한 교과로 배울 것이다. 이 중대한 문제를 하루아침에 단행하는 것은 불가능한일이라고 할 것이나 세월이 지나 신국민의 사상이 견고하게 되고 출간하는 서적이 많아지면 더욱 행하기 어려울 것이니, 일시의 곤란을 무릅쓰고우리나라 문명의 정도를 신속하게 하는 것이 좋은 방책이 아니겠는가.이에 천박한 의견을 진술하여 뜻있는 동포들의 주의를 촉구하며 아울러방침을 강구할 것을 원한다.

　이보경이라는 이름으로 발표한 '국문과 한문의 과도시대'는 이 시기상당수 지식인들이 공유했던 사상으로 볼 수 있다. 그는 언젠가는 국문전용이 이루어져야 한다고 주장하면서, 현실적으로는 그것이 쉽지 않다고 주장한다. 주목할 점은 한문 전폐가 '한문을 공부하지 않음'을 의미하는 것이 아니라고 주장한 점이다. 곧 한문을 외국어의 한 과목으로공부하고, 문자생활은 국문을 중심으로 해야 한다는 뜻이다. 그럼에도그는 국문 전용을 쉽게 주장하지는 못했다. '과도시대'라는 말은 국한문 혼용을 의미한다. 그가 말한 '병용'[10]은 '혼용(混用)'을 의미한다. 이에 대해 그는 『황성신문』 1910년 7월 24일자 논설 '금일 아한 용문(今日我韓用文)에 대하여'에서 다음과 같이 주장한다.

---

10) 일반적으로 국한문 병용(國漢文倂用)은 한자를 괄호 안에 적는 것을 의미함.

【 今日我韓用文에 對ᄒᆞ야[11] 】

就中 文章으로 말ᄒᆞ면 諸般 것 中 가장 重要ᄒᆞ 것이니 그 文의 엇덤으로 써 足히 其國의 將來의 文化를 占ᄒᆞᆯ 수 잇깃스며 그 榮枯를 判斷ᄒᆞᆯ 수 잇을 지라. 昔日에도 오히려 그러ᄒᆞ얏깃스니 ᄒᆞ믈며 今日일까. 昔日에ᄂᆞᆫ 一日 百里의 徒步로도 오히려 餘裕가 잇셧거늘 今日에ᄂᆞᆫ 一日 千里의 汽車로도 오히려 奔忙ᄒᆞ며 昔日에ᄂᆞᆫ 數十餘年을 文字 비ᄒᆞ기에 虛費ᄒᆞ셧스나 今日 에ᄂᆞᆫ 一年을 文字 비홈이 虛費ᄒᆞ야도 오히려 밧븜이 잇ᄂᆞᆫ도다. 如斯히 忽 忙ᄒᆞᆫ 今日에 잇셔셔 엇지 貴重ᄒᆞ 時日을 文字만 비홈에 虛費ᄒᆞ고야 競爭에 劣敗者 아니 되기를 엇으리오. 然ᄒᆞ거늘 今日의 新聞 雜誌의 用文을 보라. 名은 비록 國漢文이나 其實은 純漢文에 國文으로 懸吐ᄒᆞᆫ 딋셔 지나지 못ᄒᆞ 며 ᄯᅩ 其 用語ᄂᆞᆫ 康熙字典이나 펴 노코셔 골나내엿ᄂᆞᆫ지 數十年 漢學에 修 養잇ᄂᆞᆫ 이고야 비로소 아를 만ᄒᆞᆫ 難澁ᄒᆞᆫ 漢字쓰기를 競爭삼아 ᄒᆞ니 我韓 國民이 모다 相當ᄒᆞᆫ 修養이 잇고만 보면 其或 몰ᄂᆞ깃스되 實則不然ᄒᆞ야 大多數ᄂᆞᆫ 그런 修養이 업ᄂᆞᆫ지라.

故로 如斯ᄒᆞᆫ 新聞 雜誌ᄂᆞᆫ 極히 적은 部分에 밧게는 넑이우지 못ᄒᆞ니 엇 지 其 效力의 넓히 밋츰을 바라며 싸로혀 報舘의 職務를 다ᄒᆞᆫ다 ᄒᆞ리오. ᄯᅩ 今日은 다토아 他를 模倣ᄒᆞᄂᆞᆫ 쎡라 가장 靑年 學生들은 一定ᄒᆞᆫ 文法을 배호지 못홈으로 體를 新聞이나 雜誌에 밧으려 ᄒᆞᄂᆞᆫ 이 만ᄒᆞ며 彼等도 如 斯ᄒᆞᆫ 文體 쓰기를 죠아ᄒᆞ며 ᄯᅩ 難澁ᄒᆞᆫ 文字를 만히 써셔 有識ᄒᆞᆫ 체ᄒᆞ기를 名譽로 알게 되니 그러면 漸次로 자리가 잡히어 아조 이런 文體 아니고ᄂᆞᆫ 아니 쓴다 ᄒᆞ게 될지며 ᄯᅩ 識者로 이런 文體로 쓰지 아닌 것은 文章이 아닌 것갓치 싱각ᄒᆞ게 되리니 萬一 이러케 되면 其 損益이 果然 엇더ᄒᆞᆯ까. 이것이 利益이 된다 ᄒᆞ면 다만 贊成ᄒᆞᆯ ᄯᆞ름이오 ᄯᅩ 깃버ᄒᆞᆯ ᄯᆞ름이오 勸獎 ᄒᆞᆯ ᄯᆞ름이라. 그러면 이것이 果然 益이 되깃ᄂᆞ냐 ᄒᆞ면 누구시든지 常識이 苟有ᄒᆞᆫ 이ᄂᆞᆫ 아니라 ᄒᆞ리라. 그러면 損될 것이 아닌가. 其 理由ᄂᆞᆫ 右에도

---

11) 이광수(1910), 「今日我韓用文에 對ᄒᆞ야」, 『황성신문』, 1910.7.24~27.

얼마큼 말혼 것이오 쏘 必要도 업슬 쯧ᄒ도다. <u>然則 엇던 文體를 使用홀까.</u>
<u>純國文인가 國漢文인가.</u>

余의 마음딕로 홀진딕 <u>純國文으로만 쓰고 십흐며 쏘 ᄒ면 될 줄 알되</u>
<u>다만 其 甚히 困難홀 줄 알음으로 主張키 不能ᄒ며 쏘 비록 困難ᄒ드리도</u>
<u>此ᄂᆫ 萬年大計로 斷行ᄒ여야 혼다ᄂᆫ 思想도 업슴이 아니로딕 今日의 我韓</u>
<u>은 新知識을 輸入홈이 汲汲혼 쩌라. 이쩍에 解키 어렵게 純國文으로만 쓰</u>
<u>고 보면 新智識의 輸入의 沮害가 되깃슴으로 此 意見은 아직 잡가두엇다가</u>
<u>他日을 기다려 베풀기로 ᄒ고 只今 余가 主張ᄒᄂᆫ 바 文体ᄂᆫ 亦是 國漢文幷</u>
<u>用이라.</u>

번역 이 가운데 문장으로 말하면 모든 것 가운데 가장 중요한 것이니,
그 문장이 어떠함으로 가히 그 나라의 장래 문화를 점칠 수 있으
며 그 영화와 쇠락을 판단할 수 있다. 옛날에도 오히려 그러했는데 하물
며 금일이겠는가. 옛날에는 하루 백 리의 걸음도 여유가 있었으나 금일에
는 하루 천 리 기차로도 오히려 분망하며, 옛날에는 수십 년 문자 배우기
에 허비했으나 금일에는 일 년 문자를 배우는 데 허비하더라도 오히려
바쁘다. 이와 같이 바쁜 금일에 어찌 귀중한 시일을 문자 배우는 데 허비
하면 경쟁에 열패자가 되지 않겠는가. 그런데 금일 신문 잡지의 문자사용
을 보라. 이름은 비록 국한문이나 사실 순한문에 국문으로 현토한 데 지
나지 못하고, 또 그 용어는 강희자전이나 펴 놓고 골랐는지 수십 년 한학
에 수양 있는 이라야 비로소 알 만한 난삽한 한자 쓰기를 경쟁 삼아 하니,
우리 국민이 모두 상당한 수양이 있다면 혹 모르겠지만 사실 그렇지 않아
대다수는 그런 수양이 없다.

그러므로 이러한 신문 잡지는 극히 적은 부분밖에는 읽히지 못하니 어
찌 그 효력이 널리 미칠 것을 바라고 따로 신문사의 직분을 다한다고 하겠
는가. 또 금일은 다투어 다른 것을 모방하는 때이다. 청년 학생들은 일정한
문법을 배우지 못하기 때문에 문체를 신문이나 잡지에서 본받는 사람이
많으며, 저들도 이러한 문체 쓰기를 좋아하고 또 난삽한 문자를 많이 써서

유식한 체 하는 것을 명예로 알게 되니, 그러면 점차 자리가 잡혀 아주 이런 문체가 아니면 안 쓴다고 하는 상태가 될 것이며, 또 식자가 이런 문체로 쓰지 않은 것은 문장이 아닌 것처럼 생각하게 될 것이니, 만일 이렇게 되면 그 손익은 과연 어떠할까? 이것이 이익이 된다면 찬성하고 기뻐하며 권장할 따름이다. 그렇다면 이것이 과연 이익이 되겠는가. 누구든지 상식이 있는 사람이 아니라고 할 것이다. 그러면 손해될 것이 아니겠는가. 그 이유는 오른 편(앞쪽)에서도 어느 정도 말했으며 또 그럴 필요도 없을 듯하다. 그런즉 어떤 문체를 사용할까. 순국문인가, 국한문인가.

내 마음대로 할 수 잇다면 순국문으로 쓰고 싶고 또 쓰면 될 것으로 알지만, 다만 심히 곤란할 줄 알기 때문에 주장하기 불가능하며, 또 비록 곤란하더라도 이는 만년대계로 단행하여야 한다는 생각도 없지 않으나 금일 우리 한국은 신지식을 수입하는 데 급급한 때이다. 이 때에 해석하기 어렵게 순국문으로만 쓰면 신지식의 수입에 장애가 될 것이므로 이 의견은 아직 잠가 두었다가 타일을 기다려 풀어내기로 하고, 지금 내가 주장하는 문체는 역시 국한문병용이다.

이광수는 "지금 우리나라는 무엇이든지 일정한 것이 없다"고 단정하고, 그렇기에 '과도시대(過渡時代)'의 문체로 '국한문병용(國漢文倂用)'을 주장하였다. 혼용을 해야 하는 주요 이유는 '신지식 수입'에 있다. 이 점은 이광수의 글쓰기 태도와도 밀접한 관련이 있는데, 그는 일본 유학 중 발표한 다수의 논설과 문학작품에도 반영되어 있다. 예를 들어 『대한흥학보』제9호(1910.1.20)에 고주생(孤舟生)이라는 필명으로 발표한 「옥중호걸(獄中豪傑)」이나, 제10호(1910.2.20) 이보경(李寶鏡) 「금일 아한 청년(今日我韓靑年)과 정육(情育)」은 국한문으로 쓴 이광수의 초기 작품들이다.

3. 계몽의 언어와 개성적 문체

3.1. 계몽의 언어

문체론과 문장 작법은 글쓰기뿐만 아니라 계몽사조 전반에 걸쳐 많은 영향을 미친다. 일제 강점기 국문 규범의 통일과 문장 작법에 대한 관심이 높아지면서 다수의 문장론이 등장하기 시작하는데, 그 가운데 대표적인 성과로 이태준의 '문장강화(文章講話)'를 들 수 있다.[12]

이태준은 '문장작법'이 새로운 것은 아니라고 주장하면서, 호적(胡適)이 제기한 '문학개량추의(文學改良芻議)' 8조목을 제시하며, 문장작법은 '말을 짓기로 할 것', '개인 본위의 문장 작법'일 것, '새로운 문장을 위한 작법'일 것을 주장한다. 그가 말한 호적의 8조목은 '언어만 있고 사물이 없는 글을 짓지 말 것', '병 없이 신음하는 글을 짓지 말 것', '전고(典故)를 일삼지 말 것', '난조어투(爛調語套)를 쓰지 말 것', '대구(對句)를 중요시하지 말 것', '문법에 맞지 않는 글을 쓰지 말 것', '고인(古人)을 모방하지 말 것', '속어와 속자를 쓰지 말 것' 등의 여덟 가지이다. 호적이 비판한 문장 작법은 전고대방(典故大方)의 전형적인 글쓰기로, 중국뿐만 아니라 한국에서의 오랜 글쓰기 전통을 이루어 왔다. 이에 비해 이태준이 제시한 3대 문장 작법은 근대 계몽기로부터 형성되어 온 새로운 작법이자 계몽의 문체를 기반으로 한 것이다.

엄밀히 말하면 '계몽의 문체'라는 용어는 학술적인 개념으로 사용된 용어는 아니다. 그럼에도 근대적 글쓰기가 계몽을 주안점으로 삼고 있음은 쉽게 공감할 수 있다. 최재학(1909)에서 "문장을 짓고자 하는 자는

---

12) 이태준의 '문장강화'는 『문장』 창간호(1939.1)부터 제9호(1939.10)까지 연재된 문장론 강좌이다. 이 강좌는 1940년 4월 20일 문장사에서 단행본으로 출간된 뒤, 1946년 박문사에서 『증정 문장강화』로 개정판이 나왔다. 이에 대해서는 김경남(2015), 『일제강점기 글쓰기 자료』 1~3(도서출판 경진)을 참고할 수 있다.

고금 서적을 섭렵하여 흉중에 수많은 재료를 저장하고 또 문자의 운용
과 문체의 조직을 이해한 뒤 붓을 잡으면 자연히 종횡 취목(縱橫聚鶩)하
여 그 묘미를 얻게 될 것"13)이라고 한 점이나, 이종린(1914)에서 "문장
은 전하는 것이 귀중한 것이며, 전하는 것은 그 법식이 귀한 것이니
전한 것이 법에 맞지 않으면 문장이 없는 것과 같다. 대개 글이라는
것은 말의 부득이한 것이요, 말은 마음의 부득이한 것이다. 모든 사리
의 법칙이 그 마음에서 스스로 갖추어 가며 마음이 있으면 모두 가능한
것이니 어찌 말을 위한 방법이라 하겠는가. 모든 심법(心法)이 말로부터
나오니 말이 있으면 또한 되는 것이니 다시 문장을 위하겠는가. 마음은
진실로 사리의 계기가 되나 사리는 스스로 이루어지지 않는 것이다.
부득이 말을 해야 하고, 사리는 진실로 말이 있으나 말은 멀리 전하지
못하는 것이니 문장이 아니면 안 된다. 문장은 진실로 말을 전하는 것
일 따름이다"14)라고 한 점은 글쓰기의 일정한 법식이 마음에서 비롯되
는 것이며, 그것을 말로 표현하고 전달하기 위해 글을 쓴다는 것을 강
조한 표현이다.

계몽의 문체는 다분히 교훈적이고 설득적이다. 이를 대표하는 것이
교과서인데, 근대식 학제 도입 직후 발행된 『국민소학독본』(1895, 학부)
보다 좀 더 진보한 교과서인 『신정심상소학(新訂尋常小學)』(1897, 학부)의
서문의 계몽성을 살펴보자.

---

13) 최재학(1909), 『실지응용작문법』, 휘문관. "文을 作코져 ᄒᄂ 者ㅣ 古今 書籍을 涉躐ᄒ야
   胸中에 許多 材料를 儲藏ᄒ고 又 文字의 運用과 文體의 組織을 識解ᄒ 後에 筆을 下ᄒ면
   自然 縱橫 聚鶩ᄒ야 其妙를 得ᄒ지니".

14) 이종린(1914), 『문장체법』, 보성관. "文貴其傳ᄒ고 傳貴其法ᄒ니 傳而不法이면 不如無文이
   로다. 盖文者ᄂ 言之不得已者오 言又心之不得已者로다. 一切事法이 自具乎心ᄒ니 有此心이
   면 皆可也라. 何用爲言이며 一切心法이 自發乎言ᄒ니 有此言이면 亦可也라 復何爲文고. 心
   固機事나 事不可自成者라. 不得不言이오 事固有言이나 言不可遠傳者라 不得不文이로다."

【 新訂尋常小學序 】

學ᄒᄂ 者ㅣ 젼혀 漢文만 崇尙ᄒ야 古를 學ᄒ 뿐 아니라, 時勢를 헤아려 國文을 參互ᄒ야 ᄯᅩ한 今도 學ᄒ야 智識을 널닐 것시니 我國의 世宗大王게 으셔 ᄒ샤대 世界各國은 다 國文이 有ᄒ야 人民을 開曉ᄒ되 我國은 홀노 업다 ᄒ스 特別히 訓民正音을 지으스 民間에 廣布ᄒ심은 婦孺와 與儓라도 알고 ᄭᅢᆺ기 쉬운 然故ㅣ라. 即今 萬國이 交好ᄒ야 文明의 進步ᄒ기를 힘 쁜 즉 敎育의 一事가 目下의 急務ㅣ라. 玆에 日本人 輔佐員 高見龜와 麻川松 次郎으로 더부러 小學의 敎科書를 編輯ᄒ식 天下萬國의 文法과 時務의 適 用ᄒ 者를 依樣ᄒ야 或 物象으로 譬喩ᄒ며 或 畵圖로 形容ᄒ야 國文을 尙用 흠은 여러 兒孩들을 위션 ᄭᅢᆺ기 쉽고ᄌ 흠이오 漸次 ᄯᅩ 漢文으로 進階ᄒ 야 敎育ᄒ 거시니 므릇 우리 羣蒙은 國家의 實心으로 敎育ᄒ심을 몸바다 恪勤ᄒ고 勉勵ᄒ야 材器를 速成ᄒ고 各國의 形勢를 諳練ᄒ야 並驅 自主ᄒ 야 我國의 基礎를 泰山과 盤石갓치 措置ᄒ기를 日望ᄒ노이다. 建陽 元年 二月 上澣.

번역 배우는 사람이 오직 한문만 숭상하여 옛날 것을 배울 뿐 아니라 시세(時勢)를 헤아려 국문을 두루 참고하여 지금 것도 배워야 지 식을 넓힐 것이니, 우리나라 세종대왕께서 말씀하시되 세계 각국은 다 국문이 있어 인민을 개명하고 밝히되 우리나라는 홀로 없다 하시고, 특별 히 훈민정음을 지으셔서 민간에 널리 펴심은 부유(婦孺)와 여대(輿儓, 천 인)라도 알고 깨닫기 쉬운 연고이다. 즉 지금 만국이 서로 사귀어 문명이 진보하기를 힘쓰니 교육 한 가지 일이 눈앞의 급무이다. 이에 일본인 보 좌원 다카미 가메(高見龜)와 아사카와 소우츠키로(麻川松次郎)로 더불어 소학(小學)의 교과서를 편집하니 천하 만국의 문법(文法)과 시무(時務)의 적용(適用)한 것을 의거하여 혹은 물상(物象)으로 비유하고 혹 도화(圖畵) 로 형용하여 국문을 존중하여 쓰고자 하는 것은 여러 아이들이 먼저 깨닫 기 쉽게 하고자 함이며, 점차 또 한문으로 한 단계 나아가 교육할 것이니 무릇 우리 여러 아동들은 국가가 실심(實心)으로 교육하는 것을 몸소 본

받아 각별히 근면하고 힘써 재기(材器)를 빨리 이루고, 각국의 형세를 배우고 익혀 아울러 자주(自主)하는 데 나아가 우리나라의 기초를 태산과 반석 같은 대책을 세우기를 날로 바랍니다. 건양 원년 2월 상한.

이 글에는 교과서 편찬 배경과 의도, 편찬 과정 등이 간략히 나타나 있다. 이 교과서는 '교육'을 통한 문명 진보를 목적으로 '만국의 문법'과 '시무에 적용할 만한 것'을 기준으로 삼아 교육 내용을 선정하고, 아동이 쉽게 깨달을 수 있도록 국문을 중시하고 점진하여 한문을 사용하는 방식을 사용한다고 하였다. 이 교과서는 비록 일본인 보좌관 다카미와 아사카와가 관여하였으나 근대식 학제 도입기 학습자의 수준을 고려한 교과서라는 점에서 그 이전의 교과서와는 다른 형태의 교과서라고 할 수 있는데, 초급 학습자를 대상으로 한 교과서임에도 문체는 여전히 계몽적이다. 특히 세 개의 문장으로 구성된 이 서문에서 "자(玆)에~일망(日望)ᄒ노이다"에 이르는 세 번째 문장은 현대어 문법으로는 쉽게 번역하기 어려운 난해한 문장 구조를 갖고 있다. 그러나 계몽의 시대에 교과서 문장의 복잡한 구조는 중요한 문제가 아니다. '문명 진보'를 위한 '각국 형세의 암연(諳練)'과 '구자주(驅自主)'라는 계몽의식이 다른 어떤 문제보다도 선행한다. 이 점에서 근대 계몽기의 글쓰기는 '기승전결(起承轉結)'을 기본으로 하는 '결구법(結構法)'을 중시하고, 글을 쓰는 태도에서도 '전고모방(典故模倣)'을 우선시했다. 이는 근대 계몽기 대표적인 문장서인 최재학(1908)의 『문장지남(文章指南)』(휘문관) '범례'에도 잘 나타난다.

【 凡例15) 】
一. 此書搜輯本國及支那文章大家之美玉精金　使高等中學生一覽一讀自覺

---

15) 최재학(1908), 『문장지남』, 휘문관.

古人之作文妙法也.

一. 古人之作文 皆有結構之法 起承鋪結是也. 詳言之起起立一篇之文頭 如人頭面眉目 貴其趣旨之明白. 承承起頭之意 如人咽喉 貴其疏通善美 鋪承之次鋪出事實 如人心胷 貴其排鋪詳悉 結收結一篇之大旨 如人手足 貴其繁快敏活也.

一. 此書與實地應用作文法相爲表裏 每讀此書一篇 較看彼書一篇 覺得十分便易.

번역 1. 이 책은 본국 및 중국 문장 대가의 금옥 같고 정미한 글을 모아 편집한 것으로, 고등중학생이 한 번 보고 읽어 스스로 고인의 작문 묘법을 깨닫게 하고자 한 것이다.

2. 고인의 작문법은 대개 결구법(結構法)이 있으니 기승포결(起承鋪結)이 그것이다. 상세히 말하면 기는 문두(文頭)에 세우는 일편이니 사람의 머리와 얼굴, 눈썹과 눈과 같이 그 취지를 명백히 하는 것을 중시한다. 승은 기두의 뜻을 이은 것이니 사람의 인후(咽喉)와 같이 소통을 잘하게 하는 것을 중시한다. 포는 승에 이어진 것이니 사실을 나열하는 것으로 사람의 심흉(心胷)과 같이 상세히 배열하여 진열하는 것을 중시한다. 결은 한 편의 중심 요지를 결론짓는 것이니 사람의 수족과 같이 그 번잡하고 쾌활하며 민첩한 것을 귀하게 여긴다.

3. 이 책은 『실지응용작문법』과 서로 표리를 이룬다. 매번 이 책 일편과 그 책 일편을 서로 견주어 보면 충분히 쉽게 깨달을 수 있을 것이다.

이 범례에 따르면 한문본 『문장지남』이 편집될 당시 『실지응용작문법』도 함께 저술되었음을 확인할 수 있는데,16) 전자는 전고(典故)를 중심으로 한 독본이며 후자는 작문 방법을 구체적으로 설명한 교과서임을 알 수 있다. '범례'에서 설명한 결구법은 '기승전결'의 구성 방법을

---

16) 현재 발견된 『문장지남』은 1908년 판본이며, 『실지응용작문법』은 1909년 판본이어서, 저술 시기가 다른 것으로 알려져 있다. 그러나 '범례'를 살펴보면 두 교과서는 같은 시기에 저술되었음을 알 수 있다.

의미하며, 이 방법은 계몽적 논설문에 가장 적합하다. 이러한 결구 중심의 작문 이론은 1921년 강의영(姜義永)이 저술한 『실지응용 작문대방(實地應用 作文大方)』(영창서관)에서도 확인할 수 있다.

【 文章의 通論[17] 】

文章은 卽 言語의 代表라. <u>人의 思想 感情을 發表하기 爲하야 文章을 創作함이니</u>, 大抵 文章을 作하려 ᄒ는 者는 必히 古今 書籍을 多讀ᄒ고 天地 萬物과 日用事爲에 明瞭博通ᄒ야 胸中에 許多ᄒ 材料를 豐富히 貯藏홀지며 又는 <u>文字의 運用과 文體의 組織ᄒ는 方法을 解得ᄒ 後에야</u> 筆을 下ᄒ면 自然 縱橫致騖(종횡치목)ᄒ야 完全ᄒ 意義를 發現ᄒᄂ니 其 集合ᄒ 文字가 苟히 完全ᄒ 意義를 發現홈에 至ᄒ면 其長短은 不一홀지라도 此를 統稱 文章이라 ᄒᄂ니,

文章을 創作홈에는 如何ᄒ 文章을 勿論ᄒ고 總히 <u>四個의 體段을 要ᄒᄂ니 起承鋪結이 是로다</u>. 起는 文頭를 提起홈이니 其趣旨明白ᄒ야 人의 頭面 眉目과 如홈이 貴ᄒ고, 承은 起句의 意義를 承接홈이니 其法은 善히 疏通ᄒ야 人의 咽喉와 如홈이 貴ᄒ고, 鋪는 承接ᄒ 次에 創作ᄒᄂ 事實을 鋪張홈이라. 或 其條理가 齊整ᄒ며 或 其脈絡이 貫通ᄒ야 人의 心胸과 如홈이 貴ᄒ고, 結은 全篇의 文을 收拾結束홈이니 其法은 最히 繁快敏活홈을 要ᄒ는 지라. 人의 手足과 如홈이 貴ᄒ니 此는 作文의 四個 原則이라. 然이ᄂ 鋪의 後에 敍, 過 二法을 加ᄒ야 六段이라 云홈도 有ᄒ니

번역 문장은 곧 언어의 대표이다. 사람의 사상과 감정을 발표하기 위해 문장을 창작하니, 대저 문장을 짓고자 하는 자는 반드시 고금 서적을 다독하고 천지만물과 일용사물에 명료하고 널리 통하여 흉중에 많은 재료를 풍부히 저장해야 하며, 또는 문자의 운용과 문체를 조직하는 방법을 이해한 뒤 붓을 잡으면 자연히 자유롭게 질서를 잡아 완전한 의의

---

17) 강의영(1921), 『실지응용 작문대방』, 영창서관.

를 드러낼 수 있으니, 그 모아둔 문자가 진실로 완전한 의의를 드러내는 데 이르면 그 장단을 하나 같지 않더라도 이를 통칭 문장이라고 한다.

문장을 짓는 데는 어떤 문장이든지 모두 4개의 계단이 필요하니 기승포결이 그것이다. 기는 문두를 제기하는 것이니 그 취지를 명백히 하여 사람의 얼굴과 눈과 같게 하는 것이 중요하고, 승은 기구(起句)의 의미를 이은 것이니 그 방법은 소통을 잘하여 사람의 인후와 같게 하는 것이 귀하고, 포는 승접한 다음 창작하는 것이니 사실을 펼치는 것이다. 혹 그 조리가 정제하고 혹 그 맥락을 관통하여 사람의 흉중과 같게 함이 중요하고, 결은 모든 문장을 수습 결속하는 것이니 그 방법은 번쾌하고 민활함을 요구한다. 사람의 수족과 같게 하는 일이 귀중하니 이는 작문의 4개 원칙이다. 그러나 포 다음에 서와 과 두 법을 더하여 6단이라고 일컫기도 하니

강희영의 작문법에 등장하는 '4체단(四體段)'의 구성 방법은 취지를 명료하게 하고 소통을 원활하게 하며, 사실을 정제하고 펼치고 문장을 수습 결속하여 완결된 글을 쓰게 하는 방법을 일컫는 것으로, 최재학 (1909)에서 밝힌 내용과 크게 다르지 않다. 이러한 구성 방법을 '문체 조직법'으로 표현한 것이다. 이처럼 결구법을 기준으로 한 문체 조직은 계몽시대 지식 수용과 보급을 위한 대표적인 글쓰기 이론이 되었던 셈이다.

3.2. 개성적인 문체와 글쓰기론

근대 계몽기의 글쓰기 전통은 국권을 상실하고 국어와 국문을 **빼앗**긴 일제 강점기에 이르러 좀 더 현실적인 글쓰기로 발전해 간다. 김경남(2015)에 따르면 최재학(1909), 이각종(1911), 이종린(1914) 등의 작문 교재가 출현한 뒤, 일제 강점기에는 신문·잡지에 비교적 다수의 문장론

이 발표된 바 있다. 그 가운데 김안서(1925)의 '문장소론'18)이나 신정언 (1929)의 '문장상의 사고(私考)'19) 등은 이태준(1939)의 '문장강화' 이전 에 쓰인 대표적인 문장론에 해당한다.

김안서(1925)에서는 문장의 특징을 "언어란 입으로 하는 말이요, 문 장이란 글로 하는 말"이라고 규정하고, "글로 자기의 사상과 감정을 그 대로 그려 놓을 수 있는가" 하는 문제가 문장론의 핵심이라고 주장하였 다. 그는 '단어의 의미를 분명히 할 것', '논리에 대한 지식을 갖출 것', '언어의 조직을 분명히 할 것', '수사(修辭)에 대한 소양을 갖출 것' 등이 글을 쓸 때 갖추어야 할 필수조건이라고 제시하면서, 문체에는 '고어 체', '문어체', '현어체'가 있다고 주장하였다.

【 文章小論 】

글이란 남에게 깊은 感銘을 주자 함에 있는 것이외다. 그러면 같은 말이 라도 어떠한 말을 쓴 것인가 이에 對하야 또한 생각을 게을리 할 수가 없는 일이외다. 같은 말에도 두 가지가 있어 하나는 歷史的과 다른 하나는 地方的과가 있으니 歷史的에는 古語體와 文語體와 現語體가 있습니다. 古 語體라 함은 예전에 쓰든 말이나 現代에는 쓰지 아니하는 것이니 死語에 가까운 것이외다. 글에다 特殊한 境遇를 除한 以外에는 決코 쓸 것이 아니 외다. 文語體라 함은 論語와 孟子같은 冊에 使用된 것으로 所謂 諺解외다. 이와 같은 語體도 實用으로 보아 一般性을 가지지 못하였기 때문에 쓰지 아니하는 것이 좋습니다. 웨 그런고 글이란 누구에게던지 귀에 거슬니지 아니하고 곧 解得되리랴야 感動을 줄 수가 있기 때문이외다. 그 다음에 現語體외다. 現語體라 함은 文字 그대로 方今 通用되는 現行하는 말이니 가장 깊은 感銘을 주는 것이외다. 그러면 文章에 많은 效果를 나타내이랴

---

18) 김안서(1925), 「문장소론(文章小論)」, 『조선문단』 제2호(1925.4).
19) 신정언(1929), 「문장상의 사고(私考)(1)」, 『동아일보』, 1929.4.4~4.13.

함에는 이 現語體를 使用함이 第一일 것이외다.

　　그리고 地方的으로 말의 뜻과 習慣이 各各 다르니 그것을 그대로 쓴다 하면 남에게 解得되기 어려울 것이외다. 道에 따라서 各各 사투리가 있으니 저 咸鏡道에서 '있소꼬마'니 '왔음둥둥' 하는 말을 다른 道 사람에게 한다 하면 알지 못할 것이외다. 또 平安道의 '왔음마'니 '갔쉐' 하는 것이나 慶尙道에서 '살'이라는 말은 다른 道의 '쌀'이 되는 것이나 그 地方的 色彩를 如實하게 내임에는 必要하여도 決코 一般的으로 使用할 것이 아니외다. (…中略…) 우리가 標準해 쓸 만한 말은 서울의 現行語외다. 筆者는 이것을 標準삼아 使用하여 왔거니와 만일 서울말에 自己의 感情을 고대로 나타내여 줄 만한 것이 없는 때에는 地方의 사투리에서 가장 音調 좋은 말을 골나서 쓰고 맙니다. 사투리라도 한 사람 두 사람 使用해 가노라면 一般性을 가지게 되는 것이외다.

　　안서 김억의 '문장소론'은 '진실하게, 분명하게, 알기 쉽게, 아름답게'라는 네 가지 준거로 집약된다. 문체는 네 가지 기준의 좋은 글을 쓰기 위한 수단의 하나이다. 그가 말한 '고어체'는 현재 사용하지 않는 말을 많이 쓰는 것을 의미하며, '문어체'는 "소위 언해체(所謂 諺解體)"라는 표현에서 알 수 있듯이, 현실의 언어생활과 거리가 있는 문체를 의미한다. 이에 비해 '현어체(現語體)'로 표현된 문체는 현실적인 문체, 곧 구어와 일치하는 문체를 의미하는 것으로 해석할 수 있다. 이 점에서 김안서의 문체론은 근대 계몽기 이후 발전해 온 '언문일치체', 곧 구어를 중심으로 한 일상의 문체를 발전시키는 데 관심을 두고 있음을 확인할 수 있다. 이러한 관점에서 김안서는 좋은 글의 네 가지 조건을 실현하기 위한 구체적인 방안을 제시하였는데, '진실하게' 글을 쓰기 위해서는 '체험'과 '상상력'이 필요하고, '분명히' 쓰기 위해 '단어 선택'과 '문법적 관계' 또는 '문장부호(구두점)'를 분명히 하며, '알기 쉽게' 쓰기 위해 '표준'을 정하고 '벽자난어(僻字難語)'를 버리며 외국말을 쓰지 말 것,

'아름답게' 쓰기 위해 '수사학(修辭學)'의 의미를 바르게 이해할 것을 촉구한다. 이 모든 방안이 적용된 글쓰기는 그의 말대로라면 '자기식(自己式)'의 글쓰기라는 것이다. 달리 말해 계몽의 언어에서 개성의 문체로 글쓰기가 진화되어 가는 셈이다.

신정언의 '문장상의 사고'에 나타나는 작문관도 안서와 비슷하다. 그는 "완전한 문장이 되는 데에는 문장적 기질과 문장적 품성이 구비되어야 한다"라고 주장하면서, 문장의 기품은 "선량(善良)한 구상(構想)과 선량(善良)한 체재(體裁)"를 갖추어야 한다고 말한다. 그는 결구(結構) 이전에 조리 있고 정연한 글을 쓰기 위한 조건으로 적절한 '구상(構想)'이 필요하며, 이를 위해 '재료 선택', '재료 식별', '재료 배치' 등의 구상 방법이 필요하다고 주장한다. 이러한 과정에서 중시해야 할 사항은 글을 쓰는 목적을 확인해야 한다는 것이다. 이와 같은 논리는 현대의 작문 이론과 견주어 보더라도 매우 진일보한 것이다. 그는 "문장은 자기의 사상과 감정을 문자에 의해 표현한 것"이라고 규정하고, '선량한 체재'가 갖추어야 할 특징을 다음과 같이 설명한다.

【 體裁의 特質[20] 】

무릇 사람의 사상(思想) 감정(感情)은 천차만별(千差萬別)이다. 어써한 경우(境遇)에는 동일(同一)한 사상이 잇게 되고 동일(同一)한 감정(感情)이 잇게 되는 것은 이것이 우연(偶然)한 사실(事實)이오 원칙(原則)이 아니다. 피우주(彼宇宙)의 본칙(本則)은 각인(各人)의 사상(思想) 감정(感情)은 근본적(根本的)으로 다른 까닭에 그 사상 감정으로부터 표현되는 문장의 체재(體裁)도 쏘한 서로 갓지 아니하다. 쌀하서 그 체재(體裁)에 의(依)하야 그 인격(人格)과 인품(人品)을 짐작(斟酌)하게 된다. 그럼으로 타인(他人)

---

20) 신정언(1929), 「문장상의 사고(3)」, 『동아일보』, 1929.4.6. 국한문체를 국한문 병용체로 옮김.

의 체재(體裁)만을 오로지 모방(模倣)하는 것은 자기 사상 감정의 독특성(獨特性)을 상실(喪失)한 것이다. 가령(假令) 한류(韓柳)의 풍자(風姿)를 배우고 구소(歐蘇)의 골법(骨法)을 익히는 것이 절대적(絶對的)으로 글흐다는 것이 아니다. 한류 구소(韓柳歐蘇) 등 제문장가(諸文章家)는 가장 명백(明白)하고 가장 건실(健實)한 체재(體裁)로써 자기(自己)의 사상 감정을 표현하는데에 묘방((妙方, 묘법)을 어든 자(者)이니 이와 가튼 문장법(文章法)을 배우는 것이 크게 유익(有益)할 것은 물론(勿論)이다. 그러나 자기의 독특성(獨特性)은 잠시(暫時)라도 망각(忘却)할 수 업는 것이다. 하고(何故)뇨 하면 독특성(獨特性)이 업는 문장(文章)에는 기품(氣品)이 업는 싸닭이다.

문장(文章)의 기품(氣品)에는 쪼한 이지(理智), 정감(情感), 미려(美麗) 등 삼개 요건(三個 要件)이 단일화(單一化)하여야 한다. 그럼으로 그 기품이 체재상으로서 충실(充實)함에는 다시 삼개 요건이 잇게 되니, 제일(第一)은 감정(感情)에 적응(適應)할 것, 제이(第二)는 표현(表現)의 감정(感情)은 정직(正直)할 것, 제삼(第三)은 이해(理解)에 용이(容易)할 것 등이다.

신정언이 주장한 '자기의 독특성'은 곧 개성적인 문장을 의미한다. 곧 체재상의 독특성은 개성적 문체로 실현되며, 이는 필자의 '이지, 정감, 미려' 등이 일치되는 상태에서 구현된다. 이는 근대적 계몽의 글쓰기에서 개성적 문체로의 진보를 의미하는 것이며, 이 진보는 단순히 국문과 한문의 문자 선택만의 문제로 귀결되지 않는다. 이 점에서 그는 '문자의 선택'에 대하여 다음과 같이 주장한다.

【 文字의 選擇[21] 】
문장 구성(構成)의 최중(最重) 요건이 선량(善良)한 체재(體裁)에 잇다

---

21) 신정언(1929), 「문장상의 사고(5)」, 『동아일보』, 1929.4.8.

는 것은 이상에 말한 것과 갓다. 그런데 선량(善良)한 체재(體裁)라 하는 것은 어써한 것인가 함에는 영국(英國)의 유명(有名)한 문호(文豪) 쉬이푸트 씨(氏)가 말한 것이 진리(眞理)를 어덧다 할 것이니, 즉 선량(善良)한 체재(體裁)는 "정당(正當)한 위치(位置)에 정당(正當)한 문자(文字)를 사용(使用)한 것이라" 하얏다. 일로써 생각할진대 정당한 위치를 선택(選擇)하고 정당(正當)한 문자(文字)를 사용(使用)하는 것이 기품이 잇는 문장(文章)을 구성함에 잇서 제일(第一) 주요 문제(主要問題)라 아니할 수 업다. 무릇 문장은 문자를 써나서 구성(構成)될 수 업는 것은 다시 말할 필요(必要)가 업는 것이다. 그러나 <u>문자(文字)가 집합(集合)되엇다 하야 문장상 체재를 형성(形成)하는 것이 아니오 일정(一定)한 법칙(法則)이 잇게 되엇스니 첫재 문자 선택(文字選擇)은 현대적(現代的)으로 할 것이오, 다음에는 문자(文字)의 배치(配置)를 정연(整然)하게 할 것이다. 즉 정당(正當)한 문자(文字)를 집합(集合)하야 구절(句節)을 작(作)하고 정당(正當)한 구절(句節)을 집합(集合)하야 단락(段落)을 작(作)하며 정당(正當)한 단락(段落)을 집합(集合)하야 장편(章篇)을 작(作)하는 것</u>이 선량한 체재의 순서이다.

현대적 의미의 글쓰기에서 문장론은 문자 집합이 아니라 이를 배열하고, 구절을 갖추며, 단락을 구성하는 원리를 일컫는다. 신정언의 문자론에서 '정당한'이라는 수식의 대상이 '문자', '구절', '단락'에 있음은 근대의 계몽적 글쓰기가 현대적 의미의 개성적 글쓰기로 옮겨가고 있으며, '구절'과 '단락'을 집합하여 '장편(章篇)'을 이루어 감을 주장한 것은 구조주의적 관점에서 작문의 순서를 제시한 것으로 해석해도 무방하다. 이를 바탕으로 그는 '구절, 단락, 장편'의 일치(一致)를 주장하는데, 그가 말한 '일치'는 생각과 표현이 일관된 것을 의미한다.

'선량한 체재'와 '기품 있는 문장'을 주장한 신정언(1929)에서 주목할 또 하나의 주장은 이른바 '비승비속(非僧非俗)의 문체'이다. 이 문체는 '승'도 아니고 '속세'도 아닌 어중간한 문체를 일컫는 것으로, 사상과

표현이 불일치한 글을 말한다. 그는 '시대의 천이(遷移)와 사회의 변개(變改)에 따라', '문장이 시대화(時代化)'해야 한다고 주장하면서, "조선 현대 문장을 보면 다소 원칙상 위격(違格)되는 문장이 있는 것을 종종 발견하게 된다"라고 하였다. 이 위격 가운데 가장 두드러진 것이 '순한문체(純漢文體)', '국한문 교작체(國漢文交作體)', '문어(文語)와 속어(俗語)'의 혼잡 현상 등이다. 특히 모두(冒頭)는 한문체, 결미(結尾)는 문어체(文語體)로 이루어진 '비승비속 문체'까지 등장한다고 비판하면서, "또한 조선 현대 문장 중에는 그 문맥과 문체가 마치 외국문(外國文)을 직역(直譯)한 것 같은 문장이 많다."라고 비판한다. 그는 이러한 문체를 일컬어 역문체(譯文體)라고 부르고, "현하(現下) 조선에 유행되는 문장은 비승비속의 문체가 아니면 역문체 문장으로 된 것으로 생각한다."라고 진술하였다. 특히 역문체 문장은 문법적인 표현보다 어휘적인 면이 더 심각한 문제를 가져온다고 생각했는데, '의신(矣身)'22)이나 그 당시 신문 잡지에 쓰인 '장부(丈夫, じょうぶ, 건강함), 멸다(滅多, めった, 분별없음), 전사(田舍, いなか, 시골), 승수(勝手, かって, 편리함 또는 제멋대로 함), 도합(都合, つごう, 형편, 사정), 면목(面目, めんぼく, 체면, 명예), 세화(世話, せわ, 보살핌, 소개, 세상 소문), 면도(面倒, めんどう, 귀찮음, 돌봄), 경기(景氣, けいき, 경기), 심배(心配, しんぱい, 근심, 염려), 견무(見無, みない),23) 유난(有難, ありがたい, 고맙다)' 등의 어휘가 이러한 예에 해당한다고 주장하였다. 이 가운데 '면목'이나 '경기' 등은 한국 한자음으로 읽히면서 국어 어휘의 일부가 되었으나, 대부분의 단어들은 광복 이후 사라졌다.

이처럼 일제 강점기 일본어의 세력 앞에서 우리말과 글에 일본어 어휘나 문법적인 침윤(浸潤)이 적지 않았음에도 근대적 계몽의 문체는 점

---

22) 『유서필지(儒胥必知)』의 '이두휘편'에는 '의신(矣身)'을 '나'를 낮추어 표현한 말로 풀이하였다. '저몸'에 해당한다.

23) 이 단어는 일본어사전에도 나타나지 않는 단어로, 사용 예를 확인하기 어렵다. '보지 않는다'를 뜻하는 '미나이(みない)'를 한자로 쓴 것으로 판단된다.

차 진화하여 개성적인 문체, 사실적인 문체로의 발달이 이루어졌음은
틀림없다.

3.3. 현실 언어와 문체 변화

국어사를 연구하는 많은 사람들은 '현대국어'를 갑오개혁 이후의 국
어로 설정하는 경향이 있다. 최근 이에 대한 비판적 견해가 다수 대두되
기는 했지만, 아직까지도 현대 국어를 갑오개혁 이후의 국어로 설정하
는 견해가 지배적이다. 이러한 맥락에서 홍종선 외(2000)의 『현대 국어
의 형성과 변천』(박이정)은 현대 국어를 세 시기로 세분한 점이 흥미롭
다. 이에 따르면 제1기는 1880년대부터 1910년까지의 시기로 '근대 개
화 사조를 바탕으로 신문명의 결정체로 나타난 근대적 문헌이 싹트고
활발하게 발전해 나간 시기'이며, 제2기는 1910년 강제 병합부터 1945
년까지의 일제 강점기, 제3기는 광복 이후 각종 문헌이 급증한 시기로
구분된다. 문헌을 중심으로 정리한 이 시기 구분에서 홍종선은 일제
강점기를 '현실 언어 반영 시기'로 규정한 바 있다. 여기서 말하는 '현실
언어'는 '현실적인 구어'를 말하는 것으로, "문장의 길이나 구조에서부
터 어구와 단어 표현 양상"에 이르기까지의 표현 양상을 의미한다.

홍종선 외(2000)에는 현대 국어 문체 발달과 관련된 세 편의 논문이
수록되어 있는데, 그 중 하나가 '개화기 시대 이후 단문화 과정'에 관한
최석재의 논문이다. 이 논문에서 정의한 '단문화'는 '장문'에 대립한 '짧
은 문장'을 의미한다.24) 이 논문에 따르면 국어의 변화에서 부대 상황
을 장황하게 설명하는 긴 문장 대신 짧은 문장이 주를 이룬 시점은
1920년대라고 한다. 엄밀히 말하면 국어의 단문화에 대한 연구 성과가

---

24) 국어학 용어로 '단문'은 주어와 서술어를 하나씩 갖춘 문장을 의미한다. 그러나 '장문'에
   대립한 '단문'은 문장 구조에 따른 용어가 아니라 문장의 길이에 따른 용어임을 밝힌다.

충분하지 않기 때문에 단문화의 실태를 파악하거나 그 원인을 규명하는 일은 좀 더 전문적이고 체계적인 연구가 필요하다. 그럼에도 이석주(1990)[25]에서 설명한 바와 같이, 근대의 신문 기사문에서 "일기사 일문장(一記事 一文章)"의 표현 방식을 고려한다면, 기사 내용이 짧은 경우 단문으로 표현되고 기사 내용이 많을 경우 장문으로 표현된다는 것은 당연한 사실이다. 이러한 예는 다음 기사를 통해서도 확인된다.

【 협성회론[26] 】

「가」 ㉠ 우리가 일젼에 협셩회에셔 보낸 회즁 규칙칙 흔 권을 밧엇ᄂᆞᆫ듸 그 칙을 국한문 셕거 ᄆᆡ우 졍ᄒᆞ게 인출ᄒᆞ얏고 쟝수ᄂᆞᆫ 모도 스물 다ᄉᆞᆺ 쟝인듸 회즁 류지 금으로 발간ᄒᆞ엿더라, ㉡ 대개 이 협셩회ᄂᆞᆫ 쟉년 십일월 이십칠일(건양 원년)에 비지학당 션비들이 처음 셜립흔 회인듸 아마 죠션 안에 처음으로 챵립흔 졍론회 즁에 ᄒᆞ나히라. ㉢우리가 이 학도들이 이런 유익흔 회를 모화 ᄌᆞ긔의 지식들을 넓히고 의회원 규칙들을 공부ᄒᆞ니 듯기에 ᄆᆡ우 고맙고 깃부더라.

「나」 ㉣처음 넉 쟝은 냥교관 홍므 씨가 지은 셔문인듸 이 회 챵립흔 대지를 긔슐ᄒᆞ야 회원들을 권면ᄒᆞ야 이 회를 영구히 보젼ᄒᆞ쟈ᄂᆞᆫ 요지요, 그 다음 열넉쟝은 회즁 규칙인듸 모도 열다ᄉᆞᆺ 됴목에 논화 말ᄒᆞ엿ᄂᆞᆫ듸 우리가 이 짜른 됴희 우에 셰셰히 다 긔록홀 수 업셔 다만 뎨십ᄉᆞ됴에 긔지흔 긔회 례식을 대강 말ᄒᆞ노라. ㉤ 회쟝이 긔회흔 후에 셔긔가 회원을 호명ᄒᆞ고 젼회 일긔를 닑은 후에 회쟝이 회즁에 무러 일긔 즁에 혹 오셔와 누필이 잇시면 의론ᄒᆞ여 긔졍ᄒᆞ고 그 후에ᄂᆞᆫ 젼회에 미결흔 ᄉᆞ건을 다시 의론ᄒᆞ고 그 후에 회쟝이 연의(연셜ᄒᆞᄂᆞᆫ 임원이니 가변 졍연의 부변 졍연의 가변 좌연의 부변 좌연의가 잇더라)의 연셜홀 문뎨를 회즁에 포시

---

25) 이석주(1990), 「개화기 국어 문장 연구」, 『논문집』 14, 한성대학교, 107~121쪽.
26) 『죠션크리스도인회보』, 1897.3.24.

ᄒ고, 정연의와 좌연의가 그 문뎨를 가지고 량변에셔 셔로 반ᄃᆡᄒ야 변론
ᄒ 후에 다른 회원이라도 연셜ᄒᆯ 이 잇스면 회장의 허가를 엇어 연셜ᄒ고
그 연셜을 다 맛친 후에 회장이 회즁에 무러 량변 론난ᄒ 스건의 가부를
회원의 가부 다소를 계ᄒ야 결뎡ᄒ고 그 스건을 결뎡ᄒ 후에 량변 연셜의
션불션을 회장이 ᄯᅩ 회즁에 무러 회원의 가부 다소로 결뎡ᄒ고 회원이
만일 새 스건을 뎨츌ᄒ야 의론코자 ᄒ면, 반ᄃᆞ시 니러셔셔 회장의 허가를
엇어 그 스건으로 대강 회즁에 발론ᄒ 후에 회원 즁에 만일 그 스건을
올니 넉이ᄂᆞᆫ 이 잇스면 그 스건으로 회장의게 직쳥ᄒ고 ᄯᅩ 만일 그 스건
을 좀 곳쳐 의론코자 ᄒᄂᆞᆫ 회원이 잇스면 그 스건을 변통ᄒ야 ᄀᆡ쳥ᄒ면
회장이 회즁에 무러 회원의 가부 다소로 그 스건을 위부간 작뎡ᄒ고 언제
던지 회원이 발언코자 ᄒᄂᆞᆫ 시에ᄂᆞᆫ 회장의 허가를 쳥ᄒ고, 허가 업시ᄂᆞᆫ
발언ᄒᆷ을 허치 아니ᄒ고, ᄒ ᄯᅢ에 두 셰 사ᄅᆞᆷ이 의론을 병발치 못ᄒ더라.
　「다」 ㉅ ᄭᅳᆺᄒ 놉은 닐곱 쟝에ᄂᆞᆫ 임원의 셩명들과 회원의 셩명들을 렬록
ᄒ엿ᄂᆞᆫᄃᆡ 회원이 모도 구십일 명이더라. ㉇ 우리ᄂᆞᆫ 이 회가 ᄆᆡ우 잘 되어
이 학도들의게만 유익ᄒᆯ ᄲᅮᆫ 아니라 죠션 젼국 인민들의게 더욱 유죠ᄒᆷ이
잇기를 ᄀᆞᆫ졀히 ᄇᆞ라노라.

이 기사는 조선크리스도인회보사에서 배재학당 협성회의 회중 규칙
책자를 받은 뒤, 그 내용을 소개한 기사이다. 기사는 세 부분으로 구성
되었는데, 「가」는 3개 문장, 「나」와 「다」는 2개의 문장으로 구성되었다.
흥미로운 점은 「나」의 ㉁인데 회중 규칙을 하나의 문장으로 설명한 점
이다. 이는 이석주(1990)에서 설명한 장문 기사의 전형적인 예가 된다.
최석재(2000)에서 밝힌 바와 같이 단문화 현상이 두드러진 것은 1920
년대이다. 흥미로운 것은 국어의 단문화 과정에서 나타난 문장 구조의
변화이다. 그 중 대표적인 것이 문장 종결 형식인데, 장문 표현의 경우
대등 연결어미 '-고'나 '-이요'가 이어지다가 문장이 종결될 경우 '-(이)
라.' 형식으로 나타난다. 이에 비해 단문의 경우 '-다.' 형식의 서술형

어미가 사용되는데, 이 종결어미는 설명을 나타내는 종결어미이다.[27]
신문이나 잡지 기사에서 단문화가 진행될수록 '-다'의 분포가 증가하는
현상은 기사 전달에서의 사실 설명 능력 증대와 밀접한 관련이 있을
것으로 추측된다. 이러한 차원에서 1920년대의 문체 변화는 저널리즘의
발달과 밀접한 관련을 맺고 있을 가능성이 높다. 이 점에서 신문 문장론
에 대한 박팔양(1930)의 논의를 살펴보자.

【 新聞文章 如是觀[28] 】

　신문기자(新聞記者)는 항상(恒常) 두 가지 큰 문제를 가지고 잇다. 즉
그것은 '무엇을 쓸가?'하는 재료(材料)의 문제(問題)와 '엇더케 쓸가?'하는
문장(文章)의 문제다. 모든 예술(藝術)에 잇서서 그 내용(內容)과 형식(形
式)이 밀접(密接)한 관계(關係)를 가지고 잇는 것과 쪽가치 신문 기사(新聞
記事)에 잇서서도 '무엇을 쓸가'하는 내용의 문제와 '엇더케 쓸가'하는 형
식(形式)의 문제는 지극(至極)히 밀접(緊密)한 관계(關係)에 잇다. 다시 말
하면 아모리 조흔 재료도 조치 못한 문장(文章)으로는 그 재료(材料)의 가
치(價值)가 감살(減殺)되는 것이며 아모리 조흔 문장이라도 조치 못한 재
료(材料)로는 그 문장(文章)의 효과(效果)가 감살(減殺)되는 것이다. 신문
문장(新聞文章)을 잘 쓴다는 것은 일종(一種)의 전문적 기술(專門的 技術)
이다. 그럼으로 이 방면의 연구(研究)와 경험(經驗)이 업시는 아모리 보통
(普通) 문장에 잇서서는 달인(達人)이라 할지라도 여긔에 잇서서는 완전
(完全)히 한 개의 문외한(門外漢)에 지나지 안는다.

　그러면 신문 문장(新聞文章)은 엇더케 써야 할 것인가. 이 문제에 대(對)

---

27) 통시적 관점에서 종결어미 '-다'는 중세 국어 이전에도 쓰였다. 그런데 근대 국어의 경우
　　이 종결어미가 빈번히 쓰인 문헌 가운데 상당수는 역학서(譯學書)의 회화 자료라는 점을
　　주목할 필요가 있다. 예를 들어 조선 중기 사역원 교재였던 『첩해신어(捷解新語)』의 경우
　　495개 문장 가운데 '-다(거이다, 뇌이다. 로소이다, 링이다, 사이다, 소이다, 시뇽이다 등
　　의 종결 형태)'를 취한 문장이 119개에 이른다.
28) 박팔양(1930), 「신문 문장 여시관」, 『철필』 창간호(1930.7). 국한문체를 병용체로 옮김.

하야 우리는 대개 이와 가치 대답하려 한다. 즉, 신문 문장(新聞文章)은 첫재, 간결(簡潔)하여야, 둘재 명쾌(明快)하여야, 셋재 독창적(獨創的)이라야, 넷재 문장(文章)에 매력(魅力)이 잇서야 될 것이라고.

박팔양이 제시한 신문 문장론은 근대 계몽기의 신문 문장에는 잘 적용되지 않는다. 앞서 살펴본 바와 같이, 근대 계몽기의 장문 표현은 간결함이나 명쾌함과는 거리가 있으며, 계몽의 언어 상태에서 표현된 논설조의 신문 기사에서도 독창적인 표현을 찾는 것은 쉽지 않다. 이에 비해 1920년대 저널리즘 문장은 점차 '-다' 중심의 단문화가 급속히 진행될 뿐 아니라, 계몽의 어조보다 사실적이고 개성적인 표현이 증가한다. 특히 『창조』 창간호(1919.2)에 발표된 주요한의 '불놀이'에서 볼 수 있듯이, 다수의 문예 작품은 충실한 묘사를 위해 '-다'형 종결어미를 주로 사용했음을 확인할 수 있다. 이러한 표현은 현실의 언어를 그대로 반영한 것이며, 완전한 언문일치의 문체를 지향한 것이다.

이러한 문체 변화에서 문학가의 역할 또한 매우 컸다. 김경남(2010)에서 분석한 바와 같이, 일제 강점기의 글쓰기론은 '문학적 글쓰기', '미문 쓰기'를 강조한 경우가 많다.29) 문학가 가운데 상당수는 신문 기자를 겸했으며, 개성적이고 독창적인 글쓰기를 추구한 사례가 많았다. 이러한 차원에서 안서 김억의 '언어의 순수를 위하여'30)도 문체론적 관점에서 주목할 논문 가운데 하나이다. 그는 "현하 조선은 혼란시대외다. 양복에 집신 신고 상투를 짜고 모자를 쓰는 판이니 조선문 속에 넘으로 일본 말씀이야 약간 집어넛는다기로 무슨 상관이 잇겟느냐고 도리혀 나를 책난(責難)한다면 별도리(別道理)가 업는 일이외다마는"이라며, "언어는 결코 사상 의미(思想意味)만 표현하는 것이 아니외다. 그 의미와

---

29) 김경남(2010), 「일제 강점기 문학적 글쓰기론의 전개 과정」, 『우리말글』 48, 우리말글학회, 267~289쪽.
30) 김억(1931), 「언어의 순수를 위하여」, 『동아일보』, 1931.3.29~4.4.

음조 두 가지의 혼일된 조화에서 언어는 인생의 사상과 감정을 여실하게 생명 잇는 활약으로 이끌게 되는 것"이라고 주장한다. 그가 주장한 언어의 순수는 '일본 문체의 직역식'을 거부하고 '불필요한 신조어'를 남용하지 않으며, 우리말 어법에 맞는 문장을 사용하는 것을 말한다. 그는 외래어의 남용뿐만 아니라 '가서 잇섯습니다', '이 문제에 잇서서' 등과 같이 일본어 직역투를 비판하고, '상수관계(相手關係)'니 '미방(味方)'이니 하는 일본식 한자어를 남용하는 것을 거부한다. 이러한 비판은 본질적으로 일제 강점기 국어운동의 연장선으로 볼 수 있으며, 이 시기 한글 통일과 함께 현대화된 문체로 발전해 가는 동력이 되었음을 알 수 있다.

4. 문체 진화의 의미

문장 작법이 본격적으로 연구되면서 문체론은 작문 이론뿐만 아니라 언어학, 문학 연구 차원에서도 많은 관심이 제기되었다. 국어 문체론 연구의 대표적 업적 가운데 하나인 이인모(1975)의 『문체론』(이우출판사)에서는 영국 스위프트의 말을 인용하여, "문체란 적당한 말을 적당한 자리에 놓는 것"이라는 정의를 소개하고 있다. 또한 그는 영어 스타일(style)을 번역하여 만든 '양식(樣式)'이라는 용어가 문화(文化)에 한정되는 용어이며, 그렇기 때문에 양식에는 체계적인 것과 역사적인 것이 있다고 하였다. 이는 문체가 개성적인 표현뿐만 아니라 역사적, 문화적 표현 양식을 의미하는 개념임을 뜻한다.

근대 계몽기 이후 국어 문체의 변화는 전통적인 한문 글쓰기의 문장 양식으로부터, 지식의 대중화에 따른 순국문 언문일치체가 일시적으로 나타난 뒤, 과도기적 형태로 인식되던 국한문혼용체를 거쳐 다시 한글 전용 시대의 개성적인 문체로의 진화 과정을 거쳤음을 확인할 수 있다.

이러한 흐름과 함께 1900년대부터는 작문법에 대한 관심이 제기되고, 일제 강점기 한글 통일과 한글운동, 조선어 작문법 연구 등을 거치면서 현재 우리가 사용하는 국어와 국문의 모습을 갖추어 갔다. 곧 근현대 한국의 문체 변화는 근대적 글쓰기의 '계몽 언어'에서 현대적 의미의 '사실적 글쓰기', '개성적 글쓰기'로의 변화 과정이라고 요약할 수 있다.

제5장 민족어문 교육의 발전과 한계

강미정

1. 민족주의와 민족어문 교육

1.1. 민족과 민족주의

흔히 말하기를 민족(民族)은 혈연 공동체, 지연 공동체, 문화 공동체, 언어 공동체 등의 성격을 띤다고 한다. 그런데 근대 이후 '민족'이라는 개념이 성립된 것은 '국가' 관념 형성 이후의 일이라는 사실은 많은 사람들이 주목하지 않는 것 같다. 한국 근대 계몽기에도 '민족'이라는 용어는 '국가' 또는 '인민'이라는 용어에 비해 훨씬 늦게 등장한다. 예를 들어 『한성순보』나 『한성주보』처럼 1880년대 산출된 문헌에서는 '민족'이라는 용어를 찾을 수 없는데, 1898년 재일본 유학생들이 만든 『친목회회보』 제6호(1898.6) 장호익의 '사회 경쟁적'이라는 논설에서는 '민족'이라는 용어가 3회나 등장한다. 그러나 이 논설에 등장하는 민족 개념도 이른바 '민족학'의 관점에서 사용하는 민족 개념을 뚜렷이 인식하고 사용한 것인지는 확신할 수 없다.

이러한 맥락에서 '민족 개념'의 형성 과정에 대한 고찰이 필요한데, 근대 계몽기나 일제 강점기 국문으로 된 민족 개념 형성과 관련된 일반적인 논의가 충분하지 않기 때문에, 이를 고증하는 일도 쉽지 않다. 흥미로운 것은 한국에서 민족 문제가 본격적으로 등장하기 시작한 시점이 1906년 국권 침탈 이후라는 사실과 민족을 역사의 중심 세력으로 내세우기 시작한 것은 1920년대 이후의 일이라는 사실이다. 이는 국권 침탈과 국권 상실의 결과 국가를 대신할 역사의 중심 세력을 '민족'에서 찾고자 한 동기와도 무관하지 않다.

이러한 맥락에서 이른바 '민족학(民族學)'이라는 개념이 등장한 것도 일제 강점기 이후로 볼 수 있다. 예를 들어 『동아일보』1926년 5월 2일자 최남선의 '단군론(檀君論)' 제14회에서는 일본인의 단군론을 비판하면서 "그 다음 그네의 檀君論에는 거의 民族學的 又 民俗學的 觀察이 싸젓슴을 指摘할지니. 朝鮮人에게도 그네 相應의 民族的 來歷도 잇고 民族文化의 展開相도 잇고, 그 時間的 産物의 空間的 徵驗도 잇슬 것이오, 또 有民史 以來로 許多한 異民族과의 挨擦 交着이 싣히지 아니한 만콤"이라고 하여, 민족을 학문 대상으로 삼는 '민족학'이 있음을 암시하였다.

여기서 주의할 점은 '민족'이라는 용어를 사용한 것과 '민족'의 개념을 역사의 주체로 인식한 것은 동일한 의미가 아니라는 점이다.

우리나라에서 민족주의가 본격적으로 대두된 것은 국권 침탈기 애국계몽사상과 밀접한 관련을 맺는다. 이 점에서 근대 계몽기 민족주의는 국가주의와 구분되지 않을 경우도 많은데, 이는 '애국계몽'이 국가 관념을 배경으로 하기 때문이다. 다음 논설을 살펴보자.

【 進步하라 同胞여[1] 】
余의 敬愛하는 惟我二千萬이여. 余의 祝願하는 惟我二千萬이여. 天地가

廣漠흔대 所適을 不知ᄒ고 相扶 噓히 ᄒᄂᆫ 惟我二千萬 諸君이여. 諸君은 知ᄒᄂᆫ가 否ᄒᄂᆫ가. 今日 時代ᄂᆫ <u>世界各族이 勇을 賈ᄒ고 猛을 誇ᄒ야 奔走</u>ᄒ며 跳躍하며 勇往ᄒᄂᆫ <u>進步時代가 아닌가</u>. 彼步武가 瀾발ᄒ야 進進無已흔 者ᄂᆫ 英이 되고 法이 되고 德이 되고 米가 되얏스며 或不進ᄒ거나 或退步흔 者ᄂᆫ 安南이 되고 波蘭이 되고 印度가 되고 埃及이 되지 아니ᄒ얏ᄂᆫ가. (…中略…) <u>於是乎 民族은 魚肉이 되고 土地ᄂᆫ 沼池가 되야</u> 見ᄒᄆᆡ 淚가 爲ᄒ야 下하고 聞하ᄆᆡ 骨이 爲ᄒ야 寒ᄒ나니 然이나 엇지 足히 怪異ᄒ리오. 人은 進ᄒᄂᆫ대 我ᄂᆫ 不進ᄒ며 人은 進ᄒᄂᆫ대 我ᄂᆫ 退흔 故니라. 嗚乎히 噓라 諸君아. 我韓을 回顧컨대 進ᄒ얏ᄂᆫ가 退ᄒ얏ᄂᆫ가. 文明界인가 暗界인가. 退흔 者ㅣ 我韓이 아닌가. 弱흔 者ㅣ 我韓이 아닌가. 滅亡의 悲境을 遭흔 者ㅣ 我韓이 아닌가. 嗚乎라 <u>我始祖檀君의 開拓흔 土地가 此에 至ᄒ얏ᄂᆫ가. 我檀君의 子孫이 此에 至하얏ᄂᆫ가.</u> 天ᄂᆫ가 人닌가. 엇지 此極에 至ᄒ얏ᄂᆫ가. 然이나 <u>各族이 競爭ᄒᄂᆫ 世界</u>를 當ᄒ야 進하야 强흔 者가 退ᄒ야 弱흔 者를 滅흠이 엇지 可尤흘 빌리오. 人은 進ᄒᄂᆫ대 我ᄂᆫ 不進흠이 可尤흘 빌며 人은 强ᄒᄂᆫ듸 我ᄂᆫ 弱흠이 可尤흘 빌며 人은 能히 他族을 滅ᄒᄂᆫ듸 我ᄂᆫ 自己도 生存치 못흠이 可尤흘 빌니라. 然이나 此가 誰의 罪인가. <u>韓國의 罪인가 我輩의 罪인가</u>. 東洋人은 有言호듸 <u>民은 邦의 本이라</u> 本이 固ᄒ여야 邦이 寧흔다 ᄒ얏고 泰西人은 有言호듸 <u>國은 民의 反射의 光이라</u> ᄒ얏스니 我輩가 韓國의 人民인즉 韓國不進이 엇지 我輩의 罪가 아닌가. (…中略…) 諸君이 能히 如斯히 進ᄒ야 今日進ᄒ고 明日進하야 進進又進ᄒ면 畢境 韓國이 列强의 前에 立ᄒ야 各族을 凌駕ᄒ고 全球에 雄飛흘지니 予의 言을 不信흘진듸 蒼天이 有하니라 同胞아 同胞아.

번역 내가 경애하는 이천만 동포여. 내가 축원하는 오직 나의 이천만 동포여. 천지가 광막한대 갈 곳을 모르고 서로 울부짖는 우리 이천만 제군이여. 제군은 아는가 모르는가. 금일 시대는 세계 각 민족이 용

---

1) (논설) 『대한매일신보』, 1908.9.27~28.

기를 팔고 사나움을 뽐내어 분주하며, 도약하며, 용왕하는 진보시대가 아닌가. 저 보무를 활발히 하여 나아가 그치지 않는 자는 영국이 되고, 프랑스가 되고, 독일이 되고, 미국이 되었으며, 혹 부진하거나 혹 퇴보한 자는 안남이 되고, 폴란드가 되고, 인도가 되고, 이집트가 되지 않았는가. (…중략…) 이에 민족은 어육이 되고 토지는 연못이 되어, 보니 눈물이 되어 흐르고, 들으니 뼈가 되어 막히니, 그러나 어찌 족히 이상하겠는가. 타인은 진보하는데 우리는 부진하며, 타인이 나아가는데 우리는 퇴보한 연고이다. 아아, 안타깝도다, 제군아. 우리 한국을 회고하건대 나아갔는가 퇴보하였는가. 문명계인가 암흑계인가. 퇴보한 자 우리 한국이 아닌가. 약한 자 우리 한국이 아닌가. 멸망의 비극적인 지경을 만난 자 우리 한국이 아닌가. 아아, 우리 시조 단군이 개척한 토지가 이에 이르렀는가. 우리 단군의 자손이 이에 이르렀는가. 하늘인가 사람인가. 어찌 이 지경에 이르렀는가. 그러나 각 민족이 경쟁하는 세계를 맞이하여 나아가면 강한 자가, 물러나면 약한 자를 멸망시킴이 어찌 근심할 바겠는가. 타인은 진보하는데 우리는 부진함을 근심할 바며, 타인은 강한데 우리는 약함을 근심할 바며, 타인이 능히 다른 민족을 멸하는데 우리는 자기도 생존치 못함을 가히 근심할 바이다. 그러나 이것이 누구의 죄인가. 한국의 죄인가, 우리들의 죄인가. 동양인은 말하기를 백성은 나라의 근본이니 근본이 견고해야 나라가 평안하다 하였고, 서양인은 말하기를 국가는 국민을 비추는 빛이라고 하였으니, 우리가 한국의 인민인즉, 한국 부진이 어찌 우리들의 죄가 아니겠는가. (…중략…) 제군이 능히 이와 같이 진보하여, 금일 나아가고 내일 나아가, 진보하고 또 진보하면 끝내 한국이 열강의 앞에 서서 각 민족을 능가(凌駕)하고 전 지구에 웅비할 것이니, 나의 말을 믿지 못하겠다면 창천(蒼天)이 있다. 동포여, 동포여.

이 논설에는 '동포(同胞), 족(族), 민족(民族), 한국(韓國), 아배(我輩), 인민(人民), 방(邦), 국(國), 민(民)' 등 다양한 용어가 쓰였다. 이 용어 가운데

'방, 국'은 국가를 전제로 사용한 용어이며, '민'은 국가를 구성하는 국민을 뜻하는 용어임은 명확하다. 이에 비해 '동포, 족, 민족'은 애국계몽기 국가와는 다른 차원의 민족을 지칭하는 개념으로 파악할 수 있다. 그럼에도 '한국'이나 '아배(我輩)' 등은 국가를 지칭하는 용어이자 동시에 우리 민족을 지칭하는 개념으로 이해할 수 있다. 더욱이 '시조 단군'이 개척한 '토지'와 '자손'을 강조한 것은 국가의 구성 요소로서 '영토' 개념과 민족 개념을 구성하는 '혈연 또는 지연 공동체'를 아울러 호칭(呼稱)한 것이라고 할 수 있다. 이처럼 근대 계몽기 한국 사회에서 국가 개념과 민족 개념을 엄밀히 구분하지 않았던 것은, 국가의 위기가 곧 민족의 위기라는 인식이 지배적이었기 때문이며, 이 시대를 지배하는 진화론적 약육강식의 경쟁주의가 국가를 중심으로 이루어진다는 관념이 일반화된 결과로 볼 수 있다.

이처럼 근대 계몽기 민족과 국가의 구분이 불분명할 경우가 많을지라도, 이 시기 한국 민족주의가 형성되고 있었음은 틀림없다. 그러나 민족의 개념이나 민족주의의 개념 규정이 본격화된 것은 일제 강점기 이후의 일이다. 이는 서양의 경우도 마찬가지인데, 민족주의 교육의 생성과 전개 과정을 논의한 차기벽(1999)에서는 근대 자본주의 사회에서 정치, 경제, 사상 등 모든 분야에서 '민족', '국가' 개념이 일반화되었지만, '민족주의' 개념 규정이 복잡해진 시점은 제2차 세계대전 이후의 일이라고 하였다.[2] 이 책에서는 민족주의가 제국주의적 팽창주의를 기반으로 하는 '지배 민족주의'와 이에 동반된 '피지배 민족주의'로 나뉠 수 있으며, 후자의 경우 식민지 해방을 목적으로 하는 약소 국가의 지도이념으로 변화할 가능성이 높다고 지적하였다.

이와 같은 복잡한 논리에도 민족 개념과 민족주의의 확립 과정에서 전제가 되는 조건은 민족을 구성하는 요소가 무엇인가를 규명하는 문제

---

2) 차기벽(1999), 『한국 민족주의 교육의 생성과 전개』, 태학사.

이다. 이 문제에 대한 관심은 1920년대 본격적으로 제기된 것으로 보이는데,『동아일보』1920년 4월 6일자 '세계 개조의 벽두를 당하여 조선의 민족운동을 논하노라'에서는 '민족'을 다음과 같이 정의하고 있다.

【 世界改造의 劈頭를 當하야 朝鮮의 民族運動을 論하노라[3] 】

　朝鮮의 民族運動이라 하얏스니 이는 國家學的 槪念인 '國民'의 運動을 意味함이 아니오, 歷史學的 혹은 人類學的 槪念인 '民族'의 運動을 意味함이니, 곳 昨年 三月 以來로 全半島를 風靡한 저 일대 運動을 社會學的으로 研究하고자 함이며, 그 將來 進展의 方法을 討論코자 함이라. 大槪 民族運動이란 名稱에는 2개 槪念이 包含되얏스니 (1)은 民族이오 (2)는 運動이라. 此 兩者의 意義과 果然 엇더한고?

　民族은 歷史的 産物이라. 歷史의 共通的 生命 곳 國民的 苦樂을 한가지로 맛본 經驗과 國民的 運動을 한가지로 開拓한 事實이 업스면 도저히 民族的 觀念을 生하지 못하나니 이 업시 엇지 言語와 習慣과 感情과 禮儀와 思想과 愛着 等의 共通 連鎖가 有할 수 잇으리오. 이는 곳 民族을 形成하는 要素로다.

　民族이 單히 個人이 多數히 集會한 것이 아니오, 또한 그의 獨特한 存在를 具有한 일개 實體니 個人은 代代로 生死 變遷할지라도, 民族이란 全體는 永永繼續하야 흐르는 生命이로다. 個人은 오히려 其中에서 生하며 其中에서 養育되야 一個 人格을 成하는 것이 아닌가. 個人의 物質的 生命은 勿論 自然이 與하거니와 精神의 그 人格은 그 社會 그 民族이 與하는 바이니, 우리의 人格 內容을 形成하는 道德 知識 宗敎 等은 實로 社會로부터 獲得한 것이로다. 짜라 民族의 特性은 곳 移하야 個人의 存在 內容이 되는 것이며, 民族의 特性은 그 生活의 歷史에 의하야 形成되는 것이로다. (…中略…) 民族은 그 自身이 一個 實體라. 짜라 固有한 意思와 目的이 有하니 이 目的

---

3) 『동아일보』, 1920.4.6.

을 達하기 위하야 社會 共同의 意思로 發하는 運動은 곳 民族的 運動이라. 個人的 運動과 相異한 点은 그 民族的임에 在하도다. 民族的이라 함이 무엇인고 하면 그는 곳 上述한 바 民族의 目的을 歷史的 生命의 權威에 의하야 表現함을 意味하는 것이로다.

번역 조선의 민족운동이라고하였으니, 이는 국가적 개념인 '국민'의 운동을 의미하는 것이 아니라 역사적 혹은 인류학적 개념인 '민족'의 운동을 의미하는 것이다. 곧 작년 3월 이래로 전 반도를 풍미한 저 큰 운동을 사회학적으로 연구하고자 함이며, 그 장래 진전 방법을 토론 연구하고자 함이다. 대개 민족운동은 두 개의 개념이 포함되어 있으니, (1)은 민족이요, (2)는 운동이다.

민족은 역사적 산물이다. 역사의 공통적 생명, 곧 국민적 고락을 함께 맛본 경험과 국민적 운동을 함께 개척한 사실이 없으면 도저히 민족적 관념이 발생하지 못하니, 이것이 없이 어찌 언어와 습관과 감정, 예의, 사상, 애착 등의 공통 연쇄가 있을 수 있겠는가. 이는 곧 민족을 형성하는 요소이다.

민족은 오직 개인 다수가 모인 것이 아니며 또한 그 독특한 존재를 갖춘 일개 실체이니, 개인은 대대로 생사 변천할지라도 민족 전체는 영속하여 흐르는 생명이다. 개인은 오히려 그 중에서 생겨나며 그 중에서 양육되어 일개 인격을 형성하는 것이 아닌가. 개인의 물질적 생명은 물론 자연이 준 것이지만 정신적 인격은 그 사회 그 민족이 주는 것이니, 우리의 인격을 형성하는 도덕, 지식, 종교 등은 실로 사회로부터 획득한 것이다. 따라서 민족의 특성은 곧 옮아가 개인의 존재가 되는 것이며, 민족의 특성은 그 생활의 역사에 의해 형성되는 것이다. (…중략…) 민족은 그 자신이 일개 실체이다. 따라서 고유한 의사와 목적이 있으니, 이 목적을 달성하기 위해 사회 공동의 의사로부터 발생하는 운동은 곧 민족적 운동이다. 개인적 운동과 다른 점은 그것이 민족적이라는 데 있다. 민족적이라고 하는 것은 무엇인가. 그것은 곧 위에 말한 바 민족의 목적을 역사적 생명의 권위에 의해 표현하는 것을 의미한다.

이 논설에서는 민족이 국가 개념과 관련을 맺는 '국민'과 다른 개념
이며, 민족 개념은 역사를 바탕으로 한 '민족적 관념'을 통해 형성된다
고 하였다. 이 관념은 '언어, 습관, 감정, 예의, 사상, 애착' 등의 공통
연쇄를 기반으로 하며, 이것이 곧 민족을 형성하는 요소라는 것이다.
이러한 입장에서 이 시기 민족 관념을 형성하는 요인이 무엇인가에 대
한 논의가 다양하게 나타나는데, 『동아일보』 1923년 6월 3일자 김영식
의 기고문 '민족주의의 장래'에 등장하는 다음 설명도 이러한 논의의
하나이다.

【 民族主義의 將來[4] 】
民族主義의 思想的 傾向과 역사적 경향을 考察하면, 민족적 觀念을 構成
하는 요소를 捕捉할 材料를 어들 수가 잇다. 그러면 그 요소는 무엇인가.
민족 관념을 구성하는 요소를 일반 학자들의 분류 방법에 싸라 (一) 血統
的 共通 關係, (二) 言語의 공통 관계, (三) 역사 내지 문화적 공통 관계,
(四) 지리적 공통관계의 四로 分解하는 것이 便利할 듯하다.

번역 민족주의의 사상적 경향과 역사적 경향을 고찰하면, 민족적 관념
을 구성하는 요소를 포착할 재료를 얻을 수 있다. 그러면 그 요소
는 무엇인가. 민족 관념을 구성하는 요소를 일반 학자들의 분류 방법에
따라 (1) 혈통적 공통 관계, (2) 언어의 공통 관계, (3) 역사 또는 문화적
공통 관계, (4) 지리적 공통 관계의 네 가지로 나누어 이해하는 것이 편리
할 듯하다.

---

4) 김영식(1923), 「민족주의의 장래」, 『동아일보』, 1923.6.3. 이 논문은 1920년대 사회주의자
들이 제기한 '민족 소멸론'을 반박하는 입장에서 쓰인 논문이다.

이 논문은 앞의 논설에 비해 민족을 구성하는 요인이 좀 더 구체화된 것으로 볼 수 있다. 곧 민족은 '혈연 공동체', '언어 공동체', '역사 문화 공동체', '지역 공동체'로서의 특징을 지닌다. 이는 현대 정치학자들도 대부분 공감하는 것으로, 차기벽(1999)에서는 뮤리(Ramsay Muiri)의 이론을 토대로 '혈연', '지연', '문화', '언어' 공동체의 기본 요인 이외에 '운명 공동체'를 제시하기도 하였다.5) 이러한 흐름에서 알 수 있듯이, 언어 곧 '민족어'는 일제 강점기 이후 본격화된 민족 구성 요인에 대한 대부분의 논의에서 빠지지 않는 요인이 된다.

1.2. 민족어에 대한 자각

사전적 의미에서 민족어는 각 민족 구성원이 공통적으로 사용하는 언어를 지칭하는 개념이다. 이 점에서 민족어는 '민족의 언어'를 지칭하는 개념으로 볼 수 있으며, 특정 민족의 언어와 문자를 포괄적으로 지칭하는 개념으로 볼 수 있다. 그러나 언어 공동체를 주요 연구 대상으로 하는 사회언어학에서는 '민족어'라는 용어를 사용하지 않는다. 예를 들어 한국사회언어학회(2012)의 『사회언어학사전』(소통)에는 '민족어'라는 표제어가 나타나지 않으며, 이는 외국에서 발행한 사전도 마찬가지이다.6) 이 사전에서는 '민족어' 대신 '국가어(national language)'를 표제로 삼았는데, 이에 대한 설명은 다음과 같다.

---

5) 차기벽(1999: 24).

6) 용어 사용의 차원에서 '민족주의'에 해당하는 영어 단어는 내셔널리즘(nationalism)이 있다. 이 용어는 '민족' 또는 '국가'를 뜻하는 '네이션(nation)'과 '주의'를 뜻하는 '이즘(-ism)'이 결합한 용어이다. 그런데 '네이션'은 일반적으로 국가를 지칭할 경우가 많다. 곧 '민족주의'의 '내셔널리즘'에 포함된 '네이션'의 개념을 확정하기가 쉽지 않은 것이다. 또한 '민족어'로 '에스닉 랭귀지(ethnic language)'를 사용할 경우도 있는데, 이 때 사용하는 '에스닉'은 '종족'이라는 뜻도 갖고 있다.

【 국가어(national language)[7] 】

국가어는 국가적 정체성(national identity)의 상징으로 인식되는, 특정 국가와 관련되는 언어이다. 식민지 시대를 보낸 많은 국가에서는 과거 식민지적 힘을 나타내는 언어가 독립 후에 공용어로 유지되는 반면, 폭넓은 의사소통의 토착어는 국가어로 선택되었다(송경숙, 2007). 예를 들어 말레이시아는 독립 이후 국가적 정체성을 확립하기 위해 말레이시아의 언어란 뜻의 '바하사 말레이시아'를 국가어로 채택하여 그 역할을 강화하였다(Lowenberge, 1986). 또 다른 예로 케냐에서 영어는 주된 공용어이고 교육 매개어이다. 동아프리카의 통용어(lingua franca)인 키스와힐리어는 국가어로 장려되었는데, 국회에서 토론할 때 사용되고 학교에서는 교과목으로 지정되었다. 일부 국가에서는 하나 이상의 국가어가 존재하는데, 예를 들어 스위스에서는 4개 언어, 곧 독일어, 프랑스어, 이탈리아어, 로만슈어가 사용된다.

이 사전의 풀이를 참고하면, '국가어' 문제는 국가적 정체성과 직접적인 관련을 맺는다. 흥미로운 사실은 국립국어원의 『표준국어대사전』의 경우 '국가어'라는 표제항이 검색되지 않는다. '국어'가 '국가어'를 대신한다고 볼 수 있는데, 국어에 대한 개념 정의는 이희승(1946)에서 "국가를 배경으로 한 구체적이고 개별적인 언어"라는 통설로 대체할 수 있다.[8] 이러한 논리를 기반으로 할 때, 국가어가 문제시되는 것은 식민 피지배 경험이나 다른 특수한 사정에 따라 국가의 공용어와 공동체가 실제로 사용하는 언어가 괴리될 때이다. 이러한 배경에서 애국계몽시대부터 민족어에 대한 자각이 본격적으로 이루어졌음은 자연스러운 현상이다.

---

7) 한국사회언어학회(2012), 『사회언어학사전』, 소통, 30쪽.
8) 이희승(1946), 「국어란 무엇인가」, 『신천지』 1~3, 서울신문사.

【 國文 發達을 注意홈9) 】

我國의 國文은 讀習에 簡易홈과 酬用에 便利홈이 世界에 無等혼 文字라 婦女童穉와 下等社會의 慧*라도 若個日의 工夫를 下ᄒ면 <u>便能曉解ᄒ고 便能作用ᄒ야</u> 世界의 學識을 硏究ᄒ고 天下의 事物을 酬應홈에 適當을 不得혼 바 無ᄒ니 我國의 文明 發達을 要求홀진뒤 國文 發達을 注意홈이 第一 緊要혼 方針이라 謂홀지며 且 本國의 <u>國文을 使用ᄒᄂ 民族은 國性의 原素가 特有혼</u> 故로 世界 各國이 <u>各其國文의 發達ᄒᄂ 範圍</u>로뼈 <u>國力의 發達ᄒᄂ 程度를 比較</u>ᄒᄂ니 西洋의 英法 文字와 東洋의 支那 文字가 皆 其 最大혼 範圍를 占혼 者요 其他 小國의 國文은 其 使用의 路가 쏘혼 狹小혼 範圍에 止혼지라. 若使我國으로 世界最强國의 地位를 得ᄒ면 世界 各國人으로 ᄒ야곰 我國文 範圍 內에 爭趜ᄒ야 學識을 要求케 홀 것은 必然혼 勢이나 但 國力이 發達치 못홈으로 最簡易 最便利혼 國文의 光輝가 日就暗澹(암담)ᄒ니 豈不悲哉리오. 噫라 前此時代에ᄂ 我國 風習이 漢文을 崇尙ᄒ고 國文을 賤視혼 結果로 全般 國民에게 普通 學識을 均配치 못ᄒ야 文明 敎育의 普通 發達을 不得혼 缺憾이 有ᄒ얏고 比年 以來로 一般 識者가 國文 發達에 稍稍 注意ᄒ야 新聞 雜誌와 書籍 等에 國文을 使用홈이 頗히 增進ᄒᄂ 狀態를 呈ᄒ더니 近日에 至ᄒ야 遽然히 挫折의 影響을 更受ᄒ얏도다. <u>報界에ᄂ 國文으로 發行ᄒ던 新聞도 停止된 者가 有ᄒ고 學部에ᄂ 國文研究會도 廢止되니</u> 噫라 斯文의 厄이 胡地於此오. 我韓 人士ᄂ 此를 엇지 薄物細故로 認ᄒ야 活然看過ᄒ리오. 其 發達方針을 益加注意ᄒ야 我國民으로 ᄒ야곰 普通敎育의 便利를 多得케 ᄒ며 國性의 原素로 ᄒ야곰 衰滅을 不得케 홈이 實로 目下 大關係라 ᄒ노니 勉哉어다 我韓人士여.

번역 우리나라 국문은 읽는 방법이 간이하고 수용이 편리한 것이 세계에 비할 데 없는 문자이다. 부녀와 아동, 하등 사회의 지혜로도 약 몇 날 공부를 하면 편하게 사용하고 쉽게 이해하며 편리하게 쓸 수

---

9) 『황성신문』, 1910.4.29.

있어, 세계의 학식을 연구하고 천하의 사물에 따라 적합한 것을 얻지 못할 바가 없으니, 우리나라의 문명 발달을 요구한다면 국문 발달에 각별히 뜻을 두는 일이 가장 긴요한 방침이라고 말할 것이다. 또한 본국의 국문을 사용하는 민족은 국성(國性)의 원소(原素)가 독특한 까닭에 세계 각국이 각각 그 국문이 발달하는 범위에 따라 국력이 발달하는 정도를 비교하니, 서양의 영국과 프랑스 문자나 동양의 중국 문자가 모두 가장 큰 범위를 차지하고 있으며, 기타 작은 나라의 국문은 그 사용하는 길이 또한 좁은 범위에 그친다. 만약 우리나라로 하여금 세계의 최강국의 지위를 얻게 하고자 하면, 세계 각국 사람들로 하여금 우리나라 국문을 사용하는 범위로 끌어들여 학식을 갖추게 해야 함은 필연적인 형세이나, 다만 국력이 발달하지 못했기 때문에 가장 간이하고 편리한 국문의 광휘가 날로 암담하니 어찌 슬프지 않겠는가. 아. 전 시대에는 우리나라 풍습이 한문을 숭상하고 국문을 천시한 결과 모든 국민에게 보통 학식을 균등하게 배분하지 못해 문명 교육의 일반적인 발달을 꾀하지 못한 안타까움이 있었고, 근래 일반 식자가 국문 발달에 점점 주의하여 신문 잡지와 서적 등에 국문 사용이 점차 증가하는 상태가 되었으나, 근일 갑자기 좌절하는 경향이 다시 나타났다. 신문은 국문으로 발행하던 신문이 정지된 것도 있고, 학부의 국문연구회도 폐지되니, 아, 이 문자의 불행이 메마른 땅과 같구나. 우리 한국 인사는 이를 어찌 가벼운 물건과 아무것도 아닌 것으로 인식하여 무시할 수 있겠는가. 그 발달 방침에 더욱 주의하여 우리 국민으로 하여금 보통 교육의 편리를 얻게 하며 국성의 원소로 하여금 쇠멸하지 않게 하는 것이 실로 눈앞의 큰 문제라고 할 것이다. 힘쓸 것이다. 우리 한국 인사여.

이 논설은 국권 상실 직전 국문연구소 폐지를 비판하며, 국문이 국성을 나타내는 표지임을 강조한 논설이다. 이 논설에서 주목할 점은 '국문을 사용하는 민족'이라는 표현으로, 그 당시 한국이 단일 민족 국가라는 전제 하에 국문을 민족어의 핵심 요소로 인식했음을 의미한다. 이러한 맥락에서 근대 계몽기에는 '민족어'라는 용어를 사용하지 않았지만, 한국 상황에서 '국어'와 '국문'이 민족어로 인식될 수 있는 분위기가 충분히 조성되었음을 알 수 있다. 이러한 흐름은 일제 강점기도 마찬가지인데, 이 시기 다수의 국어학자 또는 한글 운동가들이 '민족어'라는 용어를 사용하지는 않았지만, 민족 공동체와 언어의 관련성을 인식하고, 언어가 민족의 운명을 좌우하는 요소라는 점을 역설하였다. 다음 논문도 그 중 하나이다.

【 한글의 今昔10) 】

　朝鮮 民族의 모든 문화적 財寶 가운데 가장 尊貴한 것이 무엇이냐고 묻는다면 나는 서슴지 않고 우리의 말과 글이라고 살오리라. 人類가 圓輿(원여)에 살기 비롯한지 아득하야 그 첫 날을 헤아려 알 길이 없으나 歷史의 먼동이 튼지도 유유히 半萬年을 지낫고 그 數爻도 실로 20억이나 퍼지게 되엇다. 저들은 또다시 文化 理想이 다른 여러 民族을 갈려 地球를 아름답게 구미려 한다. 그리하야 민족마다 저의 獨特한 文化를 자랑하고 잇다. 우리도 만약 남 앞에 자랑할 것이 있다면 누구나 우리의 말과 글을 가장 자랑치 아니치 못하리라. 왜? 世界 民族은 그 數爻 實로 누백을 헤아리겟지만 제가 獨創한 말과 글을 아울러 가진 民族은 그리 많지 못할 뿐 아니라 獨特한 文字를 가진 民族은 겨우 十指를 몇 번 꼽을 것가 그 가운데 또 글이 아름답고 묘하고 科學的으로 된 자가 몇 명치요 「또휘치」 사람 「에카르트」 씨는 世界의 民族을 문자와 언어의 발달로 그 標準을 삼고 論하면, 朝鮮 民族이 가장 으뜸이라고까지 極히 稱頌을 하엿다.

이 논문은 '한글'의 역사를 논의하기 위해 쓴 것이지만, '조선 민족'의

---

10) 김선기(1933), 「한글의 금석」, 『동아일보』, 1933.10.29.

언어, 곧 '민족어'에 대한 자각을 전제로 한 것이다. 곧 언어는 민족 고유의 것이며, 언어를 바탕으로 문화를 창조한다는 논리이다. 특히 조선의 말과 글이 갖는 '독창성'은 '조선 민족'의 독창성으로 치환된다. 이처럼 '민족'을 나타내는 표지로 '언어'를 주목한 것은, 서구의 민족주의 사상의 발달과도 밀접한 관련이 있다. 김선기는 조선어학회에서 선발하여 프랑스로 유학하도록 한 학자인데,[11] 그 당시 프랑스와 독일의 민족주의 사상을 접한 것으로 볼 수 있다.

어문이 민족의식과 동치되기 시작하면서, 어문운동 자체가 민족운동의 핵심으로 등장하는 것은 자연스러운 현상이라고 할 수 있다. 일제 강점기 어문운동은 문자를 중심으로 한 '한글운동'으로 불릴 경우가 많았지만, 민족주의 사상과 결합하면서 '모어운동'으로 불릴 경우도 있었다.

'한글운동'이라는 용어는 '한글'이라는 용어가 널리 퍼지고, 한글 맞춤법 통일에 대한 관심이 고조되기 시작한 1930년대 널리 쓰인 용어였다. 예를 들어 김윤경(1932)의 '최근의 한글운동: 조선문자의 역사적 고찰(18)'(『동광』 제40호), 이극로(1935)의 '한글운동'(『신동아』, 1934.12) 등이 대표적인 논문이다. 특히 이극로는 '한글운동'이라는 제목의 논문을 여러 차례 발표했는데, 그가 제시한 한글운동은 한글 사용에 대한 과학적 연구와 한글 보급을 모두 포함하는 개념이었다. 그는 '조선어 철자법 통일안 작성', '실험 음성학적 수확', '방언 조사', '조선 말소리와 만국 음성기호, 로마자와의 대조안 작성, 외국 고유명사 사전 편찬', '철자 사전 편찬', '조선어 대사전 편찬' 등을 '과학적 연구'의 차원으로 제시하고, 조선어학회 기관지 『한글』 발행, 한글 강습회, 신문·잡지·사전의 한글 보급, 도서 전람회 등을 대표적인 '한글 보급 운동'의 성과라고 정리하였다. 흥미로운 것은 '한글운동'이라는 용어를 즐겨 사용한 이극

---

11) '언학(言學) 연구(研究)코저 김선기 씨 도불(渡佛)', 『동아일보』, 1934.6.7 참고.

로도 때로는 이 용어 대신 '조선 어문 정리 운동'이라는 표현을 사용하고 있다는 점이다. 『신동아』 제6권 제1호(1936.1)에 발표한 논문 '조선 어문 정리 운동의 금후 계획'이나 『사해공론』 제2권 제5호(1936.5)의 '조선 어문 정리 운동의 현황'은 '한글운동'이라는 제목 대신 '조선 어문 정리 운동'을 사용한 대표적인 논문인데, '어문 정리'의 주요 대상을 '한글'로 인식하고 있었기 때문에 사용한 제목이라고 할 수 있다.

【 조선 어문 정리 운동 】

一. 語文의 混亂

사천년 역사를 가진 민족으로서 이제까지 사전 한 권이 없다는 것은 너무나 큰 민족적 수치가 아니라 할 수 없다. 사전이 없이 언어생활을 하여 가는 결과는 어문의 혼란을 일으킨다. 우리가 이제 나날이 여기저기에서 볼 수 있는 것은 똑 같은 뜻을 가진 말이 여러 가지 말로 쓰히는 것이나 또 한 가지 말이 여러 가지 철자로 쓰히는 것이다. 예를 들면 하느님을 하늘님, 하날님, 하나님, 하눌님, 하누님으로 쓰는 것이나 런던을 로돈, 논돈, 윤돈으로 쓰는 것은 표준어가 서지 못한 증명이오, 사람을 사름 스람, 살암, 솔암으로, 많다를 만타로, 빨리를 쌜니로, 있음니다를 잇슴니다로 쓰는 것은 철자가 통일되지 못한 증명이다. 이러하게 혼란하고야 어찌 말과 글의 값이 있으리오. 본래 어느 민족을 물론하고 언어의 역사는 오래지마는 문자의 역사는 짜르다. 그것은 우리 조선에도 그러하다. 신라의 설총이 한자로써 이두를 만들어 조선말을 적기 시작한 제는 벌서 천 백여년이나 되었다. 그러나 그런 문자로 말을 정확하게 적지 못할 것은 잘 알 수 있는 일이다. 그래서 문학화를 하지 못하고 나려오던 조선말은 비로소 큰 운수가 트이어서 이조 성주 세종대왕을 만나게 되었다. 대왕께옵서는 만년의 앞길을 내다보시고 크게 깨다른 바 있어 궁중에 정음청을 특설하시고 여러 선비로 더불어 한글을 창제하실 때에 그 고심이야 어찌 말로써 다하리오. 이 고심노력으로 이루어진 한글을 세종 이십팔년

병에(거금 사백 구십년 전) 중외에 반포하시고 이 글을 보급시키기 위하야는 한글과거를 보이시며 각종 한문서적을 한글로 번역하게 하시며 또 한글로 창작을 많이 내게 하신것을 보아서 당시에 대왕의 열심노력이 얼마나 많았던 것을 잘 알 수 있다. 세종대왕때뿐 아니라 그 뒤 수대의 제왕이 역시 한글에 대한 노력이 많았것마는 워낙 한문에 중독되고 자각없는 썩은 선비들이 조야에 많아서 맞춤내 한글은 천대를 받고야 말았다. 그러니 한글 학자가 못날 것은 환한 일이다. 그러므로 모처럼 생기었던 조선 어문의 과학적 노력은 그만 중단이 되고 말았다. 그 결과는 이제까지 조선어사전 한 권이 못 나게 된 것이다.

이 논문에서 알 수 있듯이, 일제 강점기 어문 문제는 문자 통일과 관련한 '한글 문제'가 중심을 이루었고, 한글운동은 그 자체가 민족운동으로 인식되었다. 용어상 '한글운동'을 사용하거나 '조선 어문 정리 운동'을 사용하는 것은 그다지 큰 차이가 없다. 식민지 피지배 상황에서 국가를 내세울 수 없는 상황에서 '국가'를 대신한 '민족'을 주체로 한 역사 인식이 확립되었고, 민족 주체성을 나타내는 대표적인 수단으로 '언어'의 중요성을 강조하게 된 것이다. 이러한 차원에서 '한글운동'이나 '조선 어문 정리 운동' 대신 '모어운동'이라는 용어도 자연스럽게 쓰일 수 있었다. 이러한 예로 이윤재(1933)의 '모어운동 개관: 주로 문자 개정에 대하여'는 각국의 문자 개정 상황을 간략히 정리하여, 조선에서의 한글 통일 운동이 어떤 가지를 갖는지를 설명한 논문이라고 할 수 있다. 이 논문에서는 일본, 중국, 이탈리아, 프랑스, 독일, 영국 등의 문자 개량 운동을 소개하였으므로, 민족 단위보다 국가 단위의 문자 운동을 소개한 것으로 볼 수 있다. 그럼에도 '모어운동'이라는 용어를 사용한 것은 언어의 통일이 민족의 생존권과 밀접한 관련을 맺고 있다고 판단했기 때문이다. 다음을 살펴보자.

【 모어운동 개관: 주로 문자 개정에 대하여[12) 】

한글 맞춤법 통일안이 이 한글날로써 發表된 것은 매우 意味 잇는 일이다. 世宗大王께서 한글을 制作하신 이후 幾多의 曲折과 변천을 지나, 한힌샘(周時經)의 손에서 비로소 바루 잡히엇으며, 이를 이어 朝鮮語學會에서 부단의 노력으로 연구에 연구를 거듭하야 이제에 이르러 겨우 이 통일안이 완성된 것이다. 이것으로써 우리는 <u>한글운동의 第一線</u>에 이르럿다 볼 수 잇다. 다시 말하면 <u>우리의 母語運動의 시작</u>이라 하는 것이다. 그러고 ********(원문 삭제) 모어운동이 어떠하얏든가를 이때에 한 번 생각하는 것이 우리에게 他山之石이 될 줄 안다.

ㄱ. 일본: 일본에서 모어운동이 시작되기는 이미 백여 년 전 德川時代로 잡겟으나 煩雜을 피하야 다만 明治 維新 전후로부터 그 대략을 들어보리라. <u>일본은 國字問題와 表記法論(假名遣論)</u>이 이 운동에 거의 중심이 되어 잇다. 국자 개선운동에는 <u>漢字全廢論·漢字存用論·羅馬字專用論·假名專用論·新國字論</u> 등 여러 가지가 잇엇고, 表記法論에는 <u>歷史的 表記法, 表音的 表記法</u> 등이 잇엇다.

ㄴ. 중국: 중국은 워낙 領域이 廣大하고 <u>여러 민족이 雜居하므로</u> 言語도 따라서 單純하지 아니하였다. 곳 漢族에게는 漢語, 滿洲族에게는 滿洲語, 蒙古族에게는 蒙古語, 西藏族에게는 西藏語, 土耳其族에게는 土耳其語, 또 그 밖에 苗族에게는 苗語가 있고, 이들은 文字까지도 모두 달랐다. 그러나 다 같은 漢語 中에도 官話와 方言의 區域이 있으며, 官話에도 北京官話, 南京官話의 別이 있고, 方言도 지방을 따라 다르니, 浙江方言, 福建方言, 廣東方言 等 여러 가지가 있고, 그 가운데에도 또 여러 方言을 나눌 수도 있다. 이와 같이 中國은 言語가 不統一한 나라다. 中國이 歷史上으로 王朝의 變革이 유달리 많았고, 또 現今에 國內가

---

12) 이윤재(1933), 「모어운동 개관: 주로 문자 개정에 대하여」, 『동아일보』, 1933.10.29~11.2. ㄱ.~ㄷ.은 발췌한 것임.

不統一하야 亂麻와 같이 어지러워 混亂狀態에 빠져 있어서 外憂와 內患이 그칠 새 없게 되는 것도 실상 이 言語의 不統一에 말미암음이라 할 것이다.

ㄷ. 伊太利國: 이탈리 나라는 13세기 初에 유명한 단테(Dante)가 나서 國語統一에 힘을 오로지 한 것이 基礎가 되었다. 단테는 라텐語로 轉訛된 각 주의 방언 가운데에 가장 善良한 것을 골라서 한 標準語를 規定하고 이것을 적을 적에는 꼭 精密히 그 發音을 準據하였다. 그 뒤로 여러 學者들이 表音的 綴字法을 만들기에 무한히 애썼으므로, 18세기 초에 이르러 대개 그 目的을 達하야 오늘날 와서는 아주 完成함에 이르렀다.

번역 한글 맞춤법 통일안이 한글날 발표된 것은 매우 의미 있는 일이다. 세종대왕께서 한글을 만드신 뒤 수많은 곡절과 변천을 지나 한힌샘(주시경)의 손에서 비로소 바로 잡혔으며, 이를 이어 조선어학회에서 끊임없는 노력으로 연구에 연구를 거듭하여 이제 겨우 이 통일안이 완성된 것이다. 이것으로 우리는 한글운동의 제1선에 이르렀다고 볼 수 있다. 다시 말하면 우리의 모어운동의 시작이라고 할 수 있는 것이다. 그리고 (원문 삭제) 모어운동이 어떠했는지 한 번 생각하는 것이 우리에게 타산지석이 될 것이다.

ㄱ. 일본: 일본에서 모어운동이 시작된 것은 이미 백여 년 전 도쿠가와 시대로 잡을 수 있으나 번잡을 피하기 위해 다만 메이지 유신 전후로 그 대략을 들어보겠다. 일본은 국자 문제와 표기법론(가나 유론)이 이 운동의 중심에 서 있다. 국자 개선 운동에는 한자 전폐론, 한자 존용론, 로마자 전용론, 가나 전용론, 새로운 국자론 등 여러 가지가 있었고, 표기법론에는 역사적 표기법, 표음적 표기법 등이 있었다.

ㄴ. 중국: 중국은 워낙 영토가 넓고, 여러 민족이 섞여 살기 때문에 언어도 단순하지 않았다. 곧 한족에게는 한어, 만주족에게는 만주어, 몽고족에게는 몽고어, 서장족에게는 서장어, 토이기족에게는 토이기어, 그 밖의 묘족에게는 묘어가 있고, 이들 문자도 모두 달랐다. 그러나 다

같은 한어에도 관화(官話)와 방언의 구역이 있고, 관화에도 북경 관화, 남경 관화가 다르고, 방언도 지방에 따라 다르니 절강 방언, 복건 방언, 광동 방언 등 여러 가지가 있고, 그 속에도 또 여러 방언을 나눌 수 있다. 이와 같이 중국은 언어가 통일되지 않은 나라다. 중국이 역사상 왕조 변혁이 유달리 많았고, 또 지금 국내가 통일되지 않아 난마와 같이 어지러워 혼란 상태에 빠져 있어, 외우와 내환이 그칠 새 없게 되는 것도 실상 언어가 통일되지 않은 데서 말미암은 것이라고 할 것이다.

ㄷ. 이탈리아국: 이탈리아는 13세기 초 유명한 단체가 나와서 국어 통일에 힘을 쏟은 것이 기초가 되었다. 단테는 라틴어로 와전된 각 주의 방언 가운데 가장 좋은 것을 골라 표준어를 규정하고, 이것을 적을 때에는 정밀하게 그 발음을 준거하였다. 그 뒤 여러 학자들이 표음적 철자법을 만들고자 무단히 애썼으므로 18세기 초에 이르러 어느 정도 그 목적을 달성하여 오늘날에 완성되기에 이르렀다.

이윤재의 '모어운동'은 문자 통일 운동을 지칭하는 것으로, '모국어'를 지칭하는 개념이었다. 그러나 국가를 지칭하는 '모국어' 대신 '모어'를 사용한 것은 식민지 상황에서 국가 상실을 의식한 것으로 볼 수 있다. 그가 설명한 각국의 문자 통일 운동은 표기상의 문제뿐만 아니라 방언과 표준어의 관계, 세계 공동 문어로서의 라틴어나 한자와의 관계 등을 고려한 문자 정책을 고려한 것이었다. 이와 같이 '민족어'라는 용어를 사용하지는 않았지만, '한글운동', '조선의 어문운동' 등과 같은 용어를 사용한 대다수의 논문들은 국가를 기반으로 한 '국어와 국문' 개념보다 '조선 민족'이라는 민족 개념을 전제로 한 어문 운동을 전제로 한 경향이 있다.

1.3. 민족어문 교육 사상의 형성

한국에서 근대식 학제가 도입된 시점은 1895년 발포된 '소학교령'부터이다. 널리 알려진 바와 같이 이 학교령의 교과는 심상과에 '수신, 독서, 작문, 습자, 산술, 체조'가 있었고, 고등과에 '수신, 독서, 작문, 습자, 산술, 본국지리, 본국역사, 외국지리, 외국역사, 이과, 도화, 체조(수의과로 재봉)'가 있었다(소학교령 제8조). 이처럼 소학교 교과목에 국어 또는 국문이 없다는 것은 이 학제가 국가주의 또는 민족주의를 배경으로 한 필연적 제도로 도입되었다기보다 다소 급격하게 도입된 과도적 학제였음을 의미하는 것이다. 비록 '소학교 교칙 대강'의 '독서'와 '작문'에 "심상과에는 근이적절(近易適切)한 사물에 대해 평이하게 담화하고, 그 언어를 연습하여 국문(國文)의 독법, 서법, 철법을 알게 하고, 차례로 국문의 단문(短文)과 일상적이고 쉬운 한문을 섞은 글을 가르치고, 점진함에 따라 독서와 작문의 교수 시간을 나누어 독서는 국문과 근이(近易)한 한문을 교용하는 글과 일상 서류 등을 가르침"[13]을 천명하여 독서와 작문 또는 서법이 국문이나 국한문을 대상으로 하고 있음을 밝혔지만, 교과 자체로 '국어'를 설정하지 않은 것은 근대 국가의식과 관련하여 특이한 현상이라고 할 수 있다.

갑오개혁의 결과 학제 도입이 갑작스럽게 이루어진 결과, 소학과 중학 등의 학교 급별 체제가 불완전하고 교과서 편찬 보급이 충분하지 않은 상황에서 국가를 배경으로 한 '국어교육'이 체계를 갖추기는 힘들었다. 허재영(2013)에서 밝힌 바와 같이 학제 도입 초기의 교육 상황은 중학교가 설립되지 못한 상황에서 심상소학교와 고등소학교 학생을 함

---

13) "小學校 校則 大綱 第三條 (…中略…) 尋常科에는 近易適切흔 事物에 就흔며 平易흔게 談話흐고 其言語를 練習흐야 國文의 讀法, 書法, 綴法을 知케 흐고, 次第로 國文의 短文과 近易흔 漢文을 交흐는 文을 授흐고 漸進흐기를 從흐야 讀書, 作文의 敎授 時間을 分別흐디 讀書는 國文과 近易흔 漢文을 交흐는 文과 日用書類 等을 授흠이 可흠."

께 수용하여 혼란을 야기한 경우도 있었으며,14) 학제 적용 범위에서 내국인과 외국인(일본인)의 구분도 모호했다.

교과의 차원에서 '국어과'를 둔 것은 1906년 9월 4일 공포된 '보통학교령' 이후의 일이다. 러일전쟁과 한일협약 이후 개정된 이 학교령은 소학교를 보통학교로 바꾸고, '독서, 작문, 습자'로 나뉘었던 어문 교과를 '국어, 한문'으로 구분했다. '보통학교령 시행 규칙'의 '국어'와 '한문' 교과의 요지는 다음과 같다.

【 보통학교령 제9조 각 교과목의 요지 】

二. 國語: 日常 須知의 文字와 文體를 知케 ᄒᆞ며 正確히 思想을 表彰ᄒᆞᄂᆞᆫ 能力을 養ᄒᆞ며 兼ᄒᆞ야 德性을 涵養ᄒᆞ고 普通 智識을 敎授ᄒᆞᆷ으로 要旨를 ᄒᆞᆷ이라. 發音을 正케 ᄒᆞ고 日常 必須ᄒᆞᆫ 文字의 讀法과 書法을 知케 ᄒᆞ며 又 正當ᄒᆞᆫ 言語를 練習케 ᄒᆞᆷ이라. 作文 及 習字ᄂᆞᆫ 各其 敎授 時間을 區別호ᄃᆡ 특히 注意ᄒᆞ야 相互聯絡케 ᄒᆞᆷ을 要ᄒᆞᆷ이라. 作文은 國語 漢文과 其他 敎科目에서 敎授ᄒᆞᆫ 事項과 學徒의 日常 見聞ᄒᆞᆫ 事項 及 處世에 必要ᄒᆞᆫ 事項을 記述케 호ᄃᆡ 其行文은 平易케 ᄒᆞ고 趣旨를 明瞭케 ᄒᆞᆷ을 要ᄒᆞᆷ이라. 習字에 用ᄒᆞᄂᆞᆫ 漢字의 書體ᄂᆞᆫ 楷書와 半草書의 一種이나 或 二種으로 ᄒᆞᆷ이라. 他敎科目을 敎授ᄒᆞᄂᆞᆫ 時에도 每常 言語鍊習에 注意ᄒᆞ며 文字를 書ᄒᆞᄂᆞᆫ 時에ᄂᆞᆫ 其字型 及 字行을 正케 ᄒᆞᆷ을 要ᄒᆞᆷ이라.

三. 漢文: 普通의 漢字 及 漢文을 理會ᄒᆞ며 兼ᄒᆞ야 品性을 陶冶ᄒᆞᆷ에 資ᄒᆞᆷ으로써 要旨를 ᄒᆞᆷ이라. 賢哲의 嘉言 善行을 記述ᄒᆞᆫ 것과 及 人世에 膾炙ᄒᆞᆫ 文士로 學徒가 理會ᄒᆞᆯ 만ᄒᆞᆫ 것을 敎授ᄒᆞᆷ이라. 國語와 聯絡ᄒᆞᆷ을 務ᄒᆞ야 時時 國文으로 繙譯케 ᄒᆞᆷ이라.

번역　일. 국어: 일상에서 꼭 알아야 할 문자와 문체를 알게 하며, 정확히 사상을 표현하는 능력을 기르며, 아울러 덕성을 함양하고, 보

---

14) 허재영(2013), 『한국 근대의 학문론과 어문교육』, 지식과교양, 123쪽.

통 지식을 교수함을 요지로 한다. 발음을 바르게 하고, 일상에 필요한 문자의 독법과 서법을 알게 하며, 또 정당한 언어를 연습하게 한다. 작문 및 습자는 각각 그 교수 시간을 구별하되, 특히 주의하여 서로 긴밀한 관련을 맺게 해야 한다. 작문은 국어 한문과 기타 교과목에서 가르친 사항과 학도가 일상에서 견문한 사항 및 세상살이에 필요한 사항을 기술하게 하되, 그 행문은 평이하게 하고, 취지를 명료하게 해야 한다. 습자에 쓰는 한자의 서체는 해서와 반초서의 일종 또는 이종으로 한다. 다른 교과목을 교수할 때에도 매번 언어 연습에 주의하며, 문자를 쓸 때에는 그 자형 및 자행을 바르게 해야 한다.

이. 한문: 보통의 한자 및 한문을 이해하도록 하며, 아울러 품성을 도야하는 자료가 될 수 있도록 요지로 삼는다. 현철의 가언(嘉言), 선행(善行)을 기술한 것과 세상에 회자하는 문사로 학도가 이해할 만한 것을 가르친다. 국어와 긴밀하게 하여 때때로 국문으로 번역하게 한다.

이 규칙에 천명한 바와 같이, 국어 교과는 '일상에서 꼭 필요한 문자와 문체', '정확히 사상(思想)을 표현하는 능력', '덕성 함양', '보통 지식 교육'을 목표로 한다. 곧 일상 수지(日常須知)의 문자와 보통 지식은 소학 교육의 내용과 수준을 결정하는 기준이며, '사상'과 '덕성'은 언어 교육을 통해 획득해야 할 목표를 의미한다. 여기서 '사상'은 '생각'이나 '느낌'과 같은 개인의 '의사(意思)'를 뜻하는 단어이다. 곧 국어 교육은 지식 교육을 포함할 뿐만 아니라, 자유로운 의사소통 능력을 기르고, 덕성을 함양하는 것을 목표로 한 것이다. 이처럼 보통학교의 교육에서 국어를 교과로 설정하고, 다른 교과에서도 국어와의 관련성을 강조하고 있으나, 그 자체가 국어교육의 획기적인 발전을 의미하거나 민족어문 교육으로의 변화를 의미하는 것은 아니다. 왜냐하면 이 시기 학교 교육은 통감부의 학정 잠식에 따라 체계적인 교육이 이루어지지 않았으며, 학부에서 편찬한 교과서조차도 일본인의 통제를 받거나 교과용

도서 검정 규정 발포에 따라 철저한 통제가 이루어졌기 때문이다. 특히 1907년 학부에서 편찬한『보통학교 학도용 국어독본』(전 8권)을 비롯하여 다수의 교과서는 일제의 식민 지배를 전제로 개발된 교과서[15]라는 점에서 그 당시 공교육에서의 민족어문 교육을 논의하는 일은 쉽지 않았다.

민족 생존의 차원에서 어문에 대한 관심이 본격적으로 대두되기 시작한 것은 일제 강점기 이후이다. 민족어문 문제가 심각해진 것은 일제의 식민 정책과 밀접한 관련을 맺고 있는데, 일제는 강제 병합 직후부터 강압적인 동화 정책을 추진해 왔다. 일제의 동화 정책은 강제 병합 다음일인 1910년 8월 30일자『매일신보』의 논설에도 잘 나타난다.

【 同化의 主意 】

我國之於日本에 壤地가 偏近ᄒ고 冠盖가 相望ᄒ여 交隣의 修好는 盖自王仁博士가 文字를 日本에 傳敎홈으로 始ᄒ엿도다. 其洲也ㅣ 同ᄒ고 人種也ㅣ 同ᄒ고 人性也ㅣ 同ᄒ고 土地也ㅣ 同ᄒ고 殖産也ㅣ 同ᄒ여 一葦의 抗홀 地에 隔ᄒ여 消息이 相通ᄒ고 氣脈이 相連ᄒ여 脣齒의 勢를 作ᄒ엿스니 考諸歷史ᄒ여도 斑斑히 可考홀 쟈로다. (…中略…) 我韓이 數年以來로 新風潮가 驅入ᄒ여 足跡이 相雜ᄒ고 智識을 相交ᄒ여 其長其短을 互相 勸起ᄒ니 人種의 權限이 可히 相等타 謂홀지로다. 我國이 東洋 第一 中心地에 處ᄒ여 和意를 不酬ᄒ고 深契를 不許ᄒ면 東洋一局의 平和主意를 永遠히 維持키 難홀지어니 엇지 和衷으로 相告치 아니ᄒ며 (…中略…) 日本이 强ᄒ면 我國도 强ᄒ고 日本이 弱ᄒ면 我國도 弱홀 것은 一家內에 兄則飽ᄒ며 弟則飢홀 理는 萬無타 홀지니 可히 憂樂을 同ᄒ고 休戚을 共ᄒ여 東洋의 安寧秩序을 共享홀 것은 我 兩國間에 共同 企圖홀 쟈라. 是以로 兩國 主權者

---

15) 이에 대해서는 박붕배(1987)의『한국국어교육전사』(대한교과서주식회사), 허재영(2010) 의『통감시대 어문교육과 교과서 침탈의 역사』(도서출판 경진)를 참고할 수 있다.

가 互相 主唱ㅎ여 合併을 約成ㅎ엿스니 此는 日本이 維新흔 後에 我國도 維新ㅎ는 日이라. 今我 同胞는 如何흔 思想을 抱有ㅎ여야 可홀가. 兩國 君主의 聖意를 體ㅎ여 敢히 違홀 바이 無ㅎ고 日本文明 施政에 涵泳ㅎ고 同化ㅎ는 域에 共ㅎ여 <u>極東의 平和主義를 永久 勿棄</u>홀지어다.

번역　우리나라는 일본과 지리가 가깝고 여러 가지 중요한 일이 긴밀하여, 교린의 수호가 왕인 박사가 문자를 일본에 전하여 가르친 것으로부터 시작되었다. 그 대륙이 같고, 인종이 같고, 인성이 같고, 토지가 같고, 식산이 같으므로 동일한 위기에 항거할 경우 소식이 상통하고 기맥이 긴밀하여 순치의 세를 이루었으니, 여러 가지 역사를 고증하여도 충분히 고찰할 수 있다. (…중략…) 우리 한국이 수년 이래 새로운 풍조가 몰려들어 족적이 뒤섞이고 지식을 교환하여 그 장단을 서로 권고하여 일으키니 인종의 권한이 가히 대등하다 할 것이다. 우리나라가 동양 제일의 중심지에 처하여 화해의 뜻을 받아들이지 않고 깊은 약속을 허락하지 않으면, 동양 한 국면의 평화주의를 영원히 유지하기 어려울 것이니 어찌 진심으로 서로 알리지 않으며 (…중략…) 일본이 강하면 우리나라도 강하고 일본이 약하면 우리나라도 약할 것은 한 가정 내에 형이 배부르고 동생이 배고플 이치가 없을 것이니 가히 근심과 즐거움을 함께 하고, 휴척(休戚)을 함께 하여 동양의 안녕과 질서를 함께 누릴 것은 우리 양국이 함께 도모할 것이다. 그러므로 양국 주권자가 서로 주장하여 합병을 약속하고 성립시켰으니 이는 일본이 유신(維新)한 후에 우리나라도 유신한 날이다. 지금 우리 동포는 어떤 사상을 가져야 할 것인가. 양국 군주의 성스러운 뜻을 체감하여 감히 어길 바가 없고 일본의 문명한 시정에 빠져들어 동화(同化)한 권역을 함께 하여 극동의 평화주의를 영구히 버리지 말 것이다.

식민 정책으로서 동화 정책은 '지리, 인종, 인성, 식산'이 같으므로 '문명 일본의 시정(施政)'을 통해 '동양 평화'를 추구한다는 논리를 기반으로 하고 있다. 이는 정치·경제적인 차원의 병합과 식민 지배를 정당

화하고자 한 논리이며, '언어 동화'는 이를 실현할 우선적인 동화 방안
이었다. 그렇기 때문에 일제는 강제 병합과 동시에 전면적인 일본어
보급 정책을 추진하였는데, 다음은 이를 증명한다.

【 朝鮮敎育方針 】

東京 帝國敎育會 朝鮮敎育部 主査 委員會에셔 今回에 調査흔 結果로 其方
針을 如左히 定ᄒ엿다더라.

第一. 敎育勅語의 趣旨를 普悉케 ᄒ고 日本과 朝鮮間에ᄂ 從來로 特別흔
關係가 有흔즉 兩國의 合倂은 當然흔 運命됨을 了解케 ᄒ고 且 日本의 臣民
되야 文明흔 舞臺에 活躍케 흠에ᄂ 朝鮮人民의 發展上 莫大흔 利益되ᄂ 希
望을 與흘 事.

第二. 日本語의 普及으로써 急務를 作ᄒ야 此에 全力을 注흘지니 此를 實行
흘 方法은 左와 如흠.

　一. 初等敎育에ᄂ 諺文漢文을 全廢ᄒ고 日本語를 用흘 事

　二. 日本語 敎習學校에ᄂ 適當흔 補助를 與흘 事

　三. 師範學校를 增設ᄒ야 日本語에 熟達흔 敎員을 多數 養成흘 事

　四. 各種學校 專門學校에셔도 日本文 敎科書를 用흠으로써 本則을 삼을 事

　五. 日本語로써 實用語를 삼을 事

　六. 日本文으로 作흔 家庭書類를 普及흘 事

第三. 敎科書의 編纂은 特히 重大흔 者인즉 總督이 直轄흘 機關을 設ᄒ야
此에 從케 흘 事

번역 　동경 제국 교육회 조선교육부 주사 위원회에서 이번에 조사한 결
과 그 방침을 다음과 같이 정하였다고 한다.

제일. 교육 칙어의 취지를 다 알게 하고 일본과 조선은 종래 특별한 관계
가 있으므로 양국의 합병은 당연한 운명임을 이해하게 하고, 또 일본의
신민이 되어 문명한 무대에 활약하도록 하는 것이, 조선 인민의 발전에
막대한 이익이 된다는 희망을 제공할 일

제이. 일본어의 보급을 급무로 삼아 이에 전력을 기울일 것이니, 이를 실행할 방법은 다음과 같음.

일, 초등 교육에는 언문과 한문을 전폐하고 일본어를 사용할 일

이. 일본어 교습 학교에는 적당한 보조를 제공할 일

삼. 사범학교를 증설하여 일본어에 숙달한 교원을 다수 양성할 일

사. 각종 학교, 전문학교에서도 일본문 교과서를 사용하는 것을 원칙으로 삼을 일

오. 일본어로 실용어를 삼을 일

육. 일본문으로 지은 가정 서류를 보급할 일

제삼. 교과서 편찬은 특히 중대한 것이므로 총독이 직할할 기관을 설치하고 이에 종사하게 할 일

여기에 언급된 정책은 일제의 식민 통치와 함께 시작하여, 광복 직전까지 지속적으로 추진되어 왔다. 특히 1910년대 조선총독부의 어문정책은 무단 헌병통치와 맞물려 강압적인 일본어 보급 정책을 중심으로 추진되었다.[16) 학교 교육에서 '조선어(급한문)과'를 제외한 모든 교과가 일본어로 이루어졌으며, 교과서도 일본문으로 편찬되었다. 그 뿐만 아니라 사회적인 차원에서도 『속수국어독본(速修國語讀本)』과 같은 일본어 보급 서적을 편찬·보급하였으며, 조선문 신문과 잡지의 발행도 억제되어 『매일신보』, 『청춘』, 『천도교회월보』, 『경향잡지』 등의 일부 매체만 조선문으로 발행되는 실정이었다.

이와 같은 상황에서 민족어문 문제가 본격적으로 대두된 것은 1920년대부터로 볼 수 있다. 이른바 문화운동은 민족자결주의와 3.1독립운동의 필연적 결과로, 민족 문제를 배경으로 추진된 운동이었다. 『동아

---

16) 이에 대해서는 허재영(2011)의 『일제 강점기 어문 정책과 어문생활』(도서출판 경진)을 참고할 수 있다.

일보』와『개벽』의 창간은 1920년대 민족 문화운동이 본격적으로 전개됨을 알리는 사건이었고, 이 운동과 더불어 본격적인 민족어문 문제가 대두되었다. 이는 이 시기 어문 문제와 관련한 대부분의 논설이 '민족'을 키워드로 삼았고, '조선어'와 '조선문'이 조선 민족 생존과 번영의 주된 요인이라는 점을 강조하고 있다는 사실에서도 확인할 수 있다.

【 朝鮮 民族의 反省을 促하는 朝鮮文字[17] 】

噫라. 局見을 不顧하고 微賤을 陳呈하오니 神聖한 檀君 民族이어. 速速히 矯正하야 本性을 宇宙에 披略하소서. 此는 非但 爲朝鮮 民族이라, 天下 民族을 開導함이 將次되리니 故로 曰 此는 朝鮮 民族의 幸甚쑨 아니라 天下 民族의 幸甚이 되리라 하노라. 疇昔에는 우리가 赫赫하고 强壯한 一民族으로 東方의 主人이 되야 隣國의 未開함을 開導하더니 遞衛에 漢文에 昏迷한 汚儒가 輩出하야 村谷間에서 未開한 兒童을 自己의 淺見대로 指導하얏슴으로 오날날 우리 處地가 이 模樣이 되엇으며 우리 文字가 如何히 組織되엿는지 如何한 價値가 有한지 神聖한 檀君 民族에 對하야 如何한 關係가 有한지 全혀 不知하며 이쑨만 아니라 이것을 싸라서 言語도 高低音이 不分明한 者가 多하니 故로 今日 此時는 文字의 完全한 發音과 完全한 絡을 要하는 째라 하노라. 現今 東西洋 新文明國의 文字 發音을 觀컨대 朝鮮文字로는 能히 다 쓸 수 있으나 朝鮮文字의 發音은 全世界 外國文字의 發音을 다 集合하야 가지고 쓴다 할지라도 될 수 업나니라. 우리 文字의 能力은 如此히 偉大하며 如此히 莊嚴하야 全世界 人類의 文字를 凌駕하나니 天上天下에 獨一無二한 靈精이니라. 우리 文字의 權能이 如此히 偉大커날 이 쓰을 바다 그 妙理와 그 光彩를 他民族에게 傳播한 者가 幾人이뇨. 噫라. 他民族에게 傳播함은 莫論하고 우리 民族間에도 普及이 完全히 못 되엿나니 這間에 反切에 對하야 多少間 書籍이 著述되엿스나 이도 쏘한 詳細치 못하니 엇지

---

17) 李弼秀(1922), 「朝鮮 民族의 反省을 促하는 朝鮮文字」, 『동아일보』, 1922.8.7.

遺憾이 아니리오. 嗚乎다. 此人의 思想이 此에 及하매 一便으로 悲憤之心을 難禁이며 一便으로 疑惑之心이 더욱 太甚하야 疊疊山中에 구름 싸이듯 向方을 定치 못하게 되얏스니 이 일이 웬일인고.

번역 아. 좁은 소견을 돌아보지 않고 미적을 진술하여 드리니, 신성한 단군 민족이여. 시급히 교정하여 본성을 우주에 미치게 하소서. 이는 비단 조선 민족을 위한 것이 아니라, 천하 만민을 개도하는 것이 될 것이니, 그러므로 이는 조선 민족이 심히 다행할 뿐 아니라 천하 민족의 깊은 행운이 될 것이다. 옛날에는 우리가 혁혁하고 강장한 한 민족으로 동방의 주인이 되어, 인접 국가의 미개함을 열어 주더니, 번갈아 한문에 미혹한 선비가 나와 마을마다 미개한 아동을 자기의 얕은 견해로 지도하였기 때문에 오늘 우리 처지가 이 모양이 되었으며, 우리 문자가 어떻게 조직되었는지, 어떤 가치가 있는지, 신성한 단군 민족에 대해 어떤 관계가 있는지 전혀 알지 못하며, 이뿐만 아니라 이에 따라 언어도 고저음이 불분명한 것이 많다. 금일 이때는 문자의 완전한 발음과 완전한 맥락을 요구하는 때라고 할 수 있다. 지금 동서양 신문명국의 문자와 발음을 보면 조선 문자로 능히 다 쓸 수 있으나, 조선 문자의 발음은 전 세계 외국 문자의 발음을 다 모아써도 될 수 없다. 우리 문자의 능력은 얼마나 위대하며 얼마나 장엄하며 전 세계 인류의 문자를 능가하니 천상천하에 둘도 없는 신령스러운 정화이다. 우리 문자의 권능이 이처럼 위대하거늘 이 뜻을 받아 그 묘리와 그 광채를 다른 민족에게 전파한 자가 얼마나 되는가. 아. 다른 민족에게 전파함은 그만두고 우리 민족 간에도 보급이 완전히 못 되었으니, 저간에 반절(한글)에 대해 다소 서적이 저술되었으나 이 또한 상세하지 못하니 어찌 유감이 아니겠는가. 슬프다. 이 사람의 사상이 저 사람에게 미치니 일편으로 비분한 마음을 금할 수 없으며 일편으로 의혹심이 더욱 심해 첩첩산중에 구름 쌓이듯 방향을 정하지 못하게 되었으니 이 일이 웬 일인고.

이 인용문에는 '단군 민족', '조선 민족'을 비롯하여 10회 이상의 '민족'이라는 표현이 나타난다. 이를 통해 알 수 있듯이, 1920년대 전반기에는 '민족'이라는 단어가 일상적으로 쓰이고 있음을 확인할 수 있다. 특히 '어문 문제'와 관련한 논문은 '민족 문명의 발전'이나 '민족정신 함양' 등을 주제로 한 경우가 대부분인데, 비록 조선어문이 정리·통일되지 못한 결함을 갖고 있을지라도, 조선어문을 바탕으로 한 교육이 이루어져야 함을 주장한 경우가 많다. 최현배(1922)의 '우리말과 글에 대하여'는 우리말과 글이라는 용어를 사용하여 민족어문 문제를 논의한 대표적인 논문으로 볼 수 있는데, 이 논문은 교토 유학생(京都 留學生) 하기 강습회의 원고로 "민족의 장래를 위하여 그 행복과 번영을 도모하고자 하는 생각과 노력을 잊지 않는 동지 여러분"에게 주는 글의 형식으로 출발한다. 이 논문은 '우리말의 유래', '우리말과 글에 대한과거 우리 조상들의 태도', '우리말과 글에 대한 연구', '우리말과 글의 이제(현재)', '우리말의 발달에 대한 우리의 책임', '장래의 문제', '문자의 연구', '우리글 가로 쓰기' 등으로 구성되어 있으며, 우리말과 글의 발달을 위한 전제조건으로 합리적이고 충분한 '조선어 교육'이 필요함을 주장하고 있다. 최현배가 가장 먼저 쓴 국어 관련 논문에 해당하는 이 글에서는 우리말과 글의 장래를 위해, '문자 연구, 소리 연구, 어법 연구, 조선어 교육을 합리적으로 충분히 할 것, 고어 연구, 표준어 연구, 자전 완성' 등의 과제를 제시하면서 이러한 문제를 해결하기 위한 일곱 가지 조건을 제시하였다.

【 우리말의 장래[18] 】

우에 든 問題를 成就하랴면 첫재 一般 民衆이 깁혼 自覺으로서 朝鮮語의 一般的 修養을 힘쓸 것이요 둘재는 깁혼 責任을 늣기고서 우리말과 글을

---

18) 최현배, 「우리말과 글에 대하여(12)」, 『동아일보』, 1922.9.10.

科學的으로 研究하는 學者가 相當히 잇서야 할 것이요 셋재는 一般 靑年이 現代의 諸般 科學을 닥가서 朝鮮 民族文化의 建設과 發達을 圖할 것이요 넷재는 <u>偉大한 文學家가 나와서 過去에 죽은 우리말과 現代에 榮達 不足으로 왼통 元氣를 일코 漸漸 儒弱해지는 우리말을 精練하야 새 生命과 새 元氣를 줄 것이요</u> 다섯재는 <u>敎育制度를 改善하야 적어도 敎授用語를 朝鮮말로 할 것이요</u> 여섯재는 <u>歷史家 考古學者가 輩出하여야 할 것이요</u> 일곱재는 이 일은 決코 하로 아침 하로 저녁에 이루어질 것이 아니니 繼續的 努力이 가장 必要합니다.

번역 위에 든 문제를 이루고자 한다면, 첫째 일반 민중이 깊이 자각하여 조선어의 일반적 수양에 힘쓸 것이요, 둘째는 깊은 책임을 느끼고 우리말과 글을 과학적으로 연구하는 학자가 상당히 있어야 할 것이요, 셋째는 일반 청년이 현대의 여러 과학을 닦아 조선 민족문화의 건설과 발달을 도모할 것이요, 넷째는 위대한 문학가가 나와서 과거 죽은 우리말과 현대 영달이 부족하여 온갖 원기를 잃고 점점 유약해지는 우리말을 정련하여 새 생명과 새 원기를 줄 것이요, 다섯째는 교육제도를 개선하여 적어도 교수용어를 조선말로 할 것이요, 여섯째는 역사가, 고고학자가 다수 나타나야 할 것이요, 일곱째는 결코 하루아침에 이루어질 것은 아니나 계속적 노력이 무엇보다도 필요합니다.

최현배가 제시한 일반 민중의 자각에 따른 '조선어 수양'은 본질적으로 민중 계몽운동으로서의 민족어문 교육 운동에 해당하며, 교육 제도 개선에 따른 '교수 용어의 조선말화'는 제도 교육으로서의 어문교육에 해당한다. 이 점에서 민족어문 교육 문제는 1920년대 전반기에 '어문정리 문제'와 함께 대두되기 시작하여, 일제 강점기 민족정신을 지키고자 하는 운동의 핵심 사상으로 자리 잡았다고 할 수 있다. 1931년 발표된 백세명의 '한글강좌'에 들어 있는, '민족과 어문의 관계'는 '민족어문'이라는 이 시기 '민족어문'이라는 개념이 점차 일반화되고 있음을 보여준다.

【 한글강좌[19] 】

一. 한글이란 무엇인가: 한글이라고 하였다해서 別로 딴뜻이없고 그저 조선글이란 말이외다 그러나 이전에는 <u>諺文이라 或은 國文이라고 하던 것을 只今 한글이라고 變名을 하고보니 좀 새로운 意味에서 文法에 맞우어서 整理된글을 한글이라고 하는것이외다.</u> 敎養은 우리 朝鮮農民社의 綱領의 하나이외다 敎養이란 아직 우리 朝鮮農民에게는 文盲退治를 意味하게됩니다 文盲退治를 徹底히 하려면 爲先 國文을 普及시켜야 하겠습니다. 그러면 <u>國文을 普及식히는데</u>는 그 在來의 規則이없고 統一이없는 時體글 그대로는 到底히 效果를 걸을수없고 오직 文法에 맞우어서 整理된 한글로야만 可能하다고 生覺한 것이 이써 本誌에 한글講座欄을 두게된 본뜻이외다. (…中略…)

三. <u>民族과 語文의 關係</u>: 우에서도 잠깐 말한바 어떤民族이던지 다各各 語文이 있는것이외다. 同時에 <u>語文과 그語文을 使用하는 民族과는 서로서로 그運命을 같이 하는것이외다.</u> 只今 英語가 全世界的으로 勢力이 있다는 말은 英國民族의 勢力이 全世界를 風靡한다는말이외다. 우리조선에서 조선말이 勢力이 차츰차츰 줄어진다는 것은 곳 朝鮮民族의 勢力의 차츰 줄어간다는것을 意味하는것이외다. 우리民族의 歷史가 四千年이라 하거니와 그동안에 우리조선말이 언제 한번이나 조선안에서나마 그勢力을 벌이어 본적이 있었습니까? 高麗以後 李朝五百年間은 漢文에 눌리여서 깜작을 못하였으며 只今와서는 外國語熱이 澎漲하여 가지고서 조선말이나 한글은 거의 글값에도 치지를 안으니 얼마나 한심한 노릇이겠습니까 이러케 남의것만 尊重하고서야 제것에 對한 愛着心이 없고서야 어떠케 남의 賤待를 아니받겠습니까? 언제나 우리들이 그와같은 낫분 버릇을 버리겠습니

---

19) 백세명(1931), 「한글강좌」, 『농민』 1~7, 1931.11.

까 또한 조선안에서나마 統一되며 글이 普及되겠습니까? 나아가서는 世界的으로 <u>우리 한글의 貴重한價値를 世界的으로 發揮하는 同時</u>에 우리가 全世界의 覇權을 잡아보겠습니까. 자─다같이 일어나 敎養에 힘씁시다 文盲을 退治합시다.

백세명의 '한글강좌'는 조선농민사의 농민 교양 차원에서 국문 보급을 목적으로 쓴 글이므로 교육용 한글 교재에 해당한다. 이 강좌는 '한글 발음법', '한글 철자법', '난별음(難別音, 구별하기 힘든 음)', '(통일되지 않은 음의) 표기법'을 내용으로 하였는데, 구체적인 교수 대상을 소개하기 전에 '한글이란 무엇인가'와 '말과 글에 대하여', '민족과 어문의 관계'를 설명하였다. 이 설명에서 "어문과 어문을 사용하는 민족은 그 운명을 같이하는 것"이라는 진술은 일제 강점기 만연되었던 '어문 민족 일체관'을 반영하는 표현이라고 할 수 있다.

2. 민족어문 교육의 내재적 발전

2.1. 국문학교의 전통과 문화운동으로서의 조선어문 교육

민족주의에 대한 서양 역사가 에릭 홉스봄의 『1780년 이후의 민족과 민족주의』(강명세 역, 1994, 창작과비평사)나 에르네스트 르낭의 『민족주의란 무엇인가』(신행선 역, 2002, 책세상) 등에서는 민족주의가 근대 국가 형성 과정의 산물이라는 점을 명백히 하고 있다. 특히 르낭은 민족 개념이 '종족'과 혼동되는 경우가 많으며, 언어와 민족이 일치하지 않는 현상을 지적하면서 "언어는 역사적인 부산물로, 그 언어를 사용하는 사람들의 혈통을 말해주는 것은 거의 없다."라고 주장한다. 이는 근대 계몽기 '민족'이라는 용어와 '민족어문'이라는 용어가 잘 쓰이지 않는 이유를 추론하는 데 중요한 단서가 된다.

근대 한국에서도 '민족어'나 '민족어문'이라는 용어는 찾아볼 수 없다. 그럼에도 민족주의 교육을 연구하는 대다수의 연구자들은 1880년대 이후 성장한 국문의식을 민족의식과 동일한 차원으로 이해하는 경우가 많다. 이는 앞서 설명한 바와 같이 한국의 역사가 단일 민족의 역사라는 인식과 식민 피지배 상황에서 국가와 민족의 분리 경험에서 비롯된 것이라고 할 수 있다. 달리 말해, 근대 한국의 역사는 독립된 주권 국가로서 '대한제국'과 '한민족'을 동일한 개념으로 인식하는 경우가 많다는 뜻이며, 이를 근거로 할 때 국어와 국문을 민족어문과 동일한 개념으로 인식하게 된다는 뜻이다.

이러한 입장으로 볼 때, 우리의 민족어문 교육은 근대 계몽기 국문학교의 전통에서 비롯되었다고 볼 수 있다. 국문학교는 말 그대로 국문 교육을 목표로 한 학교이다. 국문학교는 공교육의 학제를 기반으로 한 것이라기보다 비정규의 '야학'이나 사회교육 차원에서 이루어진 강습소 등의 형태를 띤 학교였다. 이러한 학교가 출현한 것은 근대식 학제가 도입된 직후부터로 보이는데, 근대 계몽기 야학운동을 연구한 김형목(2001)에서는 1898년 설립된 '사립 흥화학교'를 최초의 야학으로 추정한다. 그는 1905년 이전의『독립신문』,『매일신문』,『황성신문』,『시사총보』등의 기사를 조사하여 대략 14개의 야학교가 존재했음을 확인한 바 있는데, 이들 야학이 모두 국문학교인 것은 아니다. 엄밀히 말하면 '야학'은 말 그대로 '주학(晝學)' 곧 정규 학교가 부족한 상황에서 운영하는 임시 학교의 하나로 볼 수 있다. 그렇기 때문에 이 시기 상당수의 야학은 '국문'보다 '일어', '영어', '산술' 등을 가르쳤음을 확인할 수 있다.

이 점에서 '국문학교'는 국문 교육을 목표로 설립한 학교라는 점에서 민족어문 교육의 주요 기관이라고 할 수 있다. 이러한 학교는 1900년대부터 설립되기 시작하였는데,『황성신문』1902년 2월 13일자 논설 '국문학교의 설립'은 이를 증명한다.[20] 당시 지석영은 국문 보급뿐만 아니라 국내에 통용하는 한자음을 바로잡는 데도 관심을 기울였는데, 『황성신문』 1902년 2월 14일자 논설에서는 이와 관련하여 다음과 같은 논설을 게재하였다.

【 國文宜擴張[21] 】

夫環球諸國이 無不各隨其方域風土語音之殊ㅎ야 配其國音ㅎ야 另造一段便用的文字ㅎ야 行其國內者를 謂之國文이라 ㅎᄂ니 如支那之漢文은 支那之國文也오 希臘之古文은 希臘之國文也로ᄃᆡ (…中略…) 日聞近日淸國人士도 亦以其文字之深奧難通으로 議欲創造一簡易文字ㅎ야 爲敎習國民之計라 ㅎ니 漢文은 是自家日用語言之文이로ᄃᆡ 尙有難通之煥커ᄂᆞᆯ 況風土語音이 相去秦越之吾邦乎아. <u>洎此 國文學校設立之日ㅎ야 變其淸濁聲音之轉變ㅎ야 訓習子弟ㅎ며 譯佈書籍ㅎ야 蒙陋焉啓牖ㅎ며 錮閉焉劈開ㅎ야 發達靈智之窺ㅎ고 鼓勵文明之化ㅎ야 使斯民으로 無有言自言文目文之獘면 誠吾邦之美福이어니와 至其訂訛改良之術에도 亦不可不留心講究ㅎ야 函宜擴張國文學 然後에 始成完備之文矣리니 此ㅣ 吾輩之所深切期望於國文學校中諸君子也로다.</u>

> **번역** 대저 지구상의 모든 나라가 각기 그 지역 풍토에 따라 어음이 다르지 않은 곳이 없으니, 각기 그 나라의 음을 배열하여 편리하게 사용하는 문자를 만들어 그 국내에 사용하는 것을 '국문(國文)'이라고 하니, 중국의 한문은 중국의 국문이요, 희랍의 고문은 희랍의 국문이다. (…중략…) 일전에 들으니 근일 청국 인사도 또한 그 문자의 심오하고 이해하기 곤란하여 새롭게 간이한 문자를 창조하여 국민이 쉽게 익히도록 하고자 도모한다 하니, 한문은 자가의 일용하는 말의 문자이로되 오히려 통하는 데 어려움이 있거늘, 하물며 풍토의 어음이 중국과 멀리 떨어져

---

20) (논설)「國文學校의 設立」, 『황성신문』, 1902.2.13. 이 논설은 의학교 교장 지석영이 사범학교 내에 국문학교를 설립하고자 한 일을 논평한 논설이다.
21) 『황성신문』, 1902.2.14.

있는 우리나라는 어떻겠는가. 이에 국문학교를 설립하는 날에 그 청탁 성음이 변화하여 자제를 가르치고자 하며 서적은 번역하여 보급함으로써 어리석은 사람을 계몽하고자 하고, 굳게 닫힌 문을 열어 영험한 지식을 발달시키고 문명 진화를 고동하여 인민으로 하여금 말은 있으나 글이 없는 폐단을 없게 하면 진실로 우리나라의 행복이려니와 와전된 음을 개량하는 기술에도 또한 불가불 마음을 쓰고 강구하여 마땅히 국문학교를 확장한 연후에 완비한 문자를 이루게 될 것이니, 이것이 우리가 국문학교 내의 여러 군자들에게 마음 깊이 바라는 바이다.

이 논설에서는 '국내에서 사용하는 문자'를 '국문'이라고 정의한 뒤, 한문은 중국의 국문이며, 희랍의 고문은 희랍의 국문이라고 하였다. 이러한 개념에 따라 한국의 국문은 세종대왕이 창제한 훈민정음이라고 할 수 있으며, 이 문자는 자모의 생성 원리에 따라 창제된 것으로 지극히 간단하고 쉬운 문자라고 규정했다. 다만 이 논설에서는 국문학교의 설립 못지않게 시대에 따라 변화한 음을 적절히 표기할 수 있도록 음을 개량해야 하며, 이를 바탕으로 자제를 교육하고 서적을 번역하여 어리석은 사람을 계몽하고 지식을 발달시켜야 한다고 주장하였다.

이러한 주장은 근대 계몽기 국문의식과 관련한 대부분의 논설에서도 찾아볼 수 있다. 그러나 1900년대 전반기 국문학교 설립 실태나 이들 학교에서 사용한 교재가 무엇이었는지 등은 밝혀져 있지 않다. 다만 1906년 이후의 각종 야학에서는 그 이전에 비해 '국문'을 가르치는 곳이 많아졌고, 유길준의 『노동야학독본』과 같은 교재가 편찬되기도 하여, 그 이전에 비해 국문 교육이 점차 활발해지고 있음을 확인할 수 있다.

이러한 흐름에서 일제 강점기에는 국문 야학의 전통을 이은 각종 강습회, 야학을 통한 문맹퇴치 운동이 본격적으로 전개되기 시작했다. 1920년대 문화운동에서는 각 청년 단체의 주요 사업 가운데 국문 보급이 가장 먼저 실행해야 할 사업으로 인식되기도 하였다.

【 各地 青年會에 對하야[22] 】

　　관청 당국이 실지의 誠意를 表할 바 靑年會의 實際 事業은 무엇인고, 吾人은 조선 각지 청년회에 대하야 告하노라. 事業이 無하다 하야 활동난을 歎하지 말며, 徒히 理想만 추구하야 실지를 閑却하지 말지어다. 吾人은 前段에 관청 당국자의 誤解를 누누이 論述하얏거니와 此 誤解를 招致한 책임이 쏘한 청년회에 不無하다 斷言키 難하니 각지 청년회는 일층 노력하야 그 존재의 실상 價値를 발휘함이 가하도다. 實際에 緊切한 靑年會의 事業을 論擧하면, 그 (1)은 知識의 普及이니 此에 대하야 특히 吾人의 切實히 感하는 바는 朝鮮文의 普及이며 家庭 所用의 簡單한 理化學과 衛生上 知識이며 初學問에 대한 刺戟과 新思想의 輸入이라. 이제 정확한 통계를 擧하기는 難하거니와 조선인으로서 朝鮮文을 能書能讀하야 日常 用務를 達함에 不便을 感치 아니하는 자 그 전 인구의 삼분지일에 達하기 難한 줄노 오인은 思하노니 이 엇지 生存競爭을 면치 못하는 자의 戰慄할 바ㅣ 아니며 인생의 가치를 發揮코자 하는 자의 可恐할 바ㅣ 아니리오. 연즉 청년회는 勞働夜學 又는 婦人講習會 등을 개설하야 朝鮮文의 普及을 도모하는 동시에 간단한 理化學과 衛生上 知識과 數學 등을 교수하며, 겸하야 아동의 學校 入學을 장려하고 일편에 在하야는 청년간에 혹 토론회 혹 독서회 등을 개최하야 신사상을 수입하야써 천하의 광명에 接함이 가하도다.

> **번역** 관청 당국이 실제 성의를 표할 만한 청년회의 실제 사업은 무엇인가. 우리들은 조선 각지 청년회에 대해 알리고자 한다. 사업이 없다하여 활동의 어려움을 탄식하지 말 것이며, 헛되이 이상만 추구하여 실제를 잊지 말 것이다. 우리는 앞에 관청 당국자의 오해를 여러 차례

---

22) 『동아일보』, 1921.3.21.

논술하였거니와 그 오해를 불러온 책임이 또한 청년회에 없다고 단언하기 어려우니, 각지 청년회는 더 한층 노력하여 그 존재의 가치를 발휘해야 한다. 실제에 긴절한 청년회의 사업을 열거하면 (1)은 지식의 보급이니 이에 대해 우리가 절실히 느끼는 것은 조선문 보급이며 가정에서 필요로하는 간단한 이화학과 위생상의 지식이며, 초학에 대한 자극과 신사상의 수입이다. 이제 정확히 통계를 들기는 어렵지만 조선인으로 조선문을 능히 읽고 써서 일상의 업무에 불편을 느끼지 않는 자는 전 인구의 삼분의 일에 미치기 어려울 것으로 생각하니, 이 어찌 생존경쟁을 면하지 못하는 자가 두려워할 바가 아니며, 인생의 가치를 발휘하고자 하는 자가 두려워할 바가 아니겠는가. 그러므로 청년회는 노동야학 또는 부인강습회 등을 개설하여 조선문 보급을 도모하는 동시에 간단한 이화학, 위생상 지식, 수학 등을 가르치고 아울러 아동의 학교 입학을 장려하며 한편으로 청년 사이에 토론회 독서회 등을 개최하여 새로운 사상을 수입하여 천하의 광명을 접해야 한다.

이 논설은 1920년대 청년 단체를 대상으로 노동야학과 부인 강습회를 개최하여 조선문을 보급해야 한다는 주장을 담고 있는 논설이다. 1920년대 초 문화운동을 기치로 설립된 청년 단체는 전국 각지에 산재해 있었다. 각 단체마다 독특한 설립 취지를 갖고 있으나 청년 운동과 부인 운동을 목표로 설립된 단체의 경우 계몽운동 차원에서 조선문 보급에 관심을 기울인 경우가 많았던 것으로 보인다. 그러나 이들 단체에서 추진한 조선문 보급이 어떤 내용으로 구성되어 있는지 밝혀진 것은 없다. 당시의 시대사조가 문화운동 차원에서 개조론이 풍미했던 시대임을 고려할 때, 안확(1920, 1921)의 『자각론』, 『개조론』, 강하형(1922)의 『20세기 청년독본』, 박준표(1923)의 『현대청년 수양독본』, 박준표 역(1923)의 『삼대 수양론』 등과 같은 청년 개조서가 주로 활용되었을 것으로 추측되나, 이를 증명할 자료가 있는 것은 아니다.

이러한 흐름에서 일제 강점기 계몽운동 차원에서 진행된 다양한 조선문 강좌는 식민 피지배 상황에서 이루어진 민족어문 교육의 내재적 발전 과정을 의미하는 것으로 해석할 수 있다. 특히 조선농민사의 농민 계몽운동이 본격적으로 추진되고 동인지 『한글』이 창간된 1927년 이후부터는 한글 교수법과 농민의 보통 상식 증진을 목표로 한 '한글강좌'가 전국적으로 추진되었는데, 이러한 운동에 참가한 사람들 가운데 일부는 신문이나 잡지에 이와 관련한 글을 게재하기도 하였다. 앞서 예시한 백세명(1931)의 '한글강좌'나 이병기(1933)의 '조선어 강화' 등도 이러한 예에 해당한다.

【 조선어 강화 (1)~(3)[23] 】

조선말은 무엇인가: 어찌 생각하면 이 「조선말은 무엇인가」 하는 것이 웃으운 것 갓습니다. 우리 조선 사람으로서 누가 조선말쯤이야 모르실 이가 잇겟습니까. 어려서부터 어머니의 품에 안겨 젓꼭지를 물면서 배운 것이고, 또는 몃만년 전 우리 조상ㅅ적부터 전해 오든 것이고, 이것저것 조곰도 막힐 것 업시 서슴을 것 업시 스는 것이 곳 우리의 조선ㅅ말인데 이걸 다시 새삼스러이 무엇인가 하고 뭇잘 것이 잇스리까마는 실상은 그러치 안습니다. 우리가 아는 조선ㅅ말쯤으로는 다 잘 알엇다고 할 수 업습니다. 그 안다는 것이 도리어 학문다운 조선말을 배우자면 방해가 될 쑨입니다. 차라리 아주 무식한 이만 못하외다. 옛날 희랍에서는 어느 궤변학자가 제자들에게 궤변을 가르치는데 이미 어대서 좀 배워가지고 오는 이가 잇스면 그이에게 월사금을 곱절이나 더 바덧다 합니다. 그건 말못 알어 가진 것을 다시 교정하여 주자면 그만큼 보수를 더 바더야 하겟다는 것입니다. 만일 우리도 이가튼 학자에게 조선말을 배우게 된다면 곱절 이상의 사금을 내어야 될 것입니다. 그러나 이 강화를 쓰는 나는 그러한

---

23) 이병기(1933), 「조선어 강화(1)~(3)」, 『가톨릭』, 1933.6~8.

학자가 아닙니다. 여러분에서 이런대 유익만 하신다면 사금은 고사하고 그저라도 나의 아는 대로는 말슴해 드릴까 합니다.

이 강화(講話)는 일반 민중에게 조선말과 글을 배우고 소중히 해야 하는 이유를 설득하기 위한 목적에서 쓰인 강의용 원고이다. 이 강좌는 '조선말은 무엇인가', '조선글은 무엇인가', '한글', '한글 자모음', '한글 모음의 종류', '한글 자음의 종류'로 구성되었으며, 한글을 소중히 하고 바르게 쓸 수 있는 능력을 기르는 데 목표를 두었다. 주시경의 제자인 이병기는 『조선문단』 1926년 3월호에 '조선 문법 강좌'를, 『동광』 제10 호(1928.2)에 '말의 습관으로 된 변화', 『동인 한글』 제2호(1928.3)에 '유 희로 된 말 공부' 등을 발표하기도 하였는데, 문학 양식으로서 시조에 대한 관심뿐만 아니라 한글 교육에도 남다른 관심을 기울였던 사람이 다. 그가 발표한 '강좌'나 '말 공부' 관련 자료들은 일제 강점기 국어를 상실한 상태에서 출현한 대표적인 민족어문 교육 관련 자료라고 할 수 있다. 특히 『학생』 제2호(1929.4)에 발표한 '조선어와 작문'은 비록 짧은 수필이지만, 이 시기 민족어 교육이 얼마나 힘든 상태에 있었는지를 잘 보여준다.

【 조선어와 작문24) 】
　내가 지난 가을에 모처럼 洋服을 입고 學徒들을 다리고 日本人 先生과 가티 扶旅行을 가서 어느 旅館에 들엇섯다. 日本人 先生은 방 웃묵에 안저 편지를 쓰고 나는 몸이 좀 고달피어 그 알에ㅅ묵에 누워 잇다가 '구들ㅅ장 이 넘우 차니 군불을 째어 주오'하고 旅館主人을 불러 이르고 그 主人에게 '영감이상 조선말을 잘 합니다'하는 칭찬을 바든 일이 잇섯다. 호오리 洋 服을 입고 진고개관에서나 停車場 近處에서 무지한 勞動者에게 '쌔가 무손

24) 이병기(1929), 「조선어와 작문」, 『학생』 제2호(1929.4).

일이가 잇소까' 하고 혀구든 소리를 하며 暇日人 노릇을 하는 싸위보다는 내가 조선말을 낫게 할는지 모르지마는 누구나 조선 사람으로서 그만한 말씀을 하고야 칭찬을 바들 것도 아니다. 하나 이 世上에서 조선사람이 조선말을 하고서 칭찬을 밧는다는 것이 어찌 생각하면 그럴 쯧도 한 일이다. 우에 말한 0000만 아니라 頑固한 學父兄에도 조선말이 무엇인지를 모르고 學校 단이는 子弟에게 '조선놈이 조선말이야 무엇하러 배우느냐' 하는 이도 잇다 한다. 이 싸위 사람들은 과연 무식한 사람이라 하겟스나 쏘한 제법 유식하다는 사람들에도 이와 가튼 말을 하는 이가 적지 안타.

만일 이러한 論法으로 하면 다만 조선말 쁜이랴. 무슨 學校니 學問도 다 必要가 업슬 것이다. 소곰은 짜고 사랑은 단 줄을 알며 주먹 九九도 하고 나무ㅅ가리도 싸를 줄 알으니 化學이나 數學도 배울 것 업는 것 아닌가. 그래도 化學 數學은 배워야 할 줄을 알면서도 어찌 조선말에 대하여서는 그다지 녀기지 안흘까—이 싸위 말은 퍽 웃으운 말 가트나 이상하게도 이 世上에서는 이 싸위 말을 곳잘 하는 이 싸위 사람들을 만히 어더 볼 수가 잇다. (此間 三十八行 削除) 더욱이 어려움을 쌔닷게 된다. 作文의 基礎知識인 朝鮮語 그것을 톡톡하게 배우지 못한 이들에게 作文 그것인들 잘하기 바랄 것인가. 북이 커야 소리도 클 것 아닌가. (此間 十三行 削除) 그런데 우리 조선말로서 우리의 思想 感情을 自由롭게 發表하자면 첫재 朝鮮말 그것을 잘 알어야 함은 무론이지마는 朝鮮말 그것만 잘 안다고 그러케 될 것은 아니고 쏘한 그 發表하는 法 곳 作文法도 잘 알어야 할 것이다. 作文法을 잘 알자면 作文練習의 必要야 더 말할 것 업다. 그럼으로 敎育令에도 朝鮮語 課程에 반듯이 作文이란 名目을 너혼 것이다. 作文도 朝鮮語敎育의 하나에 지나지 못하나 作文이야말로 重要한 課程이라 아니 할 수 업다. 文人學者에 쯧을 두는이야 말할 것도 업고 그밧게 어떠한 사람이든지 詩 小說 評論은 아니드라도 편지나 契約書쯤을 쓰드라도 作文法을 알고 모르는 關係가 저욱이 잇슬 것이 아니랴. (此間 十一行 削除) 과연 作文을 가르치자면 朝鮮말 그것보다도 더 어려울 것이다. 웨 그럴가. 지금 우리는 朝鮮語 知識이 부실한 까닭에 作文 그것도 잘 될 수 업다 함은 우에 말함과 가트며 게다가 作文을 맛터 가르치는 이라고 반듯이 文章家가 아 닐 것이니 自己가 곳 模範文을 지어낼 것도 아니며 그러면 달리 쏘 어썬 名文이나 만히 어들 수 잇서 그것을 내보이고 그대로 지어라 할 것도 아니 며 그저 問題만 내어주고 지어오느라 하면 그 主意와 構成이 어썬 건 그만 두고 도모지 조선말 그것을 모르게써서 仔細히 보자면 한 두 장만 보재도 매우 時間이 걸리게 된다. (以下 三十九行 削除)

이 수필은 식민지 상황에 처한 조선어 교육의 실상을 잘 드러내는 수필이다. 짧은 수필임에도 네 곳에서 삭제를 당한 것만으로도 이 글이 식민 지배 정책에 어긋나는 내용을 담고 있었음을 쉽게 짐작할 수 있 다. 이 글에서는 문학 작품뿐만 아니라 편지나 계약서를 쓰기 위해서라 도 조선어 작문 교육이 필요한데 실상은 그렇지 못함을 지적하고, 작문 교육의 목표가 "우리의 사상·감정을 자유롭게 발표"하는 능력을 기르 는 데 있음을 드러내고 있다. 이를 위해 조선어에 대한 지식을 갖추어 야 하며, 그것을 가르쳐야 함을 주장하고 있는 것이다. 비록 체계적인 연구 결과물이나 경험을 체계화한 이론을 제시한 것은 아니지만 일제 강점기 조선어 작문 교육, 곧 민족어문 교육의 필요성을 주장한 것은 의미 있는 일로 해석된다.

2.2. 한글 교수법과 민족어문 교육 연구

일제 강점기 한글 교수법의 발달과 조선어 교육 관련 연구 사례는 민족어문 교육의 발전과 밀접한 관련을 맺고 있다. 한글 교수법은 한글 을 쉽게 가르치는 방법을 의미한다. 엄밀히 말하면 훈민정음 창제 당시 에도 새로운 문자인 한글을 어떻게 가르칠 것인가에 대한 관심이 존재 했다고 볼 수 있다. 예를 들어 '예의'에서 제시한 자모 음가 설명이나

'정인지 서'에서 "현명한 사람은 아침 조회를 마치기 전에 익힐 수 있고, 어리석은 사람일지라도 열흘이면 깨칠 수 있다"라고 한 점은 새로운 문자를 보급하는 문제와 관련을 맺고 있는 진술로 볼 수 있다. 그 이후 중종 때 최세진이 저술한 『훈몽자회』에서 자모를 분류하여 '초종성 통용 8자', '초성 독용 8자', '중성 11자'로 하고, 자모에 명칭을 붙인 것도 한글 교수와 밀접한 관련을 맺는다.

그러나 한글 교수법은 단순히 한글을 익히는 문제로 끝나는 것이 아니다. 한글 교수법은 한글을 바르고 쉽게 쓰며, 체계적으로 익히고 사용할 수 있도록 가르치는 문제를 포함한다. 이 점에서 본격적인 한글 교수법은 1880년대 선교사들이 저술한 다수의 한국어 학습서를 통해 제기되었다고도 볼 수 있다. 예를 들어 로스(J. Ross)의 『*Corean Primer*(한국어 입문)』(1877년)이나 『*Korean Speech*(한국어 회화)』(1882년) 등에 나타나는 자모 설명 및 음절 구성 원리 등이 이에 해당한다. 이러한 자모표는 외국인을 대상으로 한글 사용법을 익힐 수 있도록 고안한 것으로, 그 자체가 모국어 학습자의 한글 교수와 직접적인 관련을 맺고 있지는 않다.

모국어 학습자를 위한 한글 교수에서 한글 낱자와 음절을 생성하는 원리를 효과적으로 가르치는 방법에 대한 논의는 일제 강점기 문맹퇴치운동에 이르러 본격적으로 등장한다.

【 농민독본 서문25) 】

우리는 이 讀本의 첫 권에 合音合字하는 方法을 가르치기에 힘썻다. 그는 讀書와 밋 綴字의 秘方을 發見케함에 잇다. 그리고 新聞雜誌와 갓혼 것을 能히 볼 수 잇도록 하랴면 合音法에 經路를 찾는 것보다 讀書의 機械的 方法을 發見하여야 할 것이다. 讀書의 機械的方法에는 言文 音調의 有助가

---

25) 조선농민사(1928), 「농민독본 서문」, 『조선농민』 4(2), 조선농민사. 띄어쓰기는 현재의 규정에 맞게 고침.

不少함으로 讀本 中卷에는 古談 笑話 노래로써 編纂하엿다. 그 다음 文盲退治는 同時에 治政上 智識을 養하여야 된다. 或者는 蒙學 즉 簡易한 것을 배호는 農民이나 勞働者에게 猝地에 政治的 講述을 하는 것은 敎育上 原則에 違反되는 것이라 한다. 그러나 우리는 讀하고 書하는 것을 가르치는 同時에 政治的 觀念을 注入할 必要를 가졋다. 비록 '우리는 압박을 실허한다'라는 問題에 反對로 '우리는 압박을 조하한다'라 하더라도 그 問題를 가지고 學生들끼리 서로 討論하는 것은 가장 深甚한 意味가 잇는 것이다. 그럼으로 우리는 讀本에 가담가담 時局 問題에 關한 標語를 種託하야 讀法 書法 밋 政治敎育의 初步에 드러가는 一擧兩得의 功效를 어들 수 잇도록 하엿다. 그 다음 우리는 讀本 下卷에 科學的 智識을 涵養하기에 힘썻다.

번역 우리는 이 독본 첫째 권에 합음 합자하는 방법을 가르치는 데 힘썼다. 그것은 독서와 철자의 비법을 발견하도록 하는 데 있다. 그리고 신문 잡지와 같은 것을 능히 볼 수 있도록 하면 합음법의 경로를 찾는 것보다 독서의 기계적 방법을 발견해야 할 것이다. 독서의 기계적 방법에는 언문 음조의 도움이 적지 않으므로 독본 중권은 옛날이야기, 소화, 노래로 편찬했다. 그 다음 문맹퇴치는 정치상 지식을 함께 길러야 한다. 혹자는 몽학, 즉 간단한 것을 배우는 농민이나 노동자에게 갑자기 정치적 강술을 하는 것은 교육상의 원칙에 위배되는 것이라고 한다. 그러나 우리는 읽고 쓰는 것을 가르치는 동시에 정치적 관념을 주입할 필요가 있다. 비록 '우리는 압박을 싫어한다.'라는 문제에 반대로 '우리는 압박을 좋아한다.'라고 하더라도 그 문제를 갖고 학생들끼리 서로 토론하는 것이 가장 좋은 의미가 있는 것이다. 그러므로 우리는 독본에 가끔 시국 문제에 관한 표어를 두어 독법, 서법 및 정치 교육의 초보에 들어가는 일거양득의 효과를 얻을 수 있도록 하였다. 그 다음 우리는 독본 하권에 과학적 지식을 함양하기에 힘썼다.

이 글은 조선농민사에서 편찬한 『농민독본』의 한글 교수 원리와 제재 선정 원칙을 설명한 글이다. 이 독본은 1927년 이성환이 편찬한 것으로 알려져 있으나 현재 초판본은 확인되지 않은 상태에 있다. 이 독본에 제시된 '합음 합자'의 원리는 1900년대 주시경에 의해 제창된 바 있으나, 한글 교수의 원리로 합음·합자가 구체적으로 실현된 것은 1927년 전후로 보인다.

『농민독본』은 단행본으로 편찬된 뒤, 몇 차례에 걸쳐 『조선농민』에 연재되기도 하였다. 이 연재물의 일부 과(課)에서는 '이약이 한마듸' 또는 '가르치는 동무들의 주의할 일'을 제시하고 있는데, 이는 교수법과 관련하여 흥미로운 자료로 볼 수 있다.

【 농민독본 뎨이권26) 】

ㄱ. 가르치는 동무들의 주의할 일: 학생을 가르칠 때에 <u>문장을 부분에 낢으아</u> 말마듸마다 따로 불너 그 전체를 일게 함이 가하다. 이 방법을 실행키 위하여 가르치는 이가 몬저 <u>문구의 전부를 나려 읽되</u> 우리는 '상놈이 않이다'라고 그 뜻을 설명할지며 그리고 이것을 한 번 다시 읽은 후에 <u>구절을 싸로 따로 떼여서</u> '농민은-못난 사람이 않이다.'라고 천천히 읽고 그리고는 첫말을 지적하여 학생들다려 읽으라고 그 담에는 同課 內에 잇는 此와 <u>同種의 말을 指示함을 命한 後</u>에 指示할 때마다 '농민은'이라고 읽어 들리라. 이와 갓치 눈에 익고 귀에 젖게 하라. 그 남아지도 다 이 방법에 依할지라. 그 담 文句는 학생들로 하여곰 혼자 읽게 하라. 즉 '농민은 못난 사람이 않이다', '못난 사람이 안인 농민이다'라고. 그리고 <u>文句의 意義는 다 同一하다</u>는 것을 말할지니 즉 글자의 位置만 變更하엿을 따름이요, 意義는 變치 않이 하엿다는 것을 말하라. 그리고 敎師가 쏘 다음 文句 즉 '농민은 양반이 않이다'라는 것을 읽은 後에 '양반'이라는 말을 敎師가 한 번 더 읽고는 그 뜻을 說明하고 학생들에게 向하여 '여러분이

---

26) 이성환(1928), 「농민독본 뎨이권」, 『조선농민』, 1928년 4월, 조선농민사.

양반이 안입니가'고 물어보라. 양반이라는 말을 쏘한 前記의 方法과 갓치 同課 內에서 집어가면셔 一齊히 읽게 하라. 그 다음 아래의 統計를 들어 농민의 地位를 說明하라.

—뎨일과 「양반과 농민」

ㄴ. 이약이 한마듸: 욕심 많코 어리석은 사람이 엇더케 하면 힘 아니 드리고 한겁에 돈을 많이 버러 볼가 하고 보는 사람마다 돈버리하는 방법을 묻더니 한 사람이 이르되 내게 돈 십 원만 주면 묘한 방법을 가르처 쥬마 하거늘 마음에 깁버하야 돈 십 원을 장만하야 갓다 주고 어셔 가라처 달나 하니 그 사람이 돈은 바다 파라 놓코 이르되 당신도 다른 사람이 돈버리하는 방법을 뭇거든 수수료 쳔 원식만 밧고 나와 갓치 또 일너 쥬면 구백구십 원이 당장 생기지 아니하오.

—뎨이과 「노동신셩」

'가르치는 동무들의 주의할 일'은 말 그대로 가르치는 방법, 곧 교수법을 의미한다. ㄱ에 제시된 교수법은 읽기 방법으로 문장을 나누고, 구절을 뗴어 읽고, 의미를 파악하며, 문구를 설명하고, 질의 응답하며, 일제히 읽도록 하는 방법을 제시하고 있다. 이와 같은 교수법은 1908년 저술된 유옥겸의 『간명교육학』(우문관)이나 학부 편찬(1910)의 『보통교육학』 등에서도 찾아볼 수 있으나, 구체적인 텍스트를 대상으로 적용한 사례를 찾기는 어렵다. 이 점에서 『농민독본』에 등장하는 교수법은 민족어문 교육의 내적 발전상을 보여주는 사례라고 할 수 있다. 또한 '이약이 한마듸'는 해당 과의 보충 교재로 볼 수 있는데, 홍미로운 이야기를 보충하여 학습의 홍미를 돋우고자 한 자료이다.

문맹퇴치 운동이 활발히 전개되면서 한글 교수법에 대한 논의도 좀 더 진전을 이룬다. 허재영(2017)에서 밝힌 바와 같이, 동아일보사의 문맹퇴치 운동이 전개되면서, 문맹 대중을 대상으로 한 1쪽짜리 삐라가 등장하기도 하였다. '우리말 원본'이라는 제목의 이 삐라는 『동아일보』 1928년 3월 27일자에 실려 있는데, 가로에 'ㄱ, ㄴ, ㄷ, ㄹ, ㅁ, ㅂ, ㅅ, ㅇ, ㅈ, ㅊ, ㅋ, ㅌ, ㅍ, ㅎ'의 자음을, 세로에 'ㅏ, ㅑ, ㅓ, ㅕ, ㅗ, ㅛ, ㅜ, ㅠ, ㅡ, ㅣ, ㆍ, ㅘ, ㅟ'의 모음을 합성한 음절표를 제시하고, "세계에 자랑할 우리글. 알기 조코 배우기 쉽고 쓰기 편한 우리글. 오늘부터 가갸거겨를 시작합시다"라는 표어를 적은 한글 보급 자료이다. 이러한 형태의 한글 보급 방법은 1929년 조선일보사의 '한글 원본'에서도 찾아볼 수 있다.

이러한 흐름에서 '한글 마춤법 통일안'이 공포된 뒤, 한글 교수법과 관련한 심층적인 연구도 이루어지기 시작했다. 예를 들어 이호성(1932)의 '한글 교수에 대하여'[27]는 한글 교수법의 역사와 『보통학교 조선어독본』의 한글 자모 교수 방안을 제시한 논문이다. 이 논문에서는 "나의 여기 말하고저 하는 것은, 이 새로난 朝鮮語讀本을 取扱하는 一般論이 아니라, 그 取扱하는 中 가장 重大하고 가장 困難을 느끼는 '한글 敎授'를 어떠케 할 것이냐 하는 点에 對하야, 年來 생각한 바 잇어, 그 愚見을 말하야 써 硏究 材料를 讀者 諸君에게 提供하는 동시에, 여러분의 指導를 받고저 하는 것이다"라고 하여, '한글 교수'에 대한 연구의 필요성을 제시했다. 그는 한글이 '자모문자'인 점을 강조하고, '반절중심주의(反切中心主義)'의 한계를 비판하며, '자모중심주의'의 교수법을 대안으로 제시하였다.

이러한 맥락에서 문맹퇴치 운동 차원의 한글 교수법에 대한 논의도 주목할 만하다. 예를 들어 황욱(1934)의 '하기 학생계몽운동 실지 지침'은 일반적인 교수법의 원칙을 제시하고, 전통적인 반절식 한글 교수법의 한계를 비판한 뒤 단어와 문맥을 활용하여 한글을 효과적으로 익힐

---

27) 이호성(1932), 「한글 교수에 대하여: 자모 중심주의일 것을 제창함」, 『한글』 제1권 제2호 (1932.6), 제4호(1932.9).

수 있는 방안을 제시한 사례에 해당한다.

【 敎授上의 몇 가지 原則28) 】

　글을 가르친다는 것은 쉽고도 어려운 일입니다. 어떤 사람은 교육이란
일종의 기술이라고까지 말합니다. 그러므로 모든 계몽 대원이 다 교육
전문가 되기는 어려운 일이나 그러나 각기 교육에 대하야 얼마마한 程度
의 지식을 가지는 것이 필요한 것은 재언을 不要할 것입니다. 더욱이 실지
교수하는 방법에 대한 지식은 한층 더 필요한 것이니 만일 교수방법에
대하야 너무 무관심하면 제아무리 피교육자의 입장을 잘 알고 철저히 그
입장에 서서 가르친다 해도 또는 제 아무리 좋은 지방에서 우수한 생도를
많이 얻어 가르친다 해도 그 결과는 반듯이 사배공반이 될 것입니다. 교
육이란 일종의 技術이어서 연습과 才質을 요하는 것이나 그러나 교수에
대한 몇 가지 注意만이라도 알어두는 것이 기술 습득항의 지침이 될까
하야 이 이하는 주로 교수방법에 관한 것을 기록하려 합니다. (1) 우선
아동의 興味를 일으킬 것, (2) 생활에 卽한 지식을 줄 것, (3) 易에서 難에
로, 簡單에서 複雜에로.

　황욱(1934)에서 제시한 '교수상의 원칙'은 이 시기 처음 등장한 것은
아니다. 이미 근대 계몽기 유옥겸(1908), 김상연(1908) 등의 교육학을 비
롯하여, 다수의 교육학 이론 논문에서도 이와 비슷한 내용을 찾아볼
수 있다. 그럼에도 아동의 흥미를 일으키고, 생활에 필요한 지식을 제
공하며, 쉬운 것에서 어려운 것 또는 간단한 것에서 복잡한 것을 가르
쳐야 하는 원리를 한글 교수에 적용한 것은 주목할 일이다. 그뿐만 아
니라 '반절식'으로 불리는 음절표 중심의 한글 교수법 대신 단어와 문
맥을 활용한 교수법을 주장한 것도 한글 교수의 효과를 높이는 데 중요

---

28) 황욱(1934), 「하기 학생 계몽운동 실지 지침」, 『동아일보』, 1934.7.3.

한 역할을 한 것으로 평가할 수 있다.

【 한글은 어떠케 가르칠까[29) 】

'한글'을 가르칠 때도 가르치는 精神이라든지 가르치는 태도는 우에 말한 것과 다름이 없을 것입니다. 그러므로 여기에서는 한글을 가르치는 方法만을 簡單히 이야기하려는 것입니다. 누구나 다 아다 싶이 예전에는 기윽, 니은(ㄱ ㄴ)과 가겨거겨 등 이른바 '반절' 또는 '언억'을 널따란 조이에다 죽 써 가지고 그것을 機械的으로 따로 외이고 따로 쓰고 하야 그것을 전부 통달하도록 하고, 그 후에 바침도 또 '각' '간' '갈' 등과 같이 모조리 배워주는 것이엇습니다. 이것은 물론 아주 原始的인 방법이어서 가르치는 사람이나 배우는 사람이 다 가치 힘들고 그뿐 아니라 그처럼 機械的으로만 따로 외이고 쓰고 한 것은 얼마 지나지 못하야 죄다 잊어버리가가 쉽습니다. 반절 全部를 이처럼 機械的으로 외이는 것이 힘만 들고 잊어버리기 쉽다 하야 새로 생긴 方法이 잇으니 그것은 한가지 한가지씩 事物을 적은 것을 記憶해 가는 동안에 自然히 한글 全部를 개닫도록 하자는 것입니다. 예컨대 '가마', '고기', '개', '가치', '소가 가오', '말이 오오' 이런 명사와 短文을 배워 나가는 동안에 한글 전부를 통달시키려는 것입니다. 이것은 본래 英語와 같이 子母音 합한 후의 발음이 不規則한 문자라든가 또는 일본말처럼 字數와 發音數가 아주 적은 문자에는 대단히 좋은 방법이고 또 그러치 않은 말이라도 시간의 餘裕가 잇다면 그다지 나뿐 방법은 아닐 것이나, 그러나 한글과 같이 발음수와 字數가 굉장히 풍부하고 그러면서도 발음이 正確히 규칙적인 문자를 가르치는 데는 이 방법은 너무 많은 시간과 및 노력을 허비케 하는 것입니다. 그래서 지금은 시간 넉넉한 보통학교에서도 이 方法만을 쓰지는 않습니다. 다시 말하면 이상의 두 가지 방법이 다 충분히 좋은 방법은 되지 못하는 것입니다. 그래서 지금은 대

---

29) 황욱(1934), 「하기 학생 계몽운동 실지 지침」, 『동아일보』, 1934.7.4.

개 이 두 가지 방법을 겸해서 使用합니다. (…中略…) 이러케 읽는 법과 글자 합성법을 대강 가르치는 것은 빠르면 이삼일, 늦어도 육칠일이면 끝납니다. 그리고 난 다음에는 '고기', '가마', '거미' 등과 같이 語音의 실례를 가지고(될 수 잇으면 事物을 준비해 가지고) 글자를 연습시키는데 그저 機械的으로 외이게 하지 말고 가령 '고기'의 예를 들 때는 '고'자는 '가'행의 몇재 글자요, '기'자는 또 몇채 글자라는 것을 알게 하야 規則的으로 記憶해 나가도록 하는 것이 좋습니다. 앞서 이야기한 바이지만 이 경우에 實例가 되는 것은 되도록 배우는 사람에게 親近한 것을 가르처야 됩니다. 이러케 가르칠 때는 方言의 弊害를 받지 않도록 語音 矯正도 할 것이니, 가령 '고기'를 '괴기', '괴귀' 등의 發音을 하지 않도록 注意시킨 후 '고기'라고 '고'는 어떤 자를 써야 될가 하는 것을 아동과 相議하여 써 나갑니다. 이러한 연습을 한 10여일 예산하고 해 나가면서 처음에는 單純한 名詞에서부터 내종에는 좀 긴 文句까지 쓰도록 하며, 이따금 쉬운 '바침' 잇는 자도 引用하야 아이들에게 '바침'이라는 것이 잇음을 暗示하며, 그 준비 教授를 할 것입니다. 이러케 하야 '하' 행에 이르기까지 죽 연습을 시키는데 하로에 삼사행, 사오행 잡어가지고 하는 것도 좋고, 재질에 많아서는 한줄씩 해도 그만이나 그러케 하면 연습에 不便함이 많으므로 '한글공부'30)에 區分한 그대로 하는 것이 便利할 것입니다. 그리고 매일 그 전에 연습한 것을 되풀이하야 연습시킵니다. 이것이 끝나면 본격적으로 (준비교수는 이미 하엿으니까) 바침 法을 자세히 가르칠 것인데, 이것도 機械的으로만 하지 말고 '거' 자에다 'ㄱ' 바침을 할때의 發音法 즉 '가'음과 '윽'음이 일시에 발음되는 妙理를 아이들이 解得하도록 노력하여야 할 것입니다. 그러케 하면 몇 자의 바침법만 잘 아르켜 주면 그 나머지 바침의 바침법은 自然히 스스로 解得을 할 것입니다.

---

30) 『한글공부』: 동아일보사에서 제작한 교재.

이호성(1932), 황욱(1934)에서 제시한 전통적인 반절법은 음절 구성표를 기계적으로 암기하는 것을 말한다. 이에 비해 '새로운 방식'은 단어에 포함된 글자를 문맥에 따라 기억하게 하는 방법이므로, 학습 효과가 높다. 이러한 방법은 조선일보사의 『문자보급교재』(재판 1934.6.22, 삼판 1936.12.13)에서 제시한 '한글 가르치는 이의 주의(교수상 주의)'와도 유사하다.

【 한글 가르치는 이의 주의31) 】

一. 本 教材 中 첫머리에 있는 子母音과 本文은 한번에 理解시기려 하게 말고 講習하는 동안 教授 처음이나 혹은 나종에 每日 練習을 시겨서 알도록 하고, 單語와 文章을 主로 教授하되 發音을 正確히 字劃의 先後를 分明히 할 것.

二. 바침은 여기에 있는 일곱만을 主로 알도록 하고 다른 것을 너무 탐내지 말고 다른 種類가 나올 적마다 그 읽는 법을 알릴 것.

三. 글자를 배우는 데는 두 가지 方面이 있으니 하나는 읽을 줄만 아는 것이오, 또 하나는 쓸 줄까지 아는 것이다. 勿論 이 두 가지를 다 알어야 하겠으나 짜른 동안 이것을 다 알 수는 없는 것이다. 主로 읽는 것을 많이 하고, 때로 쓰는 練習도 할 것. 쓰는 것은 되도록 單語를 떼 쓰도록 할 것.

이 교재에서는 단어와 문장을 중심으로 한글을 가르치고, 발음을 정확히 하며, 자획의 선후를 분명히 하도록 요구하고 있다. 또한 학습량을 적절히 조정하고, 읽기와 쓰기를 연계하여 가르치도록 하였다.

---

31) 조선일보사, 『문자보급교재』(1934.6.22). 3판의 '敎授上 注意'에서는 "한글원본은 글자를 전혀 모르는 이게 한글을 가르키려고 만든 것인데 몬저 첫머리 子音 母音을 익히고 그 다음 글자를 익힌 뒤에 發音 練習을 식히시오. 그것이 되면 第一課부터 가르치는 데 몬저 欄 우에 쓴 單語를 아르키고 本文을 읽히시오."라고 하여 '한글 교수법' 차원에서는 오히려 퇴보한 것을 확인할 수 있다.

이와 같이 식민시기 '국어'를 상실한 상태에서 조선어문 교육은 그 자체가 민족 생존권과 밀접한 관련을 맺으면서 학교 이외의 문자 보급 차원에서 점진적인 발전을 보이고 있었다. 그뿐만 아니라 공교육상의 '조선어과'와 '조선어독본'과 관련된 교육적 연구 성과물이 나타나기도 하였는데, 대표적인 것으로 다음 사례가 있다.

【 조선어독본에 관한 연구 】

발표일	필자	제목	출처
1934.04.01	심의린	보통학교 조선어독본 권1 지도례	『한글』2-1호
1934.05.01	심의린	보통학교 조선어독본 권1 지도례(2)	『한글』2-2호
1934.06.01	심의린	보통학교 조선어독본 권1 지도례(3)	『한글』2-3호
1934.07.01	심의린	보통학교 조선어독본 권1 지도례(4)	『한글』2-4호
1934.09.01	심의린	보통학교 조선어독본 권1 지도례(5)	『한글』2-6호
1934.10.01	심의린	보통학교 조선어독본 권1 지도례(5)	『한글』2-7호
1934.12.01	심의린	보통학교 조선어독본 권1 지도례(5)	『한글』2-9호
1935.01.01	심의린	보통학교 조선어독본(권1) 지도례 (8)	『한글』3-1호
1935.02.01	심의린	조선어독본 권1 지도례(10)	『한글』3-2호
1935.02.01	이호성	보통학교 조선어독본 어휘 조사(권1~권4): 교과서와 통일안의 대조	『한글』3-2호
1935.04.01	심의린	보통학교 조선어독본 권1 지도례(11)	『한글』3-4호
1935.04.01		중등교육조선어급한문독본 권3	『한글』3-4호
1935.04.01	이호성	보통학교 조선어독본 어휘조사(권1~권4)	『한글』3-4호
1935.04.01		개정 철자법으로 된 보통학교 조선어독본 이제에 비로소 완성	『한글』3-4호
1935.06.01	安寬鎬	보통학교 조선어학습 지도안	『한글』3-5호
1935.08.01	李先東	보통학교 조선어학습 지도안 제2학년 조선어학습 지도안	『한글』3-6호

심의린을 비롯한 일부 교육자들의 조선어독본 지도례는 독본 교재의 내용과 가르치는 방법, 새로 나온 단어와 어구 풀이 등을 중심으로 한 교재 연구의 성과물이다. 이 시기 이와 같은 교재 연구물이 등장한 것은 민족어문 교육의 차원이라기보다 공교육의 교육 자료를 보충하기

위한 것으로 볼 수 있으나, 일제 강점기 조선어과에 대한 관심이 미미한 상황에서 공교육 독본에 대한 교재 연구를 하고자 했다는 점에서 의미를 찾을 수 있다.32) 이러한 연구 사례는 1933년 제4차 교육령기의 '좀더 조선적인 조선어과 교과서' 개발 운동과 더불어, 광복 이후 국어과 교육에 적지않은 영향을 준 것으로 평가된다.33)

3. 민족 담론과 민족어문 교육의 한계

3.1. 국가와 민족의 분리 체험과 민족어문 교육

근대 계몽기 '민족'이라는 용어가 출현하고, 1920년대 이후 본격적인 민족 담론이 형성된 뒤, 민족의 기능과 성격에 대한 학술적 논의가 활발해진 것은 1930년대의 일이다. 이러한 흐름은 일본도 비슷한데, 1930년대에 이르러 '민족' 관련 연구가 많아지기 시작했는데, 처음에는 '일본학', '조선학', '지나학'과 같은 지리적 조건이나 인종학에 대한 관심이 높았던 것으로 보인다. 특히 1930년대에는 대륙 침략을 정당화하는 관점에서 '지나학'에 대한 연구가 활발했던 것으로 보이는데, 하바아키오(馬場明男, 1989)의 『중국문제 문헌 사전』(동경: 국서간행회)에 따르면 1927년부터 1935년까지 중국 문제 연구소가 40여 종 출현했던데 비해, 1935년부터는 1940년 사이에는 110종으로 급증하는 현상을 확인할 수 있다. 이러한 흐름에서 '지나학'은 점차 대륙 침략을 정당화하는 '중국 민족학'으로 변화하고,34) 점차 중국뿐만 아니라 각 민족 전

---

32) 이 시기 조선어과는 입학시험이나 진급 시험 등에 포함되지 않았기 때문에 학교에서도 형식상으로만 조선어과를 두고 있었다.

33) 이에 대해서는 허재영(2009)의 『일제 강점기 교과서 정책과 조선어과 교과서』(도서출판 경진)를 참고할 수 있다.

34) 이 시기 중국 민족에 대한 연구서로는 A・フォル, 高山洋吉 譯(1939)의 『支那民族論』(生活

반에 관한 연구로 확장되는 경향을 보이며,35) 민족학연구회가 조직되기도 하였다.36)

식민 지배자들이 침략 정책을 정당화하는 관점에서 민족 문제를 이용한 것과는 달리, 피지배 민족이었던 식민지 조선에서도 1930년대 이후 민족성이나 국가주의와 민족의 관계 등에 대한 관심이 높아진 것은 자연스러운 현상으로 보인다. 예를 들어 한동조(韓東朝, 1932)의 '동서 각국의 민족성'(『신동아』, 1932.8)은 이러한 관심을 요약적으로 말해주는 사례이다. 이 논문은 세계 각국의 민족성을 '연하적', '고원적', '저대적' 으로 구분하여 그 우월 관계를 비교하고, 다수의 민족이 융합하여 국가를 이룬다는 점을 역설한 논문이다.

【 東西 各國의 民族性 】

沿河的 民族性: 世界에 가장 優良한 民族性은 沿河의 民族에 지닐 것이 업습니다. 世界 文明이 먼저 發生한 古代의 文明國을 상고하여 보면 다아 江河 附近의 民族이엇습니다. 이 民族은 遠征性이 豊富하고 創造的 天才도 자주 있습니다. 偉大, 活潑, 勇敢하고 또 俊秀, 美麗한 性質이 많습니다. 個黨不覇(척당불패)하야 生活 程度가 대단히 놉고 組織된 社會도 매우 複雜합니다. (…中略…)

高原的 民族性: 高原地帶의 民族性은 그밧는 바의 自然界의 現象이 다른 곳과 들으외다. 空氣가 乾燥하고 雨量이 缺乏하외다. 人民은 遊牧으로 生計를 하며 偉大한 精神이 많습니다. 歷史家는 말하되 古代에 他種의 民族을 侵略한 것은 高原地帶의 民族이 많엇다 합니다. (…中略…)

社), 須山卓(1940)의 『支那民族論』(慶應書房) 등이 있다.

35) 河出孝雄(1943)의 『民族の心理學』(東京: 河出書房), 白柳秀湖(1942)의 『日本民族論』(東京: 千倉書房) 등도 일본 제국주의의 팽창정책을 옹호하는 입장에서 저술된 민족학 관련 서적들이다.

36) 민족학연구회는 1942년 10월 '현대 민족의 제문제 연구'를 목표로 출현한 학회이다. 이 학회에서는 일본 학사회의 지원 아래 『민족학연구』라는 잡지를 간행하였다.

低帶的 民族性: 이 地帶의 民族은 多數가 耕織을 業으로 합니다. 多少 活潑한 氣慨가 잇으나 陰險 狡猾한 習性이 많코 自私自利의 性質이 富합니다. 群居를 좋아하지 안음으로 社會組織의 能力이 업습니다. 파레쓰단이 世界 第一의 低地帶임으로 猶太 民族은 나라를 亡하고 世界에 分散케 되엇습니다.

國家란 多數한 民族을 團合하야 共同的으로 組織한 社會외다. 한 民族만이 반드시 한 國家를 組織하는 것이 아니라 한 國家 안에도 多種의 民族이 잇게 됩니다. 露西亞의 一國 內에 七十餘種의 民族이 잇는 것과 같습니다. 이 各 民族의 氣質이 처음에는 비록 한글갓치 안치마는 한 地域에서 오래 석겨 살면 차차 文化程度가 높은 民族에게 同化됩니다. 자서한 分析이 아니고는 거의 그 種族을 알지 못합니다.

번역 연하적 민족성: 세계에서 가장 우량한 민족성은 하천가의 민족보다 나은 것이 없습니다. 세계 문명이 가장 먼저 발생한 고대의 문명국을 상고해 보면 다 강하 부근의 민족이었습니다. 이 민족은 원정성이 풍부하고 창조적 천재도 자주 있습니다. 위대, 활발, 용감하고 또 준수, 미려한 성질이 많습니다. 대범히 무리지어 구속되지 않아서 생활 정도가 대단히 높고, 조직된 사회도 매우 복잡합니다. (…중략…)

고원적 민족성: 고원 지대의 민족성은 자연계의 현상이 다른 곳과 다릅니다. 공기가 건조하고 우량이 부족합니다. 인민은 유목으로 생계를 하며, 위대한 정신이 많습니다. 역사가는 말하되 고대에 다른 종족의 민족을 침략한 것은 고원 지대의 민족이 많았다고 합니다.

저대적 민족성: 이 지대의 민족은 다수가 경작과 직조를 업으로 합니다. 다소 활발한 기개가 있으나 음험 교활한 습성이 많고 사리의 성질이 풍부합니다. 군거를 좋아하지 않아 사회 조직의 능력이 없습니다. 팔레스타인이 세계 제일의 저지대임으로 유태 민족은 나라를 잃고 세계에 흩어져 살게 되었습니다.

국가란 다수의 민족을 합쳐 공동으로 조직한 사회입니다. 한 민족만이 반드시 한 국가를 조직하는 것이 아니라, 한 국가 안에도 여러 종류의 민족이 있게 됩니다. 러시아 한 국가 내에 칠십 여 종의 민족이 있는 것과 같습니다. 이 각각 민족의 기질이 처음에는 비록 한결같지 않지만, 한 지역에서 오래 섞여 살면 차차 문화 정도가 높은 민족에게 동화됩니다. 자세한 분석이 아니고는 거의 그 종족을 알지 못합니다.

이 논문은 거주 지역의 특징에 따라 민족성을 세 부류로 나누고, 연하 지역의 민족성이 가장 우수하며, 국가는 하나의 민족으로 구성되는 것이 아니기 때문에 한 지역에 섞여 살면서 문화 정도가 높은 민족에게 동화되어 한 국가를 이룬다는 논리를 펼치고 있다. 이처럼 민족성에 대한 관심이 높아지고 국가와 민족의 관계에 대한 논의가 활발해진 까닭은 식민 상황과 무관하지 않다. 비록 한국 민족의 민족성을 열등하다고 표현하지는 않을지라도 식민지로 전락한 한국 민족과 일본이라는 국가의 괴리 체험은 민족의 존재 가치와 국가주의 사이에서의 정신적 갈등을 유발하는 요인이 된다. 이러한 갈등은 식민 모국에 해당하는 일본인 학자들도 마찬가지였던 것으로 보이는데, 이러한 혼란을 해소하기 위한 방편에서 일본에서도 1930년대 민족 담론이 활성화되었던 것으로 추측된다. 그러한 예의 하나가 시로야나기 시우코(白柳秀湖, 1941)의 『일본민족론(日本民族論)』(千倉書房)이다. 그는 제국주의 침략 정책을 정당화하기 위한 차원에서 민족 문제에 관심을 기울였는데, "일본 민족은 10개 이상의 다종 다양한 민족의 혈통과 문화가 혼융 동화되어 성립한 세계에서 희귀하고 우수한 민족"이라는 전제 아래, 민족 문제가 대동아 공영권을 천명한 일본의 미래에 중요한 의미를 지니며, 남방의 토지와 자원을 활용하는 것이 일본 민족의 사활선(死活線)이라고 주장한다. 이 책은 제1편 '인류의 품성 종류와 생활양식', 제2편 '북종 중심론(北種 中心論)', 제3편 '남종 피각론(南種 皮殼論)', 제4편 '이세대신궁의 구성에 나타난 국체의 신령한 정수(伊勢大神宮の構成に具現される國體の神髓)'의 4

편으로 구성되었는데, 그 가운데 제1편 제1장 '민족이란 무엇이며 국가란 무엇인가'에서는 "일본 민족이라고 하는 경우와 일본 국민이라고 하는 말을 동의(同意)로 사용하는 경우가 있으나 학문적으로 양자는 확연히 구별해야 한다."라고 주장하면서, '혈동, 언어, 풍속, 제사' 등을 기준으로 민족을 구별할 수 있음을 제시하였다.

그러나 일본에서의 민족 연구는 본질적으로 국가 차원의 동화 정책과 밀접한 관련을 맺고 있다. 시로야나기의 일본 민족론도 궁극적으로는 제국주의 일본의 국체(國體)를 확립하고자 하는 논리로 귀결되며, 이러한 논리에 따라 식민지 조선에서도 비록 민족은 다르나 일본에 완전 동화되어 일본 국가의 본체, 곧 국체를 명징하게 하는 데 기여해야 한다는 주장을 뒷받침한다. 이러한 주장은 『국체명감(國體明鑑)』을 집필한 다카하시 도루(高橋亨)에서도 잘 나타난다.[37]

식민시대 국가와 민족의 분리 체험은 제국주의 일본의 입장과 피지배 민족으로서의 조선인 사이에 큰 차이가 있다. 제국주의 이데올로기를 뒷받침하는 차원에서는 우월한 일본 민족을 중심으로 동화를 추진해야 한다는 논리를 전개하지만, 피지배 민족의 입장에서는 조선 민족의 우월성을 찾고자 하는 입장을 견지하기 때문이다. 『신동아』 제4권 제3호의 '권두언, 억센 朝鮮 굿건한 民族'도 이러한 이데올로기의 하나이다. 이 논설은 체코의 소콜 운동과 같이, 굳센 청년 민족 운동을 촉구하기 위한 목적에서 쓰인 논설이다. 이 논설에서는 "쏘콜 운동(運動)은 체코슬로봐키아 민족(民族)을 살려낸 기초(基礎)가 되고 원동력(原動力)이 되었다. 육체적(肉體的)으로 쇠약(衰弱)한 민족(民族)은 정신적(精神的)으로 건전(健全)하기를 바랄 수 없으며 위대(偉大)한 문화(文化)를 창조(創造)하리라고 기대하기 어려운 일이다. 조선 민족(朝鮮民族)도 옛날 그 위명(威名)을 중외(中外)에 날리든 시절(時節)에는 조선 민중(朝鮮民衆)의 체격(體格)

---

37) 高橋亨(1945), 『國體明鑑』, 朝鮮儒道聯合會.

또한 건장(健壯)했었음을 볼 수가 있다"라고 주장한다. 곧 체육 운동이 민족 운동의 하나가 될 수 있음을 강조한 이데올로기이다.

이러한 흐름에서 조선 민족의 위대성을 강조하는 자기중심적 민족 이데올로기가 출현한 것도 흥미로운 일이다. 예를 들어 유창선(劉昌善)의 '조선 민족성의 형성과 그 변천 과정'에서는 민족의 공통된 특징이 민족의 종족적 전통에서 유래하는 것이며, 정치적·경제적·사회적 제요인에 의해 결정된다는 전제 아래, 다음과 같이 주장한다.

【 조선 민족성의 형성과 변천 과정[38] 】

東亞의 一角은 朝鮮 半島에서 有史以來 長久한 동안을 같은 政治的 社會的 運命을 經驗하고 言語, 宗敎, 風習, 文藝, 法制, 産業 等의 文化를 共有하야 그 遺傳과 傳統에서 由來된 共同意識에 依하야 形成된 朝鮮 民族은 果是 어떠한 民族的 性格을 가졌으며, 또한 어떤 過程을 經由하야 그것이 形成되며, 變遷되였는가. 그 根本 性格은 무엇이며 附屬 性格은 무엇인가. 그 固有性은 어떠하며 可變性은 어떠한가. <u>近者 所謂 朝鮮學이라는 朝鮮 中心의 硏究가 아니 論議되는 이 때에 우리는 먼저 이것을 좀더 科學的 歷史的 見地에서 考察하여 볼 必要가 있다. 朝鮮 民族의 根本 性格은 創造的이오, 武俠的이오, 樂天的이다. 그들은 宗敎 民族이오, 文化 民族이었다.</u> 決코 消極的 文弱한 民族이거나 悲觀的 厭世의 民族이 아니었다.

> **번역** 동아의 한 곳은 조선 반도에서 유사 이래 장구한 시간 정치적, 사회적으로 같은 운명을 겪고 언어, 종교, 풍습, 문예, 법제, 산업 등의 문화를 공유하여, 그 유전과 전통에서 유래된 공동의식에 따라 형성된 조선 민족은 과연 어떤 민족적 성격을 가졌으며, 또한 어떤 과정을 경유하여 그것이 형성·변천되었는가. 그 근본 성격은 무엇이며 부속 성격은 무엇인가. 그 고유성은 어떠하며 가변성은 어떠한가. 근자에 소위 '조선학'이라

---

38) 유창선(1934), 「조선 민족성의 형성과 변천 과정」, 『신동아』 제4권 제12호(1934.12).

는 조선 중심의 연구가 논의되지 않는 이때, 우리는 먼저 이것을 좀 더 과학적, 역사적 견지에서 고찰해 볼 필요가 있다. 조선 민족의 근본 성격은 창조적이고, 무협적이요, 낙천적이다. 그들은 종교 민족이요, 문화 민족이었다. 결코 소극적으로 문약한 민족이거나 비관적 염세 민족이 아니었다.

1930년대 이후의 민족 담론이 제국주의 일본의 국가주의와 길항하며 성장한 것이라고 할 때, 조선 민족의 성격을 '창조적, 무협적, 낙천적'으로 규정하고자 한 것은 민족적 자존심을 회복하기 위한 몸부림의 하나로 볼 수 있다.

그러나 1930년대 이후의 민족 담론은 국가주의를 전제로 한 일제의 통제 아래 민족 자체의 생존 운동을 전개하는 데 한계를 가질 수밖에 없었다. 특히 국가주의를 기반으로 국제주의와 계급주의를 억압하는 식민 지배 이데올로기의 영향에 따라 활발한 '민족' 담론을 전개하기 어려운 상황이었다. 이러한 분위기는 종합 잡지 『신동아』에 발표된 다수의 논문을 통해 확인할 수 있는데, 민족주의자로 알려진 안재홍(1935)의 '조선과 조선인: 문화적 정진을 요(要)하는 현하 과정(現下過程)'에서도 이를 확인할 수 있다.

【 朝鮮과 朝鮮人39) 】

一. 國際主義와 民族主義: 人類同胞主義와 國際主義는 二十世紀에서의 歷史的 大趨勢로 된 것이다. 十九世紀로부터 二十世紀의 劈頭 1915年代 前後까지에 그 最高潮에 達하였던 國民主義란 者가 1917~8年 歐洲戰亂의 終結期를 劃時期로 崩壞 轉換의 飛躍의 바탈에 들었던 것인데, 1926年 英帝國의 炭坑夫 罷業에 發端된 一般的 總罷業과 1927年 中國의 聯露 容共主義(연

---

39) 안재홍(1935), 「朝鮮과 朝鮮人: 文化的 精進을 要하는 現下 過程」, 『신동아』 제5권 제1호 (1935.1).

로 용공주의)에 依한 北伐革命의 發展을 最高峰으로 다시 急角度의 反動復歸의 傾向을 나타내었고, 極東에 있어 滿洲事變의 勃興 및 滿洲國의 建設과 또는 이 途程에 있어서의 모든 軍事的 外交的 事態와 歐洲에 있어서 英帝國의 財政 經濟的 再充實에 依存하는 帝國主義的 積極 政策의 再樹立과 佛共和國의 歐大陸에서의 覇制主義의 强化와 파스시티 伊太利의 强固化와 나치쓰 獨逸의 猛烈한 活動과 蘇聯의 一國社會主義로서의 獨自的 安定 코-쓰에의 行進과 米合衆國의 후-버 景氣의 뒤를 받아서의 NRA 運動을 機軸으로 삼는 루-스벨트 大統領의 獨裁의 强力政治의 進行 等等은 輓近의 全世界로 하여금 드디어 鮮明한 國家主義에의 復歸를 보게 되었다. 이것은 現下 國際情勢의 至極히 대모한 全貌的 觀察이어니와 主로 先進 强大國家의 사이에서의 國家主義 또는 國民主義에의 復歸의 形勢인 것이다. 國家主義 或은 國民主義의 一進一退의 자취는 이렇다 하더라도 國際主義 또는 人類同胞主義에의 行進은 決定的 逆轉을 想像할 수 없는 터이오, 社會의 內面的 形勢 如何는 또 別論으로 두어둘밖에 없는 것이다.

人類는 歷史的 産物이어니와 一國民 一民族은 더욱 뚜렷한 歷史的 生成物로서 그의 成立, 存在, 生長, 發展이 모두 久遠한 歷史的 行程에서 그 意義를 가지는 것이다. 人類가 歷史的 産物인 것은 許久한 歲月에 自然과의 相對에 無數한 淘汰過程을 밟아온 點으로서 渾然한 人道的 宗敎的의 博愛의 情感에서 親愛感을 가질 수 있는 것이지만, 一國民 一民族은 一定한 年代에서 그의 民族的 或은 國民的 共同한 生活을 歷史에서 더욱이 非常한 變亂, 動亂의 際會에서 共同한 感激과 聯帶的 利害感과 그의 堅固한 同類意識에서 그 情熱이 燃燒되고 있는 點으로서 가장 强烈한 對立的인 歷史的 生成物로 存在한 것이다. 이러한 見地에서 一 人民이 그의 다닥친 많은 艱困의 속에서 國民的 或은 民族的의 情熱, 意識 및 그 念願을 갖는 것은 必然의 勢이오, 同時에 또 當爲의 道인 것이다. 一個의 國民으로서의 獨自的 團治? 境遇에는 더욱 그러하겠지마는 後進的인 獨自的 單一 團治를 享有 形成치 못하는 一民族인 境遇에 있어서도 (1) 同一한 歷史的 生成物로서, (2) 同一

言語의 集團으로서, (3) 同一 地域에서의 定住 集團으로서, (4) 따라서 同一 經濟的 體系內에서, (5) 同一한 社會 心理와 同一한 感情, 意圖, 俗尙, 趣味의 아래서, (6) 줄잡어서 大多數 同一한 念願의 밑에 生活 또 生存하고 있는 것이 그 具體的인 客觀的 特徵으로 되어 있는 것이니, 이는 識者의 認識이 終了되어 있는 바로, 새로운 定義와 解說을 要치 안는 바이다. 國民 或은 民族의 意義를 大體 上述과 같은 것으로 보아, 錯誤가 없는 바어니와 人類 同胞主義와 民族主義, 國際主義와 國家主義란 者는 交互 表裡하여서 遽然히 機械的 統一化를 期할 수 없는 것이다.

번역 　1. 국제주의와 민족주의: 인류 동포주의와 국제주의는 20세기에서 역사적 대추세라 되었다. 19세기로부터 20세기 초 1915년대 전후까지 최고조에 달했던 국민주의라는 것이 1917-8년 구주 전란 종결 시기를 기회로 붕괴 전환의 바탕에 들었는데, 1926년 영국 제국주의의 탄광부 파업에서 발달된 일반적 총파업과 1927년 중국이 러시아와 연계된 용공주의에 의해 북벌혁명 발전을 정점으로 다시 급히 반동 복귀하는 경향을 나타냈고, 극동에서 만주사변의 발흥과 만주국 건설 또는 그 과정에서 모든 군사적, 외교적 사태와 구주에서 영국 제국주의의 재정, 경제적 재충실에 따른 제국주의적 적극 정책의 재수립, 프랑스 공화국의 구주 대륙에서의 패권주의 강화, 파시스트 이탈리아의 강고화, 나치 독일의 맹렬한 활동, 소련의 일국 사회주의의 독자적 안정 코스로의 행진, 미합중국 후버 경기에 이은 NRA 운동을 기반으로 한 루즈벨트 대통령의 독재적 강력 정치 등은 최근의 전 세계가 드디어 선명한 국가주의로 복귀한 것을 보여준다. 이것은 현재 국제 정세에 대한 지극히 일반적인 관찰이지만 주로 선진 강대국가 사이에서 나타난 국가주의 또는 국민주의로의 복귀 형세인 것이다. 국제주의 혹은 국민주의가 일진일퇴하는 자취는 이렇다고 하더라도, 국제주의 또는 인류 동포주의의 행진이 결정적으로 뒤집어질 것을 생각할 수 없는 터이며, 사회 내면적 형세 여하는 또 별론으로 둘 수밖에 없다.

인류는 역사적 산물이거니와 한 국민 한 민족은 더욱 뚜렷한 역사적 생성물로, 그 생성, 존립, 생장, 발전이 모두 영구한 역사적 과정에서 그 의의를 갖는 것이다. 인류가 역사적 산물인 것은 오랜 세월 자연과 상대하며 무수한 도태 과정을 밟아온 것으로 혼연한 인도적, 종교적 박애의 감정에서 친밀감을 가질 수 있지만, 한 국민 한 민족은 일정한 연대에서 그 민족적 혹은 국민적 공동생활을 역사에서 특별한 변란, 동란의 기회에서, 공동의 감격과 연대적 이해감과 그 견고한 동류의식에서 그 정열이 불타고 있다는 점에서, 가장 강렬하고 대립적인 역사적 생성물로 존재하는 것이다. 이러한 입장에서 한 인민이 그에게 닥친 많은 어려움 속에서 국민적 혹은 민족적 정열, 의식, 염원을 갖는 것은 필연한 추세이며 동시에 당연한 도리이다. 일개 국민으로서 독자적 단치. 그 경우에는 더욱 그렇겠지만 후진적 독자적 단일 단치(團治)를 향유하지 못한 민족인 경우에도 (1) 동일한 역사적 생성물로서, (2) 동일 언어 집단으로서, (3) 동일 지역에 거주하는 집단으로서, (4) 따라서 동일 경제적 체계 내에서, (5) 동일 사회 심리와 동일 감정, 의도, 풍속, 취미 아래서, (6) 줄잡아서 대다수 동일한 염원 밑에서 생활하고 또 생존하고 있는 것이 그 구체적 객관적 특징이니 이는 식자가 모두 인정하는 바로 새로운 정의와 해설이 필요하지 않다. 국민 혹은 민족의 의의는 대강 위에 진술한 것과 같이 해도, 착오가 없으니 인류 동포주의와 민족주의, 국제주의와 국가주의라는 것은 서로 교차하여 표리를 이루어, 거연히 기계적 통일을 기약할 수 없다.

이 논문에서는 1930년대의 세계 질서가 중국의 연로 용공주의, 영국의 제국주의적 질서 재수립, 프랑스의 패제주의 강화, 파시스트 이탈리아의 강고화, 나치스 독일, 소련의 일국 사회주의 등과 같이 전 세계가 이미 '국가주의'로 회귀한 시대에 이르렀으며, 일본의 만주국 건설도 그 중 하나라고 규정하고 있다. 이 논문에서 주목할 점은 빈번히 "국민 혹은 민족"이라는 용어를 반복한 점인데, 이는 개념상 국민과 민족을 구분할 수 있을지라도, 국가주의를 기반으로 하는 세계 질서 하에서 국민의 입장과 민족의 입장이 다르지 않다는 논리를 반영한 것이다. 특히 "후진적인 독자적 단치(團治)를 향유하지 못하는 민족"의 경우 민족의 지표가 되는 '동일한 역사적 생성물, 동일한 언어, 동일한 지역, 동일 경제 체계, 동일 사회 심리, 동일 감정과 의도·풍속·취미, 동일한 염원'을 갖고 있더라도 새로운 정의와 해설이 필요 없다는 논리를 전개하고 있다. 이러한 전제 아래 안재홍(1935)에서는 조선인에게 허락된 현실을 전제로 생존운동의 금후를 전망하는 처지에서, "사상의 통일, 염원의 통일, 혹은 총의(總意)의 통제"가 필요하며, 이를 바탕으로 역량을 집중해야 한다는 주장을 펼치고 있다. 특히 그는 선진국에서는 제도를 중심으로 역량을 집중하는 데 비해, 식민지 조선의 후진적 정치 지위를 고려할 경우, 인물과 단체를 중심으로 역량을 집중해야 한다고 주장한다. 비록 그가 말하는 인물이나 기관이 신간회와 같은 민족지도 단체를 의미하는 것40)이라고 할지라도, 만주국 건설과 같은 제국주의 일본의 침략 정책을 냉철히 비판하지 못하고, 민족 생존권을 위한 적극적 대응 방안을 모색하지 못한 점은 1930년대 민족 담론이 갖는 결정적 한계라고 할 것이다.

　이와 같은 시대상황에서 적극적인 민족어문 교육이 실행되는 것은 불가능했다. 제국주의 일본의 침략 야욕이 노골화된 시점에서 병참기지화를 목표로 한 식민 정책이 강압적으로 실행되었고, 어문정책 면에서도 일본어 보급 정책이 더욱 강압적으로 광범위하게 실시되었으며, 이에 대한 반작용으로 조선어 억압 정책이 더욱 강하게 실시되었다. 가와사키 아키라(川崎陽, 2007)의 '식민지 말기 일본어 보급 정책'41)이나

---

40) 이 논설은 신간회 해소에 따른 극심한 절망감을 반영하는 논설로, '인물 중심', '기관(단체) 중심'의 역량 집중을 주장한 것은 신간회와 같은 민족지도 단체가 필요함을 역설한 것이다.

41) 가아사키 아키라(2007), 「식민지 말기 일본어 보급 정책」, 한국학의 세계화 사업단·연세대학교 국학연구원 편, 『일제 식민지 시기 새로 읽기』, 혜안.

허재영(2011)의 『일제 강점기 어문정책과 어문생활』(도서출판 경진)에서 밝힌 바와 같이, 일제의 어문정책은 만주 침략과 더불어 병참기지화를 뒷받침하는 방향으로 전개되었으며, '국가주의'와 '풍기 단속'을 명분으로 한 광범위한 사상 통제와 더불어, '내선일체(內鮮一體)', '황국신민화(皇國臣民化)'를 목표로 한 전면적 일어 사용을 강제하였다. 이러한 정책상의 변화는 1930년대 이후의 민족어문 교육의 황폐화를 가져오는 결정적 요인으로 작용할 수밖에 없었다.

3.2. 국어로서의 '일본어'와 지역어로서의 '조선어' 그리고 외국어

국가와 민족의 분리 체험이 극대화된 일제 강점기 조선에서의 언어 교육의 대상은 국어로서의 '일본어'와 식민 피지배민의 모국어로서의 '조선어', 외국어로서의 영어와 기타 언어가 존재했다. 허재영(2011)에서 밝힌 바와 같이, 일제 강점기의 언어 정책은 일본어 보급 정책을 최우선 과제로 설정했으며, 그 논리적 근거는 '국민 통일'에 있었다. 이는 『매일신보』1917년 2월 28일자 사설에서 확인할 수 있다.

【 國民統一과 國語 】
다시 筆舌을 要홀 것 업시 日鮮人의 融合 同化上에는 最히 國語(日本語)의 普及이 緊要ㅎ다. 盖 朝鮮人에게 國語가 普及케 ㅎ며 國語를 熟習케 ㅎ여야 비로소 日鮮人 交際上에 津津흔 情味를 生ㅎ고 延ㅎ야 萬般의 事情을 疏通ㅎ기 容易홀지라. 元來 言語는 國民의 最히 貴重흔 바ㅣ니 卽 忠君愛國의 根本이 되고 又는 一國 國粹의 源泉이 되는도다. 然則 言語의 國家 並 國民에 及ㅎ는 影響 及 效果의 如何가 如何히 重且大흔지는 多言을 俟치 안이홀 바ㅣ로다. 惟컨딕 我 祖宗 三千年來의 光輝잇는 歷史를 保ㅎ고 東西 兩球에 際ㅎ야 異數의 發達繁榮으로 稱僕을 博ㅎ는 所以는 各種이 有ㅎ다 홀지라도 言語의 統一이 玆에 多大흔 力을 有흔 者라 謂치 안이치 못홀지

니 卽 北은 北海道의 邊을 極ᄒ고 南은 冲繩縣(오키나와)의 端을 窮ᄒ도록 六千幾萬을 擧ᄒ야 相通치 안음이 無ᄒ즉 此를 支那와 如히 南支那의 言語가 北支那에 通치 못홈과 又는 露國 其他 列國과 如히 一國內에 幾十種의 言語가 有ᄒ야 서로 通치 못홈에 比ᄒ면 果然 世界에 冠絶됨을 實證홈이 안인가. 夫 一國內에 數種의 言語가 有홈은 用法 其他 各般의 施設上에 不少ᄒ 不便이 有홀 뿐 안이라 根本的으로 同熟을 缺ᄒ고 融合 同化의 作用에 支障을 生ᄒᄂ 者ㅣ 不鮮ᄒ며 此와 同時에 其各個各個의 集合力 結束力의 薄弱ᄒ 結果는 반다시 一國 集合의 上에 自然 影響됨이 莫大ᄒ도다. 故로 我帝國과 如히 <u>臺灣 及 朝鮮을 領有</u>ᄒ야 旣其 帝國의 一部에 加ᄒ 以上에ᄂ 否라 國防線의 一大 障壁이라고 視홀 만ᄒ 地에 置ᄒ 以上 <u>政治 及 産業 上의 方面 或은 敎育上의 力</u>으로서 彼等에게 <u>同化의 德을 與</u>홈이 實로 今日의 急務ㅣ라. 但 <u>其民族이 多ᄒ고 且 幾千年來의 言語를 一朝一夕에 容易히 消滅키 難홈</u>은 勿論이라 홀지라도 敎育上의 力 又는 社會上의 力을 藉ᄒ야 帝國語를 普及케 ᄒ지 안이치 못홀지오 習熟케 ᄒ지 안이치 못홀지니 卽 帝國語를 尊重케 ᄒ야 熱心誠意로 各般의 方面 各般의 機會를 利用ᄒ야 此를 普及케 ᄒ고 此를 習熟케 ᄒᄂ 時ᄂ <u>良貨가 惡貨를 驅逐케 홈과 如ᄒ 或 一草가 一勢力이 有ᄒ 草에 淘汰됨과 如ᄒ 作用의 下에서 朝鮮語ᄂ 漸次 其 勢力을 失ᄒ고 此에 代ᄒ야 日本語의 普及 應用이 되야 此의 勢力은 逐日 擴大ᄒ야 遠히 國語의 統一</u>을 見홀지니 然卽 <u>眞正ᄒ 國語의 統一 領土의 統一</u>이 되고 <u>日鮮一家의 實績이 眞正 現出됨을 得홀지라.</u>

번역 다시 붓을 들어 말할 필요도 없이 일선인의 융합 동화상에는 가장 먼저 국어(일본어)의 보급이 긴요하다. 대개 조선인에게 국어를 보급하도록 하며, 국어를 익숙하게 하도록 해야 비로소 일선인 교제상 참된 정취가 생겨나고 이어 만반 사정을 소통하기 용이할 것이다. 원래 언어는 국민의 가장 귀중한 것이니, 즉 충군애국의 근본이 되고, 또 일국 국수의 원천이 된다. 그러므로 언어가 국가 및 국민에 미치는 영향과 효과가 어떠하며, 얼마나 중차대한지는 많은 말을 할 필요가 없다. 생각건대 우리 조종 3천년 이래 광휘 있는 역사를 보유하고, 동서 양 대륙에 임하여 서로 다른 발달과 번영을 넓히는 까닭은 여러 가지가 있다고 할 수 있으나 언어의 통일이 매우 큰 힘을 갖고 있다고 말하지 않을 수 없다. 즉 북은 홋카이도의 해변에 이르고 남은 오키나와의 극단에 이르도록 6천만을 통틀어 상통하지 못한 것이 없으니 이를 중국과 같이 남중국의 언어가 북중국에 통하지 못하거나 러시아 기타 여러 나라와 같이 한 국가 내에 몇 십 종의 언어가 있어 서로 통하지 못하는 것에 비하면 과연 세계에서 으뜸임이 실증되는 것이 아니겠는가. 대저 한 국가 내에 여러 종류의 언어가 있음은 용법이나 기타 각 방면의 시설에서 적지 않은 불편이 있을 뿐만 아니라 근본적으로 함께 익히지 못하고, 융합 동화 작용에 장애가 생겨나는 일이 적지 않으며, 이와 함께 각 개의 집합력, 결속력이 박약한 결과 반드시 한 국가의 결집에 미치는 영향이 막대하다. 그러므로 우리 제국과 같이 대만과 조선을 영유하여 이미 제국의 일부에 더한 이상에는, 아니 국방선의 일대 장벽이라고 볼 만한 지역에 있는 이상 정치, 산업상 혹은 교육의 힘으로 저들에게 동화의 덕을 제공하는 것이 실로 금일의 급무이다. 다만 그 민족이 많고 또 몇 천 년 이래의 언어를 하루아침에 쉽게 소멸시키기 어려움은 물론이라고 할지라도, 교육상의 힘 또는 사회상의 힘에 의거하여 제국의 언어를 보급하지 않을 수 없으며, 익숙하게 하지 않을 수 없을 것이다. 즉 제국의 언어를 존중하게 하여 열심과 성의로 모든 방면과 기회를 이용하여 이를 보급하게 하고, 이를 능숙히 익히게 하는 때 악화가 양화를 구축함과 같이, 혹은 풀 하나가 세력이 있는 풀에 도태됨과 같은 작용처럼 조선어는 점차 그 세력을 잃고, 이에 대신하여 일본어가 보급 사용되어 이 세력은 날로 확대되어 멀리 국어의 통일을 보게 될 것이니, 그러므로 진정한 국어의 통일이 영토의 통일이 되고, 일본과 조선이 한 가족이 되는 실적이 진정 출현하게 될 것이다.

이 글은 일제 강점기 조선어와 일본어의 관계를 요약적으로 보여주는 사설로, 일선 융합 동화(日鮮融合同化)와 충군애국 및 국수(國粹)를 유지하기 위한 수단으로 언어의 통일을 꾀하기 위해 일본어를 보급해야 한다는 논리를 담고 있다. 이 사설에 나타나듯이, 식민지 조선은 대만이나 오키나와와 같이 일본 제국의 한 지역으로 간주되며, 제국(帝國)이 하나이듯이 제국의 언어도 통일되어야 한다는 논리에 따라 일본어의 보급과 조선어의 소멸이 이루어져야 한다는 주장을 펼치고 있다. 비록 이 사설에서 "몇 천 년 이래의 언어를 하루아침에 쉽게 소멸하기 어려움은 물론이나"라는 전제를 두기는 했지만, 점령지에 대한 국방상의 이유와 동화의 궁극적 목표를 달성하기 위해 일본어를 보급해야 하며, 그 결과 조선어가 세력을 잃고 일본어로 통일되어야 한다는 논리를 펼쳤다. 이 사설에 제시한 일본어 보급 논리는 일제 강점기 전 시기에 걸쳐 지속적으로 추진되었는데, 1938년 이후에는 이른바 '국어 전해 운동(國語全解運動)', '국어상용(國語常用)'이 학교뿐만 아니라 사회 전반에 걸쳐 강압적으로 추진되었다.

식민 제국의 언어로서 일본어가 국어의 지위를 누리게 됨에 따라, 근대화의 산물로 얻어진 '국어·국문의식'에는 근본적인 변화가 일어날 수밖에 없었다. 달리 말해 조선어는 더 이상 조선 민중의 국어가 아니라 조선인이 현실적으로 사용하는 언어의 하나에 불과했으며, 궁극적으로 소멸되어야 할 '지방어'의 하나로 간주된 것이다. 이러한 논리는 식민 통치 말기 하라다가네시(原展金司, 1945)의 『국민학교 국어 요설(國民學校國語要說)』(춘천사범학교 국어교육 연구실)의 다음 설명에도 잘 나타난다.

【 國語の意義[42] 】

國語と 國民が 自國の語をさしていふ 名目である. 我が 國では 日本語と

---

42) 原田金司(1945), 『朝鮮國民學校 國語要說』, 春川師範學校國語教育研究室.

いふも 同じである. (…中略…) 國語學に 於て 國語といふ 時には 方言をも 含めて 廣い 意味に 使用されるが, 國民學校に 於ける 國民科といふ ときには 方言を 含まず, 又 日本國内の或る 一地方に 使用されてるものでも, 琉球國, 朝鮮語, 支那語, 臺灣蕃語, マライ語, 北海道のアイス語, 樺太のオロチョン語, ギリヤ丨ク語は 含まない. 要する 國家的 見地に 立つて 認められた 醇正なる 言語をさすものである. 醇正とは 現代日常 用ひてゐる 口語や 文語のみでなく, 或る 程度の 古典語をも 含む ところのものである.

번역 국어의 의의: 국민은 자국의 언어를 사용하는 데 의미가 있다. 우리나라에서는 일본어라고 불리는 것과 같은 것이다. (…중략…) 국어학에서 국어라고 할 때에는 방언을 포함하여 넓은 의미로 사용하나, 국민학교에서 국민과라고 부르는 것은 방언을 포함하나 혹은 일본 국내의 한 지방에서 사용하는 것으로, 유구국, 조선어, 지나어, 대만 번어, 말레이 어, 북해도의 아이즈어, 화태의 어로초 어, 길리야크 어는 포함하지 않는다. 요약하면, 국가적 견지에서 인정하는 순정한 언어를 가리킨다. 순정한 것은 현대 일상에서 사용하는 구어와 문어로 보지 말고, 혹은 정도에 따라 고전어를 포함하는 일도 있다.

이 글에 나타난 바와 같이 일제 강점기 말기에는 모든 국민이 자국어를 사용해야 한다는 명목 아래 일본어 보급이 강압적으로 이루어졌다. 비록 현실적으로는 일본이 지배하는 각 지역마다 언어를 갖고 있지만, 그것은 국어의 범주에 포함될 수 없었고, 오직 일본어만이 국어의 지위를 갖게 된다. 이와 같이 정식 교육과정에서 국어로 자리 잡아 버린 일본어에 내몰린 조선어 즉 민족어는 어떤 과정을 통하여 조선 사람에게 습득되었는가. 이와 관련하여 조선 사람이 조선의 말과 글을 어떻게 배웠는지에 관한 다음 글을 보고자 한다.

【 조선어문 정리 운동의 금후 계획43) 】

　조선 사람이 조선말과 글을 어떻게 배워 왔나. 우리가 다 아는 바와 같이 말은 서로서로 들어서 배우고 글은 아모한테나 反切 열넉줄만 배우면 그만이다. 오늘날 文明各國의 學制를 보라. 國民敎育은 적어도 학교에서 8~9년을 시킨다. 그것은 곧 義務敎育年限을 말한 것이니 初等小學, 高等小學, 職業學校의 敎育이 다 國民義務敎育인데 이 모든 義務敎育을 받는 동안은 맞으막까지 國語科가 있으며, 또 다른 一般學科도 한쪽으로는 國語科를 겸한 셈이니, 그것은 다만 그 學科의 知識만 배우는 것이 아니라 學科에 關係된 말까지 배우는 까닭이다. 우리가 조선말과 글을 바르게 가르치고 배우려면 먼저 適當한 學習書가 나와야 될 것이니, 急先務로 세 가지는 出版이 되어야 한다. 첫재는 初等 兒童에게 문자를 가르치는 책이니, 그 교과가 趣味 本位라야 되고, 둘재는 初等 年長者에게 文字를 가르치는 책이니 實用 本位로 교과를 취하여야 될 것이오. 셋재는 文字 解得者를 標準한 책 正寫 正讀法의 原則과 그 應用 材料를 취하여야 될 것이다. 이 3종의 한글 學習書도 우리는 준비 중에 있으니, 철자사전만 끝이 나면 그 뒤를 이어서 出版할 豫定이다.

　이 글은 『신동아』에 발표된 이극로의 「조선어문 정리 운동의 금후 계획」의 일부이다. 위 글에서 나타난 것처럼 1930년대 조선 사람은 조선의 말과 글을 필수 교육과정을 통하여 습득하기보다는 주변 사람들에게서 알음알이로 배우는데 그치고 있다. 그런데 모든 학업이 그러하듯이 언어의 습득 또한 기초로부터 심화과정까지 체계적인 학습 환경을 통하여 숙련될 수 있다. 하지만 일제강점기에 국어의 자리를 빼앗긴 조선어의 습득은 체계적인 학습 환경을 보장받지 못한다. 그래서 궁여

---

43) 이극로(1936), 「조선어문 정리 운동의 금후 계획」, 『신동아』 제6권 제1호, 1936.1(허재영 편, 『신동아(1932.4~1936.9) 학술담론』).

지책처럼 이루어진 것은 말은 주변사람들과 대화하면서 배우고, 글은 단순하게 몇 줄만 배우는 식의 학습이 이루어진 것이다. 하지만 이러한 비체계적인 학습 환경은 각 나라의 국민교육의 기본적인 수준도 따라가지 못하는 것이기도 하다. 그렇기에 위 글에서는 문명각국의 국민교육의 연한과 그러한 의무교육의 기간 동안 각 나라가 자국어의 학습을 심화하고 있음을 강조하고 있는 것이다.

이뿐만 아니라 식민지 조선에서의 민족어문 교육을 위태롭게 한 또하나의 요인은 외국어의 세력이다. 일제 강점기 조선 민족에게 일본어는 외국어이면서도 국어로 강요되었고, 일본어 이외의 구미 언어나 중국어도 정치·사회적 상황에 따라 모국어보다 더 큰 사회적 영향력을 행사했다. 어떤 사회에서 언어가 권력의 행사·유지·변화에 중대한 역할을 할 수 있음을 규명하고자 한 노먼 페어클럽(2001)의 『언어와 권력』(김지홍 뒤침, 2011, 도서출판 경진)에서는 권력은 "어떤 영역이나 다른 영역에 대한 특정한 구조화 질서를 부여하고 유지하는 능력"을 갖고 있다고 서술하였다. 이는 언어 자체가 권력이 될 수는 없으나 의사소통 능력이나 지식 수용 능력이 사회 구조에 일정한 영향력을 미칠 수 있음을 고려할 때, 소통과 수용을 가능하게 하는 언어 사용 능력이 언어 권력으로 자리 잡을 수 있음을 의미한다. 이는 식민지 언어 이데올로기를 연구한 다수의 사회언어학자들의 견해도 마찬가지인데, 이병혁(1988)의 『언어사회학 서설』(까치)에서는 '조센진'과 같은 경멸적 명명(命名)이 발생하는 현상이나 식민지 교육과 행정에 따라 발생한 일본어와 조선어의 수직적 언어 질서 등을 전형적인 제국주의 언어 침탈 과정으로 설명한 바 있다.

식민 시대 지배 언어와 피지배 언어 사이에 위계질서가 생성되고, 그에 따라 피지배 언어의 침식 현상이 발생하는 것은 권력의 속성을 고려할 때 자연스러운 일이다. 그러나 언어 침식은 피지배 언어의 왜곡과 오염에 그치는 것이 아니라, 피지배 언어의 위축과 소멸로 이어지기도 한다. 이러한 위축과 소멸은 식민지 행정과 교육의 영향뿐만 아니라 지배 언어에 대한 피지배 민족의 태도, 또는 정치·사회적 영향력 자체에서 비롯될 경우도 많다. 달리 말해 지식 수용이나 언어에 대한 태도가 새로운 권력을 창출하고, 이에 따라 영향력 있는 외국어 학습이 강화되게 마련이다.[44]

일제 강점기 언어 권력이 지배 언어이자 국어의 자리를 차지한 일본어를 중심으로 재편된 것은 당연한 일이다.[45] 그러나 근대 계몽기로부터 일제 강점기에 이르기까지 외국어의 영향력이 증대되어 왔음을 알리는 자료는 매우 많다. 근대 계몽기로부터 일제 강점기까지의 외국어 교육 실태와 일본어의 권력화 과정을 살핀 허재영(2013)에서 밝힌 것처럼, 근대 계몽기 외국어의 세력은 외국 세력의 정치·사회적 영향력과 밀접한 관련을 맺고 있다.[46] 이는 외국어 학습에 절대적인 요인으로 작용하며, 그에 따라 모국어의 침식이 더한층 심해지는 것이다. 다음 논설을 살펴보자.

【 語學界의 趨勢[47] 】
挽近 韓國에 日語學의 潮勢가 愈愈히 高ㅎ야 日語學校가 星叉치 羅ㅎ며
日語學者가 林叉치 起ㅎ니 吁라 盛ㅎ도다. 如斯히 日語學校가 多ㅎ며 日語

---

44) 현대 사회학에서는 이를 '언어 권력' 또는 '지식 권력' 차원에서 규명하고자 하는 경향이 있다. 예를 들어 홍성민(2008)의 『지식과 국제정치』(한울)에서는, "권력은 피지배자가 스스로 그 권력을 인정하고 수용할 때 정당화되며", "권력의 최소 단위는 일상생활에서 삶을 영위하는 개인"이라는 전제 아래, "한국 사회에서 정치적 표상을 규정하는 대부분의 언어는 미국에서 유입되며, 이를 근거로 국내정치의 가치관이 형성된다."라고 주장하였다. 달리 말해 한국의 지적 풍토가 미국의 대학 연구소에서 생산된 지식을 유학파나 지배세력 등이 수입함으로써 지식 구조의 서열화를 만들며, 이로부터 지식 권력이 형성된다는 뜻이다.
45) 이에 대해서는 미쓰이 다카시, 임경화·고영진(2013)의 『식민지 조선의 언어 지배 구조』(소명출판)를 참고할 수 있다.
46) 허재영(2013), 「근대 계몽기로부터 일제 강점기까지의 외국어 교육 실태와 일본어 권력 형성 과정 연구」, 『동북아역사』 44, 동북아역사재단.
47) (논설) 『대한매일신보』, 1910.4.10.

學者가 多홈이 果然 文明의 輸入을 爲홈이며 國家의 發展을 圖홈인가 萬綠
叢中에 一点 紅깃치 一二의 正義의 日語學校 日語學者가 無홈은 아니나 大
槪 一言으로 蔽ᄒ건듸 曰 奴隸學校이며 曰 奴隸學者니라. (…中略…) 同胞
ᄂ 試思ᄒ라 語學의 目的이 果然 何에 在ᄒ가. 外國人의 通譯이나 되야 狗
苟의 生活을 目的으로 語學을 學ᄒᄂ가 外國人의 依勢나 하야 狐威의 痴虐
을 張홀 目的으로 語學을 學ᄒᄂ가 同胞ᄂ 語學을 學ᄒ되 반다시 文明을
輸入ᄒ며 國家를 發展ᄒ기로 目的홀지어다. 同胞의 定혼 바 語學의 目的이
如是ᄒ거니 엇지 淸人의 勢力이 我國을 左右홀 時에ᄂ 我가 淸語를 勉ᄒ며
露人의 勢力이 我國을 侵橫홀 時에ᄂ 我가 露語를 勉ᄒ며 日人의 勢力이
我國을 沈沒홀 時에ᄂ 我가 日語를 勉ᄒ야 旅館僮女가 來去客의 意를 迎合
ᄒ드시 今日에 甲國人이 來ᄒ거던 甲國語를 學ᄒ고 乙國人이 來ᄒ거던 乙
國語를 學하야 浸浸然 奴隸學에 醉ᄒ리오 此實 痛恥홀 바니라.

번역 최근 한국에 일어학의 세조가 점점 높아져 일어학교가 별과 같이
많아지고 일어를 배우는 자가 삼림같이 이어나니, 아, 왕성하구나.
이처럼 일어학교가 많고 일어를 배우는 자가 많은 것이 과연 문명의 수입
을 위한 것이며, 국가의 발전을 도모함인가. 온 세상이 푸른 삼림에서 한
점 붉음과 같이 한둘 정의적 일어학교, 일어학자가 없는 것은 아니나 대개
한마디로 말하면 노예학교이며 노예학자이다. (…중략…) 동포는 생각하
라. 어학의 목적이 과연 어디에 있는가. 외국인의 통역이나 되어 개와
같은 생활을 목적으로 어학을 공부하는가. 외국인의 세력에 의지하여 호
가호위할 목적으로 어학을 공부하는가. 동포는 어학을 공부하되 반드시
문명을 수입하며 국가를 발전시키는 것을 목적으로 해야 할 것이다. 동포
가 정한 어학의 목적이 이와 같으니 어찌 중국인의 세력이 우리나라를
좌우할 때는 우리가 중국어에 힘쓰며, 러시아 세력이 우리나라를 침횡할
때에는 러시아 어를 힘쓰고, 일본인의 세력이 우리를 침몰할 때 일어를
힘써, 여관의 시동이 손님이 오고가는 뜻에 부합하듯이 금일 갑국 사람이
오면 갑국의 언어를 배우고, 을국 사람이 오면 을국의 언어를 배워 당연히

노예의 학문에 취하겠는가. 이는 실로 통탄하고 부끄러워 할 일이다.

이 논설에서는 외국어 학습의 근본 목적이 문명 수입에 있어야 하나, 상당수 학습자는 통역이나 외국인과 교류하여 이익을 얻는 데 몰두하고 있음을 비판하면서 이를 '노예학교', '노예학자'라고 규정하였다. 특히 외세에 따라 배우고자 하는 외국어가 달라짐을 비판한 것은 외국어가 새로운 언어 권력으로 작용하고 있음을 증명한다. 이러한 비판은 다음 논설에서도 찾아볼 수 있다.

【 외국말을 비호는 이에게 고흠[48] 】

지금 우리나라에 물질문명은 더 말홀 것 업거니와 정신문명ᄭᅡ지라도 얼마큼 외국의 슈입을 기다리는 때니라. 문명 슈입이라 흠은 륜션으로 병긔를 슈입흠을 닐음도 안이며 화챠로 샹품을 슈입흠을 닐음도 안이오 오직 뎌의 학문과 기예를 비우여 나의 지식과 직조가 남만치 되게 흠을 닐음이니라. <u>학문과 기예를 비우쟈면 또 무엇에 션챡슈를 ᄒ겟느뇨. 한쟝의 신문을 보지도 말부터 알어야 홀지며 반편의 과학을 익이지도 말부터 알어야 홀지니라. 그런 후 오늘날은 홀 슈 업시 외국말이 우리의 큰 학과가 되며 홀 슈 업시 외국말 아는 이가 우리의 큰 스승이 됨이니</u> 비록 강경 고집흔 국수쥬의파라도 외국말 드려오는 압헤 잠간 길을 피ᄒ야 물러셜밧게 업도다.

외국말이 이러케 필요ᄒ며 이러케 긴졀ᄒ지만은 외국말로 인ᄒ야 우리 동포에게 리익을 끼침이 얼마나 만ᄒ뇨. 이왕 시뒤를 도라보면 우리 한국과 교통흔 나라가 오직 동양의 멋 나라뿐인 고로 우리의 비우던 외국말이 즁국말 일본말 녀진말 몽고말 등 멋 종류뿐이엇으나 병자년 이리로 <u>동셔의 교통이 더욱 빈번ᄒ야 외국말 비우는 이가 늘로 더ᄒ야</u> 지금에 와셔는

---

48) (논설)『권업신문』, 1912.10.14.

만일 외국말 아는 쟈의 통계표를 꿈이면 동양 각 외국말 ㅎᄂᆞᆫ 이가 몃 만 명 이샹이 될지며 셔양 각국 외국말 ㅎᄂᆞᆫ 이가 몃 쳔 명 이샹이 될지나 그 즁에 학문을 비워 우리 동포에게 주신 이가 누구누구이며 기예를 비워 우리 동포에게 주신 이가 누구누구인가. 산은 쳡쳡ㅎ고 구름은 아득ㅎᄋᆞ야 우리의 바라는 그 사름은 볼 슈 업고 우리의 원치 안는 사름만 오ᄂᆞᆫ듸 샹업도 몰오고 농업도 몰나셔 일신의 싱활홀 곳을 구ㅎᄋᆞ다가 홀 일 업시 통ᄉᆞ질이나 ㅎᄋᆞ여 먹으리라 ㅎᄋᆞ야 외국말 빅우는 이뿐이며 외국 사름에게 붓혀셔 그의 긔가 되야 권리나 써 보리라 ㅎᄋᆞ야 외국말 빅우는 이뿐이라.

이럼으로 외국말만 아는 날이면 내 나라는 나라로 치지도 안ㅎᄋᆞ야 수쳔 년 력ᄉᆞ는 쓸데업는 휴지뭉텅이로 알며 수십듸 인물은 볼 것 업는 야만한 가지로 알어 내가 내 손으로 내 뺨을 치ᄂᆞᆫ도다. 이럼으로 외국말만 아는 날이면 내 동포는 사름으로 보지 안ㅎᄋᆞ야 한국말은 입에 담기를 북그러ㅎᄋᆞ 며 한국옷 닙은 이는 몸에 갓가히 ㅎ기를 실혀ㅎ고 나만 홀로 문명ㅎᆫ 사 름으로 ᄌᆞ쳐ㅎᄂᆞᆫ도다. 이럼으로 외국말만 아는 날이면 한국 글은 빌어먹 는 글이라 ㅎᄋᆞ야 ᄌᆞ식이 잇고 손ᄌᆞ가 잇어도 한국말 한국글 빅우는 학교에 는 그림ᄌᆞ도 보이지 못케 ㅎᄂᆞᆫ도다. 이럼으로 외국말만 아는 날이면 한국 사름이 무엇을 ㅎᄋᆞ리오 ㅎᄋᆞ야 한가지 일도 한국 사름을 위ㅎᄋᆞ야 ㅎᄌᆡ 안ㅎᄋᆞ랴 ㅎᄂᆞᆫ도다. 이럼으로 외국말만 아는 날이면 쟌약ㅎᆫ 동포를 압졔ㅎᄋᆞ며 고단 ㅎᆫ 동포를 능멸ㅎᄋᆞ야 주먹질과 밤낄질을 능ᄉᆞ로 삼아 제 동포의 범이 되ᄂᆞᆫ 도다. 이럼으로 외국말만 아는 날이면 권리를 다투느라고 내 동포를 못쓸 고세 잡어 너으며 ᄉᆞ분을 갑느라고 내 동포를 죽을 따에 몰아들여 내 나 라의 마귀가 되ᄂᆞᆫ도다. 오호라 외국말의 폐힁가 이갓치 심홈에 니르럿도 다. 오호라 외국말의 폐힁가 이갓치 심홈에 니르럿도다. 그러나 이것이 엇지 외국말의 죄리오. 외국말을 잘못 빅운 쟈의 죄니라. (…즁략…) 그러 치만은 이에 엇지ㅎᄋᆞ리오. 고국을 도라보니 쇼학교 아히들의 일어 빅우는 소리뿐이오 외양을 나오니 한인의 학교는 쇼학교도 몃기가 못되니 희라 무엇을 바라리오. 바랄 것은 외국말 아는 이가 스스로 ᄭᆡ닷는 것뿐이로다.

지셩으로 비노라. 외국말 아는 이가 스스로 끼달음이여.

이 글은 러시아 지역에서 발행한 『권업신문』 1912년 10월 12일자 논설의 일부이다. 이 글에 나타난 바와 같이, 러시아 지역에서는 자국어를 공부하지 않고 외국어에만 힘쓰고, 자국어 사용을 부끄러워하는 동포들이 많아졌음을 확인할 수 있는데, 이 또한 새로운 외국어 권력의 등장을 의미한다.

근대 계몽기 이후 일본어뿐만 아니라 영어, 중국어도 시대에 따라 권력을 행사하는 주요 언어가 되었다. 특히 영어는 근대식 학제 도입 이전부터 중시되기 시작했는데, 1881년 조사시찰단의 일원이었던 윤치호가 일본에서 영어를 공부하고 후에 영어로 일기를 쓴 일이나, 선교사와 접촉한 다수의 조선인이 영어 학습에 힘쓴 일, 1895년 외국어학교 설립 이후 영어학교 학도가 가장 많았던 일 등은 한국 사회에서 영어의 영향력이 근대 계몽기부터 지속되어 왔음을 확인할 수 있는 자료들이다.

일제 강점기에도 영어는 적지 않은 영향력을 행사했는데, 그것은 제1차 조선교육령기부터 고등보통학교 이상의 학교에서는 영어를 필수 과목으로 두었고, 기독교를 중심으로 한 선교사의 영향력이나 구미 지역 유학생이 증가한 것 등의 다양한 요인이 존재했기 때문이다. 흥미로운 것은 근대 계몽기 이후 현재에 이르기까지 공교육에서 영어 교육이 중단된 것은 제7차 조선교육령(1938.3.15) 이후 이른바 총력동원을 부르짖던 시대뿐이었다. 이 시기는 이른바 '국어 전해(國語全解)', '국어 상용(國語常用)'을 목표로 전면적인 일본어 보급이 강압되는 시기였으며, 중일전쟁 이후 영국과 일본의 관계가 악화되던 시기였다. 흥미로운 것은 이 시기 『매일신보』에 등장하는 영어교육 관련 논설인데, 근대 계몽기 문명 수입을 위해 외국어 교육이 필요하다는 논리에서, 점차 구미 문명 수입의 필요성이 약화되고 학습자의 학습 부담만 가중되므로 영어교육이 불필요하다는 논리가 나타난다. 다음 논설을 살펴보자.

【 中等學校의 英語 科目49) 】

世에 勞의 多하고 功의 少함이 中等學校의 英語 科目에 甚한 者는 無할 것이다. 專門學校나 大學에서 智識을 廣히 世界에 求하기 爲하야 外國語가 必要하고 中等學校가 上級學校에 進하기 爲한 準備敎育을 目的한다는 見地에서는 多少 理解되는 感이 無한 바도 아니며 또 政策의 全的 根據가 一히 此에 在한 바 잇섯다. 그러나 中等學校에서의 英語를 爲한 負擔과 犧牲의 너무나 甚大함에 比하야 上級學校에서나 實社會에 立하는 日에서의 效能이 너무나 極小한 事實에 鑑하든지 上級學校의 모든 部門에서 반듯이 外國語를 必要하는 바 아니오 또 外國語가 반듯이 英語에만 限한 者이 안인 點에 根據하면 從來 現在에 中等學校 英語 科目만치 愚의 甚한 者는 無할 바이 안일가 한다.

率直히 言하면 現在 中等學校 英語 敎育은 往日 西歐文物을 急速 輸入하기 爲하야 또 當時에는 西歐 諸國에 對하야 治外法權까지 許與치 안이치 못할 만치 近代文明에 退步되야 모든 方面에서 西歐의 後*을 拜치 안이치 못하게 되는 事情이엇섯슴으로 當然 西歐 崇拜의 傾向이 激烈하야 英語를 解함만으로써 最善 適應하든 時代의 遺物이다.

번역 세상에 노고는 많고 효과는 적은 것이 중등학교 영어 과목보다 심한 것은 없을 것이다. 전문학교나 대학에서 지식을 널리 세계에 구하기 위해 외국어가 필요하고, 중등학교가 상급학교에 진학하기 위한 준비 교육을 목적으로 한다는 점에서 다소 이해되는 감이 없지 않은 바는 아니며, 또 정책의 모든 근거가 이에 있기도 하였다. 그러나 중등학교에서 영어를 위한 부담과 희생이 너무 심한 데 비하여 상급학교나 실제 사회생활을 하는 때 효능이 너무 적은 사실을 참고하거나, 상급학교의 모든 부문에서 반드시 외국어를 필요로 하는 것이 아니고, 또 외국어가 반드시 영어에 한정된 것이 아닌 점에 근거하면, 과거부터 현재에 이어온 중등학

---

49) (사설) 『매일신보』, 1937.12.2.

교 영어 과목만큼 어리석음이 심한 것은 없을 것이다.

솔직히 말하면 현재 중등학교 영어 교육은 지난날 서구문물을 급속히 수입하기 위해, 또 당시에는 서구 제국에 대해 치외법권까지 허용하지 않을 수 없을 만큼, 근대 문명에 퇴보되어 모든 방면에서 서구의 후광을 숭배치 않을 수 없는 사정이었으므로 당연히 서구 숭배 경향이 격렬하여 영어를 이해해야만 가장 적절하던 시대의 산물이었다.

이 사설에 따르면 영어 교육은 서구 문물을 급속히 수입하기 위해 필요했던 것인데, 점차 일본 문명이 서구에 뒤지지 않게 되었고, 상급학교나 일상생활에서 영어가 필요하지 않기 때문에, 영어 교육이 강조될 필요가 없다는 것이다. 더욱이 중등학교의 영어 교육이 노력에 비해 성과가 적다는 점은 영어 교육 회의론을 일으키는 중요한 요인으로 간주되었다. 이러한 논리에 따라 1939년부터는 대학과 전문학교 입학 시험에서 영어 과목을 제외하게 되었고, 1943년 전시 교육령 체제 하에서는 영어 교과가 사라지게 되었다. 그러나 엄밀히 말하면 입학시험에서 영어 교과를 제외하고자 한 것은 대륙 침략과 식민 통치의 상황 변화에 따른 논리였을 뿐, 조선어에 대한 영어의 침류을 막는 장치는 아니었다. 다음 기사를 좀 더 살펴보자.

【 1939년 영어 교과와 입학시험 관련 기사 】

ㄱ. 專門校 入學試驗엔 英語 科目을 抹殺?: 별항과 갓치 중학교 입학시험 제도에 만혼 개선을 함과 동시에 전문학교 입학시험에도 여러 가지를 고려하게 되리라 한다. 그 중에 현저한 하나는 종래 입학시험 과목에 영어(英語)를 집어너허 영문화역(英文和譯) 화문영역(和文英譯), 작문(作文)의 서너 가지가 잇서 수험생으로 하야금 상당한 부담을 가지게 하얏는데 <u>시국은 흥아교육(興亞教育)을 주장하는 째이며 어듸싸지나 시국교육을 위주로 함으로 이러한 외국어를 그 가치 중요하게 치중하는 폐단을 업시하</u>

리라고 한다. 그래서 조선 안 전문학교 입학시험에는 이 시험과목이 명년
도부터에는 업서지게 될지 모르며 그 대신 일본 정신에 관한 국사(國史)
라든지 시국에 관한 것이 새로 등장하게 되리라는 것인 만침 외국어로서
의 영어를 감당하기에 머리를 알튼 학생에게는 큰 득이 될 것이며 구체적
방침이 결정되기를 기다리고 잇다고 한다.

—『매일신보』, 1939.7.14.

ㄴ. 大學과 專門校 入試에 英語는 斷然 廢止: 총독부에서는 적극적인 교육
방침을 실시하는 의미에서 중학교에서의 외국어(外國語) 교수의 시간수
를 전면적으로 주리는 것을 전제로 하는 동시 전문학교와 대학교 예과(大
學校 豫科) 입학시험 과목으로부터 외국어를 빼버리기로 하고 명년 시험
째부터 이것을 실시하기로 하얏다. 현재 중학교에서 외국어라고 하는 것
은 주로 영어를 말하는 것으로 현재 영어를 가리키는 곳은 전문학교와
대학 예과의 수월 준비반을 위하야 교수하는 페단이 잇슴으로 이번에 이
것을 바로잡기 위하야 전문 예과 시험에 영어 과목을 폐지하기로 한 것이
다. 물론 이것은 조선에만 한한 것이며 내지 각 전문대학과 만주 방면으
로 갈 학생은 역시 영어 공부를 해야 할 것은 물론 조선 내에서 수험할
학생은 그만큼 짐이 가벼워져서 영어 공부에 골치를 알는 학생은 짐을
벗게 되엇다. 현재 중학교에는 삼학년에만 여섯 시간이고 일 이 사 오학
년은 다섯 시간씩 교수를 하는데 압흐로 필수과목에서 이것이 빠지는 관
게로 중학교에서의 영어 시간 교수는 더욱 지덕(智德) 체육 일본 정신 함
양 방면으로 채워지리라 한다.

—『매일신보』, 1939.7.15

이 두 기사에서는 일제 강점기 외국어는 대부분 '영어'를 의미하는
것으로, 중등학교에서 대학과 전문대학에 입학하기 위해 입시위주의
영어 교육을 하고 있음을 확인할 수 있다. 그러나 이들 기사에서는 입

학시험에서 영어 과목을 제외하고, 중등학교 영어 수업 시수를 줄이는 근본적인 요인은 이른바 '흥아교육(興亞敎育)', '시국교육(時局敎育)'에 따른 것이며, 여기서 말하는 시국 교육이 '일본 정신 함양'을 의미하는 것임을 분명히 밝히고 있다. 더욱이 영어 교육 축소는 식민지 조선에만 적용될 뿐 만주 방면으로 진학하는 학생들에게는 적용되지 않고 있다. 이처럼 해당 외국어의 영향력과 식민 제국의 정치적 필요에 따라 외국어 교육 정책이 변화했는데, 중일전쟁이 격화되던 1939년에는 영어 대신 중국어를 가르치는 강습소가 급증한 것도 이러한 시대 상황을 반영한다.[50)]

외국어의 영향력과 교육 정책은 당연히 모국어 교육에도 영향을 미친다. 일제 강점기 민족어문 교육의 부진에 가장 큰 영향을 준 것은 강압적인 일본어 보급 정책이었지만, 근대 계몽기 이후 영어 권력 또한 민족어문 교육의 발전에 장애 요소로 작용하였음은 틀림없다. 학생과 지식인 사이에서 일본어와 영어에 대한 경도(傾倒) 현상이 나타나고, 모국어를 소중히 하지 않는 사조가 생겨나는 것이다. 이러한 경도 현상은 최현배(1934)의 '한글 난해의 심리분석'에서도 확인할 수 있다. 이 논문은 '한글마춤법 통일안이 어렵다는 것이 과연 진실한 사실인가'를 밝히기 위한 글이지만, 그 글에서는 당시 학생들이 한글은 낯설어 하고 영어는 오히려 친숙하게 받아들이고 있는 현상이 잘 담겨 있기도 하다.

【 한글 難解의 心理分析[51)] 】

학생의 한글 난해: (1) 그네들의 한글 難解의 정당한 이유: 첫재로 오늘의 중등학생이나 전문 학생들은 다 그 前階段의 학교교육에서 <u>한글에 대</u>

---

50) 「膨脹하는 向學熱: 學園 講習所 激增」, 『매일신보』, 1939.5.14. 이 기사에서는 경성부 내 초등학교 학원이 71개, 중등 학원이 50개로 급증했는데, 중일전쟁 이후 중국으로 가고자 하는 사람들이 많아짐에 따라 지나어 강습소가 5개 이상 생겨났다고 보도하였다.

51) 최현배(1934), 「한글 난해의 심리분석」, 『신동아』 제4권 제9호(1934.9).

한 상당한 준비 지식을 얻지 못하였다. 다만 순당한 준비를 하지 못하였을 뿐 아니라 도리어 불리한 기초지식과 부당한 선입견을 가지게 되었다. 이러한 사람에게 갑자기 정리된 통일된 한글을 가르침은 그네들에게 5,6년 내지 十餘年間의 旣得의 知識과 굳은 慣習과의 訂正 내지 淸算을 요하는 것이 된다 할 수 있다. 그러므로 그네에게 한글이 어려워 보이는 것도 어느 의미에서는 필연의 세이라 하겠다. (…중략…) (2) 영어 수학은 난해라 하지 않고 다만 한글 난해라 하는 이유: 이와 같은 의미에서 어느 정도의 정당한 이유가 있음에도 불구하고 한글을 다른 학과와 비교하려 볼 것 같으면 한글이 어렵다 하는 평균은 넘어도 부당한 것이 아니 될 수 없다. 이제 시험으로 한글을 저 영어나 수학 같은 학과에 비겨보자. 중학 오년 동안에 영어의 교수 시간수가 매주 근 10시간인즉 여기에다가 다시 그 준비와 복습에 허비된 시수를 가산할진대 5시간 총계는 실로 막대한 시간이 될 것이다. (…중략…) 이제 한글 조선어는 어렵다 함은 무슨 이유인가? 이것은 도모지 저 영어 수학에서 기대하던 것과 같은 좋은 보상이 따르지 아니한다고 생각하는 때문이다. 아모 소용이 없으니까 그것을 잘 배워보겠다는 의지가 서지 아니하며 그것을 귀중히 너기는 정이 동하지 아니한다. (…중략…) 그러므로 나는 가르되 조선 학생이 조선어야 어렵다 함은 다만 조선어의 소용없음을 애써서 배울 가치가 없음을 하소연하는 것 밖에는 아모 것도 아니라 하노라

이 논문에 따르면 1930년대에 중등학교와 전문학교의 학생들이 그 전단계의 학교 교육에서 한글에 대한 학습이 심화되어 있지 않았음을 알 수 있다. 그럼에도 영어와 수학은 학교에서 일정한 수준의 교육이 이루어진다. 더욱이 한글은 잘 배워도 상급학교 입학에도 소용이 없고, 권세와 영달에도 소용이 없다는 현실적인 장벽이 있었기에 한글 공부에 매진하게 되는 동기 자체도 낮아질 수밖에 없다. 이는 결과적으로 민족어문 교육이 제대로 이루어질 수 없음을 의미한다.

4. 민족어와 국어, 그리고 한국어

근대 계몽기 이후 민족어문 교육 문제를 다루면서 끊임없이 제기되는 문제는 '민족'과 '국가'의 구별, '민족주의'와 '세계주의'의 관계, '민족어문 교육'의 가치 등과 관련된 문제이다. 엄밀히 말하면 '민족어'나 '민족어문'이라는 용어는 학술적 용어가 아니며, 언어학 사전이나 교육학 사전에서도 찾아보기 어려운 용어들이다. 그럼에도 한국의 근대화 과정에서 민족 문제가 중요한 화두일 수밖에 없고, 일제 강점을 거치면서 민족어문 교육이 중요한 의미를 지닐 수밖에 없는 것은 국가 상실에 따른 특수한 경험 때문이다.

임석진 외 22인이 공동으로 편집한 『철학사전』(1987, 청사)에서는 민족주의 "일반적으로 민족을 모든 가치 체계의 우위에 두는 태도 일반을 가리키는 것"이라고 정의하고, "개개 민족의 특수한 역사적 상황에 따라 그 수용하는 내용은 상당히 달라진다"라고 설명한 바 있다. 정치학이나 철학적인 의미에서 민족주의는 '자국민을 타민족으로부터 분리하고 타민족에 대한 불신과 적대감을 만들어 내는 이데올로기'가 될 수 있으며, 민족운동은 '제국주의를 반대하고 민족의 정치적, 경제적 독립을 목표로 하는 운동'으로 규정될 수 있다. 이러한 맥락에서 '민족어'와 '민족어문 교육'은 정치적, 경제적 독립을 이룬 민족에게는 더 이상 유효하지 않은 개념으로 간주될 수도 있다. 그럼에도 한국 근대 계몽기와 일제 강점기의 민족어문 교육이 중요한 의미를 갖는 것은, '민족어문 교육'이라는 용어가 제도로서의 국어 교육, 좀 더 적확하게 표현하면 학교에서의 국어과 교육이 정착되기 이전의 우리말글 교육을 살피기 위한 가장 적절한 도구가 될 수 있기 때문이다. 달리 말해 일제 강점기 제도적인 차원에서 진행된 조선어과 교육과 제도와 무관하게 진행된 각종 문자보급운동은 모두 '조선어문'을 대상으로 하고 있지만, 그 지향점을 동일시할 수는 없다. 철학사전에서 '민족문제', '민족정신', '민족종교' 등을 표제항으로 올리고, '민족심리학', '민족지학', '민족학' 등의 학문 분과가 생겨나는 것도 마찬가지이다.

오늘날 정치·사상적인 차원에서 민족주의는 '국제화', '세계화' 이데올로기와 맞물려 더 이상 가치를 갖기 어렵다는 견해도 있을 수 있다. 그럼에도 일제 강점 이후 세계 각지에 흩어진 다수의 한국어 공동체가 존재한다는 점, 의사소통의 수단이자 사상 형성의 도구로서 민족어가 존재하며, 이 용어를 사용하는 국내외 집단이 존재한다는 점 등은 민족어문 교육의 역사를 재구성해야 하는 당위론적 근거가 될 것이다. 더욱이 한국어 공동체가 대한민국이라는 국가에 한정되지 않고, 중국이나 일본 동포 또는 해외 각 지역의 동포 사회에서도 민족어문 교육이 실시되고 있는 점을 고려할 때, 일제 강점기에 등장한 민족 개념과 그것을 바탕으로 한 민족어문 교육의 역사를 재구성하는 것은 의미 있는 일이 될 것이다.

참고문헌

강내희(2000), 「종결어미 '-다'와 한국 언어의 근대성의 형성」, '흔적' 편집위
　　　　원단, 『근대성의 충격』, 한국예술종합학교 영상원, 78~108쪽.

강윤호(1973), 『개화기교과서연구』, 대한교과서주식회사.

강의영(1921), 『실지응용작문대방』, 영창서관.

강인규(2011), 「영화서원이 중국 근대 교육에 미친 영향」, 『중국사연구』
　　　　70, 중국사연구학회, 87~109쪽.

高橋亨(1945), 『國體明鑑』, 朝鮮儒道聯合會.

고영진 외(2012), 『식민지 시기 전후의 언어 문제』, 소명출판.

국사편찬위원회(1977), 『음청사(陰晴史)·종정연표(從政年表)』, 국사편찬위
　　　　원회.

국사편찬위원회(2012), 『한국근대사 기초 자료집 2: 개화기의 교육』, 탐구
　　　　당문화원.

권보드래(2002), 『한국 근대소설의 기원』, 소명출판.

김건우(2008), 『근대공문서의 탄생』, 소와당.

김경남(2010), 「일제 강점기 문학적 글쓰기론의 전개 과정」, 『우리말글』
　　　　48, 우리말글학회, 267~289쪽.

김경남(2015), 『일제 강점기 글쓰기론 자료』 1~3, 도서출판 경진.

김경미(2009), 『한국 근대 교육의 형성』, 혜안.

김기주(1993), 『한말 재일 한국유학생의 민족 운동』, 느티나무.

김동택(2006), 「독립신문의 근대국가 건설론」, 『근대계몽기 지식의 발견과

사유 지평의 확대』, 소명출판.

김미경(2011), 『영어학자의 눈에 비친 한국어의 힘』, 소명출판.

김미형(2004), 「한국어 언문일치의 정체는 무엇인가?」, 『한글』 265(가을호), 한글학회, 171~199쪽.

김민수(1976), 「유길준 필사 조선문전 해설」, 『역대한국어문법대계』 1-01.

김민수(1977), 『주시경연구』, 탑출판사.

김민수·고영근·하동호 편(1977), 『역대한국어문법대계 제1부 3책~4책(주시경)』, 탑출판사.

김병철(1975), 『한국 근대 번역문학사 연구』, 을유문화사.

김보근(2002), 「韓國과 日本의 言文一致運動: 근대의 언문 일치 운동을 중심으로」, 『日本學報』 50집, 한국일본학회, 1~12쪽.

김상태 편역(2001), 『윤치호 일기』, 역사비평사.

김슬옹(2012), 『조선시대의 훈민정음 발달사』, 역락.

김영민(2009), 「근대계몽기 문체 연구: 유길준을 중심으로」, 『동방학지』 148, 연세대학교 국학연구원, 391~428쪽.

김완진(1983), 「한국어 文體의 발달」, 이기문 외 6인, 『韓國 語文의 諸問題』, 일지사.

김윤진(2000), 「충실치 못한 미녀들과 프랑스 고전주의」, 『언어와 근대정신』, 서울대학교 출판부, 33쪽.

김주필(2007), 「19世紀 末 國漢文의 性格과 意味」, 『震檀學報』 103, 震檀學會, 193~218쪽.

김채수(2002), 「한국과 일본에서의 언문일치 운동의 실상과 그 의미」, 『일본 연구』 1, 고려대학교 일본학연구센터, 9~54쪽.

김채수(2002), 『한국과 일본의 근대 언문일치체 형성 과정』, 보고사.

김태준(2004), 「유길준의 『서유견문』에 대하여」, 『한힌샘주시경연구』 17, 탑출판사, 65~80쪽.

김형목(2001), 「1910년 전후 야학운동의 실태와 기능」, 중앙대학교 박사

논문.

김형철(1997), 『개화기국어연구』, 경남대학교 출판부

김홍수(2004), 「이른바 개화기의 표기체 유형과 양상」, 『국어국문학』 39, 국어국문학회, 58~77쪽.

나진·김상연 역술(1908), 『國家學』, 국립중앙도서관 디지털라이브러리.

남궁억 외(1898), 『황성신문』, 한국문화개발사 영인본.

남일성·방학철·임창길(1995), 『중국 조선어문 교육사』, 동북조선민족교육 출판사.

노연숙(2007), 「개화계몽기 국어국문운동의 전개와 양상: 언문일치를 둘러싼 논쟁을 중심으로」, 『한국문화』 40, 서울대학교 규장각 한국학 연구원, 59~99쪽.

려증동(1977), 「19세기 한자－한글 섞어 쓰기 줄글에 대한 연구」, 『한국언어문학』 15, 한국언어문학회, 1~21쪽.

류준필(2003), 「구어의 재현과 언문일치」, 『문화과학』 33호(봄), 문화과학사, 161~177쪽.

문혜윤(2008), 『문학어의 근대』, 소명출판.

민현식(1994ㄱ), 「開化期 國語 文體 硏究」, 『국어국문학』 111, 국어국문학회, 37~61쪽.

민현식(1994ㄴ), 「開化期 國語 文體에 대한 綜合的 硏究(1)」, 『국어교육』 83, 국어교육학회 113~152쪽.

민현식(1999), 「개화기국어문법」, 『국어의 시대별 변천 연구 4: 개화기국어』, 국립국어연구원, 163~234쪽.

박갑수 편저(1994), 『국어문체론』, 대한교과서(주).

박갑수(1977), 『문체론의 이론과 실제』, 세운문화사.

박붕배(1997), 『한국국어교육전사』, 대한교과서(주).

박성란(2004), 「근대계몽기 교과용 도서와 언문일치」, 『韓國學硏究』 13집, 仁荷大學校韓國學硏究所, 185~201쪽.

박진수(2003), 「한일 근대 소설과 언문일치체: 『부운』(浮雲)과 『무정』(無情)의 시점」, 『亞細亞文化硏究』 7, 暻園大學校 아시아文化硏究所·中央民族大學 韓國文化硏究所, 97~115쪽.

박희병(2003), 『운화와 근대』, 돌베개.

배수찬(2008), 『근대적 글쓰기의 형성 과정 연구』, 소명출판.

백채원(2014), 「20세기 초기 자료에 나타난 '언문일치'의 사용 양상과 그 의미」, 『국어국문학』 166, 국어국문학회, 78~108쪽.

서명일(2014), 「육영공원의 교과서와 근대 지식의 전파」, 『한국사학보』 56, 고려사학회, 181~213쪽.

송호근(2013), 『시민의 탄생: 조선의 근대와 공론장의 변화』, 민음사.

심의린(1935), 『중등교과 조선어문법』, 조선어연구회.

안홍균(1986), 「해제」, 『긔히일긔, 치명일긔, 병인치명자전』, 한국교회사연구소.

양근용(2010), 「근대국어학 형성기의 언어의식 연구」, 인천대학교 박사논문.

오현금(1996), 「언어학자 이용제(1): 삶과 파리언어학계에서의 역할」, 『불어학연구』 14, 프랑스학회, 61~79쪽.

원윤수 편(2000), 『언어와 근대정신』, 서울대학교 출판부.

유길준(1895), 이한섭 편(2000), 『서유견문』, 박이정.

유길준(1904), 『(필사본) 조선문전』(역대한국어문법대계 1-01).

유길준(1908), 『노동야학독본(勞動夜學讀本)』(아세아문화사 영인본).

유봉학(1998), 「개성 출신의 혜강 최한기」, 『조선 후기 학계와 지식인』, 비봉출판사.

유영익(1990), 『갑오경장연구』, 일조각.

유창돈(1958), 『언문지주해』, 신구문화사.

윤병춘(1984), 『한국 기독교 신문·잡지 백년사』, 대한기독교출판사.

윤병태(1992), 『조선 후기의 활자와 책』, 범우사.

윤여탁 외(2006), 『국어교육 100년사』 1~2, 서울대학교 출판부.

이각종(1911), 『실용작문법』, 박문서관.

이광린(1969), 『한국개화사연구』, 일조각.

이광린(1994), 『개화기 연구』, 일조각.

이군선(2007), 「중세 라틴어 문화권과 한자 문화권의 이중 언어와 문화: 조선 사인의 언어문자 인식」, 『동방한문학』 30, 동방한문학회, 35~55쪽.

이극로(1936), 「조선어문 정리운동의 현황」, 『사해공론』, 1936.5.

이기문(1970), 『개화기의 국문연구』, 일조각.

이기문·심재기·이정민·소흥렬(1990), 『한국어의 발전 방향』, 민음사.

이기웅(1997), 「언어, 이데올로기, 실천: 소련 시대의 '언어권력(Logocratie)'에 대한 비판을 중심으로」, 『러시아연구』 7, 러시아문학연구회, 179~201쪽.

이병근 외(2007), 『일제 식민지 시기 한국의 언어와 문학』, 서울대학교 출판부.

이병근(2000), 「유길준의 언문사용과 『西遊見聞』」, 『震檀學報』 89, 진단학회, 309~326쪽.

이병근·송철의·정승철·임주탁·류양선(2005), 『한국근대초기의 언어와 문학』, 서울대학교 출판부.

이병혁 편(1986), 『언어사회학 서설: 이데올로기와 언어』, 까치.

이병혁(1993), 『한국 사회와 언어사회학』, 나남출판.

이석주(1979), 「개화기 국어의 표기연구 西遊見聞과 國民小學 讀本을 중심으로」, 『한성대 논문집』 3, 53~67쪽.

이석주(1994), 「시대상의 문체」, 박갑수 편저, 『국어 문체론』, 대한교과서(주), 328~382쪽.

이연숙(2005), 「일본에서의 언문일치」, 『역사비평』 70, 역사비평사, 323~345쪽.

이완응(1929), 『중등교과 조선어문전』, 조선어연구회.

이을호(1988), 『계몽주의 시대의 서양철학』, 중원.

이응호(1975), 『개화기의 한글 운동사』, 성청사.

이인모(1975), 『문체론』, 이우출판사.

이종국(1991), 『한국의 교과서: 근대 교과용 도서의 성립과 발전』, 대한교
　　　과서주식회사.

이종린(1914), 『문장체법』, 보성관.

이태준(1940), 「문장의 고전, 현대, 언문일치」, 『문장』 2(3), 문장사, 134~
　　　137쪽.

이한섭(1989), 「『서유견문西遊見聞)』에 받아들여진 日本의 漢字語에 대하
　　　여」, 『일본학』 6, 일본학회, 85~107쪽.

이홍식(2003), 「한국어 어미 '-더라'와 소설의 발달」, 『텍스트 언어학』 14,
　　　텍스트언어학회, 167~190쪽.

이희승(1932), 「일본국자운동의 일람」, 『한글』 1(3), 조선어학회, 83~87쪽.

임상석(2008), 『20세기 국한문체의 형성과정』, 지식산업사.

임상석(2012), 「유길준의 국한문체 기획과 문화의 전환」, 『우리어문연구』
　　　43, 우리어문학회, 441~466쪽.

임석진 외(1987), 『철학사전』, 청사.

임형택(1999), 「근대계몽기 국한문체의 발전과 한문의 위상」, 『민족문학사
　　　연구』 14(1), 민족문학사학회 14, 8~43쪽.

장경현(2003), 「문어/문어체·구어/구어체 재정립을 위한 시론」, 『한국어
　　　의미학』 13, 한국어의미학회, 143~165쪽.

장경희(2004), 「문자언어의 위상과 구조 및 기능」, 『한국언어문화』 25, 한
　　　국언어문화학회, 5~25쪽.

전용호(2005), 「근대 지식 개념의 형상과 『국민소학독본』」, 『우리어문연구』
　　　25, 우리어문학회, 243~264쪽.

정광(2010), 『조선후기 사회와 천주교』, 경인문화사.

정승철(2003), 「주시경과 언문일치」, 『韓國學硏究』 12, 인하대학교 한국학
　　　연구소, 33~49쪽.

정연희(2004), 「김동인의 시점론과 언문일치」, 『현대소설연구』 23, 한국현대소설학회, 207~226쪽.

조규태(1991), 「서유견문의 문체」, 『들메 서재극박사 회갑기념논문집』, 계명대학교 출판부, 751~764쪽.

조기준(1970), 「한국사에 있어서 근대의 성격」, 『한국사 시대 구분론』, 한국경제사학회, 을유문화사.

조선어학회(1933), 「한글 마춤법 통일안」, 『역대한국문법대계 ③-20』, 탑출판사, 1986, 49~50쪽.

조성산(2009), 「18세기 후반~19세기 전반 조선 지식인의 어문 인식 경향」, 『한국문화』 47, 서울대학교 규장각 한국학연구원, 177~202쪽.

조태린(2012), 「식민지 시기 전후, 근대 국어 의식의 형성에 대하여」, 고영진 외, 『식민지 시기 전후의 언어 문제』, 소명출판.

주승택2004), 「국한문 교체기의 언어 생활과 문학 활동」, 『大東漢文學』 20, 大東漢文學會, 287~311쪽.

지석영(1909), 『언문』, 신풍관인출국.

최경봉(2014), 「근대 학문 형성기, 구어의 발견과 문법학적 모색」, 『우리어문연구』 49, 우리어문학회 81~122쪽.

최낙복(2009), 『개화기 국어문법의 연구』, 역락.

최석두(2000), 「한글 전문 용어 관리의 특성에 관한 연구」, 『한국정보관리학회 학술대회 논문집』 7, 한국정보관리학회, 5~10쪽.

최재학(1908), 『문장지남』, 휘문관.

최재학(1909), 『실지응용작문법』, 휘문관.

최현배(1942/1975), 『한글갈』, 정음사.

통리아문 박문국(1886), 『한성주보』(관훈클럽 신영연구기금 영인본).

하동호 편(1986), 『국문 관련 논설집』, 탑출판사.

학부편집국(1895), 『국민소학독본(國民小學讀本)』; 강진호 편역(2012), 도서출판 경진(한국개화기 국어교과서 총서 1).

학부편집국(1895), 『소학독본(小學讀本)』, 아세아문화사 영인본(1982).

학부편집국(1896), 『신정심상소학독본(新訂尋常小學讀本)』, 아세아문화사 영인본(1982).

한국사회언어학회(2012), 『사회언어학사전』, 소통.

한국학의 세계화사업단·연세대학교 국학연구원 편(2007), 『일제 식민지 시기 새로 읽기』, 혜안.

한글학회(1988), 『한힌샘연구』 제1집, 한글학회.

한기형 외(2006), 『근대어·근대매체·근대문학 근대매체와 근대 언어질서의 상관성』, 성균관대학교 대동문화연구소.

한영균(2009), 「文體 現代性 判別의 語彙的 準據와 그 變化: 1890년대~1930년대 논설문의 한자어 사용 양상을 중심으로」, 『구결연구』 23, 구결학회, 305~342쪽.

한영균(2013), 「近代啓蒙期 國漢混用文의 類型·文體 特性·使用 樣相」, 『구결연구』 30, 구결학회, 219~256쪽.

허동현 편(2003), 『조사시찰단 관계 자료집 5: 문부성 소할 목록』, 국학자료원.

허동현(2004), 「유길준의 『서유견문』은 왜 한글세대에게 '그림의 떡'이었을까?: 『서유견문』」(서평), 『서평문화』 56집(겨울), 한국간행물윤리위원회, 158~162쪽.

허재영 편(2016), 『조 헤버 존스의 국문독본』, 도서출판 경진.

허재영(2009), 『일제 강점기 교과서 정책과 조선어과 교과서』, 도서출판 경진.

허재영(2010), 『근대 계몽기 어문 정책과 국어 교육』, 보고사.

허재영(2010), 『통감시대 어문 교육과 교과서 침탈의 역사』, 도서출판 경진.

허재영(2011), 「근대 계몽기 언문일치의 본질과 국한문체의 유형」, 『어문학』 114, 한국어문학회, 441~467쪽.

허재영(2011), 『일제 강점기 어문 정책과 어문생활』, 도서출판 경진.

허재영(2013), 『한국 근대의 학문론과 어문 교육』, 지식과교양.

허재영(2014), 「근대 계몽기 외국어교육 실태와 일본어 권력 형성 과정 연구」, 『동북아역사논총』 44, 동북아역사재단, 315~354쪽.

허재영(2015), 「광학회 서목과 태서신사남요를 통해 본 근대 지식 수용과 의미」, 『독서연구』 35, 한국독서학회, 229~252쪽.

허재영(2017), 「근대 중국의 서양서 번역·보급과 한국 근대 학문에 미친 영향」, 『한민족어문학』 76, 한민족어문학회, 67~103쪽.

허재영(2017), 「근현대 한국에 수용된 중국 학술 사상」, 『인문과학연구』 53, 강원대학교 인문과학연구소, 55~83쪽.

홍성민 편(2008), 『지식과 국제정치』, 한울아카데미.

홍윤표(1995), 「國語史 時代區分의 問題點과 文法史의 측면에서 본 時代區分」, 『국어학』 25, 국어학회, 319~333쪽.

홍윤표(2009), 「근대국어의 국어사적 성격」, 『국어사연구』 9, 국어사학회, 153~172쪽.

홍종선 외(2000), 『현대 국어의 형성과 변천』, 박이정.

홍종선(1996), 「개화기 시대 문장의 문체 연구」, 『국어국문학』 117, 국어국문학회, 33~58쪽.

홍종선(2005), 「국어 문법사의 시대 구분」, 『한국어학』 29, 한국어학회, 285~308쪽.

홍종선(2015), 「현대국어 초기 구어체의 실현과 문학적 수용」, 『한국언어문학』 92, 한국언어문학회, 33~61쪽.

황성모(1986), 『지성과 근대화』, 서울대학교 출판부.

황영순(2014), 「한국에서의 미국영어 교육의 변천과정 조망」, 『미국사연구』 40, 한국미국사학회, 201~238쪽.

가타기리 요시오·기무라 하지메 외, 이건상 역(2011), 『일본 교육의 역사』, 논형.

노먼 페어클럽, 김지홍 뒤침(2011), 『언어와 권력』, 도서출판 경진.

마쓰이 다카시, 임경화·고영진 옮김(2013), 『식민지 조선의 언어 지배 구조』, 소명출판.

서복관 저, 윤호진 역(2000), 『한문문체론 연구』, 태학사.

쓰지 유미, 이희재 역(2001), 『번역사 산책』, 궁리.

야나부 아키라, 김옥희 역(2011), 『번역어의 근대』, 마음산책.

유길준 저(1895), 허경진 역(2004), 『서유견문: 조선 지식인 유길준, 서양을 번역하다』, 서해문집.

이연숙 저(1996), 고영진·임경화 역(2006), 『국어라는 사상』, 소명출판.

코모리 요이치, 정선태 역(2003), 『일본어의 근대』, 소명출판.

A·フォル, 高山洋吉 譯(1939), 『支那民族論』, 東京: 生活社.

Benedict Anderson(1983), *Imagined Communities: Reflection on the Origin and Spread of Nationalism*, London: Verso; 앤더슨, 윤형숙 역(1991), 『민족주의의 기원과 전파』, 나남.[1]

Chris Harman(1992), "The Return to the National Question", *International Socialism*, Spring, 1992; 알렉스 캘리니코스, 배일룡 역(1994), 『현대 자본주의와 민족문제』, 갈무리.

Milka Ivic(1962), *Trends in Linguistics, The Hauge, Janua Linguarum*; 김방한 역(1985), 『언어학사』, 형설출판사.

Ong, W. J.(1982), *Orality and Literacy: The technologizing of word*, London: Routledge; 월터 J. 옹, 이기우·임명진 역(1995), 『구술 문화와 문자 문화』, 문예출판사.

Ross, Rev, J.(1877), *The Corean Language*; 고영근 외 편, 『역대한국문법대계 2-01』, 탑출판사.

---

1) 2003년에 『상상의 공동체: 민족주의의 기원과 전파에 대한 성찰』이란 제목으로 한국판 다시 나옴.

さねとう けいしゅう(1960),『中國人日本留學史』, 東京: くろしお出版社.

梁啓超(1904),『飲氷室文集』, 上海: 廣智書局.

馬場明男(1989),『中國問題 文獻 辭典』, 東京: 國書刊行會.

白柳秀湖(1942),『日本民族論』, 東京: 千倉書房.

須山卓(1940),『支那民族論』, 東京: 慶應書房.

豊田國夫(1964),『民族と言語の問題』, 錦正社.

河野六郎(1955),『朝鮮語, 世界言語概說』下, 東京: 硏究士.

河出孝雄(1943),『民族の心理學』, 東京: 河出書房.

恒屋盛服(1906),『朝鮮開化史』, 東京: 博文館.

Asher, R. E. & Simpson, J. M. Y.(ed.)(1994), *The Encyclopedia of Language and Linguistics*, Pergamon.

Carr, Edward Hallett(1961), *What is history?*, London: Macmillan & Co.

Fishman, J.(1972), *The Sociology of Language: An Interdisciplinary Social Science Approach to Language in Society*, Rowley, Mass: Newbury House.

H. G. Underwood(1890), *An Introduction to the Korean Spoken Language*, Yokohama Seishi Bunsha.

J. S. Gale(1894), "Preface", *Korean Grammatical Form*(辭課指南, 스과지남), Trilingual Press Seoul.